高等学校经济与工商管理系列教材

国际投资学

——理论·政策·案例

主 编 张 璐 李秀芹

清华大学出版社
北京交通大学出版社
·北京·

内 容 简 介

本书详细介绍了国际投资学的前沿理论和最新研究成果，涵盖了高等院校经济类专业学生应掌握的国际投资学理论和实务。全书分为国际投资导论、国际直接投资、国际间接投资、国际投资管理、国际投资与中国 5 篇。全书各章提供了与国际投资实践活动相关的大量生动的案例，以及与国际投资有关的扩展阅读，方便读者阅读使用。

本书可作为高等院校经济类专业的教材使用，也可作为各类成人院校及企业职工的培训教材，同时还可以作为从事国际贸易的人员和经济管理人员的自学参考资料。

图书在版编目（CIP）数据

国际投资学：理论·政策·案例／张璐，李秀芹主编. —北京：北京交通大学出版社：清华大学出版社，2014.12（2017.1 重印）

（高等学校经济与工商管理系列教材）

ISBN 978-7-5121-2178-2

Ⅰ.①国…　Ⅱ.①张…　②李…　Ⅲ.①国际投资-高等学校-教材　Ⅳ.①F831.6

中国版本图书馆 CIP 数据核字（2014）第 291074 号

责任编辑：张利军　　特邀编辑：吕　宏

出版发行：清华大学出版社　　邮编：100084　　电话：010-62776969　　http://www.tup.com.cn
　　　　　北京交通大学出版社　邮编：100044　　电话：010-51686414　　http://www.bjtup.com.cn
印 刷 者：北京时代华都印刷有限公司
经　　销：全国新华书店
开　　本：185×260　　印张：18.75　　字数：470 千字
版　　次：2015 年 1 月第 1 版　　2017 年 1 月第 2 次印刷
书　　号：ISBN 978-7-5121-2178-2/F·1462
印　　数：2 001～3 000 册　　定价：36.00 元

本书如有质量问题，请向北京交通大学出版社质监组反映。对您的意见和批评，我们表示欢迎和感谢。

投诉电话：010-51686043，51686008；传真：010-62225406；E-mail：press@bjtu.edu.cn。

前　言

经济全球化和区域经济一体化带动了资本要素在国际间的频繁移动，并通过国际贸易、国际金融和国际投资三个领域得以实现。实践表明，随着投资自由化程度的加深，国际投资在世界各国对外经济关系和国内经济发展方面的地位和作用越来越重要，已成为国与国之间经济联系的主要内容，并对国际间的政治和经济关系产生深刻的影响。进入21世纪以来，以跨国公司为载体的国际投资出现了新的发展趋势，尤其是发展中国家，不仅加快了吸收国际直接投资的速度，而且伴随着国内企业自身经济实力的不断增强，也加入了对外投资的行列，寻求更大的发展空间。我国对外开放30多年来国际投资的实践充分证明了国际投资的地位越来越重要。

为了对最新的国际投资理论和实务进行系统的梳理和研究，我们编写了这本《国际投资学——理论·政策·案例》。

作者多年从事国际投资学的教学和研究工作，本书是作者十多年来教学经验的总结和提炼。本书系统介绍了国际投资学的基本理论和实务，针对目前高校对"国际投资学"课程教学课时的安排，结合作者教学过程中对重点章节内容的把控，形成了以下特点。

（1）注重实用性。按照教学规律和学生的认知规律，合理构建各篇、各章节之间的内在关系，教学案例的设计体现实用性，充分体现以培养学生实际应用能力为本位的教材编写理念。

（2）体例规范完整。本书每一个章节都设有学习目标，并通过导入案例激发学生探究问题的兴趣和解决问题的动机。本书各章节后都有案例讨论，以帮助学生从实务的角度加深对理论的理解。本书各章后均设有复习思考题，以利于初学者对知识的复习和巩固，同时也有助于学生技能的培养和理解能力的提高。

（3）注重教材的可读性。根据国际投资学的基本理论和教学的基本规律，本书理论问题的阐述繁简适当，通俗易懂；对实务与技术的介绍具体细致，易于理解和运用。

（4）把国际投资发展的最新动态介绍给读者，使用最新的统计数据，为读者了解国际投资、从事相关问题的学术研究提供更多的方便。

本书由北京联合大学张璐、李秀芹老师共同编著，全书由张璐负责策划和定稿。本书的编写分工如下：第1章、第2章、第5章、第6章、第8章、第11章、第12章由张璐编写；第3章由张璐、李秀芹编写；第4章、第7章、第9章由李秀芹编写；第10章由李秀芹、刘思编写。

在教材编写过程中，为了尽可能反映成熟的教学成果，总结、吸收其他同类教材建设方面的经验，我们参考了大量国内外有关方面的教材、著作和其他文献，同时得到了

I

对外经济贸易大学卢进勇教授的悉心指导和北京交通大学出版社张利军编辑的大力帮助。在这里，我们一并表示衷心的感谢。

由于编者理论水平和实践经验有限，加之时间仓促和有些方面资料不足，不妥之处在所难免，敬请广大读者批评指正。

编者

2015 年 1 月

目　录

第1篇　国际投资导论

第1章　国际投资概述

1.1　国际投资的含义、分类及其形成与发展 ················· 3
1.1.1　国际投资的含义 ················· 3
1.1.2　国际投资的分类 ················· 4
1.1.3　国际投资的形成与发展 ················· 5
1.2　国际投资对世界经济的影响 ················· 11
1.2.1　提高就业水平 ················· 11
1.2.2　促进国际贸易 ················· 12
1.2.3　优化产业结构 ················· 12
1.2.4　满足资金需求 ················· 13
1.2.5　促进生产经营跨国化 ················· 14
复习思考题 ················· 16

第2章　国际投资环境

2.1　国际投资环境概述 ················· 19
2.1.1　国际投资环境的定义及特点 ················· 19
2.1.2　国际投资环境的分类 ················· 20
2.2　国际投资环境的主要内容 ················· 20
2.2.1　自然环境因素 ················· 20
2.2.2　基础设施因素 ················· 21
2.2.3　政治环境因素 ················· 22
2.2.4　法律环境因素 ················· 23
2.2.5　经济环境因素 ················· 24
2.2.6　社会文化环境因素 ················· 25

2.3 国际投资环境的评价 ·· 29

2.3.1 国际直接投资环境的评价形式 ·· 29

2.3.2 国际投资环境的评价方法 ··· 30

复习思考题 ··· 41

第 3 章 国际投资方式

3.1 国际直接投资 ··· 44

3.1.1 绿地投资 ··· 45

3.1.2 跨国并购 ··· 53

3.1.3 国际直接投资两种主要方式的比较 ·· 57

3.2 国际间接投资 ··· 60

3.2.1 国际间接投资概述 ·· 60

3.2.2 国际股票投资 ·· 61

3.2.3 国际债券投资 ·· 65

3.2.4 国际投资基金 ·· 69

复习思考题 ··· 70

第 2 篇 国际直接投资

第 4 章 国际直接投资理论

4.1 国际直接投资理论概述 ·· 73

4.2 国际直接投资的主流理论 ·· 73

4.2.1 垄断优势理论 ·· 73

4.2.2 产品生命周期理论 ·· 78

4.2.3 市场内部化理论 ·· 81

4.2.4 比较优势投资理论 ·· 85

4.2.5 国际生产折中理论 ·· 87

4.3 发展中国家的国际直接投资理论 ·· 90

4.3.1 资本相对过度积累理论 ·· 90

4.3.2 小规模技术理论 ·· 91

4.3.3 技术地方化理论 ·· 91

4.3.4 技术创新产业升级理论 ·· 92

4.3.5 投资发展周期理论 ·· 93

4.4 国际直接投资理论的最新发展 ·· 95
4.4.1 投资诱发要素组合理论 ·· 95
4.4.2 国家竞争优势理论 ·· 96
4.4.3 跨国公司全球战略理论 ·· 97
复习思考题 ·· 99

第 5 章　跨国公司

5.1 跨国公司概述 ·· 102
5.1.1 跨国公司的内涵 ·· 102
5.1.2 跨国公司的特征 ·· 103
5.1.3 跨国公司的产生与发展 ·· 103
5.2 跨国公司的组织结构 ·· 107
5.2.1 国际业务部组织结构 ·· 108
5.2.2 全球性产品组织结构 ·· 109
5.2.3 全球性职能组织结构 ·· 110
5.2.4 全球性地区组织结构 ·· 110
5.2.5 全球性矩阵组织结构 ·· 111
5.3 跨国公司的全球经营战略 ·· 112
5.3.1 市场选择战略 ·· 113
5.3.2 所有权选择战略 ·· 113
5.3.3 产品选择战略 ·· 113
5.3.4 转移定价战略 ·· 114
5.4 跨国公司发展的新趋势和新特点 ·· 116
5.4.1 2008 年以后跨国公司发展的新趋势 ···································· 116
5.4.2 后金融危机时代跨国公司发展的新特点 ································ 116
复习思考题 ·· 122

第 6 章　跨国银行

6.1 跨国银行发展的简要历程 ·· 125
6.2 跨国银行的特征 ·· 125
6.3 跨国银行与跨国公司 ·· 126
6.4 跨国银行的组织形式 ·· 126
6.4.1 母行与其海外分支机构组织结构的三种形式 ···························· 127
6.4.2 跨国银行海外分支机构的具体形式 ···································· 129
6.5 跨国银行发展新趋势 ·· 130

6.6 非银行跨国金融机构 ·························· 131
  6.6.1 跨国投资银行的概念 ······················ 131
  6.6.2 跨国投资银行的主要功能 ·················· 131
  6.6.3 跨国投资银行的主要业务 ·················· 132
复习思考题 ································· 134

第3篇 国际间接投资

第7章 国际证券投资

7.1 国际股票投资 ····························· 137
  7.1.1 国际股票价格指数 ······················ 137
  7.1.2 国际股票市场 ························ 140
  7.1.3 国际股票交易程序 ······················ 144
  7.1.4 国际股票交易方式 ······················ 146
7.2 国际债券投资 ····························· 149
  7.2.1 国际债券的价格和投资收益 ················ 149
  7.2.2 国际债券的发行 ······················ 153
  7.2.3 国际债券的清算 ······················ 155
  7.2.4 国际债券的评级 ······················ 155
7.3 投资基金 ······························· 157
  7.3.1 投资基金的设立 ······················ 157
  7.3.2 投资基金的管理 ······················ 159
复习思考题 ································· 162

第8章 国际风险投资

8.1 国际风险投资概述 ·························· 164
  8.1.1 国际风险投资的定义 ···················· 164
  8.1.2 国际风险投资的起源 ···················· 164
8.2 国际风险投资的特点与作用 ···················· 169
  8.2.1 国际风险投资的特点 ···················· 169
  8.2.2 国际风险投资的作用 ···················· 171
8.3 国际风险投资的运作与管理 ···················· 172
  8.3.1 国际风险投资的运作主体 ·················· 172
  8.3.2 国际风险投资的运作 ···················· 175

8.3.3　国际风险投资的管理 ························· 177

8.4　创业板与风险投资 ····························· 178

8.4.1　创业板的概念、特点及发展历程············· 178

8.4.2　我国创业板的发展历史 ··················· 180

8.4.3　我国推出创业板的作用 ··················· 183

8.4.4　我国创业板发展存在的问题 ··············· 186

8.4.5　我国创业板市场发展的几点思考 ··········· 188

8.5　我国国际风险投资的最新特点 ··············· 190

8.5.1　2012 年以前我国国际风险投资的特点 ······ 190

8.5.2　2013 年我国国际风险投资的特点 ··········· 191

复习思考题 ······································· 195

第 4 篇　国际投资管理

第 9 章　国际投资风险管理

9.1　国际投资风险概述 ··························· 199

9.1.1　风险 ······························· 199

9.1.2　投资风险 ··························· 200

9.1.3　国际投资风险 ····················· 201

9.2　国际投资政治风险管理 ····················· 203

9.2.1　政治风险的概念 ····················· 203

9.2.2　政治风险的评估 ····················· 204

9.2.3　政治风险的防范 ····················· 207

9.3　国际投资外汇风险管理 ····················· 209

9.3.1　外汇风险的概念 ····················· 209

9.3.2　汇率预测 ··························· 209

9.3.3　外汇风险的防范 ····················· 211

9.4　国际投资经营风险管理 ····················· 214

9.4.1　经营风险的概念 ····················· 214

9.4.2　经营风险的识别 ····················· 215

9.4.3　经营风险的管理 ····················· 216

复习思考题 ······································· 219

第 10 章　国际投资政策法规管理

10.1　国际投资法概述……………………………………………………………221
　10.1.1　国际投资法的概念……………………………………………………221
　10.1.2　国际投资法的调整对象………………………………………………221
　10.1.3　国际投资法的主体……………………………………………………221
　10.1.4　国际投资法的特点……………………………………………………222
　10.1.5　国际投资法的类型……………………………………………………222
10.2　东道国的外资政策法律………………………………………………………224
　10.2.1　东道国的外资法律体系………………………………………………224
　10.2.2　东道国外资政策法律的基本内容……………………………………224
10.3　投资国的外资政策法律………………………………………………………229
　10.3.1　海外投资保险制度……………………………………………………230
　10.3.2　对外投资的鼓励制度与优惠政策……………………………………231
　10.3.3　投资国的管制性政策法规……………………………………………232
10.4　国际直接投资的国际法规范…………………………………………………233
　10.4.1　双边性国际法规范……………………………………………………234
　10.4.2　区域性国际法规范……………………………………………………236
　10.4.3　全球性国际法规范……………………………………………………238
复习思考题……………………………………………………………………………242

第 5 篇　国际投资与中国

第 11 章　中国对外资的利用

11.1　中国利用外商直接投资概述…………………………………………………245
　11.1.1　改革开放后中国利用外资的发展历程………………………………245
　11.1.2　中国利用外商直接投资的作用………………………………………247
11.2　中国利用外商直接投资的主要方式…………………………………………253
　11.2.1　绿地投资方式…………………………………………………………253
　11.2.2　并购投资方式…………………………………………………………254
11.3　中国对外借款…………………………………………………………………259
　11.3.1　中国对外借款的方式…………………………………………………259
　11.3.2　中国企业对外发行股票………………………………………………263

11.4 中国利用外资的新变化 ·· 266
　11.4.1 2013 年中国利用外资的特点 ································· 266
　11.4.2 中国利用外资发展的新趋势 ································· 267
复习思考题 ··· 270

第 12 章　中国对外投资

12.1 我国"走出去"战略的确立与实施 ····························· 273
12.2 我国对外投资的发展概况 ·· 275
12.3 我国企业"走出去"的必要性 ·································· 277
12.4 后金融危机时代我国对外投资的新进展 ···················· 280
复习思考题 ··· 287

参考文献 ··· 288

第1篇

国际投资导论

第1章

国际投资概述

【学习目标】

➢了解国际投资的形成与发展。

➢掌握国际投资的含义及分类。

➢熟悉国际投资对世界经济的影响。

导入案例

可口可乐看好中国市场，大幅追加在华投资

世界经济复苏乍暖还寒，全球著名的饮料制造商可口可乐在这个春天加快了在中国追加投资、扩展市场的脚步。2012 年 3 月 29 日，可口可乐在辽宁省营口市建设的新厂正式投入运营。这是可口可乐中国设立的第 42 家装瓶厂，它将成为可口可乐中国系统投资最大的装瓶厂，营口新厂全面落成后其总体年产能力预计将达 120 万吨。也标志着可口可乐在华投资步伐的加速，可口可乐对快速成长的中国饮料市场充满信心。

可口可乐在华大幅追加投资，显示出中国传统的劳动力等优势仍然明显，承接产业转移的需求依然旺盛。中国疆域广阔，经济发展不平衡，这既是劣势，也会成为前进的动力。作为中国经济增长新的发动机的东北，凭借良好的发展预期，吸引了可口可乐在当地设立新的分厂。东北地区 2012 年经济总量超过 4.5 万亿元，同比增长 12.6%，高出全国 3.4 个百分点。这个位于渤海湾旁的新厂总投资达 1.6 亿美元（约合人民币 10 亿元），占地面积 17 万平方米，规划投资 9 条生产线，目前第一期工程的 4 条生产线已开始投入运营。

尽管中国土地资源日益紧张，人力成本不断上升，但更加成熟的市场和日益增长的消费，减轻了很多跨国公司的担忧。2012—2014 年，可口可乐计划在华投资 40 亿美元。

拥有逾 13.47 亿人口的中国，是可口可乐的第三大消费市场，仅位列美国和墨西哥之后。2011 年可口可乐在中国销售量为 21 亿标准箱，比 5 年前的销售量翻了一番。现在中国人均年可口可乐产品消费量为 39 瓶，广州则达到 130 瓶。对于人均消费瓶数还比较少的农

村市场，可口可乐同样持乐观和积极的态度。在中国的持续投资，不仅包括选址建厂，还包括加强分销系统的管理与开拓，可口可乐会更加关注农村市场的发展，让更多的消费者能够了解和喜爱可口可乐的产品。

从 1979 年重返中国内地市场，可口可乐被视为见证中美经贸往来的重要标志。30 多年来，可口可乐在华投资累计达到 50 亿美元，直接雇用了近 5 万名中国工人。

（资料来源：http：//intl. ce. cn/sjjj/qy/201203/29/t20120329_ 23200492_ 1. shtml.）

由此案例引出的问题：

➲外商追加在我国投资是由哪些因素导致的？

➲国际投资产生和发展的动因是怎样的？

➲可口可乐在华投资会对我国饮料行业产生哪些影响？

➲在此案例中，可口可乐追加在华投资的动因有哪些？

1.1　国际投资的含义、分类及其形成与发展

经济全球化使得各国经济联系日益紧密，生产要素、商品和劳务在不同国家之间频繁流动，资源在世界范围内重新组合与配置，不仅提高了资源配置效率，还使得各国经济间依存度逐步提高，这一切均得益于国际投资的推动。

1.1.1　国际投资的含义

国际投资（international investment）是指各投资主体将其拥有的资本投入本国以外的国家，通过对其运营实现价值增值的经济行为。

国际投资从字面上看容易被认为是国内投资向国外的延伸，但实际上国际投资除具备国内投资的一些基本特征外，其含义更加广泛，主要从以下方面把握。

1. 国际投资的主体

投资主体即由谁进行投资，是指具有投资决策权并对投资结果负有责任的法人或自然人。国际投资主体分为以下 4 类。

（1）跨国公司。它是国际直接投资的主体，也是国际投资的主要参与者，世界上绝大部分国际直接投资都是由跨国公司进行的。

（2）跨国金融机构。它是国际证券投资和金融服务业直接投资的主体，包括跨国银行及各种非银行金融机构。

（3）官方和半官方机构。官方机构一般是指各国政府，半官方机构是指各类国际性的组织，如世界银行、亚洲开发银行等具有国际经济援助和公益性的国际投资主体。

（4）个人投资者。主要是指参与国际证券投资为主的投资者个人。

由此看来，国际投资的主体是多元化的。

2. 国际投资的客体

投资客体即用什么进行投资，是投资主体用来经营操作的对象。国际投资客体分为以下 3 类。

（1）实务资产，是指以土地、厂房、机器设备、原材料等实物形式存在的生产资料。

（2）无形资产，包括专利技术、管理技术、商标权、情报信息等。

（3）金融资产，包括国际债券、国际股票、衍生金融产品等。

3. 国际投资与国内投资的区别

国际投资与国内投资的最终目标均是利润最大化，但两者相比，国际投资不仅在投资区域上有所扩展，而且在投资目的、投资方式、投资环境等各方面都有极大不同。

（1）投资目的不同。国内投资的主要目的是促进本国经济发展同时取得利润，而国际投资的目的则呈现多样化。

国际投资的目的主要包括：① 利用国外较丰富的自然资源和低廉的生产要素（资源、劳动力）以满足本国的需要或降低生产成本；② 市场驱动，占领国外更广阔的市场，以保持其产品的垄断地位；③ 消化过剩资本、分散资产风险；④ 转移国内落后的产业，将污染企业输出到其他国家；⑤ 政治性动机，如通过国际投资带动与东道国间的贸易往来和其他合作项目，建立并改善双边和多边关系，控制东道国经济，等等。

（2）投资环境不同。投资环境是指决定和影响投资的硬环境和软环境，包括政治因素、自然因素、经济因素和社会因素。国内投资环境相对简单，投资者对影响投资的政治、政策法律、社会文化环境比较熟悉，对经济环境有较大的适应性，经营风险较小。而国际投资面对不同的东道国，每个国家各有自己的政治经济制度、法律制度、历史文化、自然环境等，与各国国内存在的差异很明显，使得投资更复杂，经营风险更大。

（3）货币单位和货币制度不同。各国使用的货币不同，货币制度也存在差异。国内投资一般使用本币，而国际投资一般使用在国际市场上可以自由兑换的美元、欧元、英镑、日元或东道国货币。由于世界上大部分国家实行浮动汇率制，汇率波动频繁，且每个国家的外汇管理制度千差万别，直接影响到国际投资的规模、流向和形式，这些因素使得国际投资与国内投资相比面临着更多的不确定因素，存在着经济损失的风险。

4. 国际投资与相关学科的关系

1）国际投资与国际贸易

（1）国际投资与国际贸易的区别表现在以下几个方面：国际投资是国际货币资本和国际产业资本跨国流动的形式，而国际贸易是商品与劳务的跨国流动；国际投资活动的目的是价值增值，而国际贸易活动的目的是等价交换；国际投资活动是在国际贸易活动之后出现的。

（2）国际投资与国际贸易的联系表现在以下几个方面：国际贸易发展带动了国际投资；国际投资，不管是直接投资还是间接投资，会带动商品的进出口，促进国际贸易。

2）国际投资与国际金融

（1）国际投资与国际金融的区别表现在以下几个方面：国际金融研究的对象是国际货币金融关系及其基本规律，而国际投资研究的对象是国际企业资金筹集运用的规律；国际金融活动是货币在不同国家间的转移，国际投资活动既有货币的国际转移，也有生产要素的国际转移。

（2）国际投资与国际金融的联系表现在：无论是国际投资，还是国际金融，均涉及国际资本流动。

1.1.2　国际投资的分类

国际投资的内容丰富，形式多样，可以按照投资期限、投资主体等多种不同的标准分类，其中，直接投资与间接投资的分类是最常见和最有意义的分类方式。

按照投资主体对海外企业是否拥有实际经营管理权，国际投资可划分为国际直接投资（international direct investment）和国际间接投资（international indirect investment）。

1. 国际直接投资

国际直接投资又称外商直接投资（foreign direct investment，FDI）、对外直接投资、境外直接投资、海外直接投资，是指投资者将资产投放到海外，以新建或并购的方式，获得国外企业部分经营管理权和控制权的投资行为。国际直接投资不仅涉及货币资本流动，而且带动商品、人才、技术、管理经验等综合转移。近年来，国际直接投资规模和比重不断增加，增长速度超过国际贸易，已成为全球经济增长的重要引擎。

2. 国际间接投资

国际间接投资（foreign indirect investment，FII）又称国际金融投资，与国际直接投资相对应，是指投资者以国外股票和债券等金融资产为投资对象，以获取利息、股息等资本增值收入的投资，是国际证券投资和国际信贷投资的总称。国际间接投资的投资者不参与国外企业的经营管理活动，投资通过国际资本市场进行。国际投资发展的初始阶段，国际间接投资规模占到90%，以后的发展过程中两种方式相互促进，此消彼长，竞相发展，共同影响着国际收支平衡，相互交融于现实经济生活中，日益发挥对国际经济活动的主导性作用。

国际直接投资与国际间接投资的比较见表1-1。

表1-1 国际直接投资与国际间接投资的比较

	FDI	FII
投资方式	直接设厂、从事经营拥有股权，对企业有经营控制权	购买企业股票、政府或企业债券，发放长期贷款，但不直接参与生产经营活动
投资主体	从事生产或提供服务的企业	金融机构、机构投资者（保险公司）个人投资者
资产所有权与经营权是否分离	不分离	分离
是否拥有经营控制权	拥有	不拥有
要素移动	除资本外，还有其他要素移动	主要是资本的移动
风险	较大	有大有小

1.1.3 国际投资的形成与发展

国际投资的形成与发展可分为以下几个阶段。

1. 初始形成阶段（1914年以前）

第二次工业革命出现后，生产力得到了快速发展，国际分工体系和发达资本主义国家的资本相对过剩局面初步形成，银行资本和产业资本相互渗透融合，形成了巨大的金融资本，使国际投资具备了物质基础，以资本输出为特征的国际投资也随之形成。这一时期，国际投资表现出如下特点。

（1）投资国的数量很少，规模较小。主要是少数资本主义工业化国家，英、法、德是最大的对外投资国，荷兰与瑞士也是重要的对外投资来源地；到1913年，英国国际投资总额相当于当时国民财富的1/4，达40亿英镑，占全球国际投资总额的1/2，法、德同期对外投资总额也占到其国民生产总值的2%～3%。

（2）投资的形式以间接投资为主。国际股票、国际债券和国际信贷等投资占到国际投资额的90%，国际直接投资比重仅占10%左右。1913年占全球国际投资总额1/2的英国，其证券投资占对外投资的70.5%，法国则以债券为主对外投资，由此获"高利贷帝国主义"之称。

（3）投资的来源主要是私人投资。因为当时资本主义国家处在自由竞争阶段，政府对私人投资的限制与阻碍很少，因此这一时期是国际私人投资的黄金时代。官方投资很少，且资本输出比重远远少于商品输出。

（4）投资多流向殖民地、半殖民地国家，主要是由英国、法国和德国流向其殖民地国家，占到投资总额的70%以上，投资目的突出地反映为寻找有力的投资场所，以便获得超额利润。

（5）国际投资青睐自然资源丰富的地区，集中在铁路、采矿、石油开采和农业初级产品生产行业方面，对制造业投资较少。

拓展阅读

日本投资中国国债

2012年3月13日，日本财务大臣安住淳向媒体证实，经中国政府许可，日本获准最多可购入650亿元人民币或103亿美元的中国国债。截至2012年1月底，日本外汇储备规模达13 066亿美元，成为规模仅次于中国，位居全球第二的外汇储备国家，其中近70%都是美元资产。在欧美债务危机的大背景下，如何使外汇储备多元化、如何安全地管理外汇储备并使之保值增值是全世界许多国家央行面临的重大课题，日本央行也不例外。日本选择中国国债也是相对比较安全的分散外汇储备的投资方式。

中国政府批准日本可购买650亿元人民币相当于103亿美元的中国国债。这是中国首次与发达国家签署此类协议。此举不仅对日本，而且对中国都具有标志性的意义。

首先，中国、日本是近邻，而且是世界第二、第三大经济体，中日贸易来往密切，中日金融合作特别是在债券市场发展上的合作非常重要。其次，中日都有意建立一个联合的投资基金。再次，据日本财务省的数据显示，2011年1月至11月份，中国政府共计买入25.14万亿日元的短期日本国债，同时卖出28.26万亿日元；反过来日本也投资中国国债，双方互相投资是有利于双方合作的。最后，庞大的中国外汇储备需要分散风险，除了继续投资美国国债及欧洲国债，上年增持了日本国债。而日本外汇储备达1.3万亿美元，购买中国国债未尝不是一种分散风险的投资。

当然，这一切都建立在中国经济的发展势头、人民币的不俗表现及最重要的中国国债的收益率基础上。相关统计显示，投资5年期美国国债2011年的平均收益率为1.41%，而同期的5年期中国国债平均收益率达到3.52%。根据这个基本情况，非但日本今后可能增加购买中国国债，而且可能还有发达国家有意购买中国国债，如澳大利亚、俄罗斯等。

可是，我们也不能夸大日本购买中国国债的意义。日本仅仅购买相当于 8 400 多亿日元的中国国债，是中国购买日本国债的 3% 不到，是日本外汇储备的 1/100。因此，日本此次购买中国国债与其说是相互投资国债、分散日本外汇储备风险，不如说象征的意义更多些。这主要是因为人民币的国际化程度还不高。

中国已占到全球 GDP 总量的 10%、全球贸易总额的 9%，贡献了全球约 1/4 的经济增长。中国近年来为人民币国际化也做了许多。可是直到现在，就连瑞士法郎的使用范围都要比人民币广得多。

一般来讲，以储备货币计价的主权债务是国际投资者想要的安全资产，看一种货币的国际化程度，衡量该货币的主权债务流动性，政府债券换手率是一项很关键的指标。2010 年美国国债换手率为 14.3，而中国仅为 1.0，甚至连印度国债的换手率都达到中国的 2 倍。而日本购买中国国债之前，非但没有发达国家来购买中国国债，中国国债投资者也只有泰国和尼日利亚。显然，人民币的国际化程度还很低，谈不上是国际储备货币之一。而日本购买中国国债，其分散外汇储备风险的意义也是很小的。

不过，自日本开了这个头之后，预计像俄罗斯、澳大利亚等拥有较为庞大的外汇储备，且与中国经贸关系密切或政治关系良好的国家也会纷纷希望持有更多的人民币债券。这会是一个逐步加速的过程。

日本此次购买中国国债以及中国批准日本购买中国国债，其更深层次的意义恐怕都是想促进加快人民币国际化的步伐。中国经济的基本面吸引更多的中国国债购买者，而中国经济发展和人民币国际化的进程也需要更多的国际投资者。当中国国债国际持有量大了，中国金融改革的压力也将增大。中国自身发展虽然谨慎，然而却需要金融改革，需要人民币国际化，而且步伐不妨稍稍加快。

（资料来源：http：//www.zsnews.cn/Economy/2012/03/14/1943866.shtml.）

2. 低迷徘徊阶段（1914—1945 年）

这一时期是两次世界大战之间的时期。由于两次世界大战和 1929—1933 年代世界经济危机的影响，各投资国均不同程度地受到了战争的破坏和经济下滑的双重打击，资金极度短缺，市场萎缩，使得国际投资活动也处于低迷徘徊之中。

这一时期国际投资活动的基本特点可概括为以下几个方面。

（1）国际投资处于总量萎缩、增长缓慢、低迷徘徊阶段，年均增长率仅为 2.7%，投资总额下降；到 1945 年第二次世界大战结束时，主要国家对外投资总额已经下降为 380 亿美元。

（2）私人投资仍占主体，但比重有所下降，官方对外投资比重迅速上升，目的是应对当时政治、经济动荡局面，促进战败国经济复苏。

（3）间接投资仍为主流，如美国 1920 年私人海外投资中 60% 为证券投资，英国 1930 年对外投资中 88% 为间接投资；但从全球来看，投资方式比重有所变化，国际间接投资比重有所下降，从原来的 90% 降至 75%，而直接投资的比重有所上升，由原来的 10% 上升到 25%。

（4）受战争影响，主要投资国地位发生变化，英、法两国由于战争消耗，经济实力大大削弱，投资国地位下降，德国因支付战争赔款和在协约国的投资被没收等原因由债权国沦为净债务国，而美国受战争影响较小，一跃成为经济强国，趁机对外扩张，对外投资额大幅增长，由原来的排位第四，跃升为第二，仅次于英国。

3. 恢复增长阶段（1946—1979年）

世界政治局势的相对平稳和第三次工业革命的兴起，使国际投资得以恢复和增长。1946—1965年间，美国实施著名的"马歇尔计划"，对外贷款与赠予（军事援助除外）总额达840亿美元，帮助受战争破坏的欧洲国家重振经济，拉开了大规模对外投资活动的序幕。

这一时期国际投资活动的基本特点可概括为以下几个方面。

（1）国际投资规模呈现迅速恢复增长趋势，国际直接投资累计总额增加了12.7倍，年均增长率达到8%以上，国际直接投资总额由1945年的510亿美元增至1978年的6 000亿美元。

（2）对外投资方式有较大变化，由以间接投资为主转变为以直接投资占据主导地位。据统计，国际直接投资从1945年的200亿美元增至1978年的3 693亿美元，占国际投资总额的比重由39.2%上升到61.6%。

（3）发展中国家和地区也加入到国际投资国的行列中，如新加坡、韩国、印度、阿根廷、巴西、中国等都开始开展国际投资，只是规模很小，1970—1972年，发展中国家和地区对外投资余额仅为4 300万美元，相当于发达国家对外投资余额的0.33%。石油输出国更是异军突起，石油提价带来的巨额盈余资金外流，其"石油美元"成为国际投资的重要资金来源，改变了国际投资活动为少数西方大国垄断的局面。

4. 迅猛发展阶段（1980—2000年）

这一阶段，国际投资规模在科技进步、跨国公司全球化、金融创新等因素的共同推动下得以迅猛扩大，国际直接投资和间接投资两种方式竞相发展，且间接投资发展速度远超过直接投资，重新占到主导地位。本阶段主要特点可概括为以下几个方面。

（1）美国、日本、西欧三足鼎立的"大三角"国际投资格局形成。日本经济战后快速发展，政府的支持和鼓励加速了其国际投资的步伐，到1980年年底，日本对外投资余额为365.2亿美元，已成为世界上第四大对外投资国。同时，西欧各国经济的恢复使英、法、德等国在国际投资领域发挥重要的作用，战后美国独霸的国际投资格局开始让位于以德国为中心的欧盟圈。但20世纪90年代中期日本的经济泡沫又动摇了其投资地位。

"大三角"地区对外直接投资流量见表1-2。

表1-2　"大三角"地区对外直接投资流量　　　　　　　　　单位：亿美元

地区	流量					占世界总额的百分比（%）	
	1987年	1988年	1989年	1990年	1980年	1980—1985年	1986—1990年
西欧	330	490	630	690	790	34	35
日本	150	200	340	440	480	10	20
美国	140	280	140	290	290	26	14
总额	620	970	1 110	1 420	1 560	70	69

（资料来源：段先胜. 外国直接投资［M］. 上海：上海人民出版社，1993.）

（2）发达国家间国际投资不断增加。随着经济往来的不断增加，发达国家间的资本往来在国际资本流动中占据2/3比重，成为国际投资主体。发达国家不仅是国际投资流出地，也成为国际投资的流入地，国际投资不再主要流入经济落后国家。据联合国贸发会资料统计，在1998—2000年间，以美国、日本、欧盟三大经济体主导的国际直接投资占发达国家之间资本输入的93%和资本输出的91%，占全球对外直接投资流入总量的75%和流出总量的85%。

（3）发展中国家和地区吸引外资逐年增加。亚洲的新加坡、韩国和中国香港、台湾地区不断吸收外资、引进先进技术，为经济发展提供了保障。其中，新加坡从1965年到1975年平均每年引资1.49亿美元，1980年5.6亿美元，1983年上升至8.05亿美元，成为吸收外资最多的国家。与此同时，发展中国家和地区还纷纷开展对外投资，如一些石油输出国成员（沙特阿拉伯、科威特、阿联酋）以及韩国、中国香港、中国台湾等。发展中国家和地区对外直接投资从1980年占世界对外直接投资总额的5%，上升到1996年占世界对外直接投资总额的15%，达到510亿美元。

5. 调整发展阶段（2001—2010年）

进入21世纪，国际投资规模随全球经济发展而呈现升降交替的变化。以国际直接投资为例，在2000年FDI投资总额达到历史最高点13 880亿美元后，2001—2003年逐年下降，2003年跌入谷底，FDI只有6 378亿美元；2004—2007年又进入高速增长期，2007年世界各国对外直接投资达到创纪录的2.1万亿美元，世界各大经济体投资与引资量年均增长37%，2007年FDI达到18 333亿美元。但2008年受全球金融危机影响，全球FDI下降到1.6万亿美元，同比下降16%，2009年的跌幅更是高达37%，全年总投资额仅为1.1万亿美元。而此时无论是作为对外直接投资目的地还是资本输出国，中国的地位始终都在显著上升。

2010年，全球外国直接投资流入量小幅上升了5%，达到1.24万亿美元，但总量仍比危机前的平均值低15%左右。总体看来，投资仍然落后于全球工业生产和贸易的复苏，2010年包括东亚、东南亚和南亚在内的亚洲国家直接外资流入量上升了24%，达到3 000亿美元，接近全球总量的1/4。中国内地和中国香港地区的直接外资流入量实现了两位数的增长，其中中国内地的流入量上升了11%，达到1 060亿美元。

6. 逐步复苏阶段（2010年至今）

尽管世界经济出现动荡，2011年全球FDI外商直接投资流量仍超过了金融危机前的平均值，达到1.5万亿美元，但仍较2007年峰值低约23%。各主要经济体的FDI流入量都有所增长。流入发达国家的FDI增长了21%，达7 480亿美元；流入发展中国家的增长11%，达到创纪录的6 840亿美元；流入转型期经济体的FDI上升25%，达920亿美元。全球FDI流量在经济与金融危机期间达较高水平，证明了经济的活力和这些国家对未来FDI流量所起的重要作用。2011年，跨国并购上涨53%，达5 260亿美元。这一增长由大额交易（交易额超过30亿美元）数目的增加引起（从2010年的44起升至2011年的62起）。这反映出股票市场资产价值的提高与运作买家资金实力的提升。尽管绿地投资额已连续两年下跌，但2011年稳定在9 040亿美元，在发展中经济体和转型经济体的绿地投资仍占总额的2/3以上，仍占主导的模式。

2012年，全球外国直接投资下降了18%，达1.35万亿美元。全球外国直接投资复苏势头疲软。在全球外国直接投资增长出现反复的过程中，发展中国家在吸引外国直接外资方面走在了前面，其吸收的直接外资有史以来首次超过发达国家，占全球直接外资流量的52%，达到7 030亿美元。在对外投资方面，发展中经济体也占了全球近1/3，继续了稳步上升的趋势。金砖国家（巴西、俄罗斯、印度、中国和南非）不仅是外国直接投资的主要接受国，也已经成为重要的对外投资国。其对外直接投资总量由2000年的70亿美元猛增到2012年的1 450亿美元，达到世界投资总流量的10%。金砖国家在非洲的投资规模很大。例如，截至2011年年底，中国对非洲的直接投资存量达到160亿美元。

2013年，全球FDI资金已回升了9%，达1.45万亿美元。FDI资金主要集中在发达经济体、发展中国家和处于转型期的国家。发展中国家2013年仍是FDI资金流入最多地区，达7 780亿美元，占全球FDI总额的54%；流入发达国家的FDI资金为5 660亿美元，占全球FDI总额的39%，同比增长9%；各转型期国家吸收FDI资金为1 080亿美元。从洲别来看，亚洲仍是FDI最具吸引力的区域，吸收FDI资金达4 260亿美元，占全球FDI资金总额的30%。欧盟和北美均吸收FDI资金约2 500亿美元。美国目前是吸引FDI资金最多的国家。虽然自金融危机后美国吸收FDI资金已逐渐减少，但是2013年，美国依然吸收了1880亿美元FDI资金（2012年为1 610亿美元），这比吸引FDI资金第二多的中国高50%（2012年吸引1 210亿美元，2013年吸引1 239亿美元，含金融类）。

▶▶ 本节讨论案例 ◀◀

2013年全球外国直接投资重现增长

联合国贸易和发展组织2014年6月24日发布的《2014年世界投资报告》显示，2013年全球外国直接投资（FDI）重现增长，流入量增长了9%，达到1.45万亿美元。

贸发组织预测，全球FDI流量在2014年可能升至1.6万亿美元，2016年进一步增加到1.8万亿美元，这些增长将主要来自发达国家。但一些新兴市场的经济脆弱性以及政策不确定和区域不稳定带来的风险可能对这一增长势头产生不利影响。

报告显示，发展中经济体2013年全球FDI流动中保持了领先地位，全年流向发展中经济体的FDI占全球总流量的54%；而流向发达国家的FDI占全球总流量的39%；在FDI流入量全球前20位排名中，发展中国家和转型经济体目前占到一半。

与此同时，从发展中国家流出的FDI也达到历史最高水平。发展中国家和转型经济体全年对外投资达5 530亿美元，占全球FDI流出量的39%，而这一比例在21世纪初只有12%。

报告指出，2013年中国在全球外国直接投资流动中表现不俗，全年吸引外资1 239亿美元（含金融类），与位居全球第一的美国的距离进一步缩小。中国仍是全球最具吸引力的投资目的地之一。同时，中国对外投资的高速增长引人注目。初步估算显示，2013年中国对外投资达1 010亿美元（含金融类），较上年增长15%，仅居美、日之后。中国可能在未来一两年内成为净对外投资国。

报告还分析了2013年以来的全球投资政策趋势，认为各国出台的大多数投资政策措施仍趋向投资促进和自由化，但监管和限制性投资政策的比例也在上升，2013年达到27%。

（资料来源：http://www.chinairn.com/news/20140625/161524268.shtml.）

【讨论的问题】

1. 分析在全球国际直接投资形势向好的情况下，我国应该如何把握投资机会？
2. 国际投资存在哪些风险？
3. 查阅搜集资料，分析中国仍是全球最具吸引力的投资目的地之一的原因何在？

1.2 国际投资对世界经济的影响

随着经济全球化和区域经济一体化的不断发展，国际投资的规模日益扩大，对全球经济和各国经济的影响和作用日益突出，主要表现在以下几个方面。

1.2.1 提高就业水平

就业问题是每个国家宏观经济管理的主要指标之一。国际直接投资对就业的影响既表现在就业数量上，又表现在就业质量上；既影响投资国的就业，也促进东道国的就业，且对发展中东道国的就业影响大于发达国家。作为国际投资主体的跨国公司基于其全球发展战略，也为了利用其廉价劳动力和生产要素，在发展中东道国投资劳动密集型加工制造业项目占有相当比重，这为东道国创造了大量的新的就业机会，带来了显著的就业效应。与此同时，跨国公司因技术、经营管理和劳动生产率方面都有很强的竞争力，在东道国设立的分支机构带来新知识和新技术，为适应其生产活动需要对当地员工提供正规培训和职业教育，为东道国雇员提供较国内企业雇员更高的报酬和较好的工作条件，提高了东道国劳动者素质和就业质量。按照联合国贸易和发展会议《2010 年投资报告》统计，2009 年跨国公司外国子公司雇员人数达到 8 000 万名，2011 年跨国公司外国子公司雇员人数达到 6 900 万名，2012 年为 7 200 万名，较 2011 年增加了 5.7%。仅就我国而言，改革开放以来，随着我国投资环境的逐步改善，利用外资政策的不断推出，来我国进行投资的外商投资企业逐年增加，进入 21 世纪以后，我国更是成为吸引外商投资最多的国家之一，从业人数由 1986 年的 13 万人增长到 2012 年的 2 215 万人。对投资国而言，对外投资虽然可能会减少国内同行业的就业机会，但其也进一步带动了东道国内部的相关企业和行业的贸易发展，增加了就业机会，其综合影响是积极的。

2008—2012 年我国外资企业就业人数见表 1-3。

表 1-3 2008—2012 年我国外资企业就业人数　　　　　　　　　　　单位：万人

年份	2008 年	2009 年	2010 年	2011 年	2012 年
港澳台城镇就业人员	679	721	770	932	969
外商投资单位城镇就业人员	943	978	1 053	1 217	1 246
合计	1 622	1 699	1 823	2 149	2 215

（资料来源：国家统计局。）

1.2.2　促进国际贸易

从国际经济往来的发展可以看出，先有国际贸易，后引发国际投资，即国际贸易活动往往是国际投资行为的基础和先导，许多企业多是首先通过产品出口来打开国外市场，进而了解国外市场需求，而国际贸易的出口和进口往返运输需要增加交易成本、中介费用和时差间隔，由此引发资本输出动机，即把资本直接投入到商品需求国家，就地生产就地销售。资本输出又引发生产要素的国际移动，由此出现跨国公司和国际金融。这是市场经济发展的必然趋势。尽管是国际贸易引发国际投资，但国际投资作为一个后来者却起了主宰国际贸易的作用。因为国际投资行为的发生，会引起购买力在国际间转移，从而带动国际贸易发展。对投资国而言，国际投资对其出口贸易规模、出口产品结构产生影响。在从事制造业国际直接投资中，当投资国的海外新建子公司与母公司总部生产的产品相同时，由于子公司在信息、避税、运输和通信、售后服务等诸方面的优势，子公司产品的出口会相应增加，对母公司的出口产生替代作用。投资国母公司在海外设厂时，其所需生产设备以及生产所需的原材料和零部件均可从母公司对海外子公司出口，也可从投资国其他供应商向海外子公司出口，从而直接推动了投资国设备等产品的出口贸易。

拓展阅读

2013 年美国吸引外国直接投资 1 875.28 亿美元，同比增长 16.79%

2014 年 4 月，美国商务部经济分析局（BEA）公布 2013 年美国吸引外国直接投资初估数据。2013 年，美国吸引外资资本流量（financial flow，下同）1 875.28 亿美元，同比增长 16.79%。2013 年，中国对美投资 22.41 亿美元，同比增长 63.58%，其中一季度 0.22 亿美元、二季度 13.14 亿美元、三季度 -4.78 亿美元、四季度 13.83 亿美元。

数据显示，2013 年美国吸引外资来源地按金额排序前十位分别为：日本（400.41 亿美元）、英国（364.55 亿美元）、加拿大（258.05 亿美元）、爱尔兰（149.39 亿美元）、荷兰（119.59 亿美元）、英属加勒比群岛（112.71 亿美元）、卢森堡（98.74 亿美元）、德国（84.23 亿美元）、法国（64.76 亿美元）、韩国（58.22 亿美元）。中国位居第 14 位，占美当年吸引外资总额的 1.2%。（注：2013 年挪威、瑞士由于部分季度数据未予披露，因此无当年国别数据。）

从美国吸引外资的行业分布看，2013 年，制造业吸引外资 658.68 亿美元，占 35.12%；其他行业 432.41 亿美元，占 23.06%；批发贸易 268.81 亿美元，占 14.33%；信息 209.07 亿美元，占 11.15%；金融（存款机构除外）和保险 172.79 亿美元，占 9.21%；存款机构 53.77 亿美元，占 2.87%；零售贸易 53.53 亿美元，占 2.85%。

1.2.3　优化产业结构

投资国出口产品结构在很大程度上由投资国产业结构所决定，而国际直接投资对于投资国产业结构的调整则有重要的作用。按照著名的产品生命周期理论，当发达国家某些产业在本国处于劣势，竞争力逐渐下降时，可利用产品的比较优势，将其转移到欠发达国家和发展中国家，这样不仅延长了产品的生命周期，也利于投资国推动产业升级，优化产业结构，对于投资国和东道国的产业结构优化都是有利的，充分体现了国际资源优化配置的原则。对于跨国经营的企业来说，出于自身利益的考虑，也会通过国际直接投资获取低成本的资源或通过采用新技术新工艺使现有产品升级换代来加强出口竞争力，从而也促进投资国产业结构的改善。美国的做法最具代表性，20 世纪 80 年代以来，美国就是通过国际投资来实现产业结构调整和优化的。为充分利用各国的比较优势，美国政府以发展高技术产业为龙头，逐步将劳动密集型、低技术、低增加值生产工序通过国际投资的方式大规模转移到国外，而将高技术、高增加值的工序留在美国本土，集中国内资源用于发展以信息技术为主的高技术新兴产业，使产业结构得到重大调整和升级，巩固了其经济大国的地位。发展中东道国多数工业基础薄弱，服务业较落后，跨国公司的国际投资带来新知识、技术、组织管理等无形资源，促进了东道国新兴工业发展和产业结构升级，如我国的汽车制造、电子等工业就是采用与外国合资等方式兴建和发展的。然而，国际投资实践证明，发展中东道国虽然可以通过引进外资购买先进技术、设备来提高本国技术水平，但引进外资获得的一般是已经标准化的技术，而非最新的高新技术。事实上，发展对外直接投资、到发达国家投资，直接参与国际市场科研开发和企业管理，比吸引外资能获得更为先进、尖端的技术和管理经验。韩国、中国台湾等国家和地区近年一直在海外投巨资于高科技产业就是很好的例证。

1.2.4　满足资金需求

国际投资满足资金需求表现在以下两个方面。

（1）国际直接投资满足资金需求。发展中东道国的经济发展普遍面临着建设资金缺乏的问题，需要巨额的建设资金，而其自身由于资本积累水平较低，严重制约了经济发展。国际投资带来外国资本的流入，直接增加了东道国资本存量，促使其生产规模扩大，刺激国内投资，增加资本积累，促进经济增长。绿地投资在这方面的贡献极其显著。跨国公司再投资收益可以成为东道国长期投资的重要资金来源。2011 年，跨国公司全球总量 21 万亿美元的直接外资收入为 1.5 万亿美元，其中将近 1/3 在东道国被留存，2/3 被汇回跨国公司本国（平均相当于经常项目收支的 3.4%）。留存盈余的比重在发展中国家最高，约为直接外资收入的 40%，因而这笔资金是东道国一个重要的融资来源。以我国为例，改革开放初期，我国外商直接投资中用于固定资本投资从 1985 年的 3.6% 左右提高到 1996 年的 13.1%；基本建设资金中外资所占份额 1996 年达到 14.3%。1979—1996 年间，我国实际利用外资合计 2 839.7 亿美元，外商直接投资 1 748.8 亿美元，这部分投资多数集中于我国制造业以及国内企业的更新改造，促成了我国一批重点工程早日开工建设，扩大了基础产业部门的生产能力，改善了基础设施供给，分散了投资风险，为经济增长创造了良好的条件。截至 2013 年年底，我国累计实际利用外资金额达到 11 460.31 亿美元，外资已成为我国经济快速增长和保持繁荣的最重要源泉。

（2）国际间接投资满足资金需求。在国际资本市场上有国际金融机构借款、国际商业银行借款、国际证券市场融资等多种筹集渠道，可以通过直接融资的方式更加方便、有效地筹集到所需资金，跨国公司的筹资渠道可在国内资本市场、国际资本市场、东道国资本市场等多方位选择，缓解对本国国际收支平衡的压力。我国改革开放后，国外贷款大部分投向基础产业和基础设施建设，1979—1996 年我国对外借款 1 041.1 亿美元，其中重点投向能源工业 30%，交通通信 22%，重点原材料工业约 20%，机电轻纺 14%，农林水利 8%。2005—2010 年世界银行对我国贷款见表 1-4。贷款主要部门涉及供水、卫生与防洪、金融、教育、交通信息与通信、法律、司法与公共管理、农林渔业等。

表 1-4 2005—2010 财年世界银行对中国贷款

财年/年	贷款总额/万美元	贷款项目数/个
2005	1 030.30	9
2006	1 454.33	11
2007	1 675.27	13
2008	1 552.90	17
2009	2 380.70	16
2010	1 442.90	18

拓展阅读

亚洲开发银行 2 亿美元贷款中国普及安全供水

2014 年 5 月 27 日亚洲开发银行（以下简称亚行）在北京与中国水务集团有限公司（以下简称中国水务）签署了 2 亿美元的贷款协议，以帮助改善中国的用水普及率和水质。

缩小城乡供水差距是中国推进城乡一体化进程中亟须解决的问题之一。通过该项目，中国水务将把城市供水管网延伸至半城市化和农村地区，为居民提供全天候不间断供应的自来水。用户将享受到更好的水质和更稳定的供应。中国水务还将改造现有供水设施，以防止供水过程中出现渗漏或二次污染。

亚行私营部门业务局首席投资专家木村寿香表示，像中国水务这样的私营部门参与城乡一体化供水，是覆盖缺乏供水地区的有效途径。该项目将提高整个供水过程中水的利用率，更好节约水资源。

据悉，亚行的支持将包括 1 亿美元等值的美元和人民币双币种 A 类直接贷款。人民币部分将使用由亚行发行的"熊猫"债券和"点心"债券募集的资金。亚行还将安排总额 1 亿美元的 B 类贷款，并担任提供 B 类贷款的各商业银行的账面贷款人。

总部位于香港的中国水务集团成立于 2003 年，是一家在香港联合交易所主板上市的私营公司。

（资料来源：http://finance.chinanews.com/cj/2014/05-27/6218767.shtml.）

1.2.5 促进生产经营跨国化

国际投资活动带来跨国公司的生产活动跨国化，跨地区的国际生产体系正为越来越多的跨国公司所实施。尤其是在特大规模的跨国公司的生产经营战略中，形成了跨国公司职能跨地区的全球一体化生产体系。与国内生产不同，跨国公司生产的所有环节都是进行国际化安排，在多个国家、不同空间实现，其生产规模比国内公司大。跨国公司在海外几个甚至几十个国家或地区，不仅表现为一国范围内企业内部的生产活动，而且表现为在国际上不同国家间进行主件、零部件等各种产品的制造、运输、采购、储存和装配成品等广义的生产活动。2012 年，跨国公司的国际生产继续稳步扩张，因为直接外资流量即便处于较低水平，也在增加现有直接外资存量。全球跨国公司数量 2012 年超过 8 万家，其外国子公司超过 80 万家。2010 年，跨国公司的全球生产带来约 16 万亿美元的增值，约占全球 GDP 的 1/4。其外国子公司的产值约占全球 GDP 的 10% 以上和世界出口总额的 1/3。例如，著名的跨国公司——联合利华是世界 500 强之一，其在全球 75 个国家设有办事机构，拥有 500 家子公司，员工总数近 30 万人，年营业额超过 400 亿美元。它是全球第二大消费用品制造商，是全世界盈利最佳的公司之一。根据 2012 年最新世界 500 强排行榜，联合利华位居第 139 名，营业收入为 646.10 亿美元。再如，美国波音公司是世界领先的航空航天公司，其生产在全球 70 个国家完成。截至 2013 年，波音公司全球雇员总人数达到 17 余万名，拥有世界各地的子公司 300 多家，工厂 170 多处。波音公司机构和人员遍及全球五大洲 70 个国家或地区。

　　当然，国际投资同样带来了消极的方面，表现在：① 资本输入意味着将来资源的流出、借贷资本需偿还本息，外商直接投资要以未来利润分配为代价；② 会造成某些部门受外国垄断力量控制；③ 资源过度消耗与污染转嫁。

本章讨论案例

2013 年中国对外投资表现惹眼

　　商务部公布数据显示，2013 年，我国实际使用外资同比增长 5.25%，对外直接投资同比增长 16.8%，双向投资表现均明显优于全球水平。在全球经济已经一体化的形势下，中国企业对外投资步入加速发展的阶段，近 4 万亿元的外汇储备和人民币国际化加快了资本输出的速度。

1. 对外投资增速喜人

　　近年来，我国对外投资一直呈现高速增长的势头，2013 年 ODI（我国对外投资）达到901.7 亿美元，同期 FDI（外商直接投资或我国利用外资）为 1 175.86 亿美元，两者差额正在不断缩小。商务部新闻发言人沈丹阳认为，近几年中国的对外投资很快就可能超过利用外资的规模。清科研究中心的统计也显示，2013 年我国跨境并购活动同样活跃，并在金额规模方面出现大幅上扬。2013 年我国共完成跨境并购 138 起，涉及交易额 514.63 亿美元，较2012 年的 334.83 亿美元上升 53.7%，平均交易金额高达 4.86 亿美元。

　　清科研究中心分析，造成这一现象的主要原因有两个：一是鉴于我国现在巨大的外汇储备、投资过剩、产能过剩的现状，企业"走出去"和资本输出逐渐成为趋势；二是因为企业在中国的市场已经趋于饱和，积极"走出去"可以在海外开拓新市场，发展新渠道。基于全球及中国的宏观经济现状，未来跨境并购在中国并购市场的占比将越来越重要。

2. 美欧市场备受青睐

　　现阶段我国对美、欧等国的直接投资规模正在不断增长。2013 年我国对美国的投资增速高达 125%，尽管统计口径不同，但美方的数据也反映了这个大趋势。美国顾问机构荣鼎集团近期发表的一份研究报告指出，2013 年中国对美国投资倍增至 140 亿美元，这些投资项目共雇用了 7 万名全职员工。其中，中国的私营企业在美国直接投资占了主导地位，占中国在美直接投资的 70% 以上。中资纺织企业浙江科尔集团选择美国盛产棉花的南卡罗来纳州兰开斯特郡开设其第一家海外工厂，投资总额 2.18 亿美元，这也是中资纺织企业在美设立的第一家工厂。

欧洲方面，欧元贬值和欧债危机的前景不明，正促使更多中国企业加快投资步伐。荣鼎咨询和中金公司联合完成的研究报告称，欧洲正在经历中国企业在发达经济体进行的对外直接投资出现结构性飙升的起步阶段。该报告预测，2010—2020 年间，中国对外直接投资将达 1 万亿至 2 万亿美元，其中约有 1/4 将通过并购或者"绿地投资"流向欧洲。欧债危机前景不明很可能带来欧洲经济的长期低迷，如果上述预测成真，那么中国在这 10 年内将大幅增加对欧投资，并会形成一股"投资欧洲"的持续浪潮。从目前的态势来看，中国企业对美、欧的投资将进入快速增长的新阶段。

3. 环境差异成为最大挑战

中国"引进来"和"走出去"兼顾平衡的发展，不论对全球经济，还是对中国开展国际商务合作、对外经济合作都是双赢。当然，企业"走出去"是一个利益和风险并存、机会与挑战同在的过程。以海立股份为例，这家全球压缩机的龙头企业在印度最新建设的工厂投产之后，力主在 2014 年形成年产 200 万台 H/L 系列空调压缩机产能，并辐射整个中东市场。在这一被外界称道的战略布局背后，海立股份董事长沈建芳先后 12 次赴印度考察或谈判。海立的客户主要是家电企业，而国内家电企业面临着双重挑战，一是产能过剩，二是过度价格竞争。全世界范围内，中国有自己品牌的家电商几乎只有海尔。海立要实施"同样产品、同样品质、不同人种、一个标准"的生产理念，打造全球统一高品质产品，增强其在国际市场的竞争力。

在海外投资中，环境差异仍是最大挑战。企业"走出去"需要具备多个领域的能力，包括培育国际视野、了解国际规则、知晓国际商务语言以及国际化的领导力。有关专家建议，当前中国企业在对外投资过程中可就四方面做出改进：一是以开展较小规模的经营活动或小规模并购为起点，风险可控，并为大规模投资先行探路；二是花更多时间了解商业环境，做更周密的尽职调查；三是与有经验的合作伙伴建立合资项目；四是确保公司内部有具备适当国际商业相关专业知识的人才。

（资料来源：http：//www.fdi.gov.cn/1800000121_21_55840_0_7.html.）

❓ 复习思考题 ✏

1. 简述国际投资的含义及分类。
2. 比较国际投资与国际金融、国际贸易等相关学科的联系与区别。
3. 国际投资与国内投资有哪些不同？
4. 简述全球经济一体化进程中国际投资所起的作用。

第2章

国际投资环境

【学习目标】

➢掌握国际投资环境的特点及分类。

➢掌握国际投资环境的主要内容。

➢掌握国际投资环境的评价方法。

➢学会对某一特定国家和地区的投资环境进行分析。

导入案例

伊拉克石油工业发展现状及最新投资环境变化

自 2009 年举行第二次世界大战后两轮油气招标以来，伊拉克石油工业取得了重大进展，原油产量和出口量均大幅增长。但伊拉克基础设施薄弱，为了实现大油田项目的产量目标，伊拉克政府采取积极措施，消除制约伊拉克大油田开发的瓶颈。同时，中东、北非局势动荡可能抑制全球经济复苏，减少世界对石油的需求，因此伊拉克政府计划与外国石油公司重新谈判合同条款，降低产量目标，以追求石油收入的最大化。总之，目前伊拉克正处于石油工业重建的历史转折期，外国石油公司在伊面临机遇与挑战并存的新局面。

1. 伊拉克石油工业发展现状

美伊战争结束后，伊拉克石油产量恢复增长，出口量创第二次世界大战后新纪录，截至 2010 年年底，伊拉克原油剩余探明可采储量 1 150 亿桶，占世界的 9.3%，排名中东地区第 3 位，世界第 5 位；天然气剩余探明可采储量 3.17 万亿立方米，占世界的 1.7%，排名中东地区第 5 位，世界第 11 位。但伊拉克基础设施薄弱，炼油能力不足，油气管道遭受破坏。

目前伊拉克共有 13 座主要炼厂，其中仅 4 座为大型炼厂；实际炼油能力仅为 52.3 万桶/日，且由于战争破坏以及年久失修，炼油设施开工不足。随着伊拉克大油田的相继开发，伊拉克亟须提高国内炼油能力。

2. 伊拉克国内政治及安全局势变化

伊拉克的石油投资环境首先取决于其国内的政治局势和安全局势，然后是石油政策及法律环境。① 当前政治局势。伊拉克政府尚未完全组阁，国内局势面临考验。总理马利基仍将保持主要影响力；重要的法律法规将提交议会讨论，但短期难以达成一致；地方政府将争夺更多的话语权；伊石油部力量不足；新政府面临重重挑战。② 安全局势变化。国内安全形势恶化；美国2011年年底从伊拉克全部撤军，但不得不保持政治干预和经济投入。由于伊拉克国内安全局势一直不稳，暴力事件持续不断，伊安全局势总体看是一种"可控的动荡"。

3. 伊拉克石油政策新动向

① 政府大力发展基础设施，消除大油田开发瓶颈。② 伊政府可能与国际石油公司重新谈判合同条款。③ 计划举行战后第四轮招标活动。伊拉克已于2011年4月14日向外国石油公司发出邀请，希望外国石油公司能参与此次招标活动，伊拉克政府规定，如果公司在这些区块发现天然气，伊拉克政府将与其签署合同进行商业性开发；如果发现石油，则不进行开发，但伊拉克政府将补偿公司的支出。④ 计划大力发展天然气，亟须外国石油公司的投资合作。伊拉克计划大力提高该国天然气产量。伊拉克主要将通过与国际石油公司组建合资公司，或与国际石油公司签署许可证合同来开发天然气田。⑤ 制定优惠政策，吸引外国公司投资炼油行业。为了吸引外国投资，2011年5月1日，伊拉克的立法机构批准销售到该国炼厂的原油价格折扣由1%提高到5%。根据规定，新的折扣期限为50年。

4. 基于以上分析，得出伊拉克投资环境结论

伊拉克具备雄厚的油气资源基础和巨大的油气增产潜力，随着三轮招标后中标油田的进一步开发，未来油气产量将大幅攀升。但由于受欧佩克限产、基础设施薄弱、出口能力不足以及油田开发建设条件等因素的影响，预计伊拉克政府在未来7年内使原油产量增加到1 200万桶/日（6亿吨/年）以上的计划难以实现。但从长期来看，伊拉克油气产量将进一步增长，并将给世界石油市场带来显著影响和冲击，伊拉克将在世界油气格局中发挥更加重要的作用。

伊拉克政局前景未明，安全形势依然严峻，新签油气合同的政治法律以及合同风险尚未完全排除，公共基础设施薄弱，油气出口能力不足，这需要引起在伊进行油气合作的外国石油公司重视，并制定相应预案加以应对。为了突破大油田项目的开发瓶颈，中国石油公司可积极参与相应的配套基础设施项目。

总之，伊拉克正处于石油工业重建的历史转折期，外国石油公司面临的机遇大于挑战，可择机参与相应的天然气项目和炼厂项目，在保证大石油项目顺利实施的同时，也能使伊拉克的石油行业取得良性发展。伊拉克原油产量短期内如此大幅度提高的可能性极小。综合各方看法及观点，2017年内伊拉克实现600万桶/日的原油产能比较现实。

（资料来源：http://www.qstheory.cn/gj/gjgc/201112/t20111219_130692.htm.）

由此案例引出的问题：

➲我国海外能源投资应考虑哪些影响因素？

➲伊拉克的投资环境的优劣势分别是什么？

➲伊拉克的石油投资环境有哪些新变化？

2.1　国际投资环境概述

任何一项投资的预期收益会受到许多外部条件与因素的影响，这些因素的总和称为投资环境（investment environment），或投资气候（investment climate）、商业环境（business environment）。每一位投资者进行投资前，都必须认真面对投资环境中出现的种种不确定因素，对其进行必要的分析，以寻求降低投资风险，保障投资顺利进行。对于国际投资而言，东道国的投资环境与国内投资环境有很大的差异，进行投资环境分析更加重要。

2.1.1　国际投资环境的定义及特点

所谓国际投资环境是指东道国对国际投资产生影响的各方面因素的总和，主要包括东道国政治状况、自然地理条件、经济制度及经济发展、有关投资法律及社会文化因素。这些因素既包括有利的方面，也包括不利的方面。换句话说，国际投资环境（international investment environment）是国际投资者所面临的东道国环境的总称，它由东道国的政治、经济、法律、自然和社会等各种因素共同决定。

对投资者而言，国际投资环境相对于国内投资环境而言有很大差异，其特点可归纳如下。

（1）综合性。国际投资环境是由多种因素构成的一个有机整体，既有经济因素，也有政治、法律、自然、文化等诸多因素，每种因素会以其独特的方式影响投资活动。作为投资者，应从总体考虑多种因素可能对投资活动产生的有利或不利影响，并分清主次，以求最大限度地利用有利因素，将不利的因素对投资的影响降到最低。当然，投资者投资项目、投资行业各异，各种因素对投资的影响也有所不同。

（2）差异性。国际投资环境因国家和地区不同会存在很大差异，发达国家法律制度健全，设施完备，无疑具备良好的投资环境，具备许多对国际投资有利的因素，因此一直是国际投资的热点地区，而发展中国家和较贫困落后国家和地区则会被投资者冷落。但即使是被作为热点的投资地区，也存在投资环境的差异。一个既定的投资环境不可能对所有的部门或项目的投资具有完全相同的吸引力。例如，有的地区适宜进行制造业投资，有的地区则适宜进行农业投资或旅游投资，等等。

（3）相对性。投资环境会因每位投资者投资活动的不同，产生不同的影响和作用。对某一种投资是较好的投资环境，对另一项投资则可能是较差的投资环境，这种相对性是因为不同的投资活动所要求的环境是不同的，资源密集型投资项目对资源条件要求高，而对劳动力成本反应不如资源敏感，因此，投资者应从自身投资项目入手评价投资环境的优劣。

（4）动态性。国际投资环境以及对环境的评价标准处在不断的变化之中，而影响投资环境的因素也在不断变化，各种因素的变化，又会改善或恶化投资环境。在影响投资环境的各种因素中，除了自然条件和地理位置不可变动外，政治、经济、法律、文化等因素会随着时间的推移和国家的发展而不断改变，在不同阶段呈现不同表现，从而造成东道国投资环境具有动态特点。此外，投资环境的优劣是相对的，对投资环境的评价标准和观念也会随着社会进步发生改变，这就要求投资者应以动态的眼光看待投资环境，对投资环境的评判要有一定的预见性。

2.1.2　国际投资环境的分类

（1）按投资环境所包含的因素多少，可将国际投资环境分为狭义投资环境和广义投资环境。狭义投资环境主要是指影响投资的经济因素，包括东道国的经济体制、经济发展战略、经济发展水平、经济体制、外汇体制、金融市场完善程度、物价和经济稳定性等。广义的投资环境除包括狭义的投资环境外，还包括自然条件、政治制度、法律制度、社会文化等诸多影响投资的因素。

（2）从各种环境因素所具有的物质和非物质性角度可将国际投资环境分为硬环境和软环境。所谓硬环境是指东道国对投资产生影响的物质因素，即硬件设施，主要包括交通运输、电力、邮电通信、能源供应、自然资源、工业厂房、市政工程建设和生活服务设施等；软环境是指对国际投资产生影响的社会人文方面的因素，主要包括社会制度、政策法规、社会文化、教育水平、政府效率、宏观经济等非物质因素。

2.2　国际投资环境的主要内容

在国际投资环境的诸多因素中，每项因素都有具体的内涵。

2.2.1　自然环境因素

自然地理环境由自然资源、气候条件、地理条件、人口状况等因素组成，属于硬环境条件，是进行国际投资首先要考虑的问题和投资的必要条件。

（1）地理位置。地理位置是国际投资要考虑的因素之一，东道国与投资国之间的距离远近、与原料产地的距离、生产基地布局等将直接影响运输成本和时间，而且邻国之间往往语言相同、有长期交往的传统。通常投资者会选择邻近国家和地区开始投资。以最早开始国际投资的美国为例，其首选投资的国家是加拿大和墨西哥，一个重要因素就是考虑地理位置较近。此外，东道国与国际运输线的距离也是投资者应该考虑的因素，世界上已经建立的多个国际贸易运输线及国际运输中心，拥有齐备的运输工具、完善的运输设施和先进的管理技术，使得运输成本低并且效率极高。

（2）自然资源。自然资源是可供人们开发利用的自然物，主要包括矿产资源、水资源、森林资源、旅游资源、土地资源等，它的存在对人类生存和社会经济发展起着重要作用。当东道国拥有丰富的自然资源，特别是石油、矿产等稀缺资源时，对于以寻求资源为导向的国际投资而言具有极大的吸引力。同时，东道国的资源对投资者的吸引程度不仅取决于资源本身的分布、储量、品质优劣、开采难易程度等因素，而且还取决于投资国对资源的依赖程度，越是资源需求量大的发达工业国和资源匮乏的投资国，越重视从事与自然资源相关的投资。值得注意的是，自然环境固然在很大程度上影响国际投资，但随着科技的不断进步，通信技术和新能源的开发，使得地理位置和资源的影响作用已大大降低。

2.2.2　基础设施因素

　　基础设施是指外国投资者在东道国进行直接投资从事生产经营活动所面临的基本物质条件，它与自然环境同属于投资环境的"硬件"，是投资活动必需的物质保障。基础设施一般包括两方面内容：一是工业基础设施的结构和状况；二是城市生活和服务设施的结构和状况。基础设施涉及面很广，按职能可以分为：① 能源供应系统，主要是基础能源和水力、电力、热力、油气管道等动力供应系统；② 供水和排水系统，是为人们的生活、生产和消防提供用水和排除废水的总称，是城市社会文明、经济发展和现代化建设的重要标志，是现代化城市最重要的基础设施之一；③ 交通运输系统，主要是铁路、公路、海运、内河运输和航空运输、管道运输等设施；④ 邮电通信系统，包括邮政和电信设施，如电报、电话、广播、电视、计算机网络等方面的设施；⑤ 防灾系统，主要包括城市抗震防震设施、城市防洪排涝等防汛设施、城市消防设施、城市人防战备设施和城市救灾生命线工程等，城市防灾基础设施功能不仅能抵御突发灾害，而且能保障城市系统正常运转和促进城市持续发展；⑥ 环境系统，主要是指环境美化和保护设施；⑦ 生活服务系统，包括住房、娱乐、餐饮、购物、文教、卫生、旅馆等服务设施。

　　基础设施状况是外商投资选址的重要影响因素之一，基础设施条件差的地区会加大经营风险和成本，很难有国外投资进入。目前，各国原以优惠税收吸引外资的政策已逐步被重视基础设施建设和城市生活服务条件的改善取代。

拓展阅读

2012 年国际投资论坛：全球增长新动力与跨国投资
丹麦的投资环境

　　在过去的几年里，中国和丹麦两国双向投资进一步促进了双边关系的发展，从 2008 年开始中国成为丹麦在欧洲之外的最大的贸易伙伴，两国企业签署的协议超过了 170 亿元人民币。丹麦地理位置非常优越，是进入欧洲市场的门户，有稳定的商业环境和非常自由的劳工制度，能保证外国投资者非常自由地进入欧洲市场。丹麦提供了很好的平台，帮助外国投资者开拓业务。

　　与其他欧洲国家相比，丹麦有着世界一流的基础设施，经济发展稳定，通货膨胀率、失业率和国家债务都很低，丹麦政府执政管理较透明，保持了政策的稳定性，因而国际投资不会遇到官僚机构的阻碍；丹麦政府致力于建立起一个良好的投资环境，通过努力帮助外国投资者进入欧洲以及全球市场，以吸引更多的外国投资。

　　丹麦生命科学海洋领域的新技术和风能科技处于世界上领先水平，中国的一些风能企业已经在丹麦设厂生产和销售风能产品，有三家企业在丹麦进行生产的产品已进入欧洲市场。中国的华为公司在丹麦的业务不断扩大，充分利用了丹麦的无线网络设施。

　　总之，丹麦在各种评比中都被评为世界上最优良的投资地之一，吸引了很多的外国投资者前来投资。

（资料来源：http：//business.sohu.com/20121012/n354739227.shtml.）

2.2.3 政治环境因素

政治环境因素直接关系国际投资的安全性，主要包括政局稳定性、政策连续性、政治制度完备性、政府执政效率等内容，是国际投资环境中非常重要的一个方面。

1. 政治制度

政治制度包括3个方面。① 国家政治体制。涉及国家的管理形式、政权组织形式、政党制度、选举制度及公民行使政治权利的制度等。不同的国家政治体制会导致政府政策、法规、行政效率等诸多方面的差异，以及对外资企业的经营范围的限定和股权控制程度上的限制或鼓励上的差别，从而构成对国际投资有利或不利的影响。② 执政党的性质。不同的国家有不同的政党体系，如一党制、两党制和多党制，一党执政的国家，其政策的连续性程度比较高，外国企业也较易认识和适应。据国际透明组织称，英国是经商环境最稳定的国家，评级高于美国、法国及日本。英国政府正在努力通过与企业协商的方式制定法规，这对于在英国经商的企业来说是一个重要的优势。③ 政治稳定性。是指一定时期内发生军事政变、内战、暗杀、动乱、大规模游行示威、旷日持久的大罢工及政府危机等政治冲突事件或国家最高权力经常更迭事件。投资活动需要稳定有序的环境，动荡、战乱等环境必将危及投资者资产的安全性，使外国投资者无法正常开展生产经营，也会直接影响到外资企业生产经营的长期性。

2. 政府部门的行政效率

政府部门的行政效率是指行政工作人员从事公共行政管理工作所投入的各种资源与所取得的成果和效益之间的比例，包括行政人员的能力、提供公共服务的质量、机构的独立性等方面。一国政府部门行政效率的高低直接影响外商的投资和生产经营。功能齐全、责权分明、机构精简、高效敬业的政府机构不仅会大大提高一国政府的形象，而且会吸引更多的投资者；而行政机构臃肿、管理人员责权不清、办事手续烦琐等会直接降低政府部门的行政效率，使外商企业分散精力，挫伤生产经营的积极性和继续投资的信心。

拓展阅读

泰国政局动荡重创经济，国外投资者纷纷出走

泰国开泰研究中心近日表示，受政局动荡冲击，泰国多个领域经济活动放慢。2013年泰国经济仅维持2.7%的增幅，大大低于2012年6.5%的增长率，出口在近4年来首次出现0.3%的负增长。

1. 对内——泰铢大幅贬值，百姓工作生活受影响

作为泰国的支柱产业之一，旅游业受政局动荡的冲击最大。2012年从北京到曼谷的飞机上座无虚席，游客拿着地图兴奋地讨论在泰国的旅行计划。2014年1月，北京到曼谷的飞机上一半座位是空的。泰国反政府示威领导人素贴新年伊始宣布的"封城"行动，对泰国旅游业来说无疑是"雪上加霜"。香港国泰航空、香港航空和新加坡航空公司陆续宣布减少飞往曼谷的班次，新航更是取消了1月14日至25日的19个航班。一旦曼谷交通瘫痪，商业活动将受重创，交通和商业活动都会受到影响，出口和进口业务无法运作。

持续的乱局严重打击了人们对泰国的信心，让外国投资者无所适从。

2. 对外——损害国家形象，也吓坏了国外投资者

泰国是东南亚传统制造业重镇，在政府与反对势力持续僵持下，泰国投资局（BOI）2013 年 10 月以来会议停摆，已造成逾 150 亿美元国内外计划的投资拖延。近 400 项企业扩张计划已遭冻结。400 件待审议的大型投资案有 30 件来自日本，金额约 380 亿泰铢。泰国经济模式向来仰赖日本投资于从汽车到硬盘的出口产业，如今在缺乏多元触角、技术与物流升级下，已面临急速下滑的风险，日本等国投资人将生产移往成本更便宜的邻国，逾 700 亿美元的铁路、道路与其他基础建设投资也是 8 年来政治持续动荡的受害者。出口商可能转移至其他东南亚邻国的趋势越来越明显。

每隔几年爆发一次的政治动荡严重损害了泰国的形象，动摇了外国投资者对泰国的信心。2015 年东盟经济共同体即将建成，一些外国投资者可能会离开泰国，选择去更稳定的东盟国家投资。在东盟国家中，泰国一直受到外国投资者的青睐，大量外国企业在泰国投资设厂。但近年来，受到洪灾和劳动力成本上升的影响，外国投资者开始重新评估投资泰国的风险。丰田、本田等日本汽车公司在泰国有大量投资。本轮政治动荡开始之后，一些派驻泰国工作的日本人和家属被调回日本"避难"，这严重影响了日本企业在泰国的运作。日本近年来还提出"泰国+1"概念，计划把工厂转移到老挝、越南等劳动力成本更低、政治更稳定的东盟国家，原计划来泰国投资的客户不来了。

（资料来源：http：//www.chinanews.com/gj/2014/01-10/5720961.shtml.）

2.2.4　法律环境因素

法律环境主要考虑东道国法律的连续性、公正性、完备性。

（1）法律的连续性。法律的连续性主要是指一国法律一经颁布实施，是否能够在一定时期内连续和持久地执行。国际投资通常是比较长期的行为，其收益常在投资后很长一段时间逐步实现，有些合资企业甚至有 20～30 年的合同期限，如果一国法律朝令夕改，经常变化，则会使外来投资者无所适从，影响其长期投资计划和利益。只有增强法律政策的连续性和稳定性，才能吸引投资者进行长期投资。需要说明的是，法律的连续性并非是指法律一成不变，而是保证法律在一定时期的连续稳定，并随经济情况的变化和时间的推移不断调整完善，但调整完善要遵循严格的程序。

（2）法律的公正性。法律的公正性是指法律在执行过程中，能公正地按同一标准对待每一诉讼主体。WTO（世界贸易组织）的基本原则之一是对外来投资者实行国民待遇，在跨国投资者从事国际投资活动的过程中，与东道国政府管理部门和企业发生争议或纠纷时，需要提请仲裁或法律诉讼，而国际投资对投资纠纷的仲裁通常以东道国的法律为依据，因此，是否公正执法，是否对跨国投资者实行与本国企业平等的待遇，会直接影响到跨国投资者的利益。

（3）法律的完备性。法律的完备性是指东道国针对国际投资的法规是否完备、健全。东道国有关国际投资的特别立法，可包括外商投资法律制度、外商技术转让与涉外工业产权法律制度、外商劳工权利保护法律制度及外商争议处理法律制度等，这些法律从不同方面规定了外国投资者的进入审查标准、投资范围、股权比例限制、利润汇出规定、税收优惠措施等内容。这些法律越完善，就越能为外资提供一个可预见的合法权利受保护的经营环境，从而吸引外资。

2.2.5　经济环境因素

作为一种经济活动，国际投资受东道国的经济环境影响最广泛、最直接。经济环境因素包括的内容很多，主要有以下几点。

1. 经济发展水平

经济发展水平是一国经济达到的程度。一国的经济发展水平较高，就意味着该国收入较高，有较大的市场容量、较多的机会和较好的经营条件，对产品质量要求较高，对外国投资者就有较大的吸引力。对经济发展水平的衡量，是根据一国经济的发达程度，把不同的国家划分为发达国家和发展中国家。经济发展水平不同的国家，其投资需求和市场结构方面有着较大的差异。发达国家偏重于资本和技术密集型产品，对产品质量和款式、性能和特色、品牌等要求高于对于价格的要求，而发展中国家侧重于劳动密集型产品，偏重于产品的功能、耐用性和低廉的价格，价格因素重于产品品质。

2. 市场的完善和开放程度

东道国的市场环境是否适合外国投资者的生存是国际投资考虑的重要因素。外国投资者正常的生产和运行需要有一个完善和开放的市场环境。市场体系的完善，意味着各类主要市场如商品市场、金融市场、劳动力市场、技术市场、信息市场等已发育齐全，形成了一个有机联系的市场体系。同时，完善的市场体系也意味着该体系内的每个市场都是规范的。市场的开放程度，是指一国允许外国投资者不受限制地进入本国市场的程度。良好的市场环境应该是具备规模大或增长势头强劲的市场，居民不歧视外国商品，东道国对国内市场保护适度并逐步扩大市场开放度，如果在对一国市场的利用方面不存在本国投资者和外国投资者的差别待遇，则可认为该国的市场有较高的开放度，否则，就被认为开放度不够。外国投资者在多数发展中国家遇到的市场问题，一方面是市场不够完善，另一方面是国家在引进外资的同时，出于保护民族工业的需要，对外资企业经营采取种种限制，甚至对外资国有化，从而阻碍了外来投资的进入。

3. 经济的稳定程度

经济稳定程度较低的国家，投资风险较大，因为面对不稳定的环境，投资者很难对投资成本、投资收益和投资风险做出客观评价，更不用说达到预期的经济效果和利润水平，因此投资者多选择经济稳定程度高的国家进行投资。经济是否稳定的主要衡量指标有：① 经济增长速度是否持续稳定，若出现忽高忽低、大起大伏的情况，则被看成是经济不稳定；② 通货膨胀率。通货膨胀率是一国经济稳定与否的首要标志，它从多方面影响外资进入，表现在：通货膨胀率越高，货币贬值程度就越大，最终引起汇率波动，增大外商投资汇率风险；高通胀刺激商业过度膨胀，导致生产资料供应紧张；③ 国家债务规模的大小。如果一个国家债务尤其是净债务规模过大，则会使这个国家的经济变得脆弱，国内或国际经济中一旦出现重大变故，就可能导致该国经济的大波动。由于经济稳定是保证企业生产经营活动正常进行的基本条件之一，所以外国投资者一般在进行国际投资时，都很重视这一因素。

4. 经济政策

一国的经济政策往往和国际经济有着密切的联系，因而对国际投资也有着较大的影响。① 贸易和关税政策。国际投资必然伴随或表现为大量的国际商品流动，包括机器设备、原材料、中间产品和产成品的国际交换。一国采取自由贸易政策还是保护贸易政策，是高关税还是低关税，非关税壁垒是多还是少，对国际投资有着比较明显的影响。一般地说，那些实行自由贸易政策、关税低、非关税壁垒少的国家，被认为具有较好的投资条件。② 产业政策。产业政策是政府鼓励或限制某些产业的发展，并提倡优先发展某些特定地区，或者边远落后地区，或者重点发展地区而制定的政策。一般说来，符合一国地区开发政策的国际投资，往往也能得到一定的优惠。③ 外汇与外资政策。外汇和外资政策体现了东道国引进外资的态度和手段，直接影响到外国投资者的利益，关系到资本能否自由进出、投资方式、投资领域、投资利润和其他收益能否汇回的问题，所以一般也为国际投资者所关注。

2.2.6 社会文化环境因素

社会与文化因素是指每个国家都有其独特的社会文化背景、价值取向、道德行为准则、教育程度、风俗习惯等。各国之间的社会文化差别较大，它是一个社会在长期的发展中慢慢形成的。这些因素对投资的国别选择和项目选择以及投资实现的难易程度有着直接或间接的影响，因而成为评价投资环境不可缺少的内容。

（1）语言与文化传统。投资者进行国际投资不仅投入资本，而且不可避免地要涉及与东道国的语言与文化传统的沟通和融合。不同的国家有着语言上的差异，语言的差异代表着文化的差异，从事国际直接投资最直接的障碍是语言，而理解异国文化进行沟通的主要工具也是语言。语言包含丰富的知识、历史、情感和态度，虽然有时能理解不同语言表达的字面意思，但却很不容易理解其中的内涵和文化背景。例如，美国通用汽车公司曾推出一款名为雪佛兰—罗弗（Chevrolet Nova）的汽车，"Nova" 的英文意思是"神枪手"，在许多国家很受欢迎，但在讲西班牙语的墨西哥却销售不旺，因为"Nova" 在当地西班牙语的意思为"跑不动""不能移动"。这说明不能正确了解和使用语言，也可能成为投资者的风险。

风俗习惯是人们长期自发形成的习惯性的行为模式，是一个社会大多数人共同遵守的行为规范。风俗习惯遍及社会生活的各个方面，包括婚丧习俗、饮食习惯、节日习俗、商业习俗等。世界不同国家的风俗习惯千差万别，甚至在同一国家里，不同地区也有极不相同的习俗，从而对企业的国际投资活动产生不同的影响。不同的文化传统和风俗习惯造成了人们不同的社会观念和思维方式。这在一定程度上增加了外来投资者与东道国之间的沟通难度，形成一种投资障碍。例如，企业采用相同的市场策略，面对不同的社会文化背景的市场，在有的国家可以获得成功，在有的国家则可能导致碰壁；采用相同的管理方式，面对具有不同社会文化背景的组织成员，也会有不同的效果等。因此，一个成功的国际投资者应该对国外的商业惯例感觉敏锐，入境问俗，并且恰如其分地与之相适应。投资于语言与文化传统相近的国家或地区，或者投资于具有相对开放的社会文化背景的国家和地区，更有利于取得投资的成功。

（2）宗教信仰。宗教是文化中处于深层的要素，宗教对人的信仰、价值观念和态度的形成影响极大。世界上有三大宗教：基督教、佛教和伊斯兰教。宗教信仰是社会与文化环境的一个重要组成部分，其对人们内在的心理活动和对客观世界的认识有着重要的影响。不同的宗教有不同的文化倾向或戒律，从而影响人们认识事物的方式、行为准则、价值观念、购买动机、消费偏好等。不同宗教所具有的不同价值观念和行为准则，可以导致人们在价值观念、生活态度以及生活习性和偏好上的差异，影响人们的消费行为。例如，不同的宗教节日，人们有不同的消费习惯，可以使市场形成各种各样的消费高峰，而一定的宗教教义可以直接造成人们在消费行为和消费模式上的差异。宗教信仰极难改变，而且影响到信仰者生活、工作的各个方面。若处理不当，极易造成灾难性的宗教冲突事件。例如，伊斯兰教忌食猪肉、禁酒，反对妇女抛头露面。对禁止饮酒的信仰伊斯兰教的国家，投资生产制造烈性酒，注定会失败，而不含任何酒精成分的可口可乐的投资则获得很大成功。因此，宗教信仰必然影响着投资者对投资方向和市场定位的选择，对企业及其成员的行为准则和道德规范产生影响。

（3）教育水平与人口素质。一个国家的教育水平和人口素质通常反映在国家的教育制度和结构、教育的普及程度、教育与社会的结合程度、国民对教育的态度、人口结构等方面。教育水平和人口素质与吸引直接投资的能力有着密切的关系，教育是生产经验和生活经验传递的手段之一。一个国家的教育水平往往与其经济水平是统一的，各国在教育体系、教育方式及其内容等方面的差异，会影响到国际投资产业结构和市场营销策略的差异。教育水平的高低反映了人们的文化素养，影响着投资者在投资水平、投资结构及其投资项目上的选择。教育水平高的国家和地区，人口素质相应也高，消费者对信息产品的需求很大，对新产品的鉴别能力较强，购买时理性程度也高，有利于吸收高水平的投资活动。教育水平和人员素质低，会导致生产和技术的落后，缺乏合格人才，劳动效率低，影响投资的效益并影响东道国的消费结构、购买行为和审美观念，在生产加工和销售环节中可能遇到问题，从而增加投资者的投资风险。

（4）社会心理、价值观念与风俗习惯。社会心理、价值观念与风俗习惯可称为非正式制度。一般而言，非正式制度越接近本国的国家越有利于作为投资的东道国，因为社会文化方面的交易费用较低。反之，在习俗不同、道德败坏、文化差异、意识形态水火不容的国家的投资，交易成本将增加。例如，美国比较注重个人主义，而日本则注重集体主义，因而两国的企业高层决策时各自侧重个人能力与集体智慧。人类的大多数行为受其价值观念的支配，一定的社会中的人们的态度和价值观念就构成了一定的社会心理，其基本内容包括人们的价值观念、对物质利益和物质分配的态度、对新事物的态度、对经营和风险的态度以及民族心理、民族意识等。这些社会心理因素在一定程度上影响着一个国家对外资的接纳程度、对外资经营的态度、与外资合作的意愿等。

价值观念是人们对客观事物的评价标准。价值观念决定着人的是非观念、善恶观念、主次观念等，最终决定着人的行为。由于价值观念的差异，人们对待时间的态度，对待新事物的态度，对待变革和风险的态度，对待成就和财富的态度都有所不同，因此人们的消费行为和消费方式均会有所差异。时间观念是价值观念的具体内容之一。不同文化环境中的人对待时间往往存在不同的态度。企业在国际投资过程中，必须把不同国家人们的时间观念与其办事效率结合起来考虑。对待新事物的态度，也会由于不同文化环境下价值观念的差异而有所不同。向传统观念较强的市场推出新产品时，由于消费者更习惯沿袭祖辈的生产和消费方式，不轻易相信广告宣传，在这种情况下，企业不必强调产品新在何处，而最好把它与传统的产品联系起来。要努力使消费者相信，新产品保持了传统产品的大部分或全部特点，并具有许多新的优点。

国际投资环境因素见表 2-1。

表 2-1　国际投资环境因素

	主要内容	具体内涵
自然环境	地理位置	与投资国距离 与重要国际运输线的距离 与资源产地的距离 与市场的距离
	自然资源	本身资源条件 投资国对国外自然资源的依赖程度 其他因素
经济环境	经济体制	实现经济目标的手段体系
	经济发展水平	经济技术开发能力 人民的生活质量 经济活力
	经济稳定性	通货膨胀率 财政金融状况
	市场和产业环境	一般市场环境 产业环境
	生产要素供应	在劳动力、土地、生产资料和资金等方面的供应
	涉外经济状况	国际收支状况 国际贸易状况 国际金融状况
	基础设施因素	能源供应系统、供水和排水系统、交通系统、邮电通信系统、防灾系统、环境系统、生活服务系统
政治环境	政治制度	涉及国家的管理形式、政权组织形式、政党体系和选举制度
	执政者治理国家能力	反映在国际政治经济生活各方面
	政府部门的行政效率	直接影响外商投资和生产经营活动
	政局稳定性和政策连续性	衡量东道国政治环境优劣的实质性因素
	东道国和国外的政治关系	涉及东道国投资环境的稳定性
法律环境	法律完备性	国际投资法律文件是否完备和健全
	法律公正性	法律执行能否公正、无歧视性地对待每一诉讼主体
	法律稳定性	法律一经颁布在一定时期内保持稳定

续表

	主要内容	具体内涵
社会环境	语言文字	人们交流思想和信息的基本手段
	价值观念	人们对周围事物的意义和重要性的评价
	教育水平	涉及一国的劳动力素质、技术先进程度和国家的文明程度
	宗教	不同的宗教信仰影响人的生活态度、价值观和消费偏好等
	社会心理和社会习惯	社会公众所接受的风俗习惯

（资料来源：杨大楷，刘庆生，蒋萍. 国际投资学 [M]. 第3版. 上海：上海财经大学出版社，2003.）

▶▶ 本节讨论案例 ◀◀

重视中国企业海外投资的非市场风险

企业跨国经营比在国内面临着更多的风险，我国企业海外投资中的非市场风险主要包括东道国政治动乱风险、政策与法律风险、文化差异风险、合同条款风险、项目价值风险、企业内部运营管理风险等6种类型。非市场风险已经成为我国企业海外投资过程中的重要威胁，政府和企业都要重视，并采取有效措施予以化解。

1. 东道国政治动乱风险

政治动乱风险主要是指东道国参与的任何战争或者在东道国内发生的革命、颠覆、政变、罢工、内乱、破坏和恐怖活动，以及地方武装的冲击等事件而造成损失的可能性。政治风险是与东道国主权有关的不确定因素，在一些发展中国家发生的可能性较大，因为这些国家易产生政局不稳、政权更迭等情况。政治风险产生的根源十分复杂，主要有以下几个方面：政策不稳定、民族主义、社会不稳定、武装冲突、区域联盟等。

当前，在非洲、拉丁美洲、亚洲等我国企业已进行海外投资的许多国家和地区，均存在政治动乱风险。无论何种原因，一旦在东道国发生政治动乱风险，我国企业均将面临产生损失的可能性。例如，在委内瑞拉和赞比亚等与我国友好的国家，甚至也出现了敌视我国投资的现象。上述两国的在野党针对我国在该国的资源能源类投资就已经提出了强烈抗议，宣布如果能够上台执政，就将赶走中国等国家的投资者。

2. 政策与法律风险

政策与法律风险是指因东道国变更政策、法律而给外国投资者造成经济损失的可能性。政策风险主要包括重大外国投资政策的调整、政府禁令、政府违约、税收政策的调整、国有化政策（包括征用、征收、没收、报复性充公）；法律风险主要有立法不全、执法不严、法律冲突等。

最近的政策与法律风险以澳大利亚资源租赁税的出台最为典型。最近几年，在拉美地区，从委内瑞拉到玻利维亚，再到厄瓜多尔，"拉丁美洲国家石油和天然气工业国有化运动"不断涌现，也对我国海外投资企业形成了巨大的政策与法律风险。

3. 文化差异风险

文化差异风险是指我国企业及其管理人员与东道国当地政府、社区、员工由于文化上的不同而带来损失的可能性。实践中，中外不仅有语言文字上的区别，在待人接物、处理事情上更是烙有深深的各具特色的民族传统印记，文化的差异往往在不经意间即招致纠纷和损失。

文化差异往往带来管理理念和行为的不同，实践中，我国的部分企业非常易于将一些不良的文化习惯延伸到国外使用。例如，我国一些企业在拉美与工人、工会发生争执之后，往往并不通过合法手段予以积极合理解决，而是采取贿赂收买等违法方式处理，易造成无穷遗患，最终致使问题升级。再如，在非洲的赞比亚，中国企业管理人员枪击当地员工的事例，被国际媒体广泛报道，影响极坏。

4. 合同条款风险

合同条款风险是指在我国企业与东道国方当事人签订的投资合作协议中，因对双方权利义务的约定不够具体而产生理解差异，最终出现合同纠纷而发生损失的可能性。实践中，因合同权利义务条款界定模糊极易导致我国企业产生巨大风险。

5. 项目价值风险

项目价值风险是指由于我国企业对海外投资项目的开发成本、影响项目开发的具体制约因素估计不足或误判而造成损失的可能性。发生项目价值风险往往基于 5 个方面的原因：我国企业因急于扩张规模而"饥难择食"、企业及其所聘顾问专业水平不足、情势变更、被欺诈、违反中国企业海外投资的国内审核程序等。

6. 企业内部运营管理风险

企业内部运营管理风险是指因我国企业的内部运营管理出现问题而造成损失的可能性。对民营企业而言，主要是决策易粗糙草率的情形；对国有企业而言，主要是决策程序、考核激励、监督是否健全适当、到位的情形。由于上述情形存在，往往使得企业缺乏风险防范制度设计，或制度设计不科学、不严密。

（资料来源：http：//jjsb.cet.com.cn/articleContent2.aspx?articleID=122698.）

【讨论的问题】

1. 本文中的非市场风险包括哪些？
2. 我国企业海外投资应如何避免这些风险？

2.3　国际投资环境的评价

2.3.1　国际直接投资环境的评价形式

（1）专家实地论证。它是一种投资者为了解某国、某地的投资环境，聘请专家组成的评估小组赴投资地进行考察和评价的方式。采取这种方式进行投资环境论证的优点是专家能直接获取许多一手资料，以便做出客观正确的评价；其不足之处在于成本较高，获取的信息有可能因考察时间所限存在一定的片面性，从而影响评价结果的客观与准确。采用此种方法需要特别注意如何选择专家及评价的项目内容等。

（2）问卷调查评价。投资者将影响投资环境的因素及其重要程度，按一定的规范制成意见征询表，寄给有关投资者或专家，请其填写意见，通过对回收问卷进行归纳统计分析得出对环境评价的结论。采用问卷调查评价应主要做好调查内容取舍与调查表设计、调查对象的选择、统计分析评价、抽样核对等工作，以保证评价结果的准确性，此种方法由于是匿名进行，不仅便于被调查者充分表达意见，也能大大降低评价成本。

（3）咨询机构评价。它是一种投资者委托咨询机构按照其要求，采用科学的方法对被评价地区和行业投资环境进行评判的方式。咨询机构是专业的中介机构，其评价结果通常具有相对独立、客观公正、专业性强等特点。

2.3.2　国际投资环境的评价方法

1. 投资环境等级评分法

投资环境等级评分法 1969 年由美国经济学家罗伯特·斯托鲍夫在《如何分析国外投资环境》论文中提出。他认为，在投资环境中各因素对企业投资的作用有大有小，不能同等看待。他将影响投资环境的因素分 8 项：① 资本外调（0～12 分）；② 允许外商股权的比例（0～12 分）；③ 对外商的歧视和管制制度（0～12 分）；④ 货币稳定性（4～20分）；⑤ 政治稳定性（0～12 分）；⑥ 给予关税保护的态度（2～8 分）；⑦ 当地资本供应能力（0～10 分）；⑧ 近 5 年的通货膨胀率（2～14 分）。根据不同因素的影响作用确定等级评分，最后将所有因素的等级分数加总作为评价结果具体见表 2-2。

表 2-2　投资环境等级评分表

投资环境因素	投资环境因素的具体情况	等级评分
货币稳定性		4~20 分
	自由兑换货币	20
	官价和黑市价之差不超过 10%	18
	官价和黑市价之差在 10%～40%	14
	官价和黑市价之差在 40%～100%	8
	官价和黑市价之差超过 100%	4
近 5 年的通货膨胀率		2~14 分
	低于 1%	14
	1%～3%	12
	3%～7%	10
	7%～10%	8
	10%～15%	6
	15%～35%	4
	超过 35%	2
资本外调		0~12 分
	无限制	12
	有时限制	8
	对资本外调有限制	6
	对资本和利润收入有限制	4
	严格限制	2
	完全不准外调	0

续表

投资环境因素	投资环境因素的具体情况	等级评分
允许外商股权的比例		0~12 分
	允许占 100%，并表示欢迎	12
	允许占 100%，但并不表示欢迎	10
	允许占有多数股权	8
	允许最多占 50%	6
	只允许占少数	4
	只允许占 30% 以下	2
	完全不允许外商控制股权	0
对外商的歧视和管制制度		0~12 分
	对外国与本地企业一视同仁	12
	对外国企业略有限制但无控制	10
	对外国企业不限制但有若干控制	8
	对外国企业有限制并有控制	6
	对外国企业有些控制且有严格限制	4
	严格限制与控制	2
	禁止外商投资	0
政治稳定性		0~12 分
	长期稳定	12
	稳定，不过依赖某一重要人物	10
	稳定，但要依赖邻国的政策	8
	内部有纠纷，但政府有控制局面的能力	6
	来自国内外的强大压力对政策有影响	4
	有政变或发生根本变化的可能	2
	不稳定，极有可能发生政变	0
当地资本供应能力		0~10 分
	发达的资本市场，公开证券交易	10
	有部分本地资本，投资证券市场	8
	有限的资本市场，缺乏资本	6
	有短期资本	4
	对资本有严格限制	2
	资本纷纷外逃	0
给予关税保护的态度		2~8 分
	全力保护	8
	有相当保护	6
	有些保护	4
	非常少或无保护	2
总计		8~100 分

　　罗伯特选取的因素都是对投资环境有直接影响的，又都有较为具体的内容，是投资决策者最关心的因素。同时，评价时所需的资料易于取得，又易于比较，所以深受投资者欢迎，使用较为普遍。但在 8 大因素中，对货币稳定性给予过多考虑，而没有将所得税的高低、基础设施的好坏等重要因素加以考虑，所以评分要素还是欠周全。使用该方法时应注意几个问题。① 影响国际投资的 8 个因素对不同企业的投资影响程度是不同的，要结合具体的投资项目加以考虑。② 各项因素难以适当加权，而且有些因素可能具有决定性作用。例如，某国的投资环境评分为 85 分，但政治上极不稳定，那么该国的投资环境如何，不能单纯用这个评分来说明并下结论。③ 上列评分标准只适合一般性投资评估。如果投资产业对某种因素非常敏感，则需要参照其他标准进行评分。④ 随着时间的推移，投资环境可能发生某些变化，因此，过去的评分结果，不一定适用于现在和将来的投资环境分析。

拓展阅读

新加坡的投资环境评价

　　新加坡在短短的 30 多年创造了举世瞩目的经济奇迹，其经济发展在很大程度上是依靠外资的。1992 年，外来投资占社会总投资的比重高达 81%，制造业方面的投资 89% 来自外资。其之所以能够吸引到外资主要取决于良好的投资环境。① 新加坡位于交通极为便利的马六甲海峡，有着优越的地理位置和天然的深水港。② 新加坡实施的是政府严厉管制下的市场经济，在世界上它是一种独一无二的经济体系，其政局非常稳定，物价稳定，汇率稳定，通货膨胀维持在 1%～3%，经济一直保持着很高的增长率。③ 新加坡的通信设施是世界上最先进的，100% 采用数据网络，实现了通信的综合化；新加坡在经济方面进行了全面立法，如知识产权保护法、专利保护法以及国际商务往来等方面的法律。④ 国外的经济实体可以自由地在新加坡建立自己的企业，开展经济活动。⑤ 新加坡对外汇交易和资本流动及技术转让也没有限制。⑥ 为优化产业结构，新加坡为外来投资以及本地企业的经营提供了一些优惠政策。试用等级评分法对新加坡投资环境进行评估。

（资料来源：http：//wenku. baidu. com/link？ url.）

2. 闵氏评估法

　　1987 年，由香港中文大学闵建蜀教授在斯托鲍夫等级评分法基础上所提出的两种前后关联但又有一定区别的评估方法，是对投资动机影响最大的环境因素进行评价的方法，也称为闵氏多因素评估法。该方法将影响投资环境的因素分为 11 类，每一类因素又由一组子因素组成，见表 2-3。

表 2-3　多因素评估法因素与子因素组成

主因素	子因素
一、政治环境	政治稳定性，国有化可能性，当地政府的外资政策
二、经济环境	经济增长，物价水平
三、财务环境	资本与利润外调，对外汇价，集资与借款的可能性

续表

主因素	子因素
四、市场环境	市场规模，分销网点，营销的辅助机构，地理位置
五、基础设施	国际通信设备，交通与运输，外部经济
六、技术条件	科技水平，适合工资的劳动生产力，专业人才的供应
七、辅助工业	辅助工业的发展水平，辅助工业的配套情况等
八、法律制度	商法、劳工法、专利法等各项法律制度是否健全，法律是否得到很好的执行
九、行政机构效率	机构的设置，办事程序，工作人员的素质等
十、文化环境	当地社会是否接纳外资公司及对其信任与合作程度
十一、竞争环境	当地的竞争对手的强弱，同类产品进口额在当地市场所占份额

　　根据闵氏多因素评估法，先对各类要素的子因素做出综合评价，再对各因素做出优、良、中、可、差的判断，然后按下列公式计算投资环境总分：

$$投资环境总分 = \sum_{i=1}^{11} W_i(5a_i + 4b_i + 3c_i + 2d_i + e_i)$$

式中：W_i——第 i 类因素的权重；

　　　　a_i，b_i，c_i，d_i，e_i——第 i 类因素被评为优、良、中、可、差的百分比。投资环境总分的取值范围在 11 ～ 55，总分越高，说明投资环境越好。

　　投资者选择到国外投资总会有一个主要目的，这个主要目的与东道国的某些特定环境因素关系密切，其他环境要素因影响有限可忽略不计，而对这些特定要素的评价是否准确非常重要。采用这种投资环境评价方法，投资者必须先明确自己的主要目的，据此确定与该目的密切相关的环境要素，并明确其在整体环境评价中项目中分量进行评分。闵氏多因素评估法有三个显著优点：一是考虑要素较全，减少了斯托鲍夫投资环境等级评分法的片面性和局限性；二是充分考虑了各子因素的优劣，有利于提高评估结果客观性；三是全面考虑了各种投资环境因素在整个投资环境要素系统中的地位和作用，同时还可根据需要确定各因素权数，为投资决策提供更加实用可靠依据。但由于它不能代替一般的环境整体评价，只有对某国投资环境做出一般评价后，再根据特定目的进行评价，以使得整体评价更有针对性时使用该方法，因而较少被单独使用。

3. 冷热比较分析法

　　1968 年由美国经济学家伊西阿·利特法克和彼得·班廷在《国际商业安排的概念框架》一文中提出。两位美国学者根据自己在 20 世纪 60 年代后半期对美国、加拿大、南非等国家和地区工商界人士进行调查的资料，提出必须从政治稳定性、市场机会、经济发展与成就、文化一元化程度、法令阻碍、实质性阻碍、地理及文化差距 7 个方面来评价一国的投资环境。冷热比较分析法从投资者和投资国的立场出发，选定多种投资环境要素建立评估指标体系，据此对目标国家的投资环境进行评价，并以"冷""热"来描述环境的优劣。如果某个方面有利于吸引外资，那么它就可以称为"热"因素，反之则为"冷"因素。在 7 大要素中，政治稳定性、市场机会、经济发展与成就、文化一元化程度四种程度大，就称为"热环境"，法令阻碍、实质性阻碍、地理及文化差距三大因素程度大，则称为"冷环境"。将各国的各因素评价按由"热"到"冷"依次排序，"热"国表示投资环境优良，"冷"国则表示投资环境欠佳，综合评价时，应选择"热"因素多的国家作为投资国，选出最佳的投资目的地。

拓展阅读

用投资环境冷热比较分析法评估中国目前的投资环境

加入WTO后，中国和世界各国开始更加深入、更加广泛地投资与合作，其投资环境从总体上来看趋好，2012年甚至超过美国成为世界最大的资本输入国。中国吸引外资能够取得如此巨大的成就，根本原因在于为全世界的投资者提供了适宜其投资、生产、经营的优良环境。

1. 中国宏观经济环境日益优化，利用外资取得重大成就

（1）外商投资规模进一步扩大，投资方式更为多元化。我国已成为国际资本和跨国公司投资的主要目的国之一。

（2）承接新一轮国际制造业转移取得显著成效。

（3）服务业全面履行入世承诺，对外开放取得明显进展。

（4）借用国外贷款平稳增长，有力地支持了国家重点项目的建设。

（5）外债管理能力进一步增强，外债规模与国民经济发展水平和国际收支状况相适应。

（6）利用外资的法规政策不断完善，管理水平逐步提高。

2. 外商投资硬环境显著改善，为外商投资提供了基本保证

中国地大物博，资源丰富，环境优美，气候适宜，适宜各种形式各种规模的外商投资。中国国土面积达960多万平方千米，仅次于俄罗斯和加拿大。具有大陆性季风气候和气候复杂多样两大特征。从南到北，横跨赤道带、热带、亚热带、暖温带、温带、寒温带等，地区自然条件差异大，多样性明显。

从资源禀赋看，中国农业资源丰富，农、林、牧、渔等各类种植业养殖业都很发达，品种齐全，生产体系完备。数十种矿产资源居世界前列，自然资源储藏量大，是世界上屈指可数的资源大国之一。这使中国吸引资源寻求外商投资具有很大优势，同时自然资源丰富也为各种制造业甚至服务业外商投资提供了极好支撑。

近年来，中国的基础设施也有了大幅改善，交通、通信、水电气供应等基础设施建设基本完备，能源、原材料、零部件供应能力和质量明显提高，为外商投资生产经营提供了良好的外部生产经营条件。

3. 中国政府还将进一步完善投资环境

（1）继续大力加强投资软环境要素。在中国吸引外商投资要素中，软环境要素尤为重要，其中最关键的是市场化程度和外商投资政策，包括法律制度建设、市场经济体制完善、政策制定和执行、外商投资的鼓励措施等。鉴于中国的特殊国情，在宏观经济要素和投资硬环境要素基本给定的情况下，软环境要素对外商投资的规模和质量具有决定性影响。强化软环境要素是系统工程，根本是要加快国内的市场化建设进程。中国政府已经按照市场经济要求和加入WTO承诺，全面清理、修订有关法律法规和政策文件，并使今后的法律法规和政策制定公开、公正、规范、透明。同时，结合政府职能转变，改进投资管理审批，提高服务效率，减少审批环节等。

（2）进一步提高宏观经济要素质量，扩大市场开放度。其一是经济增长内涵式和外延式并重，以内涵式为主，从而扩大市场规模，提高经济发展水平，展现良好增长前景，既扩大外资进入又有效利用外资；其二是进一步扩大市场开放度。在目前情况下亟须开辟新的投资领域、降低外资进入成本以吸引新的外商投资。包括新开放或扩大开放某些领域，如金融、保险、电信、流通等；放松一些领域对外商投资的股权限制，如商业、外贸、汽车、化工、某些能源、基础设施和矿产资源开发项目等。

（3）进一步完善投资硬环境要素。中国投资硬环境改善取得重大进展，交通、通信、能源等基础设施在硬件方面对经济发展的瓶颈制约基本解除，所以，应加快要素供给的市场化改革，加速国内市场与国际市场的融合，使服务提供、能源使用、原材料零部件供应等的质量和价格水平基本与国际接轨，充分释放硬环境要素对外商投资的吸引力。

中国入世以后，改革开放进入了新的发展阶段，中国将全方位、多层次、宽领域对外开放。但是，受 2008 年开始的国际金融危机、中国国内冰雪冻灾和汶川大地震等事件的影响，中国经济也面临着很大的挑战，这也影响了中国的投资环境。中国投资环境面临着一系列问题，如外商投资的政策法律环境有待改善，依法行政水平有待提高，市场环境秩序也有待进一步完善，服务贸易领域的开放程度不高，等等。

投资环境冷热比较分析法是以"冷""热"因素来表述环境优劣的一种评价方法，即把各个因素和资料加以分析，得出"冷""热"差别的评价。该方法把一国投资环境归结为以下 7 个因素。

（1）政治稳定性。它是指东道国有一个由社会各阶层代表所组成的，为广大群众所拥护的政府。该政府能够鼓励和促进企业发展，创造出良好的适宜企业长期经营的环境。当一国政治稳定性高时，这一因素为"热"因素。总的来讲，中国政局稳定、政策基本连续。虽然中国投资的政治环境中存在许多不利的方面，但是改革开放以来，国家有关部门制定了大量的有关经济及涉外经济方面的法律。对外商投资活动进行了系列规定，保障了外商投资经营的合法权益。所以，这一因素为"热"因素。

（2）市场机会。当对外国投资生产的产品或提供的劳务在东道国市场的有效需求尚未满足时，表明东道国市场机会较大，为"热"因素。中国是一个人口大国，也是一个消费大国，潜在的市场很大。改革开放以来，人民的生活水平不断提高，对产品和服务提出了更高的要求。全方位、多层次、高质量的服务大有市场。从近几年中国的进出口贸易就可以看出，中国人民不再仅仅满足于国内消费，对国外产品的消费量也激增。所以，这一因素为"热"因素。

（3）经济发展与成就。若东道国经济发展速度快，经济运行良好，则此项为"热"因素。经济环境因素往往是对一国投资环境影响最大的因素。中国经济目前既处于一个高速发展的阶段，同时也正处在转型时期，是典型的过渡经济。这一发展阶段决定了中国投资环境经济因素的独特特点。中国经济发展的潜力也为投资者提供了更多的潜在机会。在人力资源方面，相对于发达国家，低廉的劳动力成本，无疑对国际投资者构成了巨大的吸引力。但与此同时，我国虽然劳动力资源丰富，但总体上劳动力素质较低，高素质人力资本相对较为贫乏，这又是我国人力资源方面的重要劣势。所以，这一因素为较"热"因素。

（4）文化一体化程度。东道国国内各阶层民众的相互关系、处世哲学、人生观和奋斗目标都会受传统文化的影响，东道国文化一体化程度高为"热"因素。两国间文化传统越接近，越有利于双方相互间经济往来，而语言是社会文化中最为显著、稳定与典型的特征因素。首先，汉语是世界上唯一的象形文字，共同的文字将不同历史时期移民到世界各国的华人联系在一起。其次，中国人的传统文化价值观念中有着浓重的乡土情结，海外的华人在其居住国立足之后，往往倾向于回国进行投资与贸易，这一点形成了中国投资环境中独一无二的优势。所以，这一因素为"热"因素。

（5）法令阻碍。东道国的法律繁杂，并有意或无意地限制和阻碍外国企业的经营，影响今后企业的投资环境。若法令阻碍大，为"冷"因素。总的来讲，中国政府尽量制定和完备有关法律、法规体系，为外商来华经营提供有利的安全的法律环境，保障了外商的基本权益。但是，中国的法律环境也还存在不少问题，如法律体系还有待完善，有些法律的科学性还有待加强；有法不依、执法不严的情况在局部地方依然存在，等等。所以，这一因素为较"热"因素。

（6）实质性阻碍。东道国的自然条件，如地形、地理位置等，往往会对企业的有效经营产生阻碍。如实质性阻碍高，则为"冷"因素。我国各种主要能源储量丰富，有利的资源禀赋条件，成为吸引外国直接投资的重要物质保障。但值得注意的是，我国自然资源的分布非常不均匀。中国位于东北亚地区，这样的地理位置使得中国对亚洲的投资者更具有吸引力。同样，这个地理位置并不利于我国与拉美地区以及某些非洲国家竞争来自欧盟的投资。所以，这一因素为较"热"因素。

（7）地理及文化差距。这是指投资国和东道国两国之间距离遥远，文化迥异，社会观念、风俗习惯和语言上的差别妨碍了思想交流。如果地理及文化差距大，则为"冷"因素。首先，中文在世界上的影响力仍然有限，主要西方发达国家真正熟练运用汉语的商务人员比率非常之低；同时，中国人在使用英文从事国际商业交流方面也存在较大障碍。其次，中华民族的社会文化传统与继承古希腊、罗马文明的西方国家相差甚远，这导致来自两种文化背景的人员在商业合作方面不可避免地会出现摩擦与矛盾，这在一定程度上成为抑制西方国家对中国投资的消极因素。所以这一因素为"冷"因素。

综合上述分析可知，中国整体的投资环境还是优良的。

（资料来源：http：//blog. sina. com. cn/s/blog_ 78f2ac9501014eri. html.）

4. 道氏动态评估法

美国道氏化学公司制定了投资环境动态分析方法，认为国际投资是一项长期行为，投资环境不仅会因为国别不同而异，而且即使在同一个国家也因不同时期而变化，所以在评价投资环境时不仅要看过去，还要充分估计今后可能产生的变化，这对进行国际投资的公司十分重要，因为这种投资短则 5 年或 10 年，长则 15 年或 20 年以上，因此需要用动态的、发展变化的角度去分析和评估投资目标国的投资环境。

道氏公司认为跨国公司进行国际投资面临两类风险：一为正常企业风险；二为环境风

险。影响投资环境的因素也分为两类：一是东道国企业从事生产经营的业务条件；二是可能引起东道国企业从事生产经营业务条件变化的主要原因。一类因素中包括的子因素有：实际经济增长率；能否获得当地资产；是否实行价格控制等 40 项；二类因素中包括国际收支结构与发展变化趋势、被外界冲击时易受损害的程度、经济实际增长速度与预测速度的比较等40 项（见表 2-4）。

表 2-4　道氏公司投资环境动态分析法

企业业务条件	引起变化的主要压力	有利因素和假设的汇总	预测方案
评估以下因素： （1）实际经济增长率 （2）能否获得当地资产 （3）价格控制 （4）基础设施 （5）利润汇出规定 （6）再投资自由 （7）劳动力技术水平 （8）劳动力稳定 （9）投资刺激 （10）对外国人态度 …… （40）	评估以下因素： （1）国际收支结构及趋势 （2）被外界冲击时易受损害的程度 （3）经济增长相对于预期 （4）舆论界领袖观点的变化 （5）领导层的稳定性 （6）与邻国的关系 （7）恐怖主义 （8）经济和社会进步的平衡 （9）人口构成和人口趋势 （10）对外国人和外国投资的态度 …… （40）	对前两项进行评价后，从中挑出 8～10 个在某个国家的某个项目能获得成功的关键因素（这些关键因素将成为不断查核的指数或继续作为国家评估的基础）	提出 4 套国家/项目预测方案： （1）未来 7 年中关键因素造成的"最可能"方案 （2）如果情况比预期的好，会好多少 （3）如果情况比预期的糟，会如何糟 （4）会使公司"遭难"的方案

将两部分因素做出评价后，选择具有良好投资环境的国家。道氏化学公司的动态分析以未来 7 年为时间长度，因为该公司预计投资项目投产后第 7 年是盈利高峰年。虽然将投资环境未来发展变化等动态因素加以考虑会减少或避免投资风险，但该方法的缺点是过于复杂，工作量大。

5. 抽样评估法

抽样评估法是指由投资国的政府和研究机构对将要投资的东道国的已有外资投资企业进行抽样调查，了解他们对东道国投资环境的一般看法，进而考察东道国投资环境的评估方法。其操作步骤是：① 选择或随机抽取不同类型的外资企业若干；② 列出投资环境评估要素；③ 由所选择的外资企业的高级管理人员对东道国的投资环境要素进行口头或书面评估；④ 由投资环境评估活动的组织者进行汇总，并得出投资环境评估结论。

抽样评估法既可以为投资者选择投资目的地提供资料，也可以为东道国了解本国投资环境是否适合外商投资提供依据。抽样评估法简便易行，调查对象和内容可以根据投资需要来合理选择，而且调查结果的汇总与综合评价也比较容易，可使调查者很快得到第一手信息资料，其结论对潜在投资者的投资活动具有直接参考价值。其不足在于，问卷列出的评价要素的数量不能太多，且是否具备科学性也存在疑问，而被调查人员的选择又有很强的主观性，这有可能使评价结果与实际情况有一定的差距，常常不能全面、准确反映某国的真实投资环境。

▶ **本章讨论案例** ◀

煤炭企业海外投资要分析目标国文化环境

能源是经济社会发展的物质基础。随着经济全球化的不断发展和国际政治格局的快速变化，全球能源资源问题在国家或地区发展与安全中的地位不断提升。煤炭是世界上储量最丰富、分布最广泛的化石能源资源。作为重要的基础能源和工业原料，越来越受到世界各国的强烈关注。中国是世界上最大的煤炭生产国和消费国，能源资源状况决定了在未来相当长的一段时期内，中国以煤为主的能源结构难以改变。

为保障国家能源安全稳定供应，提升中国煤炭企业国际竞争力，党中央、国务院高度重视煤炭企业海外投资并购工作，出台一系列政策措施鼓励支持煤炭企业积累国际开发经验，加大海外投资力度。国内多数煤炭企业也始终本着多元发展、互利共赢的观念，坚持充分利用"两种资源，两个市场"，力争在海外资源开发方面实现更大的突破，在更大范围、更宽领域、更高层次上参与国际煤炭市场竞争，有效地缓解煤炭供应紧张的现象。这符合国家加快煤炭工业结构调整要求，也是煤炭企业可持续发展的必由之路。

1. 中国煤炭企业海外投资的辉煌成果

20世纪末，中国煤炭企业开始以工程承包和劳务输出等形式走出国门，拓展国际市场。进入21世纪后，中国煤炭企业海外投资的领域日益拓宽，包括在煤炭资源丰富的国家进行资源勘探、投资办矿、出口先进技术和装备等。

一是海外资源开发。伴随着多年高强度的开采，中国煤炭资源日益减少，传统产煤省面临着资源枯竭等问题。一些国有大型煤炭企业开始在境外投资开发煤矿。2004年，兖矿集团全资收购澳大利亚澳思达煤矿，迈开了海外投资实质性的步伐。神华、中煤、开滦等国有大型企业也加快了海外投资的步伐。

二是先进技术输出。初期中国煤炭企业重点是引进国外装备与采煤技术，后来随着中国煤炭工业的不断发展，在引进消化吸收再创新原则的基础上，以完备的技术研发体系为依托，开展关键技术攻关，加大研发力度，形成了一批具有自主知识产权、可以输出的先进技术。2004年兖矿集团与英美资源公司签订综采放顶煤技术输出协议，这是中国煤炭企业向跨国煤炭公司输出先进技术的第一个协议。在综采成套采煤设备出口方面，中煤能源集团煤矿机械装备有限公司积极开拓海外市场，向俄罗斯、土耳其、印度、澳大利亚、越南、美国等多个国家出口综采成套设备、输送机等产品，帮助其解决开采工艺的难题，郑煤机集团通过技术创新提升产品质量，打破了世界煤机巨头对中国高端煤矿综采装备市场的垄断，已开始向世界主要产煤国家出口成套综采设备。

三是煤炭资源勘探国际合作。近年中国煤炭企业在国际煤炭资源勘探市场取得新成果。例如，中煤集团在澳大利亚进行哥伦布拉勘探项目，2011年正式进入项目施工阶段；中国煤炭地质总局凭借在煤炭资源勘探领域的先进技术，先后在美国、俄罗斯、澳大利亚、巴西、日本、荷兰、印度尼西亚、蒙古以及非洲、中东等国家和地区承担了大批资源勘探国际工程项目，赢得了良好的国际声誉。

2. 世界主要产煤国投资文化环境分析

海外投资中的思维与文化差异是客观存在的。每一种文明、每一个国家都有其独特的思维与文化。它是一个民族发展过程中，在共同的经济生活影响下沉淀形成的情感、习惯、性格、信仰等。在进行海外投资的过程中，来自不同文化背景下的双方都秉承自己所习惯的思维方式、工作方法。双方的企业决策者、管理者和员工由于对对方的社会文化环境缺乏了解，会从自身的固有思维出发，可能产生误解和冲突。

目标投资国在能源投资领域尤其是煤炭资源类投资方面，不是以带动地区经济或开发资源为主要目的的，而是以保护环境、土著居民的文化及矿工的合法权益为中心思想，彰显出世界主要目标投资国的投资文化。目标投资国文化环境因素影响煤炭企业对外投资决策，尤其是对煤炭企业的投资区位和投资进入模式选择产生重大影响。中国煤炭企业在进行海外投资时必须对目标投资国的投资文化环境予以足够重视。目前中国煤炭企业主要的目标投资国的投资文化呈现以下特点。

（1）更加注重对环境的保护。世界主要产煤国引进中国投资开发煤炭资源不但是为了发展当地经济，而且更加注重对环境资源的保护。因此，在进行海外投资的过程中不能只考虑煤炭资源的开采，而忽略当地的环境和居民生活。例如，澳大利亚政府出于环保考虑，宣布 47 个大型煤炭及煤层气项目必须得到国家的环境审批，以保障这些项目不会对当地水源供给产生影响。澳大利亚的许多农民和土地持有者均担心煤矿和煤层气开采会影响当地水源，破坏优质的耕地。在国际矿业并购中，环保问题掺杂了文化传统与民族感情的因素，已经远远超出法律范畴，解决非常困难。我们必须提高环境保护意识，保证并购活动的顺利进行。

（2）重视对原住民权益的保护。由于原住民自我维权意识的加强，煤炭企业在进行海外投资时与当地居民的社区关系愈加紧张。加拿大因纽特人、澳大利亚土著人、美加印第安人等居住区或保护地都可能存在此类风险。在主要产煤国进行勘探或资源开发的活动时，中国煤炭企业必须考虑原住民的所有权的法律问题。如果关系处理不当，会对项目造成极坏的影响。以主要投资国——澳大利亚和加拿大为例，澳大利亚法律规定其原住民享有土地所有权的优先权。如果煤炭项目的采矿租约申请的土地中包括原住民拥有的土地，在租约授予前，申请者必须与有关原住民土地所有权持有人各方达成协议。申请者要支付给登记注册的原住民土地所有权持有人一些赔偿。加拿大安大略省拥有世界上为数不多的原生态环境，现因为煤炭开采的兴起而面临着前所未有的环境危机。当地原住民称煤炭企业置其利益于不顾，也担心被破坏的湖泊与沼泽得不到恢复。为了缓和原住民的不满情绪，安大略省修改了《矿业法案》，以"原住民咨询"的方式，关注原住民的利益，调和原住民与矿业企业之间的利益冲突。

（3）更加注重对本地就业的保护。在世界主要的产煤国中，一般都有强大的工会组织。工会历史长、势力大。工会领导是脱产的，靠企业支付工资，靠工人交纳会费生存，工会自然要为职工谋取更多利益。以 HD 国际矿业公司加拿大煤炭项目为例，2012 年该公司决定从中国引进 200 名工人到卑诗省煤矿工作，并得到了加拿大政府的批准，但此举引起当地工会的反感。当地工会称在加拿大的工作岗位应优先给加拿大人，并向法院提起诉讼，在进行法庭诉讼后中国工人回国，并宣称在法庭有正式判决的结果前不会继续雇用中国工人。

经过多年海外投资的实践，目前中国煤炭企业在海外的资本投入和经营管理已经不再算是挑战，而在一个陌生的国家如何以当地人能够接受的思维和处世方式处理好劳资关系，才是真正的难点。只有以国际化的思维去审视矿业并购，进而用对方欢迎和接受的方式去进行交往、谈判以及并购后的整合，才能使企业的海外并购行为避免因思维的差异而导致投资失败。

3. 对中国煤炭企业进行海外投资的建议

文化的差异性存在于企业海外投资的过程中。这种差异性使来自不同文化背景的管理者和员工在企业经营理念和管理方式上产生文化冲突，从而影响到煤炭企业经营战略的实施。由此可见，如果不能处理好文化差异带来的挑战，那么企业就很有可能遭遇失败。因此，中国企业在跨国经营的过程中，必须对此问题格外注意，避免文化冲突。

1) 明确目标投资国的文化特征，对其文化环境进行系统评估

海外投资处于不同的文化背景、地域环境中，文化差异对煤炭企业的经营环境、发展战略和资源管理等会造成一定影响。目前中国部分煤炭企业在进行海外投资时已经重视了这一问题，并在投资前加强了对当地的政治经济投资环境可能带来的风险的分析，但对投资文化重视不够。未来中国煤炭企业在做出海外投资决策之前，应该重点对目标投资国的文化环境进行评估，系统了解当地的历史传统、社会风俗、宗教信仰、生活禁忌、交易惯例、社会信用与信任机制、社区民众对外来资本的认可程度等，以此为基础调整自身的经营理念和经营策略，以减少中国煤炭企业海外投资风险。

2) 坚持投资后的文化整合，实施属地化管理

煤炭企业海外投资是一个系统工程，一般包括资产债务、企业制度、管理模式等有形整合和企业文化等无形整合，其中企业文化这一无形整合显得尤为重要。项目投资后，煤炭企业最好实施属地化管理。对于中国煤炭企业海外投资而言，良好的属地化运营能够有效降低成本、提高效益、防范风险，为国际化战略提供长远发展的可靠保证。

中国煤炭企业推进海外业务属地化过程中，也应推进人才属地化进程，应充分利用目标投资国或地区的人力资源，大胆吸收、培养和使用当地雇员，发挥他们的语言、文化、社会关系等优势，逐步建立起适合属地化运营实际的人力资源管理体系，在当地着力营造一种公平、公正、透明的职场氛围。

3) 促进文化交流和融合

中国煤炭企业在海外投资的过程中应以更宽阔的眼界了解文化的资源价值和优势，开展高层次的文化经济交流合作，积极开展对外文化展示，消除文化差异所带来的矛盾和冲突，实现跨文化融合。中国煤炭企业的驻外员工，必须加强对目标投资国投资文化的内涵与特征的重点学习；在目标投资国当地雇用的员工，也要了解中国文化和中国员工的工作习惯与管理方式。煤炭企业还应该建立良好的沟通与互动机制，及时化解由于文化差异所造成的工作冲突。

4) 在目标投资国社会中树立良好形象

由于中国与目标投资国在意识形态和文化上的差异，加上目前不利于中国海外投资的舆论导向，多数煤炭资源丰富的国家仍然把中国煤炭企业海外投资看成威胁而不是机会。对此中国煤炭企业不能采取消极回避的态度，而应当了解当地文化，积极融入当地社区，参与当地的公益活动，在组织和管理文化上实现当地化，以获得当地民众的认可和支持。

5) 在目标投资国寻找合适的合作伙伴

为能尽快融入目标投资国的投资环境，最大限度地降低文化差异带来的风险，中国煤炭企业应通过与当地信誉良好的伙伴进行合作，以使煤炭企业迅速了解当地的文化传统，利用

合作伙伴积累的经验，帮助自己减少交易成本并迅速融入当地市场，从而使企业的海外投资取得成功。

　　煤炭企业海外投资是中国煤炭工业可持续发展的必由之路。面对当前世界经济更加复杂的环境和更加激烈的竞争，中国煤炭企业必须树立海外投资战略的新境界、新观念，搭建符合国际经济社会发展需要的、具有鲜明时代特征、丰富管理内涵和具有目标投资国特色的投资文化，增加煤炭企业海外投资的软实力，为打造中国煤炭工业升级版保驾护航。

　　（资料来源：http：//www.mlr.gov.cn/xwdt/kyxw/201406/t20140617_1320778.htm.）

【讨论的问题】
1. 我国煤炭企业进行海外投资应注意哪些文化方面的差异？
2. 参考此案例，试分析我国企业海外投资应该注意的环境因素。

复习思考题

1. 国际直接投资环境因素包括哪些主要内容？
2. 国际投资环境评估方法有哪几种？说明各自的特点及适用范围。
3. 你认为哪种评估方法最能准确反映出一国投资环境的优劣？
4. 我国提高对外资的吸引力应着力改善哪些环境因素？
5. 任选一种评估方法对我国某城市投资环境进行评估。

第3章

国际投资方式

【学习目标】

> ➤掌握国际直接投资方式的特点及类型。
> ➤掌握国际间接投资方式的特点及类型。
> ➤了解国际直接投资方式的发展变化趋势。

导入案例

"绿地投资" 助海尔走向全球

海尔集团是中企海外绿地投资的代表。1999年4月30日，海尔投资3 000万美元在美国南卡州建立了美国海尔工业园，园区占地700亩（1亩≈666.67平方米），年产能力50万台。海尔从此成为中国第一家在美国制造和销售产品的公司。同时，海尔在美国洛杉矶建立了"海尔设计中心"，在纽约建立了"海尔美国贸易公司"，至此海尔在美国形成了设计、生产、销售三位一体的经营格局。此后，海尔先后在欧洲、南亚、中东、非洲等地区投资建设。截至2009年，海尔在全球建立了29个制造基地，8个综合研发中心，19个海外贸易公司。

海尔通过绿地投资方式以及长期的投入培育了自主的国际知名品牌；通过在东道国建立生产中心，有利于传递海尔将长期在这里为顾客服务和提供后勤保障的信号，更利于争取零售商和消费者；建立的贸易公司和设计中心有利于海尔感受东道国消费者需求的微妙变化和对百货商店实施库存监测；在实施本地化的过程中，海尔已经完全消除了"外来者"的形象，成为一个本地品牌。

海尔实行绿地投资的成功与其渐进式走出去的方式以及强大的海外投资支撑体系不无关系，分析海尔海外策略的成功，要从其整体"走出去"布局开始梳理。

1. 渐进式"走出去"

海尔的发展历程可以分为4个阶段，见表3-1。

表 3-1 海尔发展历程的四个阶段

	海尔发展历程的四个阶段
1984—1990 年	内向型发展阶段。在这个阶段，海尔先在国内市场以创新产品的方式建立了海尔的品牌形象。
1990—1996 年	出口阶段。通过海外销售使产品走向国际市场，主要依赖外国专营经销商设立营销网点，并建立国际物流中心，保证对海外经销商的产品供应，赢得了国际信誉。
1996—1998 年	海外投资阶段（在印尼等地投资）。在海外设立公司，生产技术也走向海外，在印度尼西亚、马来西亚、南斯拉夫、伊朗和美国等国先后投资设厂。
1999 年以后	本土化阶段（在美国南卡罗来纳州投资、设计、生产、销售）。海尔集团立足当地发展成本土化的世界名牌。

海尔"走出去"靠的是一条渐进式道路，即在逐步取得国内市场领先地位的基础上，开始推进国际化。为了取得国内领先地位，海尔首先致力于实施名牌战略，使海尔冰箱成为国内驰名品牌；继而实行多元化战略，全面进军制冷家电、白色家电、黑色家电、信息家电及其他生产领域。在广泛取得国内竞争优势的基础上，1990 年，海尔冰箱开始出口德国和美国市场，拉开了海尔产品进入海外市场的序幕。经过 9 年努力，海尔的营销国际化取得丰硕成果：冰箱、冰柜、空调、洗衣机等出口到欧洲、美国、日本、东南亚、中东、拉美、澳大利亚等 87 个国家和地区，海尔的冰箱、空调、洗衣机的生产技术也出口到印度尼西亚、马来西亚、菲律宾、南斯拉夫和西班牙等国家，还在印度尼西亚、菲律宾、马来西亚、南斯拉夫、伊朗和美国等国投资设厂，并逐步推行海外投资的本土化，成为中国企业"走出去"的典范。

2. 系统化组合助海外投资

海尔"走出去"过程中，采取了系统化的组合措施。

第一，创立世界名牌。为了提高产品质量，塑造一流品牌，海尔给自己制定了许多严格的标准，如"产品零缺陷""物流零距离""仓储零库存""用户零烦恼"等。通过这些严格的标准，海尔的质量管理实现了瞬间的控制有效。在中国成为著名品牌后，海尔提出了"国门之内无名牌"的观念，认为在开放的市场上只有世界的才是民族的，要想成为民族品牌，必须在国际竞争中成为世界著名品牌，并着手扩大海尔的世界影响，将海尔推向世界，争取国际权威质量认证，获得了美国、日本、澳大利亚、俄罗斯、加拿大及欧盟等国家和地区的多种产品认证，成为中国获国外认证证书最多的企业。

在创立世界名牌的过程中，海尔的生产、技术、质检、环保、服务等多方面与国际接轨，在世界处于领先地位，品牌价值迅速提升。这为海尔进军海外市场奠定了坚实的基础。

第二，建立国际化的营销网络。海尔确立了"先难后易"的出口战略。首先将产品打入挑剔的发达国家市场，在德国、美国获得良好声誉后，向西欧、日本、澳大利亚等更多的发达国家市场拓展，并以居高临下之势，迅速推向中东欧、拉美、中东、南非等地市场。在海外销售过程中，主要依赖外国专营经销商设立营销网点，并建立国际物流中心，保证对海外经销商的产品供应，赢得了国际信誉。

第三，构建国际化技术研发网络。海尔坚持技术研发目标国际化、技术研发课题市场化、技术研发成果商品化的原则，从一开始就引进德国的冰箱生产技术，并逐步培植自己的技术研发能力，以资本为纽带，与国内众多科研院所建立合作关系，形成自己的研发体系，在海外,与许多大公司、技术中心建立交流、合作、协作网,建立东京、洛杉矶、蒙特利尔、悉尼、阿姆斯特丹以及香港等信息中心,建立东京、蒙特利尔、里昂等设计分部,根据国际市场信息,跟上国际技术潮流,开发本土化的产品。

第四,建立海外生产体系。海尔坚持循序渐进的"走出去"战略,认为产品出口是走出去的初级阶段,企业发展到一定水平就要向技术输出、资本输出迈进,在海外投资设厂。1996 年 12 月,海尔在印度尼西亚设立海尔莎保罗有限公司,占 51% 的股份,标志着开始生产国际化。

此后,海尔抓住东南亚金融危机对外投资的有利时机,加快在东南亚投资的步伐。1993年,又在美国南卡罗来纳州设立冰箱厂,形成了设计中心在洛杉矶、营销中心在纽约、生产中心在南卡罗来纳的美国本土经营体系,并实施海外投资生产、设计、营销等全方位本土化,获得了较好的效益。

3. 海尔"走出去"的启示

归纳海尔"走出去"的主要特点:经营范围——海尔自己的核心产品;发展进程——从创造国内名牌、国际名牌着手,到出口,再到跨国投资,渐进性发展;对外投资方式——以"绿地投资"即新建企业为主;跨国投资效果——成功率高,发展快。

通过海尔"走出去"的经验可以看出,在对外投资中,必须长期把开发国际市场作为市场营销的战略组成部分,跟踪国际技术和产品信息变化,坚持高质量,以创造世界名牌为导向,根据各国用户的不同需求不断开发新技术、新产品,进行技术创新、产品重新,致力于推行本土化战略等。

(资料来源:http://www.cneo.com.cn/info/2013-09-05/news_2676.html.)

由此案例引出的问题:
⊃什么是绿地投资?绿地投资有何特点?
⊃本案例中海尔进行海外投资采取的系统化组合措施是指什么?
⊃你认为海尔走出去最成功的经验是什么?
⊃海尔"走出去"带给我国其他海外投资企业的启示有哪些?
⊃举例说明我国成功的绿地投资项目。

3.1 国际直接投资

国际直接投资(international direct investment)与其他投资相比,具有实体性、控制性、渗透性和跨国性的重要特点。具体表现在:首先,国际直接是长期资本流动的一种主要形式,它不同于短期资本流动,它要求投资主体必须在国外拥有企业实体,直接从事各类经营活动,项目投资期限少则几年,多则长达十几年甚至几十年,如德国大众对我国的投资期限长达 25 年,到期后又延长 30 年,由于投资期限较长,从而加大了投资者的投资风险。其次,国际直接投资表现为资本的国际转移和拥有经营权的资本国际流动两种形态,既有货币投资形式又有实物投资形式,不仅改变了投资国的商品出口结构,而且在一定程度上引导东道国的投资方向,促进其技术进步。最后,国际直接投资是取得对企业经营的全部或部分控制权，不同于间接投资，它通过参与、控制企业经营权获得利益，同时带动了投资国的技术和管理经验向东道国的转移，有利于东道国技术和管理水平的提高。

国际直接投资的主要方式分为绿地投资和跨国并购方式。

3.1.1　绿地投资

绿地投资（greenfield investment）又称新建投资，是指投资者直接到东道国境内按照东道国法律建立新企业，从事生产与经营活动，同时给东道国带来资本存量的增加和就业的扩张；对东道国而言，如同在其经济体内开辟了一块绿地，故称"绿地投资"。绿地投资作为国际直接投资中获得实物资产的重要方式，是源远流长的。绿地投资有两种形式：一是建立国际独资企业，其形式有国外分公司、国外子公司和国外避税地公司；二是建立国际合资企业，其形式有股权式合资企业和非股权参与式（契约式）合资企业。

1. 股权参与方式

股权参与方式是典型的国际直接投资方式，具体分为独资经营和合资经营两种。

（1）独资经营。独资经营是指由外国投资者独立提供资本，并依东道国法律独立生产经营、自负盈亏、独立承担风险的经营方式，属于投资者全部股权参与。该方式是国际投资最传统的方式，在国际直接投资企业中占绝大多数，以美国为例，独资企业占企业总数的79%。适宜采用独资经营方式的主要是生产规模大、拥有垄断技术优势的大型跨国公司。目前，跨国公司在制造业、高技术行业、国际服务行业的国际投资中普遍采用这种形式。

独资经营企业的优点主要有 4 点。① 除土地外，企业的投资百分之百为外国投资者所有，没有东道国投资者参股。一个企业可以是一个外国投资者独资，也可以是若干外国投资者合资。② 独立经营。由于 100% 拥有股权，企业依照东道国批准的章程独立进行经营管理活动，不受外人干涉，使企业经营管理更加灵活、决策更加果断。③ 自负盈亏。经营收入除按东道国有关税收的规定纳税后，完全归投资者所有和支配。企业终止，应当及时公告，按照法定程序进行清算。④ 便于保守商业和技术秘密。投资者设立独资企业也有一定的劣势，主要表现为：首先，投入资金多，成本高，要求投资者具备雄厚的资金以完成投资，要承担较大风险；其次，没有当地的合作者帮助，不能充分利用东道国的各种资源，开拓市场的难度较大。

（2）合资经营。合资经营是指外国投资者与东道国的企业共同出资、共同经营、共负盈亏、共担风险的经营方式，属于投资者部分股权参与。合资经营的组织形式包括有限责任公司、股份有限公司等，合资双方的出资比例将反映各自在企业中拥有股权的大小，从而决定对合资企业的控制权大小。各东道国对外国投资者在合资经营企业中的出资比例限额都有明文规定，多数国家利用外资设立合资企业的实践表明，外国投资者出资比例规定在 50% 较为适宜，一来体现平等互利原则，维护东道国合法权益，二来利于调动外国投资者的积极性。

合资经营的优点主要有：① 合资各方按出资比例分配利润，分担风险，减小了外国投资者的投资风险；② 有东道国企业参与生产经营和管理，可充分利用东道国企业的各种资源，如原有销售网络、人力资源、厂房设备等，以降低成本，增强环境适应能力；③ 合资各方除以资金作为投资股本外，还可以厂房、机械设备、原材料、工业产权、劳动力等折价作股本，既缓解东道国企业发展资金不足的压力，又可获取一部分先进技术和设备。以外商对中国投资为例，由于政策限制等多方面的原因，中外合资经营企业实施时间最早，在改革开放初期以及以后很长一段时间内是最普遍采用的投资方式，当时我国企业多是以土地、厂房、劳动力等入股。只是从20世纪90年代后期以后，中外合资企业的发展势头才开始逐步减缓。

设立合资企业也有一定的劣势，主要表现为：① 合资各方因跨文化冲突增加组织管理、人员管理的难度，很多合资企业会因此对问题处理不当而导致投资失败；② 股权分散导致管理权分散，合作各方在投资决策、经营活动决策、财务控制等方面容易产生争端；③ 不便于合资各方保守商业和技术秘密，导致无形资产流失，可能将对方培养成竞争对手。

2. 非股权参与方式

非股权参与方式是指在不以股权为基础的前提下，国际投资者将实物资产投入运营的直接投资方式。与股权式参与方式相比，非股权式参与的特点主要表现为：不以股权多少分享权益；资产运营具有相对独立性；运营期限一般较短；具有较大的灵活性，承担风险较小等。非股权参与方式具体分为以下几种。

1）合作经营

合作经营是指国际投资者与东道国企业在东道国境内签订契约，共同经营企业，各方依据契约规定的比例分配盈亏和分担风险的契约式投资方式。合作企业可以组成具有法人资格的有限责任公司，依法制定公司章程，有独立的财产权；合作企业还可以是非法人企业，合作各方通过契约组成松散的合作经营联合体，并按照契约约定各自对企业债务承担无限连带责任。合作经营企业的资产投资方式在契约中规定，可以是现金、实物、土地使用权、工业产权、非专利技术和其他财产权利，一般外方合作者必须首先以外汇等资金作为主要投资资本，其次以设备、工业产权、原材料等的折价作为投资资本。以我国实践为例，中外合作企业一般由外国合作者提供全部或大部分资金，中方提供土地、厂房、设备或一定量的资金。如果中外双方在合同中约定合同期满时企业资产全部归中方所有，则外方合作者可在合同期内先行收回投资，达到共赢的目的。

2）合作开发

合作开发是合作经营的一种特殊形式，是指资源国通过国际招标方式，与中标的外国公司签订合同，在东道国指定区域内，合作开发自然资源，依约承担风险，共享利润的国际经济技术合作经营方式。例如，海洋石油资源的开发，风险大、投资多、技术高、建设投产周期长，单靠资源国一国的技术、资金常常难以完成，因此许多发展中国家，甚至一些发达国家都采取国际合作开发方式开采海洋石油资源。目前在自然资源开采领域，这种以高风险、高投入、高收益为最大特点的合作开发方式已成为一种重要的国际直接投资方式。

国际合作开发作业一般分为勘探、开发、生产三个阶段。勘探阶段由外国合作者提供所需资金、设备、技术进行地球物理勘探，并承担全部风险。在勘探期内，若在合同指定区域未发现具有商业开采价值的资源，合同即告终止，发生的耗费均由外国合作者承担，东道国合作者不承担任何补偿责任；如果勘探阶段发现有开采价值的资源，则按合同进入开发阶段，本阶段由合作双方共同投资、共同开发资源，勘探阶段所耗费用及本阶段投资回收与收益分配可用所开发资源进行补偿；最后进入生产阶段，此阶段应按法律规定缴纳有关税收和资源使用费，合作各方按合同确定的分配比例以实物形式收回投资和分配利润，如遇亏损则由各方分别承担。

拓展阅读

中国绿地投资"南山案例"

2012 年末，一个占地面积 5.57 万平方米、造价 1.6 亿美元的铝材成型工厂在美国印第安纳州拉法叶市投入运营。工厂的主人中国公司：南山集团。该项目从开建到投产经历两年半时间，是中国大型金属企业在美国市场的第一个绿地投资项目。

南山把这一投资视为战略举措，而不仅仅是一个赚钱快的商业项目。该项目落户美国的腹地印第安纳州是因为印第安纳州在吸引和接纳外国投资方面非常积极，这样的美国传统制造业大州正在不遗余力地争取亚洲的投资。南山的案例为我们提供了一个很好的视角来审视中国在美国的绿地投资现象。

绿地投资要比复杂的并购简单一些。然而，最近中国在美国的投资活动大多采用了并购的形式。绿地投资可以避免许多中国并购案产生的争议，原因是绿地投资涉及人、工厂、资产以及更为根本的就业机会。这些是当地社区可以实实在在触摸和感受到的。

但绿地投资也有其自身的挑战。

南山很快发现，一个公司即使扎下了根基、创造了就业并新建了工厂，也仍然要继续学习，而且必须要快，原因是投资完成后，公司需要适应美国市场并参与竞争。南山在期待成功之前，必须先进行学习。

首先，南山被逼着学会如何在世界上技术最先进的几个市场之一开展竞争。其次，南山认识到，钱袋子饱满并不能自动转化为成功。最后，南山学到了很多美国的管理经验和人力资源经验，而不仅仅是美国的技术。这三个相互交织的经验和教训形成了反馈回路，并最终影响到母公司在中国的管理、运营和培训实践。

南山的案例展示了以下几个方面。

（1）进入高端海外市场获得高回报的决定如何促使中国公司在本土市场积极改善产品并提高竞争力。

（2）保留美国工人和专业人才如何帮助中国公司学到影响中国培训和人力资源实践经验。虽然获得技术是几乎所有中国公司在美国并购投资的重要动因，但南山的案例显示，对一个适应性很强的中国公司而言，关注人力资本可以成为在美国投资学到的重要经验。

（3）美国工厂的流程、公司环境和管理实践如何改善中国母公司的运营。

（4）地方政府（如美国的市政府和州政府）的合作与激励机制如何影响中国公司的投资决定，包括是否投资以及在哪里投资创造就业的有形资产。

（5）在美国投资实体工厂只是第一步。即使是绿地投资，中国投资者最终也必须面对如何进行后期管理、保持服务，并不断投资创新的问题，以便参与美国市场的竞争并取得成功。

（6）人事方面的选择非常重要。若要挑选一名中国公民来领导公司的美国业务，这个人必须能够在美国的经营和文化环境中游刃有余。在南山的案例中，这位中国领导与公司投资所在地印第安纳州的社区有直接打交道的经历。

南山集团成立于 20 世纪 80 年代初，目前是一个业务多元化的大型民营工业集团。公司的权益和资产涵盖了能源、纺织、教育、建材、房地产、金融、酿酒和旅游业，但核心业务始终是铝业。

（资料来源：http://opinion.caixin.com/2013-11-08/100602212.html.）

3）国际工程承包

国际工程承包是指通过国际间的招标，承包商以提供自己技术、资本、劳务、管理、设备材料、许可权等方式，按东道国工程发包人的要求，承担某项工程项目建设，并按事先商定的合同条件收取费用的国际劳务合作的主要方式，承包项目包括水坝、运输管道、高速公路、地铁、港口、机场和通信系统。国际承包工程项目建设过程中，包含大量的技术转让内容，特别是项目建设的后期，承包人要提供员工和技术人员的培训，提供所需的技术知识，以保证项目的正常运行。国际工程承包特点表现为：① 项目内容复杂广泛；② 工程周期长、风险大；③ 对项目的水平要求比较高。

对于投资者而言，国际工程承包均为大型的长期投资项目，利润比较丰厚；同时，需要承包人具备技术、财务、人员和管理的整体优势。由于国际工程承包既可解决就业问题，又可为投资国赚取外汇，因此许多国家给予承包工程公司多种优惠措施，鼓励其获得国际工程承包项目。但是国际工程承包的投资因其规模大、期限长，东道国政策环境可能变化等因素影响，会存在较大风险，投资还需谨慎。

4）国际租赁

国际租赁又称国际金融租赁或跨国租赁，是指位居不同国家的出租人和承租人之间通过签订租赁合同将设备等物品较长期地租给承租人，承租人将其用于生产经营活动并向出租人支付租金的一种国际投资方式。出租人收取租金获得全部或部分投资，并保持租赁物所有权，既输出资本又输出设备；承租人以缴纳租金方式取得租赁物使用权，既利用外资，又引进国外先进设备。租赁关系终止后承租人将该物返还给出租人，或根据双方约定，将该物转归承租人所有，或由承租人以低价收购，或由承租人支付较低的租金继续租赁。国际租赁是集国际贸易、国际信贷于一体的新型的融资融物结合方式。自20世纪50年代在美国出现以来受到越来越多国家的欢迎，已成为许多国家参与国际投资的重要形式。国际租赁关系的主体可以是自然人、法人、国家或国际经济组织，客体一般为价值较高的动产或不动产，如工厂的成套设备、大型机械。

国际租赁给承租者带来的好处主要有以下几点。

（1）能充分利用外资。当国内生产企业亟须引进国外先进设备，又缺乏外汇资金时，国际租赁是利用外资的有效途径。因为国际信贷购买设备，仍需自筹部分资金，并预付15%的合同价款，而用租赁方式引进，生产企业可先不付现汇资金即可使用设备，留待以后分期支付租金给国外出资者，使企业资金周转不会遇到困难，从而达到提高产品质量，增加产量和扩大出口的目的。

（2）能争取引进时间。国内生产企业如果向银行申请贷款和外汇，再委托进口公司购买所需设备，一般来说，时间是相当长的。而使用融资租赁的形式，通过信托公司办理，可使融资与引进同步进行，既减少了环节，又缩短了时间，使进口货物很快落实，从而达到加快引进的目的。

（3）有利于企业的技术改造。企业采用租赁方式，能经常替换残旧和过时的设备，使设备保持高效率及其先进性，使企业产品更具有竞争力。尤其是经济寿命较短或技术密集型的设备，用经营租赁方式引进最新设备，出资者负责维修，更能使企业的技术改造有所保证。

（4）不受国际通货膨胀的影响。租赁合同经双方认可，根据租赁时设备的售价除银行利息而确定的金额，在写成正式书面合同文件后，就固定了下来。因此，在整个租期内，合同条款不会变动，即使遇到通货膨胀或国际贷款利率上浮等情况发生，也不能改变合同中已订的价款、利率和租金。

（5）能减少盲目引进的损失。购买引进设备，一旦发现其产品不符合国内外市场的形势和要求，要想很快脱手是相当困难的。若压价出售，会使企业蒙受不必要的经济损失；暂时闲置不用，又会使企业背上沉重的包袱，占用资金；勉强维持生产，而产品又销售不出去，则会造成更大的损失。而采用经营租赁方式，灵活方便，如果发现情况不好，则可立即收手退租，力求使企业损失降低到最低程度。

（6）有利于适应暂时性和季节性需要。有些设备在生产中的使用次数不多，却又不可或缺，如探测仪器、仪表等；有些设备受生产的季节性影响较大，适用的时间少，闲置的时间多，如农用设备等。如果购置备用，则造成积压浪费。而采用租赁形式，不仅便利，而且节约，还能节省保管和维修费用。

国际租赁给出租者带来的好处主要包括以下几个方面。

（1）它可作为扩大设备销路的新途径。机器设备只有尽快销售出去，才能收回资金，促进生产的进一步发展。如果需要设备的用户，缺乏资金又不易获得银行贷款，难于一次付清货款，就难以达成交易。采用租赁贸易的方式，以租金的形式回收资金，是商品拥有者扩大商品销路的一条新途径。出租者承接租赁业务，起着促进达成交易的作用，并能从中获得一定的利益。

（2）能获得较高的收益。出租者在设备出租期间所获得租赁费的总和，一般都比出售该设备的价格要高。而设备的所有权仍属于出租者，使其收益更安全可靠。同时，在租赁期间内，出租者还可向承租者提供技术服务，包括安装、调试、检测、维修、保养、咨询和培训等，也可以从中获得一定的额外收入。

（3）能得到缴纳税金的优惠待遇，可以享受税负和加速折旧的优惠。采用融资租赁形式出租的设备，国家一般均不将其作为该企业的资产处理，因此能在本国获得减免税的待遇。

国际租赁的局限性表现在以下几个方面。

（1）租金高昂，即比用现汇或外汇贷款购买的代价高，从而提高了产品的生产成本。通常情况下，高出的幅度可达 12% ～ 17%。

（2）在租赁期间，承租人只有使用权，设备的所有权仍属于出租者。因此，承租人不能将租赁物进行技术改造、抵押或者出售。

（3）租赁设备在租用期满后的残值，仍属于出租人所有。如果采用经营租赁方式，承租人对于在设备使用期间内所确定的租金，没有经过仔细的调查研究，核算租用设备的使用寿命及其利用率，将是一笔很大的损失。

（4）长期按规定支付租金，而设备利用不充分，则生产成本将会增加。

（5）租赁契约经双方签订认可后，一般不得随意终止合同，如果一方毁约或不履行有关条款，就要赔偿对方损失，且罚款较重，因此应慎重考虑。

5）补偿贸易

补偿贸易是指投资者向东道国企业出口机器设备和转让技术时，不以收取现汇为条件，在东道国企业提供信用的基础上，以使用该设备技术所生产的产品，分期抵付进口设备技术的价款及利息的投资方式。与一般贸易方式不同的是，补偿贸易是一种易货贸易，其前提是投资者出口信贷，而且还要承诺回购对方的产品或劳务，以使对方用所得货款归还贷款，投资方既承担供应所需的设备技术，又承担销售作为抵偿的相关产品。

当东道国企业缺乏资金时，用补偿贸易引进设备技术，解决设备更新和技术改造的难题，在制成产品返销抵偿价款的同时，也利用了设备出口方在国外的销售渠道，使产品进入国外市场，带动东道国企业产品的出口。早期的补偿贸易主要用于兴建大型工业企业。如当时苏联从日本引进价值8.6亿美元的采矿设备，以1亿吨煤偿还；波兰从美国进口价值4亿美元的化工设备和技术，以相关工业产品返销抵偿。

我国采用补偿贸易方式引进国外先进技术设备开始于20世纪80年代，但早期规模有限，随着我国市场经济的发展，补偿贸易在利用外资，促进销售方面的优越性逐渐显现。需要注意的是，补偿贸易方式引进的设备技术可能并不十分先进，甚至是二手设备。如何提高设备技术的先进性是采用补偿贸易方式首先应关注的问题。对于缺乏技术进行产业升级的我国，利用补偿贸易吸引外国投资者可以起到如下作用：① 可以在有限的外汇与资金来源的情况下，充分利用外资信贷，扩大进口国外的先进技术、设备；② 对技术落后、资金不足的大中型企业，利用补偿贸易可促进企业技术改造和升级；③ 扩大出口。进口方可以尽快完成本国产品的升级换代，这些产品用于内销，可减少国外同类产品的进口，为国家节约外汇；用于出口，则可以开辟国际市场，增加外销渠道。

拓展阅读

开展补偿贸易的问题和风险

开展补偿贸易，要注意如下一些可能遇到的问题和风险。

1. 引进技术的先进性和可靠性

一般情况下，西方国家不愿将较先进的技术、设备提供给他国，所以对一些技术诀窍、高技术的转让价格偏高。因此，在引进外国先进技术和设备时，要注意这些技术的先进性和可靠性如何，还要确立合理的价格。

2. 补偿产品销售市场的竞争和风险

（1）外商在获得补偿产品后，要注意其销售渠道和销售市场。如果其销售渠道、市场范围、销售价格等与我方的出口市场和销售渠道相一致，即会形成竞争。因此，要注意避开这些竞争，在补偿贸易的立项到清偿过程中，要了解对方的意图和销售情况，尽可能使补偿产品的出口与传统出口商品不重复。即使以传统产品作补偿产品，也要尽可能避开我国已有的出口市场和销售渠道，而且要密切注意对方在国际市场上低价抛售的情况。

（2）要注意国际市场风险，要防止出口方在国际市场发生某些变化时，以各种借口拒收补偿产品，造成进口方偿还困难。

（3）要注意补偿产品的销售成本，有的外商获得补偿产品后，会将这些产品委托贸易商代销，其增加的成本若分摊到引进技术、设备的成本中去，将直接增加技术、设备的成本。

3. 补偿期问题

补偿贸易的补偿期可以是 3 年、5 年，大宗交易项目也可长达 20 年。但有的企业在和外商签订补偿贸易合同时，往往忽视了确定合理的补偿期而使偿还期过短或过长，以致企业不能如期履约或外资不能合理利用。

（资料来源：http：//wiki. mbalib. com/wiki.）

6）BOT 投资方式

BOT 是英文 "Build-Operate-Transfer" 的缩写，意即建设—经营—转让。典型的 BOT 方式是指投资者与东道国政府签订项目合同，承担某项基础设施或公共项目的筹资、建造、营运、维修及转让。在双方商议的期限内（一般为 10 ~ 15 年），由投资者自行筹集资金进行设施建设，在设施完工后对所建设施行使运营权、维护权，以向设施使用者收取适当的费用或出售产品形式获取合理回报，用以清偿贷款、回收投资并赚取利润，政府部门则拥有对这一基础设施的监督权、调控权；合同期满后，投资一方将该基础设施无偿移交给东道国政府部门。BOT 投资方式的最大特点是：投资的主体一方为私营机构，另一方为东道国政府部门；投资的客体是大型基础设施项目，如机场、海底隧道、铁路、高速公路等建设时间长、耗资巨大、关乎国计民生的项目。采用 BOT 方式投资，可利用私人企业投资，减少政府公共借款和直接投资，缓和政府的财政负担，使一些本来亟须建设而政府目前又无力投资建设的基础设施项目，在政府有力量建设前，提前建成发挥作用，从而满足社会公众的需求。不可否认的是，BOT 投资方式也存在一定弊端，那就是私人公司可能会尽早收回投资并赚取更多利润，在设施建成运营过程中采取掠夺式经营。

7）特许经营方式

特许经营属于非股权参与的无形资产投资方式，是指跨国公司将其企业名称、商标、专有技术及运作管理经验等无形资产使用权，以特许经营合同约定的形式，允许受许经营者有偿使用，在特许人统一的业务模式下从事经营活动。特许经营的前提是特许人有较知名的商标、专有技术、管理能力，受许人有资金优势。特许经营可以使跨国公司作为特许人以较少的投入完成国际投资，并迅速开展跨国经营，又可以使受许人在较短时间内引入成熟知名品牌、专有技术和先进管理经验，减少不必要的风险。特许经营方式的特点表现在以下几个方面。首先，法人（或个人）对商标、服务标志、独特概念、专利、经营诀窍等有形和无形资产拥有所有权。特许人和受许人是两个独立的法律实体，特许经营是公司间的合作合约关系。其次，特许公司（权利所有者）授权其他人使用上述有形与无形资产的权利，并将部分产权（如使用权）转让给受许公司以换取一定的收入。最后，授权合同中包含一些调整和控制条款，以指导受许人的经营活动，受许人要受到特许人的监督、指导和控制，并根据其营业额支付权利的使用费和其他费用。特许经营投资方式已有 100 多年的发展历史，它所取得的成功已为世人所瞩目，早期的特许经营是商品商标型特许经营，在这一阶段，特许商向加盟商提供的仅仅是商品和商标的使用权，作为回报，加盟商需定期向加盟商支付费用。例如，通用汽车公司、福特公司、埃克森石油公司、壳牌公司、可口可乐公司、麦当劳公司等都是采取这种方式从事经营的，这被称为"第一代特许经营"。但是，"第一代特许经营"在实践中遇到一系列问题，麦当劳公司即是如此。麦当劳兄弟1937年创办汽车餐厅起家，通过改进厨房设备与生产程序，使汉堡生产制作速度大大提高，吸引了大量顾客。20世纪20年代初，麦当劳利用特许经营形式建立自己的经营体系。一开始，他们采取的是"第一代特许经营"的方式，即只在开业之初指导店铺外观和外送服务的细节，以后就两不相干了。这种"大撒把"式的方式造成了危机，许多加盟商按照自己的理解改变了汉堡口味，有的甚至增加了许多复杂的品种，这是对麦当劳经营方式的"腐蚀"。麦当劳看到了这一点。1955年，麦当劳在芝加哥东北部开设了第一家"样板店"，并建立了一套严格的运营制度——QSCV运营系统，即优质服务、质佳味美、清洁卫生、提供价值。麦当劳借助这样的经营模式推行了"第二代特许经营"，全世界所有麦当劳使用的调味品、肉和蔬菜的品质均由公司统一规定标准，制作工艺也完全一样，每推出一个新品种，都有一套规定。麦当劳正是依靠这样的经营使其获得迅速发展。目前，餐饮业、零售业、服务业等诸多行业广泛使用特许经营投资方式。

拓展阅读

"7-11"便利店的特许经营

"7-11"公司是世界上最大的便利店特许组织，截至2014年3月末的统计，"7-11"的全球分店总数为52 811家。在我国深圳，该公司自1992年起，就开始以自营的方式开展业务，并以出售区域特许权的方式在中国开展特许业务。

"7-11"便利店的店铺营业面积按总部统一规定，基本为100平方米。商店的商品构成为：食品75%，杂志、日用品25%。商店的商圈为300米，经营品种达300种，都是比较畅销的商品。另外，总部每月要向分店推荐80个新品种，使经营的品种经常更换，能给顾客以新鲜感。商店内部的陈列布局，由总部统一规定、设计。商店的建设、管理遵循四项原则：必须商品齐全；实行限度管理；店内保持清洁明快；亲切周到的服务。这四项原则即是"7-11"便利店成功的秘诀。

"7-11"便利店成功的特许制度包括以下内容。

（1）培训受许人及其员工。"7-11"公司为了使受许人适应最初的经营，消除他们的不安和疑虑，在新的特许分店开业之前，对受许人实行课堂训练和商店训练，使其掌握POS系统的使用方法、接待顾客的技巧、商店的经营技术等。另外，总部还应店主的要求，为提高员工、临时工的业务经营能力，围绕商店营运和商品管理、接待顾客等内容，集中进行短期的基础训练。

（2）合理进行利润分配。毛利分配的原则是：总部将毛利额的57%分给24小时营业分店（16小时营业的为35%），其余为总部所得。商店开业5年后，根据经营的实际情况，还可以按成绩增加1%～3%的提成，对分店实行奖励。

如果毛利率达不到预定计划，分支店可以保证得到一个最低限度的毛利额，以保证其收入。

（3）给予多项指导。总部对分支店进行开业前的市场调查工作，并从经营技巧培训、人才的招募与选拔、设备采购、配货等方面对分支店给予支持。总部不仅指导分支店的日常经营、财会事务等工作，而且还负责向分店提供各种现代化的信息设备及材料。

加入"7-11"体系的程序如下。

（1）公司接待潜在受许人。负责接待的总部人员为了能使来访者成为受许人，向他们仔细介绍公司特许权的情况，并与之认真协商。

（2）介绍"7-11"便利店的详细情况。

调查店址：为确定能否作为分支店经营场所，总部要进行商圈、市场等方面的详尽调查，并将搜集的数据认真加以分析、研究。

说明特许合同的内容：就特许权的各项内容和规定，逐条进行解释说明。

签订特许合同：在申请人充分研究了业务内容和合同内容，并决定加入后，正式签订合同。

（资料来源：http://www.chinairn.com/doc/50170/156386.html.）

3.1.2　跨国并购

1. 跨国并购的含义

跨国并购（merger & acquisition，M&A），又称为"褐地投资"，是跨国兼并和跨国收购的总称，是指外国投资者（又称并购企业）为了达到某种目标，通过一定的法律程序，将东道国现有企业（又称被并购企业）的全部或部分所有权（或股份）购买，从而对东道国企业的经营管理实施控制的行为。

兼并（merge）是指公司的吸收合并，即一公司将其他一个或数个公司并入本公司，使其失去法人资格的行为。它是企业变更、终止的方式之一，也是企业竞争优胜劣汰的正常现象。在西方国家的公司中，企业兼并可分为两类，即吸收兼并和创立兼并。

收购（acquisition）意为获取，即一个企业通过购买其他企业的资产或股权，从而实现对该公司企业的实际控制的行为。有接管（或接收）企业管理权或所有权之意。按照其内容的不同，收购可分为资产收购和股份收购两类。

跨国并购是跨国企业间的并购行为，发生在两国或多个国家或地区，所以具有跨国性，要遵循不同国家的法律规范。

2. 跨国并购的主要类型

1）横向跨国并购、纵向跨国并购和混合跨国并购

按跨国并购对象的所在行业关系，跨国并购可以分为横向跨国并购、纵向跨国并购和混合跨国并购。

（1）横向跨国并购。它是指两个以上国家生产或销售相同或相似产品的企业之间发生的并购行为。例如，同是制造飞机的美国波音公司并购美国麦道公司，其目的是扩大市场的占有率，增加企业的国际竞争力，提高规模效益。在横向跨国并购中，由于并购双方有相同

的行业背景和经历，所以比较容易实现并购整合。横向跨国并购是跨国并购中经常采用的形式。

（2）纵向跨国并购。它是指两个以上国家处于生产同一或相似产品但又处于不同生产阶段的企业之间的并购，或者说是为了业务的向前或向后的扩展而在生产经营相互衔接、密切联系的公司间的并购。例如，中国首钢集团收购澳大利亚布森山铁矿公司，其目的是稳定和扩大原材料的供应来源或产品的销售渠道，从而减少竞争对手的原材料供应或产品的销售。并购双方一般是原材料供应者或产品购买者，所以对彼此的生产状况比较熟悉，并购后容易整合。

（3）混合跨国并购。它是指两个以上国家处于不同行业的企业之间的并购，双方既非竞争对手又非潜在客户或供应商，如一家家电企业并购一家银行。其目的是实现多元化经营战略和增加市场份额，减少单一行业经营的风险，增强企业整体竞争实力。

2）直接并购和间接并购

从是否通过中介机构完成并购划分，跨国并购可分为直接并购和间接并购。

（1）直接并购。它是指并购企业根据自己的战略规划直接向目标企业提出并购要求，或者目标企业因经营不善及遇到难以克服的困难而向并购企业主动提出转让所有权，并经双方磋商达成协议，完成并购。由于在直接收购的条件下，双方可以密切配合，因此相对成本较低，成功的可能性较大。

（2）间接并购。它是指并购企业没有向目标企业发出并购请求，通过在证券市场收购目标企业的股票，从而控制目标公司。与直接并购相比，由于间接并购方式很容易引起股价的剧烈上涨，同时可能会引起目标公司的激烈反应，受法律规定的制约较大，因此会提高收购的成本，增加收购的难度，间接并购成功的概率也相对小一些。

3）善意并购和恶意并购

从收购公司的动机划分，跨国并购可分为善意并购和恶意并购。

（1）善意并购。并购公司提出收购条件以后，如果目标公司接受并购条件，这种并购称为善意并购。在善意并购下，并购条件、价格、方式等可以由双方高层管理者协商进行并经董事会批准。由于双方都有合并的愿望，因此，这种方式的成功率较高。

（2）恶意并购。如果并购公司提出并购要求和条件后，目标公司不同意，并购公司只有在证券市场上强行收购，这种方式称为恶意并购。在恶意并购下，目标公司通常会采取各种措施对并购进行抵制，证券市场也会迅速做出反应，股价迅速提高，因此恶意并购中，除非并购公司有雄厚的实力，否则很难成功。

3. 跨国并购的特点

1）美国跨国并购的特点

从全球范围看，早期的跨国并购出现在 20 世纪 90 年代中期后，经济全球化步伐加快，各国资本市场不断完善，这些都给跨国并购创造了有利条件，使其在规模和数量上得以迅猛增加。1995 年全球跨国并购完成 1 866 亿元，首次超过"绿地投资"，跨国并购取代"绿地投资"成为国际直接投资的主要方式，1995—2000 年的 7 年间，跨国并购以每年 44% 的速度增长，并在 2000 年达到 11 438 亿美元，占国际直接投资比重达到 83%。跨国并购最具代表性的国家美国在相继完成 4 次国内并购浪潮后，自 20 世纪 90 年代中后期开始了以跨国并购为主的第五次浪潮。

美国第五次跨国并购浪潮特点表现在以下几方面：① 这一阶段跨国并购主要在美国和欧洲大国间的大型跨国公司间完成，直接投资数量较大；② 并购主要是相关产业间的横向并购，且多集中在服务业和技术密集型产业；③ 并购的规模均是超大型，涉及金额达几百亿美元至上千亿美元；④ 并购方式多为换股，可以节约交易成本。

全球跨国并购的新变化是：受 2008 年全球金融危机影响，全球跨国并购步伐放缓，2010 年跨国并购交易值上升了 36%，但仍然只有 2007 年最高值的 1/3 左右，跨国并购交易主要流向发展中国家，并购值翻了一番；相比跨国并购，2010 年"绿地投资"有所减少。

拓展阅读

华为公司收购美国三叶系统公司专利资产遇挫

中国华为公司收购美国三叶系统公司（3Leaf Systems）技术资产被美国外国投资委员会（CFIUS）建议撤销交易，2011 年 2 月 18 日，华为公司在美国宣布放弃对三叶系统公司包括知识产权在内的特定资产的收购。收购美国三叶系统公司资产出现的意外，最终让华为公司不得不改变了最初的选择。而且中国商务部、中国机电产品进出口商会等均在 2001 年 2 月 21 日对此事表明了立场，对该案结果表示遗憾。

面对近年来一桩桩中国企业海外收购遇阻的案例，人们不禁要问，究竟是什么原因阻挡了中国企业"走出去"的脚步？

1. 华为收购在美遇挫

华为公司收购美国三叶系统公司专利资产遇挫，体现了国际经贸往来中，知识产权不仅是竞争的手段和途径，而且已经成为争夺的目标。今日世界的竞争就是知识产权的竞争，此案再次证明了这一道理。

从 2010 年 5 月起，华为公司分两次以 200 万美元收购了已宣布破产的美国旧金山三叶系统公司的部分专利。2010 年 9 月 17 日，华为公司主动就收购涉及的技术出口问题向美国商务部申请许可，并获得美国商务部"无须许可"的批示。2010 年 11 月，华为公司向美国外国投资委员会递交了申请，主动请求对此交易进行审查并愿意给予全力配合。2011 的 2 月 11 日，华为公司接到了美国外国投资委员会通知，其以"国家安全"为借口，建议"撤销对三叶系统公司的交易"。2011 年 2 月 14 日，华为公司指出这些指控毫无根据并对此回应称，将拒绝接受这一建议。但在美国方面巨大的压力之下，时隔一周，华为公司最终不得不选择了放弃。

华为公司此次收购的美国三叶系统公司的核心专利之一，就是三叶系统公司研发的"捆绑式计算机服务器专利技术"。利用该专利技术，可以将电子计算机的服务器并联，增加服务器的工作能力和工作容量，这实际上就是当今计算机技术尖端领域的"云计算"的组成的关键技术。业内认为，在"云计算"领域，如果谁掌握了其中的关键技术，谁就会对互联网及通信等诸多相关领域技术将来的发展产生巨大的影响。在华为收购该专利之前，"捆绑式"的专利为三叶公司独家拥有。

2. 谁在阻遏中国企业

中国企业海外收购知识产权遇挫，华为公司不是第一个，也不是最后一个。虽然目前华为公司是仅次于爱立信公司的世界第二大电信设备制造商，但近年来在海外的发展却遭受发达国家频繁的阻挠。同样是因为"安全问题"的借口，2008年华为公司在美国收购3COM公司被拒，2010年，华为公司竞标美国斯普林特公司移动电讯设备合同，也因该原因受阻。

事实上，除华为外，近年来其他中国企业"走出去"的步伐也屡次遇挫。2008年，中兴公司进军美国市场遭遇挫折；2009年，中国有色矿业集团有限公司收购澳大利亚雷纳斯公司失败；2010年5月，鞍钢与美国钢铁发展公司的技术合作项目遇阻；2010年，中铝集团收购力拓失利……在中国企业海外收购多次遇阻的事实面前，人们不得不进行一系列反思。业内普遍认为，发达国家对高技术限制出口是其中的主要原因之一。

2011年2月21日晚，商务部有关负责人就华为公司被迫撤回对美国三叶系统公司技术资产收购交易发表谈话表示遗憾，并强调此次购买美国三叶系统公司的技术资产，是华为公司依据市场经济规则、根据自身发展需要进行的正常商业活动。同时希望美国有关方面摒弃成见，避免采取保护主义措施，以公平、公正、开放的态度正确对待来自中国和世界其他各国的投资。中国机电商会有关负责人也在同一天呼吁美国有关方面，避免针对中国企业采取各种"技术性"歧视措施，滥用"国家安全"等借口限制中国企业在美投资，切实为中国企业赴美投资提供公平待遇。

这也是中国企业"走出去"面临的问题之一。面对国际间日益激烈的知识产权竞争，只有尽快全面提升国家和企业的知识产权能力和水平，才能从根本上解决这一问题。因此，实施知识产权战略、建设创新型国家不仅是形势发展的需要，也是中国企业"走出去"的需要，更是国际竞争的迫切需要。

（资料来源：http://www.sipo.gov.cn/mtjj/2011/201102/t20110223_580994.html.）

2）我国跨国并购的特点

我国企业的跨国并购起步较晚，自进入2000以来，从起步进入加快发展的阶段，并购的规模和数量都迅速上升。根据资料显示，我国企业海外并购总额，从2003年的23.43亿美元增加到2007年的186.69亿美元，海外并购的年增长率高达80%左右。2009年，通过并购实现直接投资192亿美元，较上年下降36.4%，占当年流量的34%。根据《2011年度中国对外直接投资统计公报》公布数据，2011年我国以并购方式实现的直接投资达272亿美元，占流量总额的36.4%，并购领域相对集中，主要涉及采矿业、制造业、电力生产和供应业等。主要并购项目有：中国中化集团通过香港子公司以30.7亿美元收购挪威国家石油公司巴西Peregrino油田40%股权；中国石化集团以25.1亿美元收购加拿大日光能源公司100%股权；中国蓝星（集团）股份有限公司通过香港子公司以19.5亿美元收购挪威埃肯公司100%股权；中信金属有限公司等中方联营体以19.5亿美元收购巴西矿冶公司15%股权；中国石化集团公司以17.56亿美元收购澳大利亚太平洋液化天然气有限公司（APLNG）15%股权等。

2012年，在全球经济增长放缓、欧债危机此起彼伏的大背景下，中国企业的跨国并购热度不减，在跨国并购中的大手笔令人刮目相看。三一重工以约 4.2 亿美元收购德国普茨迈斯特；大连万达以 26 亿美元收购美国 AMC 影院公司，此项收购标志着中国企业海外并购已从能源资源和制造业等传统领域逐渐扩展至文化产业等更高层次；中国财团以 52.8 亿美元收购国际飞机租赁公司，这是中国企业在美国最大规模的一次股权收购。中海油能源发展股份有限公司 151 亿美元并购加拿大尼克森公司，这是中国企业迄今在海外获批的最大宗收购案，也是加拿大自 2008 年爆发金融危机以来的最大金额外资收购案。

从近两年我国企业跨国并购的情况分析，可以看出我国企业跨国并购呈现如下特点。

（1）实施并购的主体仍集中在国有企业。《经济学人》对中资企业过去 5 年超过 5 000 万美元的海外交易所作的分析显示，81% 的境外并购交易由国有企业完成，全额股权收购占 62%。大型中央企业和国有企业集团成为中国企业跨国并购的领头羊，为中国企业集团跨国并购的发展提供了宝贵的经验。

（2）跨国并购指向的产品价值链部门逐渐高端化。近年来中国企业跨国并购不断延伸的领域包括：首先是销售网络。如南京汽车收购外方（英国罗孚汽车）既定企业的销售网络。其次是技术专利与研发机构。中国企业（如华为公司）收购境外技术专利和研发机构。

（3）民营企业在资源型的跨国并购方面不断取得进展。进入 21 世纪以来，随着中国资源稀缺矛盾日益突出和中国民营企业资金实力上升，中国民营企业的境外并购不断取得进展，如吉利汽车并购瑞典沃尔沃、江苏沙钢并购澳大利亚铁矿石企业等。

3.1.3　国际直接投资两种主要方式的比较

国际直接投资两种方式绿地投资和跨国并购的优缺点往往是互补的关系，即一种方式的优点恰是另一种方式的缺点。两种方式对企业自身以及对东道国的影响往往也呈互补关系。如何在国际直接投资中做出选择，就要比较两种方式各自的特点，同时考虑投资企业的内部和外部影响因素。

1. 绿地投资的优缺点

绿地投资是国际直接投资最传统的方式，早期跨国公司的海外拓展业务基本上都是采用绿地投资方式，该方式直接导致东道国生产能力、产出和就业的增长。虽然随着跨国并购的兴起，绿地投资在国际直接投资中占比有所下降，但仍旧是一种重要的国际直接投资方式。绿地投资的优点主要有以下几点。

（1）投资者拥有较强的自主性。利用绿地投资方式创建新企业时，跨国企业有更多的自主权，能够独立地进行项目的筹划，选择适合本企业全球发展战略的厂址，并实施经营管理，能在较大程度上掌握各个项目策划各方面的主动性，较少受外界干扰。

（2）不易受到东道国产业保护政策的限制。特别当跨国公司通过向东道国企业提供技术、管理、销售渠道等与股权无关的方式进行投资时，既不动用资金，也不占用股份，因而不易受当地舆论抵制，从而减少政治风险。

（3）企业能更大限度维持公司在技术和管理方面的垄断优势，并以此优势与东道国市场中的对手竞争。

（4）在多数国家，绿地投资设立企业比并购企业的手续简便。

（5）绿地投资更受发展中国家的欢迎。

绿地投资的缺点主要有以下几点。

（1）绿地投资需要一段时间的筹建期，因而建设周期长，投产开业速度慢，需花费较大的人力和物力，缺乏灵活性。对跨国公司的资金实力和管理水平要求较高。

（2）在企业的创建过程中，跨国公司独自承担其风险，不确定性较大。

（3）跨国公司无法像并购海外企业那样利用原有企业的销售渠道迅速打开东道国市场，尽快开展生产经营。

适合绿地投资的国家需具备以下条件。

第一，拥有最先进技术和其他垄断性资源。采取绿地投资策略可以使跨国公司最大限度地保持垄断优势，充分占领目标市场。

第二，东道国经济欠发达，工业化程度较低。创建新企业不仅意味着生产力的增加和就业人员的增多，而且能为东道国带来先进的技术和管理，并为经济发展带来新的增长点；而并购东道国现有企业只是实现资产产权的转移，并不增加东道国的资产总量。因而，发展中国家一般都会采取各种有利的政策措施，吸引跨国公司在本国创建新企业，这些有利的政策有助于跨国公司降低成本，提高盈利水平。

2008—2012 年全球外国直接投资流量情况如图 3-1 所示。

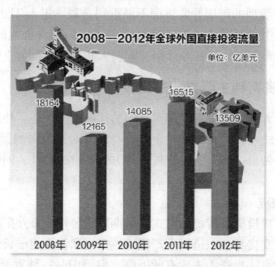

图 3-1　2008—2012 年全球外国直接投资流量
（资料来源：《2013 年世界投资报告》。）

2. 跨国并购的优缺点

跨国并购已成为跨国公司参与世界经济一体化进程、保持有利竞争地位而更多采用的一种跨国直接投资方式。其优点表现在以下几个方面。

（1）扩张速度快。跨国并购允许企业在东道国迅速建立商业设施，可以利用东道国目标企业原有的销售渠道较快进入东道国市场，减少市场上的竞争对手，而不必经过艰难的市场开拓阶段，大大缩短了项目的建设和投资周期。

（2）便于获取战略性资产。跨国并购不仅可以获得目标企业的各种无形资产，包括专利、品牌、技术，而且可以获得丰富的市场信息和营销网络，以及目标企业的技术人员、熟练工人以及生产设备。如果收购目标与本企业的相关产品差异较大，还可以迅速增加企业的产品种类和经营地点。

（3）企业融资更为便捷。跨国并购之后，原来对目标企业提供信贷的金融机构可能继续维持与该企业的借贷关系，为企业的融资提供更大的方便。

同样，与绿地投资相比，跨国并购也有不足之处，表现在以下几个方面。

（1）国际会计标准差异、信息不对称导致并购前无形资产评估等问题的存在，使得评估企业价值难度大，有时难以准确评估目标企业的真实情况，造成并购金额提高。

（2）耗资巨大，跨国并购往往涉及巨额的资金流动，尤其在被并购方拥有专利、品牌等战略性资产时更是如此。

（3）遭遇东道国对外来资本股权政策限制和目标企业行业限制，同时当对一国企业并购数量和并购金额较大时，会受到当地舆论的抵制。

（4）受东道国被并购企业管理制度、企业文化的影响，并购后的整合难度较大，可能导致失败率上升。跨国并购最终能否成功，关键是并购后不同企业的文化能否有效整合，由于目标企业原有传统关系的存在，成为跨国并购后整合的障碍。

跨国公司应将两种方式的各种影响因素全面衡量，找出其中对企业选择起关键性作用的因素仔细分析，权衡利弊后做出选择。如果跨国公司具备专有技术和资源、充足的资金、很强的竞争力及国际经营经验，并且东道国不限制外国企业并购，这种情况下多选择跨国并购方式完成国际直接投资，否则倾向于选择绿地投资方式。

▶ 本节讨论案例

2013 年中国并购市场井喷

2013 年中国经济经历转型期，在境内 IPO 暂停和并购鼓励政策频出的双重刺激下，中国并购市场前 11 个月表现强劲，涉及的案例数与金额双双刷新纪录，中国新一轮兼并、收购热潮已然来袭。

据清科研究中心发布的最新数据显示，截至 2013 年 11 月 30 日，国内并购共发生 904 起，同比增长 32.8%，其中披露金额的 848 起案例共涉及交易额 285.58 亿美元，较 2012 年同期的 140.46 亿美元激增 103.3%。

相比国内并购的活跃度，跨国并购的表现稍显逊色。2013 年前 11 个月共完成 111 起跨国并购案例，同比下降 20.9%，但其中披露金额的 84 起案例共涉及金额 440.64 亿美元，同比上涨 48.1%。

跨国并购市场的活跃度虽然较上年表现略显低迷，然而在全球经济已经呈现一体化的形势下，中国近 4 万亿元的大量外汇储备和人民币国际化加快了资本输出战略的实施，经济全球化背景下，中国企业积极到海外开拓新的市场。据清科研究中心最新数据，2013 年前 11 个月中国并购市场海外并购共完成 80 起，占并购总交易量的 7.9%，同比下降 22.3%，其中披露金额的案例共 64 起，涉及交易额共 321.79 亿美元，同比增长 21%。该增长主要受益于第一季度和第三季度两起巨额交易的完成，分别是 2 月中海油斥巨资 151 亿美元收购加拿大尼克森和 9 月河南双汇投资发展股份有限公司以 71 亿美元收购美国史密斯菲尔德食品公司。

外资并购交易量表现平平，但交易额出现大幅增长。截至 2013 年 11 月 30 日，中国并购市场共发生外资并购 31 起，同比下降 13.9%，其中披露金额的 20 起案例共涉及交易额

118.85亿美元，同比增长275.8%，主要原因是2月正大集团斥资94亿美元收购中国平安，该交易创下外资并购金额的最高纪录。

从行业分布来看，前11个月能源及矿产行业共完成123起案例，总体占比12.1%，位于全行业首位；房地产行业以完成并购案例120起、总体占比11.8%的成绩屈居第二名；排名第三的机械制造行业较往年表现相比差强人意，共完成95起并购案例，占比9.4%。并购金额方面，能源及矿产依然以交易总额267.94亿美元、总体占比36.9%的成绩稳居榜首，其平均交易金额为2.31亿美元，同比持平；值得注意的是排名第二的金融行业，其交易总额为118.84亿美元，总体占比16.4%，较2012年同期大涨569.1%。

(资料来源：http：//www.p5w.net/news/gncj/201312/t20131213_414206.htm.)

【讨论的问题】

1. 跨国并购方式有哪些优点？
2. 采用跨国并购方式进行国际投资应注意哪些问题？
3. 举例说明成功的跨国并购案例，分析其成功的原因。
4. 从中国企业海外收购遇阻的案例，反思我国海外投资失败的原因。

3.2 国际间接投资

3.2.1 国际间接投资概述

1. 国际间接投资的概念

国际间接投资是指以购买外国公司的股票和其他有价证券的投资以及提供中长期国际信贷为手段，以获取股息或利息为目的的投资方式。国际间接投资者并不直接参与国外企业的经营管理活动，其投资活动主要通过国际资本市场进行。国际间接投资也叫金融投资，其中以国际证券投资为主。

2. 国际间接投资的分类

可以按照不同的标准，对国际间接投资进行分类。

(1) 按从事国际间接投资主体的不同，国际间接投资可分为全球性或区域性国际机构投资、政府投资和私人投资。

(2) 按筹资手段和管理方法的不同，国际间接投资可分为国际银行信贷、出口信贷、政府贷款、国际金融机构贷款、国际证券、混合贷款和国际项目贷款。

3. 国际间接投资的特点

与国际直接投资相比，国际间接投资有以下特点。

(1) 对筹资者的经营活动无控制权。国际间接投资对筹资者的经营活动无控制权；而国际直接投资对筹资者的经营活动拥有控制权。

(2) 流动性大，风险性小。国际间接投资与企业生产经营无关，证券可以自由买卖，流动性大，风险性小。国际直接投资一般都要参与企业的生产，且生产周期较长，初始投资由企业的利润直接偿还。资金一旦投入某一特定的项目，要抽出投资比较困难，其流动性小，风险性大。

（3）通过中介进行投资。国际间接投资必须通过证券交易所才能进行投资。国际直接投资只要双方谈判成功即可签订协议进行投资。

（4）仅涉及金融领域的资金运动。国际间接投资又被称为国际金融投资，一般仅涉及金融领域的资金运动，即货币资本运动。国际直接投资是生产要素的投资，它不仅涉及货币资本运动，还涉及生产资本和商品资本运动，以及对资本使用过程的控制。

（5）国际间接投资具有自发性和频繁性。国际间接投资受国际间利率差别的影响，往往自发地从低利率国家向高利率国家流动。国际间接投资还受到世界经济政治局势变化的影响，经常在国际间频繁移动，以寻求投机性利益和安全场所。而国际直接投资是运用现实资本从事经营活动，盈利或亏损的变化比较缓慢，一旦投资后，具有相对的稳定性。

（6）获取的收益是利息和股息。国际间接投资获取的收益是利息和股息；国际直接投资取得的收益是利润。

3.2.2　国际股票投资

1. 股票的种类

股票是股份有限公司为筹措股权资本而发行的有价证券，是公司签发的证明股东持有公司股份的凭证。股票作为一种所有权凭证，代表着股东对发行公司净资产的所有权。

股票按股东权利和义务的不同，分为普通股和优先股。

1）普通股

普通股股票简称普通股，是公司发行的代表着股东享有平等的权利和义务、不加特别限制的、股利不固定的股票。普通股是最基本的股票，股份有限公司通常情况下只发行普通股。

公司发行股票所筹集的资金属于公司的长期自有资金，没有期限，不需归还。股票作为一种有价证券，在资本市场上可以自由转让、买卖和流通，也可以继承、赠送或作为抵押品。由于股票的永久性，股东成了企业风险的主要承担者。股东作为股份公司的所有者，拥有参与企业管理的权利，包括重大决策权、经营者选择权、财务监控权、公司经营的建议和质询权等，并以其所持股份为限对公司承担责任。

2）优先股

优先股股票简称优先股，是股份公司发行的具有一定优先权的股票。优先股既具有普通股的某些特征，又与债券有相似之处。

优先股的"优先"表现在：一是优先分配股利权，即优先股股利的分配在普通股之前，其股利率是固定的；二是优先分配剩余财产权，即当企业清算时，优先股的剩余财产请求权位于债权人之后，但位于普通股之前。

优先股股东在股东大会上无表决权，在参与公司经营管理上受到一定限制，仅对涉及优先股权利的问题有表决权。从法律上讲，企业对优先股不承担还本义务，因此它是企业自有资金的一部分。

2. 股票价格

股票价格主要有以下几种。

1）面值

面值是指股票的票面上所标明的每股金额。面值通常以每股为单位，股票上市公司将其资本总额分为若干股，面值即代表每股的资本额。

2）市值

市值即股票市场价格，在交易所中买卖双方确定的某一时点的股票交易价格，即实际成交价格。市值的高低决定着投资者的损益。交易所挂牌公布的股价，就是指市值。与"面值""净值"相比，市值的最大特点就是经常发生变化。

3）净值

净值是通过对发行股票公司的财务报表分析计算得出的，是股票的账面价值。计算公式为：

净值=（公司资产总额-债务总额-优先股总面值)/普通股股份数

公司的公积金和积累盈余等尽管没有以股利的形式分配给股东，但所有权仍属股东，净值越高，股东所能享有的权益也越大。净值高、股价却不高的股票，通常被认为其股价上升的可能性较大，值得投资。反之亦然。

由于净值是根据公司的财务报表实际数值计算的，其真实性和准确性较高，长期投资者以净值作为投资评估的依据，是一种比较可靠的方法。

4）真值

真值是由公司现实财务状况和未来盈利前景决定的股票价值，即把未来的收益折成现值。

股票真值的大小主要取决于股票未来收益和现行市场利率。由于股票未来获利能力与公司经营状况、经济实力和股东权益密切相关，因此股票净值往往成为测算股票真值的重要依据。在既定的市场利率下，股票净值越高，其真值就越高；反之，则真值越低。股票真值是衡量股票的投资价值、形成股票市值的重要依据。

3. 国际股票

1）国际股票的概念

国际股票是指外国公司在一个国家的股票市场发行的，用该国或第三国货币表示的股票。

国际股票的发行和交易通常是跨国进行的，即股票的发行者和交易者、发行地和交易地、发行币种和发行者所属本币等有至少一种和其他的不属于同一国度。国际股票的本质特征，就是其整个融资过程的跨国性。

2）国际股票的种类

（1）海外上市股票。在外国发行的直接以当地货币为面值并在当地上市交易的股票。这类股票必须符合当地证券市场的要求，遵循当地证券管理机构的规章制度。主要有美国股票市场发行的 N 股、英国股票市场发行的 L 股、日本股票市场发行的 T 股、我国香港股票市场发行的 H 股和新加坡股票市场发行的 S 股。

（2）在本国上市而以外国货币购买的股票，供境内外国投资者以外币交易买卖。我国上市公司发行的 B 股就是这类股票，它是以人民币标明面值而以外币在国内证券交易所上市交易的股票。

拓展阅读

阿里巴巴美国上市——典型的市场现象

2014 年 9 月 19 日，全球最大的电子商务企业阿里巴巴在美国上市，刷新了史上最大的 IPO 交易记录。按照第一天收盘价计算，阿里巴巴的市值超出 2 300 亿美元（约合 1.4 万亿人民币），甚至超过了中国最大的银行——中国工商银行的总市值（约 1.3 万亿人民币）。阿里巴巴在美国上市是美国纽交所有史以来规模最大的 IPO，市值超越 Facebook 成为仅次于 Google 的第二大互联网公司，这将给阿里巴巴带来极大的关注效应，提高其在海外的声誉，提升品牌价值，积累无形资产，为其进一步开拓国际市场创造了有利条件。

阿里巴巴赴美上市对中国企业的启示如下。

首先，企业务必要做好充分准备再谋求境外上市。很多企业谋求境外上市时还处于起步阶段，对资金的需求非常强烈，这时境外资本市场相对较低的门槛使得这些企业能够更快地实现上市融资，所以很多企业把境外上市等同于企业快速融资的渠道，忽略了境外资本市场同时有着更为严格的监管和信息披露制度。此外，美国资本市场还存在大量的做空机构，它们致力于寻找信息披露欠规范或财务指标存在瑕疵的上市公司，借此发布看空企业股价的报告，以实现打压企业股票的目的。如果企业只看重上市前的准备工作，忽略了上市后的信息披露义务，会造成股价大跌甚至被迫退市的严重后果。所以，企业在谋求海外上市之前一定要做好充分准备，不要仓促地为了上市而上市；上市后务必避免财务造假及虚假披露，一定要维持企业在资本市场的信誉。

其次，必须选择合适的上市时机。资本市场行情依赖于宏观经济形势，逆势 IPO 会严重影响企业股票的发行价格及后续表现。同是互联网视频企业，且主要财务数据非常相似的优酷和土豆，因为选择的上市背景时间不同，股票发行当日表现差异极大。优酷于 2010 年 12 月 8 日在纽交所挂牌上市，当日股票大涨 187.34%；而土豆 2011 年 8 月 17 日在纳斯达克上市，时值中概股危机爆发，土豆上市当日开盘即破发，收盘时较发行价下跌了 11.86%。由此可见宏观经济和资本市场整体行情对个股发行的影响之大。2014 年 9 月 19 日阿里巴巴在纽交所挂牌上市，发行价每股 68 美元，开盘即上涨为 92.7 美元，较发行价上涨 36.3%。这一完美开局与美股近期整体的强势表现密不可分。美股市场已经连续 34 个月没有出现 10% 或者以上的盘整，持续着 1929 年大萧条之后时间最长的牛市，而在阿里巴巴 IPO 当日，纳斯达克综合指数更是达到了 14 年来的最高点。因此，对于企业来说，选择一个合适的上市时机非常重要，在市场整体表现良好的时候，企业在股票发行价格的确定上能够掌握更多的主动权，股票的后续表现也更加优异。

最后，也是最重要的，企业必须确立自身持续稳定且长久的盈利模式。阿里巴巴在美国成功上市最重要的原因，是其亮眼的财务业绩。阿里巴巴 2014 财年总收入 525.04 亿元人民币，同比增长 52.1%，利润 234.03 亿元人民币，同比增长 170.6%；平台上完成的商品成交总额达到了约 1.68 万亿元人民币，相比 2013 财年提升了 55.8%；活跃买家人数达到了 2.55 亿，仅 2014 年第一季度就增加了 2 300 万。更重要的是其利润增长速度更快，上一财年的运营利润总额达到 248.01 亿元，增速高达 136%，是销售额增长率的 2.6 倍。根据财经撰稿人穆兰尼的研究，在美国，消费支出的 82% 是通过互联网完成的，而在中国，这一比例现在只有 46%。此外，中国消费支出占 GDP 的比重为 41%，而在美国这一比例长年接近 70%。这说明未来中国的电子商务市场仍有很大的发展空间，而阿里巴巴的主要业务淘宝、天猫及聚划算必将随之持续稳定发展。正是这优异的业绩和未来的发展潜力吸引了投资者。与此对照，阿里巴巴集团的子公司阿里巴巴 B2B 曾于 2007 年在香港联交所上市，发行价为 13.5 港元，曾一度超过 40 港元，之后一路下滑，在 2012 年宣布拟私有化退市公告的前一天，其股价只有 9.25 港元。其股价差强人意的表现和公司业绩关系密切。阿里巴巴 B2B 2010 年同比营业收入增长率为 43%，2011 年就下降到 15.5%，显著低于 2011 年国内 B2B 电子商务市场总营业收入同比增长率 35.1%。这显示其 B2B 盈利模式的发展遭遇瓶颈，最终阿里巴巴选择退市以进行集团的重构整合。从阿里巴巴前后两次上市的表现不难看出，对于成功上市而言，确立企业自身持续稳定的盈利模式非常重要。特别是在有着更严格监管的境外资本市场，唯有良好的业绩才能支撑上市公司的股票。

　　[资料来源：吴嫒丽，蓝裕平. 阿里巴巴美国上市——典型的市场现象. 国际融资，2014 (11).]

　　(3) 存托凭证。存托凭证又称存股凭证、预托凭证、存券收据，是指在一国证券市场流通的代表外国公司有价证券的可转让凭证，或者说是由本国银行开出的外国公司股票的保管凭证。一国企业在外国证券市场发行股票时，为了避免发行股票所在国证券管理机构的管制，把股票寄存在发行股票所在国的一家保管银行手中，由保管银行通知外国的存托银行在外国发行代表该股份的有价证券，然后存托凭证在外国证券交易所或柜台市场进行交易。存托凭证本质上仍是股票，且比外国股票更为便捷，其特点包括：① 以本国（地区）货币为结算单位，避免投资者因汇率波动引起的外汇结算风险；② 为本国投资者突破金融管制提供便利。例如，美国退休基金不允许投资外国股票，但可以投资在美国上市的存托凭证。

　　存托凭证按发行或交易地点的不同，被冠以不同的名称，如美国存托凭证、欧洲存托凭证、全球存托凭证等。

　　(4) 欧洲股票。欧洲股票是指在股票面值货币所在国以外的国家或国际金融市场上发行并流通的股票。其产生与欧洲债券市场的发展密切相关。20 世纪 80 年代初，欧洲债券市场出现了与股票相联系的债券，这直接促成了欧洲股票的产生。"欧洲"的含义同欧洲货币、欧洲债券一样，不是地理学的意义，而是国际金融学意义上的"欧洲"。最早的欧洲股票是英国于 1983 年在伦敦证券交易所发行的欧洲美元股权。

　　与直接在海外上市的国际股票相比，欧洲股票的发行具有自己的特点。一般来说，前者往往是企业在国内股票市场上市的基础上，选择某一国外金融中心的证券交易所上市国际股票部分；而后者则一般在多个国家的市场上同时发行，由跨国投资银行组成的国际承销团进行跨境承销。

　　与国内股票相比，欧洲股票的发行方式也有所创新。前者所使用的传统方法是固定价格发行。欧洲股票的发行采用了在国际范围内竞价发行的方式，即按估计的市场状况预定发行底价，由各国投资者自行出价，报价在最终确定的认购价格以上的投资者即可获得欧洲股票。

3.2.3 国际债券投资

1. 国际债券的概念及特征

1）国际债券的概念

债券是筹资单位为筹集资金而发行的，约定在一定期限内向债权人还本付息的有价证券。国际债券是指一国政府、金融机构、工商企业或国家组织为筹措和融通资金，在国外金融市场上发行的，以外国货币为面值的债券。

国际债券的重要特征，是发行者和投资者属于不同国家，筹集的资金来源于国外金融市场。国际债券的发行与交易，既可用来平衡发行国的国际收支，也可用来为发行国政府或企业引入资金从事开发和生产活动。

拓展阅读

海外融资 12 亿美元　远洋地产将继续"激进"拿地

2014 年 7 月 31 日，远洋地产美元高级债券顺利完成交割，历时 4 个月的评级与发债工作宣告结束。此次发行了 5 年期和 10 年期共计 12 亿美元（约合人民币 74 亿元）的债务，这也是今年以来中国地产行业美元债发行的最大规模。在 6 个小时的认购过程中，远洋地产共获得来自全世界超过 150 家投资机构的认购，并最终获得 4.6 倍的超额认购。2014 年 7 月 31 日，5 年期利率 4.625% 和 10 年期利率 6% 共计 12 亿美元的债券顺利完成交割。

当远洋地产抛出自上市以来最大的这笔融资计划时，更引人关注的是其融资背后的需求。发债并不是为了去拿地，而是希望借这次评级的契机，逐渐调整目前公司的债务结构。远洋地产计划在未来逐渐降低境内融资所占的比重，并提高成本较低的境外融资占总债务的比例。

对于内地房企而言，海外融资一直是一条相对成本更低更优质的融资道路，但从近期房企海外融资表现来看，融资成本却在不断攀升，难度也越来越大。

据中原地产研究中心统计数据显示，2014 年前 7 个月，中国房企海外融资规模达到424.33 亿美元，其中 7 月份海外融资规模为 56.6 亿美元，环比下降 40.79%。此外，从万科等 10 家标杆房企海内外融资表现来看，7 月份融资额为 50.37 亿美元，环比下降63.74%。海外融资大部分融资成本已经超过了 7%，有些房企出海找钱的成本代价高达15%，而且美元债务成本的上涨也是未来的主要趋势。

目前获得投资级评级的内地房地产开发类企业共有 11 家，包括万科、万达、中海、华润、保利、绿地集团、方兴、中海宏洋、越秀、绿地香港以及刚刚晋级投资评级的远洋地产。以 5 年期债券为例，对比投资级与非投资级的房企海外融资成本发现，前者基本都能控制在 6% 以下，大部分票息都在 4% 左右，而后者最高已超过 13%，平均水平也在 8%左右。

对于在港上市已达 7 年的远洋地产来说，募集 12 亿美元的标准美元债券还是首次。在经历了公司战略规划及股权架构调整等变化之后，公司已经进入了相对成熟的发展阶段，启动评级与发债项目也是与集团战略部署相一致的。远洋地产 2013 年年底的内债外债比例大概是 8∶2，"我们希望通过几年的调整，慢慢将这一比例平衡到 6∶4，短期负债从目前比重的 1/3 降到 1/4 以下。远洋策略上还是非常清晰的，就是要长短期债务要平衡，内债和外债要平衡，股权和债权要平衡。远洋接下来海外融资将成为常态化，公司基本会保持每年一次的频率。"

（资料来源：http://intl.ce.cn/sjjj/qy/201408/07/t20140807_3305032.shtml.）

2）国际债券的特征

（1）资金来源广。国际债券是在国际证券市场上筹资，发行对象为众多国家的投资者，因此，其资金来源比国内债券要广泛得多。

（2）发行规模大。发行国际债券，规模一般都较大，这是因为举借这种债务的目的之一就是要利用国际证券市场资金来源的广泛性和充足性。同时，由于发行人进入国际债券市场必须由国际性的信用评估机构进行债券信用评级，只有高信誉的发行人才能顺利地进行筹资，因此，在发行人债信状况得到充分肯定的情况下，巨额借债才有可能实现。

（3）存在汇率风险。发行国际债券，筹集到的资金是外国货币，汇率一旦发生波动，发行人和投资者都有可能蒙受意外损失。因此，发行国际债券存在汇率风险。发行国内债券，筹集和还本付息的资金都是本国货币，所以不存在汇率风险。

（4）有国家主权保障。在国际债券市场上筹集资金，可以得到一个主权国家政府最终付款的承诺保证。若能够得到这样的承诺保证，各个国际债券市场都愿意向该主权国家开放，这也使得国际债券市场具有较高的安全性。而代表国家主权的政府一般要对本国发行人在国际债券市场上借债进行检查和控制。

（5）以自由兑换货币作为计量货币。国际债券在国际市场上发行，其计价货币通常是国际通用货币，一般以美元、英镑、德国马克、日元和瑞士法郎为主，这样，发行人筹集到的资金是一种可以通用的自由外汇资金。

2. 国际债券的种类

国际债券从不同的角度可以分为不同的类型。

1）外国债券和欧洲债券

（1）外国债券。外国债券是指借款人在其本国以外的某一个国家发行的、以发行地所在国的货币为面值的债券。例如，日本公司在纽约发行的美元债券就属于外国债券。在美国发行的外国债券（美元）称为扬基债券；在日本发行的外国债券（日元）称为武士债券。由于各国对居民和非居民发行债券的法律要求不同，如不同的税收规定、发行时间和数量、信息披露、注册要求等，从而造成外国债券与当地国内债券的差异。

外国债券只在一国市场上发行并受该国证券法规制约。例如，扬基债券是非美国主体在美国市场上发行的债券，武士债券是非日本主体在日本市场上发行的债券，同样，还有英国的猛犬债券、西班牙的斗牛士债券、荷兰的伦勃朗债券，都是非本国主体在该国发行的债券。

拓展阅读

2010 年 7 月，我国购入 4 亿欧元西班牙债券

据《21 世纪经济报道》报道，2010 年 7 月，中国国家外汇管理局（以下简称中国外管局）上周购入了 4 亿欧元的西班牙债券。暂别两个月后，亚洲投资者又纷纷回到了欧元区外围市场。

英国《金融时报》报道称，在 2010 年 7 月的债券发售中，中国外管局购得至多 4 亿欧元（约合 5.05 亿美元）的西班牙 10 年期债券。债券发行日在短短几个小时之内，投资者的认购需求就达到了 145 亿欧元，而中国外管局的认购需求约为 10 亿美元。

西班牙此次发售了 60 亿欧元债券，有 2/3 由国际投资者购得——亚洲投资者所购份额在其中占到 14%。而在亚洲所购的份额中，中国外管局又占到一半。在 2010 年 1 月份一次类似的西班牙 10 年期债券发售中，亚洲投资者所购份额仅占 5%。

过去两个月，由于担心欧元区危机可能会迫使欧元瓦解，亚洲投资者一直尽可能少地购买欧元区南部外围成员国的债券。此前因担心投资者会要求异常高的收益率，希腊放弃了 2010 年 7 月为 12 月期政府债券再融资的计划。

（资料来源：http://www.xinhua08.com/bond/overseas/201007/t20100713_19968.html.）

（2）欧洲债券。欧洲债券是以发行国和发行地所在国以外的第三国货币为面值的债权，或者说是借款人在债券票面货币发行国以外的国家或在该国的离岸国际金融市场发行的债券。欧洲债券并不是指在欧洲发行的债券，它并非局限于地理概念上的欧洲范围。例如，法国一家机构在英国债券市场上发行的以美元为面值的债券、日本在英国发行的美元债券和美国在日本发行的欧元债券都是欧洲债券。

欧洲债券的发行人、发行地以及面值货币分别属于三个不同的国家。

欧洲债券产生于 20 世纪 60 年代，是随着欧洲货币市场的形成而兴起的一种国际债券。它通常是指一国发行人或国际机构，同时在两个或两个以上的外国债券市场上，以发行本国货币以外的一种可自由兑换的货币、特别提款权或欧洲货币单位发行的债券。

欧洲债券不受任何国家资本市场的限制，其面额可以发行者当地的通货或其他通货为计算单位。对多国公司集团及第三世界政府而言，欧洲债券是他们筹措资金的重要渠道。欧洲债券最初主要以美元为计值货币，发行地以欧洲为主。20 世纪 70 年代后，随着美元汇率波动幅度增大，以德国马克、瑞士法郎和日元为计值货币的欧洲债券的比重逐渐增加。同时，发行地开始突破欧洲地域限制，在亚太、北美以及拉丁美洲等地发行的欧洲债券日渐增多。

欧洲债券与外国债券的区别如下。

（1）在发行方式方面，外国债券一般由发行地所在国的证券公司、金融机构承销，而欧洲债券则由一家或几家大银行牵头，组织十几家或几十家国际性银行在一个国家或几个国家同时承销。

（2）在发行法律方面，外国债券的发行受发行地所在国有关法规的管制和约束，且必须经官方主管机构批准；而欧洲债券在法律上所受的限制比外国债券宽松得多，它不需要官

方主管机构的批准，也不受货币发行国有关法令的管制和约束。

（3）在发行纳税方面，外国债券受发行地所在国的税法管制，而欧洲债券的预扣税一般可以豁免，投资者的利息收入也免缴所得税。

2）公募债券和私募债券

（1）公募债券。它是指向社会广大公众发行的债券，可在证券交易所上市公开买卖。公募债券的发行必须经过国际上公认的资信评级机构的评级，借款人须将自己的基本情况公之于众。

（2）私募债券。它是指向与发行者有特定关系的少数投资者募集的债券。私募债券的发行手续简单，一般不能在证券市场上交易。

私募债券的发行相对公募债券而言有一定的限制条件，私募的对象是有限数量的专业投资机构，如银行、信托公司、保险公司和各种基金会等。这些专业的投资机构一般都拥有经验丰富的专家，对债券及其发行者具有充分的调查研究的能力，同时发行人与投资者相互也比较熟悉，因此私募债券的发行不采取公开制度。购买私募债券的目的通常只是作为金融资产保留，而不是转手倒卖。

3）一般债券、可兑股债券和附认股权债券

（1）一般债券。它是按债券的一般还本付息方式所发行的债券，包括通常所指的政府债券、金融债券和企业债券等，它是相对于可兑股债券、附认股权债券等债券新品种而言的，后两种债券合称"与股权相联系的债券"。

（2）可兑股债券。它是指可以转换为企业股票的债券。这种债券在发行时，就给投资人一种权利，即投资人经过一定时期后，有权按债券面值将企业债券转换成企业的股票，成为企业股东。

（3）附认股权债券。它是指能获得购买借款企业股票权利的企业债券。投资人一旦购买了这种债券，在企业增资时，即有购买其股票的优先权，还可获得按股票最初发行价格购买的优惠。

4）固定利率债券、浮动利率债券和无息债券

（1）固定利率债券。它是指在发行时规定利率在整个偿还期内不变的债券。固定利率债券是具有固定利率和固定到期日的债券，债券代理机构通常按照规定向债券持有人支付利息，并于到期日向债券持有人偿付本金。固定利率债券是国际债券的传统类型，也是目前国际债券融资中采用最多的典型形式。

（2）浮动利率债券。它是指发行时规定债券利率随市场利率定期浮动的债券。浮动利率债券的利率在偿还期内可以进行变动和调整。浮动利率债券往往是中长期债券。浮动利率债券的利率通常根据市场基准利率加上一定的利差来确定。浮动利率债券是20世纪80年代以来国际债券市场上发展起来的一种新型的金融工具。

（3）无息债券。它是指没有利息的债券。这种债券发行时是按低于票面金额的价格出售，到期按票面金额收回，发行价格与票面金额的差价，就是投资人所得的利益。

5）双重货币债券和欧洲货币单位债券

（1）双重货币债券。它是指以不同的货币计价发行、支付利息、偿还本金的债券，即用以一种货币付利息，另一种货币偿还本金的债券。前者货币通常是债券投资人所在国家的货币，后者则通常是美元或发行人所在国家的货币。例如，美国的机构在日本发行双重货币

债券，投资人以日元买进，以日元收息，但到期时以美元（按约定的汇率计算）收回本金。通过两种货币的组合，能比一种货币更有效地筹措资金。

（2）欧洲货币单位债券。它是以欧洲货币单位为面值的债券。通常情况下，欧洲货币单位债券的价值比较稳定。

3.2.4　国际投资基金

国际投资基金是国际金融市场上一种新型的证券信托投资工具，是以国际金融资产保值增值为目的的新型投资工具。它不同于股票和债券投资，其特点如下。

（1）票据性质不同。股票体现产权关系，债券体现债权债务关系，大多数基金体现的则是信托关系。

（2）经营方式不同。股票和债券都是由投资者根据自身判断独立操作，而基金则是由专业人员操作管理，将基金分散投资于多种证券（投资组合），因此不仅收益有保证，而且风险较低。面向国际市场的投资基金主要包括国际基金、海外基金和国家基金，这些基金的发行将世界各国更多的投资者与国际金融市场联系起来。

▶▶▶ **本章讨论案例** ◢◣

美债降级，中国损失有多大？

1. 中国储备资产遭遇巨额账面损失

2011 年 8 月，经历了沸沸扬扬的市场热议之后，国际三大信用评级机构之一的标普公司终将美国主权信用和"两房"信用评级由 AAA 下调为 AA+，这一决定随即引发全球市场一片跌声，令本已不太景气的全球经济雪上加霜，中国也未能幸免。

2. 抛也不是，不抛也不是

美国财政部 2011 年 8 月 15 日公布的《国际资本流动报告》显示，截至 2011 年 6 月底，中国持有的美国国债为 11 655 亿美元，仅次于美国社保基金和美国财政部，是美国国债第三大持有者，占比达 8%；在 8 月 5 日标普降低美国主权信用评级前，中国连续 3 个月增持了共 206 亿美元美国国债。与此同时，中国外汇储备资产达 31 975 万亿美元，其中美国国债占比已达 36.45%，超过储备资产规模三成多。

尽管 2011 年以来，中国不断致力于外汇储备资产多元化，将前 4 个月新增外汇储备的 3/4（约 1 500 亿美元）投资于非美元资产，但由于长期以来美国国债具有较高的安全性和流动性，其仍是中国外汇储备资产的投资首选。除中国外的各国央行和海外投资者也大量持有美国国债，在 14.3 万亿美元的美国公共债务总额中占比 31%。可以毫不夸张地说，当前的全球经济是"美国消费，世界埋单"。

美债降级消息公布后，全球金融市场一片恐慌，美国 30 年期国债收益率在亚洲市场交易时段连续两个交易日上涨 23 个基点，成为 2009 年 7 月以来该期限国债收益率最大涨幅。虽然中国未公布持有美债结构的任何信息，但美国财政部公布的数据显示，中国 4、5 月份连续"增长减短"，先后增持 176.09 亿美元长债，减持 27.09 亿美元短债。仅此，就导致中国持有的美国国债在评级下调后出现数亿美元账面损失。

随着美债降级事件的不断发酵，美国国债市场不同期限国债波动剧烈，10 年期、30 年期国债收益率仍呈走高态势，价格走低，反映整个市场避险气氛浓厚。美国财政部《国际资本流动报告》显示，海外投资者已连续两个月出手美国资产，两年多来首次出现海外投资者成为美国国债净卖出者。中国持有的1.16万亿美元美国国债如果放在手中，将面临严重的敞口风险，若国债收益率波动60个基点，账面损失就可达六七十亿美元；如果进行大规模抛售，反而引起其他美债持有国纷纷跟风卖出，可能导致美债迅速贬值并引发全球经济动荡，得不偿失。因此，当前的中国外汇储备管理者无论向左走，还是向右走，都面临着两难选择的困境。

同时，美债降级与美元贬值先后登场，美债降级引起偿付风险和账面损失的同时，持续走软的美元又导致中国外汇储备产生更大的汇率损失。根据国家外汇管理局数据显示，2011年上半年我国外汇储备增长初步数据为2 749亿美元，而人民币兑美元汇率从年初的6.62元人民币兑换1美元，升至目前6.39元人民币兑换1美元（8月18日人民币对美元汇率中间价为6.394 2），人民币升值达3.3%。外汇市场对美债降级反应甚大，据初步估算，仅2011年上半年新增外汇储备的汇率损失或接近25亿美元。

2011年8月25日银河证券首席经济学家左小蕾表示，美国国债收益率上升一个百分点，中国持有1万亿美元的储备就要损失400亿美元，不过这是账面损失。同时，还有实际购买力的损失，这是一种感受不到的损失，是一种非常非常严重的损失。

（资料来源：http://news.xinhuanet.com/fortune/2011-08/23/c_121897216.htm.）

【讨论的问题】

1. 我国外汇储备规模有3万亿美元之巨，为保值增值，长期投资具有较高安全性和流动性的美国国债，本次美债降级事件带给我们怎样的思考？
2. 我国外汇储备除了购买美国国债，是否还有更好的投资选择？
3. 国际债券投资有怎样的风险，该如何避免？

复习思考题

1. 简述国际直接投资两种方式绿地投资和跨国并购各自的优缺点。
2. 绿地投资方式有哪些类型？
3. 独资经营和合资经营各自的优缺点和适用范围是什么？
4. 国际租赁业务有哪些特点？适用范围如何？
5. 特许经营方式投资的特点有哪些？
6. 试述BOT投资方式的特点。
7. 跨国并购方式有几种类型？
8. 国际间接投资的特点有哪些？
9. 按筹资手段和管理方法不同，国际间接投资可分哪几类？
10. 试述国际债券投资的特征。
11. 试述国际投资基金的概念及特征。
12. 跨国并购的最新发展趋势是怎样的？
13. 优先股与普通股相比有哪些特点？
14. 国际债券有哪几种？

第2篇

国际直接投资

第4章

国际直接投资理论

【学习目标】

> ➤了解国际直接投资理论的发展过程。
> ➤掌握国际直接投资理论主流理论的基本内容。
> ➤掌握发展中国家国际直接投资理论的基本内容。
> ➤了解国际直接投资理论的最新发展。

导入案例

沃尔玛加大对拉美地区投资力度

成立于 1962 年的沃尔玛百货有限公司，经过近 50 年的发展，已成为世界最大的连锁零售商。1991 年，沃尔玛与墨西哥最大的零售商 CIFRA 通过对等投资组建合资公司，从此走上国际投资的道路。最初几年，沃尔玛将投资重点放在美洲国家，1992 年进入巴西，1994 年进入加拿大，1995 年进入阿根廷，之后雄心勃勃进入亚洲市场，1996 年进入中国，1997 年最终打进欧洲市场。

国际货币基金组织的《2010 年世界经济展望》报告，拉美地区 2010 年将实现 3.7% 的经济增长，好于此前预期。而美国沃尔玛 2010 年 3 月则宣布增加对拉美地区的投资。

沃尔玛 2012 年 2 月在美国迈阿密设立新办事处，重点是针对拉美市场。沃尔玛拉美公司负责人表示，沃尔玛在墨西哥投资 9.6 亿美元，以增加新的零售商场。2009 年沃尔玛在墨西哥的销售额占公司拉美地区销售总额的 20%。此外，沃尔玛对巴西的新投资将超过 12 亿美元。

截至 2010 年 3 月，沃尔玛已进入拉美 9 个国家的零售市场。这 9 个国家分别是阿根廷、巴西、智利、哥斯达黎加、萨尔瓦多、危地马拉、洪都拉斯、墨西哥和尼加拉瓜。

（资料来源：http://www.tiancai18.com.）

由此案例引出的问题：

○沃尔玛国际投资选择投资国家的顺序说明了什么问题？
○沃尔玛加大对拉美地区投资力度的动因是什么？

4.1　国际直接投资理论概述

国际直接投资理论作为独立的经济理论产生于 20 世纪 60 年代。国际直接投资理论是研究跨国公司对外直接投资的决定因素、发展条件及其行为方式的理论，它的形成和发展与国际直接投资实践有着密切的关系。第二次世界大战后，特别是 20 世纪 50 年代后期，伴随着跨国公司为主体的对外直接投资活动的蓬勃发展及其对外直接投资的急剧增长，西方学者开始关注并对此进行探索和研究，他们开始研究跨国公司的对外直接投资活动，逐渐形成了侧重研究国际直接投资的决定因素、发展条件和投资行为方式的国际直接投资理论。

国际直接投资理论的发展大致经历了以下三个阶段。

第一阶段，从 20 世纪 60 年代初至 70 年代中期。该阶段是对外直接投资理论的研究阶段。这一时期对国际直接投资理论的研究主要以美国企业对外直接投资为研究对象，分析和解释不同国家对外直接投资的特点和决定因素，如垄断优势理论和产品周期理论。

第二阶段，从 20 世纪 70 年代中期开始至 80 年代中期。该阶段对外直接投资理论的研究重点开始转向跨国公司，因此可称这一时期为跨国公司理论的研究阶段。随着发展中国家，特别是新兴工业化国家中跨国公司的出现，国际直接投资的格局发生了变化，因此理论研究致力于涵盖不同国家和不同行业的投资行为，解释国际直接投资的共同运动规律和行为模式，如生产折中理论。

第三阶段，20 世纪 80 年代中期以来。由于跨国公司对外直接投资的发展，理论研究的重点从解释跨国公司的存在机制转向解释发展机制，即研究围绕着环境、战略和组织结构的动态调整而展开。此外，许多学者还针对发展中国家的现实和特点，提出了关于发展中国家对外投资的理论，如小规模技术理论、技术创新产业升级理论等。

4.2　国际直接投资的主流理论

20 世纪 60 年代，形成了一批国际直接投资的主流理论，这些理论不仅在一定程度上解释了对外直接投资的动机，并对后来国际直接投资理论的发展产生了深远的影响。国际直接投资的主流理论包括：垄断优势理论、市场内部化理论、产品生命周期理论、比较优势投资理论，以及国际生产折中理论等。

4.2.1　垄断优势理论

垄断优势理论是一种以不完全竞争为前提，依据企业特定垄断优势开展对外直接投资的理论，是基于产业组织理论的一种分析。垄断优势理论是最早研究对外直接投资的独立理论，由美国学者海默（S. H. Hymer）首次提出。海默出生于加拿大，在美国求学并成为麻省理工学院的教授、经济学家。1960 年，海默在其博士学位论文《国内企业的国际经营：关于对外直接投资的研究》中，首次以垄断优势来解释美国企业对外直接投资行为，对传统理论提出挑战。后经其导师金德尔伯格（C. P. Kindleberger）的补充，发展成为研究国际直接投资最早的、最有影响的理论，该理论也被称为"海默-金德尔伯格"理论。垄断优势理论的核心思想是：美国企业对外直接投资的决定因素是垄断优势，跨国公司凭借其垄断优势，有效地参与当地企业的竞争，抵消诸多不利因素，进而获取垄断利润。

1. 垄断优势理论的主要思想

市场的不完全性是对外直接投资的根本原因，跨国公司的垄断优势是对外直接投资获利的条件。

1）对不完全市场的假定

海默认为现实市场是不完全竞争的市场，因此要修正传统理论中关于完全竞争市场的假设，放弃对传统理论中关于完全竞争的假设，从不完全竞争角度来进行研究。所谓不完全竞争，是指由于规模经济、技术垄断、产品差别以及由于政府课税、关税等限制性措施引起的偏离完全竞争的一种市场结构。寡占是不完全竞争的主要形式。所谓寡占，是指由少数几家大公司处于支配地位或者是由几家大公司组成的行业或市场结构。

2）垄断优势

垄断优势包括以下几种情况。

（1）资金优势。发达国家的跨国公司具有雄厚的资金实力，并且可以在子公司之间调度资金。同时，由于跨国公司的信誉度一般较高，也能轻易地从国际金融机构获得贷款。因此，跨国公司在资金实力、融资渠道上具有一般国内企业无法比拟的优势。

（2）新工艺技术优势。跨国公司可通过专利等手段，防止新工艺技术为同行所利用，以保持这种优势的长期地位。

（3）产品开发（含产品差异化）优势。产品开发技术是跨国公司技术优势中最有实质性的组成部分，跨国公司往往以此为目标进行开发和研究。产品差异化能力在技术标准化的地方尤为重要。这时只要对产品物质形态作少量变化，并利用优化广告内容、改善销售条件等方法，就可在一定时期内避开同行的仿造，保持相应的优势。

（4）规模经济优势。规模经济是指扩大生产规模引起经济效益增加的现象。传统的理论强调规模经济有利于生产集中，从而形成大企业支配市场，并以此获得规模经济效益。规模优势主要来自于非生产活动的规模经济性，包括集中化的研究与开发、大规模的销售网络以及进行集中的市场购销、资金筹措和统一的管理等。

（5）组织管理优势。组织管理优势是指跨国投资企业拥有受过良好教育与训练、经验丰富的管理人员和能有效运行的组织结构和机制。

海默运用西方厂商垄断竞争的原理，实证分析了美国企业 1914—1956 年的对外投资，发现美国从事对外直接投资的企业主要集中在具有独特优势的跨国公司。这些跨国公司充分利用自己独占性的生产要素优势，通过对外直接投资谋取高额利润。海默认为，美国的企业从事直接投资的原因，一是东道国的关税壁垒阻碍了企业通过出口扩大市场，因此企业必须选择对外直接投资绕开关税壁垒，以扩大市场占有份额；二是企业拥有的技术产品无法通过销售获得全部收益，而直接投资可以保证企业对国外经营和技术应用的控制，因此可以获得技术投资的全部收益。

金德尔伯格指出，只有当美国企业获得高于当地企业的利润时，直接投资才有可能发生。当地企业虽然拥有了解本国消费者偏好、法律法规，以及信息灵通等优势，而美国企业则要承担远距离经营的额外成本和面临更多的不确定性风险，但由于市场不完全使美国企业拥有和保持一定的垄断优势，这种垄断优势所带来的收益超过了因跨国经营而额外增加的成本和风险，使美国企业取得了超过当地企业的利润。

海默认为，各国企业在技术、管理和规模经济等方面的相对优势决定了直接投资的流向及多寡，决定了一国是主要的对外直接投资国还是主要的直接投资接受国。

2. 垄断优势理论的发展和完善

20 世纪 60 年代至 70 年代初，在海默、金德尔伯格垄断优势理论研究的基础上，西方学者对垄断优势理论进行了补充和发展。

1）约翰逊的知识资产优势

约翰逊（H. G. Johnson）从知识产权的角度对垄断优势理论进行了阐述，继承和发展了垄断优势理论。知识产权是指技术、商标、专利、管理与组织技能、销售技能等无形资产。约翰逊指出，知识资产在公司内部的转移是国际直接投资的关键。跨国公司的垄断优势主要来源于其对知识资产的占有和控制。虽然跨国公司获取知识资产的生产成本较高，但是知识资产可以在全世界不同地区同时使用，并且其生产成本不会随着使用地区的增加而提高。跨国公司的海外子公司可以以较低的成本使用母公司的知识资产，而东道国企业为获取同类知识资产则要付出较高的成本，这就使跨国公司具有竞争优势。

鲁特（Franklin R. Root）认为，跨国公司会依据所拥有的知识资产优势来选择对外直接投资还是许可证交易。一般来说，跨国公司的知识资产可分为两类：一类是可以通过许可证交易转让给国外公司的无形资产，如专利技术、诀窍和商标等；另一类则是难以转让的无形资产，如公司的技术创新能力、管理能力和市场销售技能等。在中、长期国际直接投资中，跨国公司利用知识资产优势的获益要远远低于利用全部优势的获益，因此跨国公司更倾向于通过对外直接投资来有效利用其全部优势。在短期国际直接投资中，跨国公司更倾向于通过许可证交易进行技术转让，有效地利用其拥有的知识资产优势并从中获益。

2）凯夫斯的产品差异化优势

凯夫斯（R. E. Caves）在 1971 年发表的《国际公司：对外投资的产业经济学》论文中，从产品差别能力的角度对垄断优势理论进行了补充。他将产品生产的技术优势与产品销售的技能优势并称为跨国公司的产品差异化能力。他认为，跨国公司拥有的垄断优势主要体现在利用其技术优势使产品发生差异化，既包括质量、包装及外形等实物形态的差异，也包括商标、品牌等消费者心理感受的差异。产品的差异化使得跨国公司保持了产品市场的不完全竞争和其垄断优势。

跨国公司为了满足市场上不同地区、不同层次的消费者偏好和扩大产品销路，既可凭借其强大的资金、技术优势使产品的质量、包装、外形、商标、品牌等实物形态差异化，也可利用市场销售技能进行广告宣传、公关活动等以促使消费者进行购买。由此，跨国公司就可以在东道国市场上保持该产品价格和销售量的垄断优势。

3）尼克博克的寡占反应论

1973 年，尼克博克（F. T. Knickerbocker）在其所著的《垄断性反应与跨国公司》一书中，从寡占反应论角度进一步发展了垄断优势理论，也称寡头垄断行为理论。尼克博克分析了1948—1967年美国187家跨国公司的投资行为，发现在寡头垄断性工业中，国际直接投资在很大程度上取决于竞争者之间的行为约束和反应。在寡占市场结构中，若某垄断行业的一家公司率先到国外市场进行直接投资，其他寡头公司为避免领头公司的行动给自己的经营带来风险，会纷纷效仿领头公司的策略相继到同一市场上进行直接投资，以占有相应的市场份额，保持彼此之间的竞争均衡。跨国公司在对外直接投资中的成批跟进行为即为"寡占反应"。尼克博克指出，寡占市场结构中的寡占反应是国际直接投资的主要原因。

4）规模经济优势

罗杰·潘罗斯（Edith Penrose）认为规模经济优势能促进技术优势的发挥。随着科学技术的进步和经济的发展，跨国公司在科技领域的竞争日益激烈，公司研究与开发的成本和风险均在增加，专利权的取得和保护也非常昂贵，因此经营规模在公司研发活动中的作用越来越明显，一定的经营规模对公司技术优势的有效发挥具有不可忽视的作用。

托马斯·麦克曼纽斯（Thomas McManus）指出，规模经济优势有利于跨国公司更充分地利用其管理技能，管理技能是跨国公司的垄断优势之一。当公司的经营规模没有达到一定的程度时，则无法充分发挥管理人员的经验和技能。一旦跨国公司通过国际直接投资使经营规模扩大，就可以更充分地利用管理技能资源，发挥其垄断优势。

M. 沃尔夫（M. Wulf）等人对垄断优势中的规模经济优势进行了更为深刻的阐述。他们认为跨国公司通过垂直一体化可以获得稳定的原料来源，同时，建立大规模的产品销售网络对跨国公司也具有重要的经济意义。因此，一个具有一定经营规模，且已在国际市场建立购销体系的跨国公司比当地企业具有更强的竞争能力。

3. 对垄断优势理论的评价

垄断优势理论标志着国际直接投资理论研究的开端，使国际直接投资理论独立于国际贸易理论和国际资本流动理论。垄断优势理论的贡献在于对企业开展国际直接投资的条件和原因作了科学的分析，并将研究从流通领域转向生产领域。

1）垄断优势理论的优点

（1）垄断优势理论较好地解释了美国企业在第二次世界大战后大规模对外直接投资的现象。这些企业在国内或许不具备明显的优势，但与东道国的企业相比则显示出明显的优势，这就促使了这些企业进行海外投资行为。

（2）垄断优势理论为其他理论的发展奠定了基础。它突破了传统理论的分析框架，开创了研究国际直接投资的新思路。首次提出了不完全市场竞争假设。用垄断和市场不完全竞争代替完全竞争来解释国际资本流动，其对不完全市场结构及企业垄断优势的分析为以后国际直接投资理论的发展奠定了基础。

2）垄断优势理论的局限性

（1）垄断优势理论无法解释拥有技术优势的公司是否一定会对外直接投资。拥有技术优势是国际直接投资的必要条件，但并不是充分条件，即并不是所有具有技术优势的企业都会对外直接投资。垄断优势理论是在经济国际化程度较低的情况下提出的，但随着全球经济一体化的发展，具备某种优势不再是对外直接投资的充分条件。如果一家公司具有某种技术优势，不一定要进行跨国投资，在国内也可以进行扩展。

（2）垄断优势理论无法解释跨国公司开展国际直接投资的区位选择和地理布局问题。垄断优势理论只是从企业的某种优势上说明了对外直接投资的可行性，但是具体到对外直接投资的地理布局和区位选择上却没有表述。

（3）垄断优势理论无法解释不具备垄断优势的发展中国家的中小企业的国际直接投资行为，特别是发展中国家在资金和技术实力不如发达国家的情况下仍然可以向发达国家进行直接投资。

拓展阅读

雀巢收购惠氏奶粉案例中体现的垄断优势理论

2012年4月23日，在经历了多次报价、竞购之后，"并购狂人"雀巢（Nestlé）上演了生命中最辉煌的一刻：以118.5亿美元收购辉瑞（Pfizer Inc.）营养品业务（主要是婴幼儿奶粉品牌惠氏，Wyeth）。2012年11月6日，雀巢以118.5亿美元收购辉瑞旗下的婴儿营养品业务惠氏奶粉获得中国监管机构的批准，意味着距离完成交易又向前迈进了一大步。

按照垄断优势理论的优势要素分析这次并购蕴含的经济学方法和意义如下。

1. 知识资产优势

（1）技术优势。雀巢是由广布全球的研发网络包括设在瑞士洛桑的基础研究中心和分布在欧洲、亚洲、非洲及美洲等国家的29个研发中心构成（包括雀巢北京研发中心和上海研发中心），约有5 000名技术人员从事研发活动。

雀巢研发中心汇聚了各领域科学家共同工作，他们把研究的成果和先进的科学技术投入公司的实际应用中，并向消费者推出创新产品。研发中心的科学家们站在科技领域的最前沿，探索世界各地最先进的科学研究，同时将之应用于食品的研发中，其主要任务是帮助雀巢实现优质食品，综合健康和营养、食品科学、食品与顾客的交互以及食品安全质量5个方面的知识来开发高品质的食品。

（2）资金优势。2011年，无论是在新兴市场还是发达市场，雀巢都取得了良好的业绩，收入和利润都获得了增长。

2011年，雀巢集团报告销售额为836亿瑞士法郎，实现有机增长7.5%，创造了近年来增长的最好成绩：① 集团的营业利润为125亿瑞士法郎；② 在全公司各领域实行的"雀巢持续卓越"（Nestlé Continuous Excellence）计划继续产生巨大的节约效益，部分抵消了主要的投入成本压力；③ 营销总成本和管理费用分别下降了100个基点和80个基点，净利润为95亿瑞士法郎，运营现金流为98亿瑞士法郎。

（3）组织管理优势。雀巢的成功是多种因素共同作用的结果，但模块组合营销战略的实施是一个重要因素。公司设在瑞士日内瓦湖畔的小都市贝贝（VEVEY）总部对生产工艺、品牌、质量控制及主要原材料做出了严格的规定。而行政权基本属于各国公司的主管，他们有权根据各国的要求，决定每种产品的最终形成。这意味着公司既要保持全面分散经营的方针，又要追求更大的一致性，为了达到这样的双重目的，必然要求保持一种微妙的平衡。这是国际性经营和当地国家经营之间的平衡，也是国际传播和当地国家传播之间的平衡。

雀巢公司最重要的文件是其品牌化战略（BRANDING STRATEGY）。它包括了雀巢产品的营销原则、背景和战略品牌的主要特性的一些细节。这些主要特性包括：品牌个性；期望形象；与品牌联系的公司；其他两个文件涉及的视觉特征及品牌使用的开发等。

雀巢公司的决策层认识到，经济全球化已使企业营销活动和组织机制由过去的"大块"结构变成了"模块"结构的事实，从而将其工作重点转向组合模块，实施模块组合营销。他们把模块组合的战略定义为：将公司的营销部门划分成直接运作于市场的多个规模较小的经营业务部门，灵活运作于市场，及时做出应变决策，各经营业务部门虽具有独立性，但服从于企业的总战略。在雀巢公司的模块组合战略中，各分公司就是作为一个模块，独立运作于所在的市场，有权采取独特的策略，但又接受公司总部的协调。

（4）原材料优势。雀巢婴儿奶粉原料来源于德国慕尼黑 Biessenhofen 工厂，该工厂1905年开始生产奶制品，拥有100多年高端婴幼儿营养品生产管理经验，1987年生产全球第一个水解蛋白配方婴儿配方奶粉，拥有水解蛋白领域领先的技术和设备，是雀巢最大的婴幼儿配方奶粉生产基地之一，产品销往全球80多个国家和地区。

2. 规模经济优势

雀巢2011年在婴幼儿营养品的资本开支大幅增加，包括扩大在德国和瑞士两家工厂的规模，预计投资约5亿瑞士法郎。目前，雀巢在华寄予厚望的高端奶粉"超级能恩"就进口自德国。

截至2010年7月，我国奶粉市场上，多美滋、美赞臣、雀巢、雅培、惠氏的占比分别为16.76%、12.06%、10.58%、7.29%和4.72%，这意味着，谁最终"喝"下惠氏奶粉，谁在中国的市场份额将大幅提升。雀巢在我国内地奶粉市场的占有率也已经接近16%，直逼多美滋。

综合以上的分析结果，可以得出如下结论。

第一，世界市场全球化使得跨国公司面临巨大的外部压力，尤其是来自同行业的竞争。为了应对竞争，跨国公司纷纷整合业务，向全面和专业方向发展，并购成为跨国公司实现快速扩展的有效途径。雀巢通过与惠氏的合并，成为集成人奶粉和婴幼儿奶粉多项业务于一体的全能食品生产集团，综合竞争力大大提升。

第二，跨国公司的并购不再是单纯的"大"吃"小"，而更多的是追求强强联合和优势互补，雀巢和惠氏的合并就符合这个论断，不仅实现了资产规模上的强强组合和业务上的互补，而且在无形资产的利用上也达到了双赢的效果。

（资料来源：http：//www.foodpp.cn/news/201303/24/news_show183.html.）

4.2.2　产品生命周期理论

1966年，美国哈佛大学教授雷蒙德·弗农（R. Vernon）在其发表的论文《产品周期中的国际投资与国际贸易》中提出了产品生命周期理论。用产品周期的概念分析国际贸易和国际投资，对国际直接投资动机做出另一种解释，弗农认为企业生产的每一种产品，都要经历一个创新、成熟、标准化的周期。而这个周期在不同的技术水平的国家里，发生的时间和过程是不一样的，其间存在一个较大的差距和时差，正是这一时差，表现为不同国家在技术上的差距，它反映了同一产品在不同国家市场上的竞争地位的差异，从而决定了国际贸易和国际投资的变化。产品生命周期理论后经路易斯·T. 威尔斯（Louis T. Wells）等人的补充和完善，成为解释制成品贸易和企业对外直接投资战略选择的著名理论。产品生命周期理论将美国企业的对外直接投资与产品的生命周期密切地联系起来，利用产品生命周期的变化解释美国战后对外直接投资的动机与区位的选择。

1. 产品生命周期理论的主要内容

产品生命周期，是指从推出新产品到广泛生产、销售直至退出市场的全过程。弗农将产品生命周期划分为三个不同的阶段，即新产品阶段、成熟阶段和标准化阶段，以解释企业根据产品所处的不同阶段所作出的对外直接投资决策，并具体分析了跨国公司如何根据产品生产条件和竞争条件而做出对外直接投资决策。

1）新产品阶段

新产品阶段指产品从设计投产到进入市场阶段。在新产品阶段，由于新产品对技术创新要求较高，因此产品前期研发投入和生产成本较高。在这一阶段，国内市场和国际市场均尚未开发，新产品的需求缺乏弹性，即使产品价格高也有市场需求。同时新产品还未定型，还需要通过消费者和市场的反馈不断地改进设计、生产技术和工艺。因此，处于新产品阶段的企业会集中在国内生产，此时对区位的选择并不是主要考虑因素。新产品的需求主要在国内，对于其他经济结构和消费水平类似的国家对该产品的需求，主要通过出口而非直接投资来满足其市场需求。这一阶段，一般不会出现企业的国际直接投资行为。

2）成熟阶段

成熟阶段是指产品进入大批量生产并稳定地进入市场销售。弗农认为，产品成熟阶段将出现以下几个特征。第一，随着技术不断扩散，美国的技术垄断地位和寡占市场结构被削弱，众多竞争者涌入，市场竞争日趋激烈。第二，产品基本定型，生产技术基本稳定，并形成最有效的生产工序，产品的成本下降，成本因素成为市场竞争的重要手段。市场上不断出现仿制品或替代品，企业开始更多地考虑成本因素，并开始通过规模经济来降低成本，以获得价格优势，维持和占领国内外市场。第三，开始出现跨国生产。在这一阶段，西欧等发达国家市场需求不断扩大，美国产品大量销往西欧市场，也部分地销往发展中国家。但由于受到进口国的关税壁垒、原材料供应不足、运输设施缺乏及中间费用增加等条件的限制，仅仅通过出口难以维持和扩大国外的市场份额，因此开始转向通过国际直接投资到海外设厂进行生产。到国外建厂是对出口的替代，同时还能够规避进口国关税和非关税等贸易壁垒。这一阶段的对外直接投资，地区选择主要是西欧，因为西欧的消费水平与美国相似，其市场容量大，生产条件好，要素价格相对较低。

3）标准化阶段

当新产品作为一种成熟型产品即由知识与技术密集型产品变为资本密集型产品时，该产品便进入它生命周期的第三个阶段——标准化阶段。这一阶段产品的生产技术、规模与式样已完全标准化，其品质的差异度逐渐消失，技术优势也已经丧失，使发明国初始的比较优势减弱，乃至消失。在产品标准化阶段，企业的技术垄断优势不复存在，产品的生产技术、规格、样式等都已经完全标准化，对生产者劳动技能和技术工艺的要求均有所降低，企业开始进行大规模生产，企业之间的竞争更加激烈，成本与价格越来越受到重视。企业将其所拥有的优势与该企业生产产品的生命周期的变化联系起来，并在世界范围内寻找适当的生产区位，通过对外直接投资将产品的生产转移到工资最低的国家和地区，一般自然资源丰富、具有低成本优势的发展中国家就成为跨国公司对外直接投资的最佳区域，以降低成本，继续参与市场竞争。美国在逐渐放弃这一老产品生产的同时，又开始研究和开发新产品，继续保持其在新技术、新产品领域中的垄断优势地位。

2. 对产品生命周期理论的评价

弗农的产品生命周期理论的独到之处在于其将企业拥有的优势同该企业所生产产品的生命周期的变化联系起来，在国际直接投资理论中加入了时间因素和动态分析内容，将美国跨国公司对外直接投资的动机、区位选择和产品创新较好地结合；揭示了跨国公司从出口转向直接投资的动因、条件和转换过程，解释了这些公司第二次世界大战后先向西欧再向发展中国家投资的原因，并指出这种国际直接投资是拥有技术垄断优势的企业根据竞争条件的变化而采取的进攻性投资行为。产品生命周期理论是对垄断优势理论的发展，该理论既可以称为国际直接投资理论，也可以称为国际贸易理论。

但是产品生命周期也有一定的局限性。表现在以下 3 个方面。

（1）产品生命周期理论以第二次世界大战后美国对西欧国家的直接投资为研究对象，并且所研究的企业都具有技术垄断优势。但是 20 世纪 80 年代以来，国际经济环境发生了重大变化，对外直接投资的主体不再局限于技术垄断性的企业，许多中小企业也开展了对外直接投资。所以该理论不能很好地解释发达国家之间的交叉直接投资和发展中国家的对外直接投资现象。

（2）产品生命周期理论仅适用于解释制造业企业的对外直接投资行为，因为其最终产品符合产品生命周期特征。但原材料采掘业等资源开发型和技术导向型企业的产品不具备显著生命周期特征，因而该理论无法解释其对外直接投资行为。

（3）产品生命周期理论假设企业只生产一种产品，该产品的跨国生产将替代产品的出口。但现实中跨国公司生产范围广泛，其生产的产品往往都有很大的相关性。该理论对出口和对外直接投资的关系不具备解释力。

3. 对产品生命周期的修正和补充

在产品生命周期理论模型提出后不久，弗农本人就意识到其理论的不足之处。1974 年弗农通过引入国际寡占行为来进行修正，提出了产品生命周期修正理论模型，他将产品的生命周期划分为新产品的寡占、产品成熟的寡占和产品标准化的寡占三个阶段。他认为，在不同的阶段，跨国公司为了占有和保持其垄断地位，对新产品设立不同的进入壁垒来限制其他企业进入或抢占市场份额。进入壁垒是跨国公司进行区位选择的重要因素。弗农指出，在产品创新阶段，发达国家的跨国公司具有创新和技术优势，它们可以凭借其特有的优势取得国际市场的寡占地位，在这一阶段少数的寡头企业控制了市场。在产品成熟和标准化阶段，寡头企业为了维持市场占有率而设置有效的壁垒，阻止其他企业进入市场。同时，寡头企业在跨国生产和经营时不仅关注产品的生命周期，还关注其全球子公司的生产效益，统筹安排和管理子公司的生产经营活动。修正后的模型更加符合不断变化的现实生活，解释力也更强。

尽管产品生命周期理论的研究对象单一，研究范围较窄，但其对国际直接投资理论的动态分析、产品创新等方面具有开创性研究，使得其在主流国际直接投资理论中占有重要地位。

针对国际直接投资不断呈现出的新特点，一些学者对原有理论进行了修正和补充。巴特利（C. Bartlett）和高歇尔（S. Ghoshal）在弗农的产品生命周期理论的基础上进行了一定的扩展。他们提出了产品创新、接近市场和通过竞争降低成本三位一体的国际直接投资模式。其中，产品创新是指对新产品、新技术的研发，以及这些技术在国际间转移等；接近市场是指企业通过对新产品、新技术的改造使其更好地适应东道国消费者的需求；通过竞争降低成本是指企业通过标准化、规模化的生产等方式降低成本。不同于弗农的产品生命周期理论，该模式更加重视成本因素对国际直接投资的影响，并将其从技术优势和区位优势中独立出来，较好地解释了国际直接投资的区位流向，弥补了弗农理论的缺陷。

4.2.3　市场内部化理论

1. 市场内部化理论的产生背景

市场内部化理论，又称内部化理论。所谓内部化是指把外部市场建立在企业的内部的过程。其目的是以内部市场取代原来的外部市场，从而降低外部市场交易成本，并取得市场内部化的额外收益。

"内部化"这一概念是由美国学者罗纳德·科斯（R. H. Coase）于 1937 首先提出来的，科斯指出市场配置资源是有成本的，当市场交易成本高于企业内部协调成本时，企业内部的交易活动将取代外部市场的交易活动。内部化理论是 20 世纪 70 年代中后期，由英国雷丁大学的经济学家彼得·巴克莱（Peter J. Buckley）、马克·卡森（Mark C. Casson）和加拿大学者拉格曼（A. M. Rugman）共同提出来的。1976 年，巴克莱和卡森在其合著的《跨国企业的未来》和 1978 年出版的《国际经营论》中，以市场不完全为假设前提，将科斯的交易成本学说引入国际直接投资理论，提出了市场内部化理论。市场内部化理论阐述了跨国公司内部化的基本条件、成本与收益等问题，解释了跨国公司纵向一体化和产品多样化行为。后经加拿大学者拉格曼将其应用到国际直接投资领域，形成了国际直接投资的市场内部化理论，用来解释国际直接投资的原因。

早期的理论认为市场的不完全主要是由规模经济、寡占或关税壁垒引起的，但巴克莱等人却持不同的观点。巴克莱和卡森将市场不完全性归因于市场机制的内在缺陷，即自然性市场不完全，是由于市场失灵、某种产品的特殊性或垄断势力的存在造成了公司市场交易成本的增加。由于中间产品特别是知识产品市场的不完全性，使中间产品定价困难，导致了企业交易成本的增加，在客观上迫使企业通过国际直接投资方式将中间产品市场向内部转移，从而降低外部市场交易成本。同时，由于企业知识产品的前期研发费用巨大，为获得全部租金收入，最佳方式就是建造一个内部化市场。此外，可以将垄断优势保留在企业内部，并通过企业内部使用而取得优势，谋求利润的最大化。可见，中间产品市场的不完全竞争是导致企业内部化的根本原因。当企业内部化行为超越国界便会形成跨国公司。

2. 市场内部化理论的主要内容

1）市场内部化理论的基本假设

市场内部化理论是基于以下 3 种基本假设。

（1）企业在不完全市场上从事生产经营活动的目的是追求利润最大化。

（2）生产要素特别是中间产品市场具有不完全性，企业可以通过将外部市场内部化的方式来降低外部市场交易成本，进行统一管理经营活动。

（3）内部化跨越了国界就产生了跨国公司。

基于以上 3 点假设，当中间产品市场（原材料、知识、信息、技术等）不完全，企业在外部市场的交易成本大幅增加时，就可将中间产品市场建立在企业内部，降低成本支出以获得最大经济利益。

2) 市场内部化的影响因素

市场内部化的影响因素主要包括以下 4 种。

（1）产业因素。产业因素主要是指产品本身的特性，是属于技术密集型、劳动密集型还是资本密集型；以及产业是否具有明显的规模经济性。

（2）公司因素。公司因素主要是指不同企业的组织结构、管理能力、控制和协调能力等。

（3）国家因素。国家因素主要是指东道国的政治是否稳定、法律和经济制度是否健全、金融方面是否有配套服务等能够对跨国公司业务产生影响的因素。

（4）地区因素。地区因素主要是指投资国与东道国在地理上的距离以及社会文化、宗教差异等会引起交易成本变动的因素。

3) 市场内部化的收益和成本比较

市场内部化理论认为，企业实行市场内部化的目标是获取内部化本身的利益，所以内部化的进程取决于企业内部化带来的收益和企业外部交易成本与内部化过程产生的成本之和的比较。跨国公司进行市场内部化的条件是：只有当跨国公司通过市场内部化获得的收益超过外部市场交易成本和为实现内部化而付出的成本时，内部化才会进行。

市场内部化的收益来源于消除外部市场不完全所带来的经济效益，具体包括以下几个方面。

（1）统一协调生产经营，消除"时滞"。实行内部化以后，跨国公司可以将相互联系的各项生产经营活动置于统一的管理控制之下，协调不同生产阶段的长期供求关系，从而避免外部市场不完全造成的生产经营活动的"时滞"，也可以避免外部市场价格信号失真所带来的负面影响。

（2）制定有效的差别价格及转移价格。市场内部化之后，跨国公司可以对内部市场上流转的中间产品特别是知识产品制定差别性的转移价格，即通过对较低税率国家实行较高转移价格，从而提高本公司的整体经济效益。

（3）消除国际市场的不完全性。市场内部化可以规避各国政府在贸易管制、资本、税收、价格等方面的限制，也可以享受到东道国的各种优惠政策，从而大大减少了国际市场不完全所带来的损失，获得更多的经济利润。

（4）有效防止技术优势扩散和丧失。技术优势是跨国公司拥有的最重要的优势之一。市场内部化之后，跨国公司可以通过知识产品的内部转移来避免知识产品外溢造成外国竞争者的迅速仿制，从而防止知识产品优势扩散和丧失，维持其技术优势和市场垄断地位。

市场内部化过程产生的成本一方面包括企业进行跨国生产的交通运输、通信、管理等方面的支出，另一方面还包括由于政治、文化、社会环境等差异而产生的额外支出。具体包括以下几个方面。

（1）规模经济成本。市场内部化的实质是将一个完整的市场划分为若干个相对独立的内部市场，从全社会角度来看，市场内部化不能实现资源的最佳配置。企业可能在低于最优规模经济的水平上从事生产，从而造成资源的浪费。

（2）通信联络成本。为避免垄断技术泄露，企业将建立独立的通信系统，这必然增加通信联络成本。同时，不同企业建立的遍布全球的通信网络，往往由于缺少统一性而加大跨国公司之间的通信成本。

（3）国家风险成本。跨国公司在国外市场形成垄断优势或者对当地企业生产经营活动造成威胁时，往往会受到东道国政府的干预。东道国政府可能会采取歧视性政策，如对外资股权份额加以限制、实行国有化等。跨国公司由于面临国家风险而增加了风险成本。

（4）管理成本。市场内部化后，跨国公司为了实现利润最大化，会对遍布全球的子公司进行统一规划，并对其日常经营活动进行监督和管理，同时为了调动子公司员工的积极性，也要引入必要的激励机制，这些措施必然增加企业的监督管理成本。

3. 对市场内部化理论的评价

1）市场内部化理论的贡献

垄断优势理论从结构性的市场不完全和企业的特定优势角度出发，论述了发达国家的跨国公司对外直接投资的动机和决定因素，但对于公司的扩展问题分析较少。而市场内部化理论从自然性的市场不完全出发，并结合国际分工和企业国际生产的组织形式论述了跨国公司的扩展行为，特别是对第二次世界大战以来跨国公司的迅猛增长给出了较好的解释。市场内部化理论标志着西方学者对国际直接投资理论研究的一个重要转折点，提出了不同于垄断优势理论的研究思路及一种新的理论框架。市场内部化理论指出，原材料、半成品、知识、技术、管理技能等中间产品市场存在着不完全性，这增加了企业的交易成本，迫使企业将外部市场进行内部化。企业将内部化的收益与成本进行比较得出了企业进行内部化行为的基本条件，即只有当市场内部化的收益超过了外部市场交易成本和为实现内部化所付出的成本，这种市场内部化行为才会进行。通过内部化将市场的上、中、下游企业移入跨国公司内部，从而减少交易成本获得利润最大化。当企业的内部化行为超越了国界，便产生了跨国公司。

同时，市场内部化理论也论证了国际直接投资与出口和许可证贸易相比，能更好地开发国外市场。内部化理论对跨国公司国际直接投资的动机给出了一种综合性的解释，能较好地解释全球绝大多数的国际直接投资行为和跨国公司的经营现象，既适用于发达国家，也适用于发展中国家，既适用于国内，也适用于国外，是较有影响的国际直接投资理论之一，因此被视为解释国际直接投资行为的一般理论。

2）市场内部化理论的缺陷

（1）市场内部化理论虽然解释了对外直接投资的可能性，但是其分析仅局限在较狭窄的范围内，忽视了投资主体的投资冲动所起的作用。因为大多数情况下是企业先产生了投资需求，才会考虑具体的投资机会和方案。

（2）市场内部化理论在解释公司扩展方面具有明显的局限性。内部化可以较好地解释企业的垂直一体化，但在解释水平一体化方面不如规模经济具有说服力，内部化会妨碍公司规模经济的实现。

（3）市场内部化理论没有考虑企业间竞争力量的影响。企业内部化的决策过程是企业结合自身特点做出的决定，没有考虑企业间的竞争强度、市场结构等环境因素。

（4）市场内部化理论没有对跨国公司区位的选择问题进行研究和探索。

拓展阅读

微软的内部化战略

1992 年，微软在北京设立代表处；1995 年，微软（中国）有限公司成立。微软同时制定了在中国长期投资和发展的战略。经过多年的发展，目前在上海、广州、成都、南京、沈阳、武汉、深圳、福州、青岛、杭州、重庆、西安等地均设有分支机构，业务覆盖全国，投资和合作领域涵盖基础研究、产品开发、市场销售、技术支持和教育培训等多个层面。微软在中国的机构设置和功能也日臻完善，已拥有微软中国研究开发集团（由微软亚洲研究院、微软亚洲工程院、微软中国研究开发中心、微软中国技术中心、微软互联网技术部、微软亚洲硬件技术中心及其他分布于北京、上海、深圳的各类产品研发机构组成）和微软大中华区全球技术支持中心等研发与技术支持服务机构。微软作为一家软件平台厂商，通过合作伙伴业务模式，努力促进信息技术生态系统的建设，始终以与中国软件产业共同发展为目标，加强与政府、合作伙伴和客户的密切联系，通过资金、技术、人才和市场等多个方面支持国家的信息化建设，推动本土软件生态系统和信息产业的发展，实现共赢。

微软在中国拥有自己的科研机构及销售机构，而且对于大多数公司或机构微软都拥有完全控制权。微软对技术的保护和输出都有严格的规定，始终依靠自己的技术垄断优势来获得最大的竞争优势，取得最大化的利润。

1. 防止技术优势的丧失

微软为了保护自己的技术领先优势，直接建立了自己的研发机构，如微软中国研究开发中心、微软大中华区全球技术支持中心、微软亚洲研究院、微软亚洲工程院及微软中国技术中心等，它们均是微软技术内部化的例子。鉴于在外部市场上交易技术这种中间产品，会存在技术泄密的风险，微软通过各种方式将自己的技术内部化，同时，将涉及该项技术的生产活动控制在企业内部完成，从而减少了与外部企业进行交易获取技术的诸多交易费用，降低了企业在他国的经营成本和风险。微软很少交易自己的技术，同时对自己的技术实行严格的保护。

2. 降低交易费用

微软在 2003 年 11 月与中软总公司建立战略伙伴关系，在 2004 年 4 月与创智建立全球战略合作伙伴关系，在 2004 年 7 月与神州数码建立全球战略合作伙伴关系，在 2004 年 11 月与浪潮集团举行了全球战略合作伙伴的签字仪式，同时与中国国内的主要硬件生产商，包括联想、方正、TCL、长城、清华同方等企业开展了全面的合作，这些都使微软降低了交易成本。

3. 利润最大化

微软通过建立自己拥有控制权的子公司或分公司使得许多交易都在内部进行，所有利润归微软，这样就获得了最大利润。由于交易价格由微软自己制定，因而不存在竞争。微软拥有研发销售一体化的系统，减少了中间商和中介，从而使利润最大化。

　　微软的内部化战略使得微软成为软件行业的领头羊，拥有了巨大的技术优势，保持了较强的竞争力，获得了巨大的利润，但同时也带来了一些危机。在中国，由于微软对自己的公司拥有绝对的控制权，采用独资的形式投资，使得它在中国的发展遇到了危机，与政府和消费者的关系恶化，形成了独裁、自大、傲慢的形象，公司的发展遇到了各方的阻力。这是其内部化带来的伤害。

　　　　　　（资料来源：http：//wenku. baidu. com/view/f66a54c68bd63186bcebbcb6. html.）

4.2.4　比较优势投资理论

1. 比较优势投资理论的产生背景

　　日本一桥大学教授小岛清（Kiyoshi Kojima）以日本的国际直接投资为研究对象，并在比较研究美国、日本国际直接投资的基础上提出了比较优势投资理论，也称为边际产业扩张论。小岛清在传统国际分工的理论基础上，继承和发展了大卫·李嘉图（David Ricardo）的比较优势学说，将比较优势原理运用到国际直接投资，解释日本在第二次世界大战后的国际直接投资行为。

　　20 世纪 60—70 年代，日本对外直接投资，特别是对发展中国家的直接投资迅猛发展。当时理论界普遍流行的是垄断优势理论和产品生命周期理论，日本学者认为这两个理论不适用于日本的国际直接投资问题。从日本的情况分析，日本对外投资的主体大都是中小企业，所拥有的是易为发展中国家所接受的劳动密集型技术优势。在此背景下，小岛清从宏观经济的角度出发，针对日本与欧美国家对外直接投资的不同特点，立足于日本对外直接投资发表了大量论著，具有代表性的有 1977 年出版的《对外直接投资论》。小岛清在《对外直接投资论》中第一次系统地阐述了比较优势投资理论。

2. 比较优势投资理论的核心内容

　　比较优势投资理论的核心内容是：一国应从本国已经处于或即将处于劣势地位的边际产业开始依次进行国际直接投资。这些边际产业是指已经处于比较劣势的劳动力密集部门或者某些行业中生产或装配特定部件的劳动力密集的生产环节或工序。但在其他国家这些产业可能正处于优势地位或潜在的优势地位。

　　20 世纪 70 年代，日本对外直接投资的产业结构就遵循了这样一条演进路线，即资源密集型产业为主—劳动密集型产业为主—重化工业为主，这一投资顺序的演进符合小岛清的边际产业扩张论。

　　根据比较优势投资理论的核心思想，小岛清做出了如下几种推论。

　　其一，国际直接投资与国际贸易在比较优势原理上达到统一。在国际贸易中，由于两国产品的比较成本不同，一国应生产本国具有比较优势的产品并出口，从另一国进口本国具有比较劣势的产品，通过这样的方式，双方可以从贸易中获利。在国际直接投资中，投资国通过将本国处于比较劣势的产业转移到这些产业仍具有比较优势的东道国，既有助于发挥东道国潜在的比较优势，又可以使投资国集中优势资源发展国内的比较优势产业，从而加大两国的比较成本差距，增加两国间的进出口贸易。总之，国际贸易按照既定的比较成本进行，而国际直接投资则可以创造新的比较成本格局，二者在比较优势原理上达到了统一。

其二，日本的对外直接投资有利于国际贸易，属于贸易导向型的投资。这是因为，日本通过将国内处于或趋于比较劣势的边际产业对外直接投资，带动了日本相关机器设备对东道国的出口，经过东道国生产后，低廉的产品可以销往日本及其他国家。此外，东道国通过引进外资加速经济发展从而提高国民收入，进而会从日本进口更多的产品，从而增加了日本的出口量。

其三，国际直接投资中产业的选择应该遵循这样的原则，即从技术差距最小的产业开始，这样才能确保东道国在该产业中获得更大的优势，同时投资国则可以集中资源发展国内其他产业，从而保持比较优势。虽然东道国的经济不发达，资本缺乏，生产技术相对落后，但在自然资源和劳动力成本上具有明显的优势，通过吸收日本的投资可以充分利用其比较优势，促进产业的发展，其生产的产品可以在东道国、日本以及第三国市场上销售，推进国际贸易发展的同时优化了东道国及日本的产业结构。

其四，传统理论对于国际直接投资的分析往往是从一种产品、一个产业或一家公司入手，认为只有当一个产业处于或即将处于比较劣势时，该产业才会对外直接投资，这种分析缺乏理论依据。小岛清认为一个产业是否处于或趋于比较劣势，应该通过对比分析两种或两种以上产品的成本比率和利润比率才能得出结论，因此，应根据比较成本和比较利润率来分析一国的对外直接投资。

根据比较优势投资理论的核心内容及其推论，小岛清从日本的实际国情出发，提出了一些具体的政策主张。例如，对于资源开发型产业的投资应采用"开发进口，长期合同方式"；向发展中国家的工业部门进行投资时要起到"教师的作用"，带动东道国的经济发展；与发达国家进行"协议性的产业内部交互投资"，即在双方比较成本差距很小的产业上进行相互投资。

3. 对比较优势投资理论的评价

1）比较优势投资理论的贡献

比较优势理论开辟了一种新的思路，即将国际直接投资理论与国际贸易理论在比较优势原则的基础上结合起来，将国际贸易理论和国际直接投资理论融为一体，从投资国的角度而不是从跨国公司的角度分析国际直接投资，克服了传统的国际直接投资理论只重视微观忽略宏观的缺陷，能较好地解释国际直接投资的国家动机，因而与传统的垄断优势理论有明显的不同，具有独到之处。小岛清否定了垄断优势因素在对外直接投资中的决定性作用，他指出，由于投资国与东道国在自然资源、资金价格、劳动力成本以及生产技术水平等方面存在差异，所以对外直接投资应建立在比较优势的基础之上，通过将本国处于或趋于比较劣势的产业转移到东道国，并运用与东道国生产力水平相适应的生产技术，可以更合理地配置生产要素，产生比较优势，从而大大提升产品的竞争力并扩大市场。

小岛清从国际分工和比较优势原理出发来分析对外直接投资，比较了第二次世界大战后一段时期日本和美国对外直接投资模式，较好地解释了20世纪60—70年代日本对外直接投资的特点。可以说，比较优势投资理论也是日本式对外直接投资理论。日本对外直接投资有效地增加和推进了出口贸易，属于顺贸易导向型投资，而美国企业则是利用垄断优势进行对外直接投资，造成本国出口的减少，增加了贸易逆差，属于逆贸易导向型投资。

2）比较优势投资理论的局限性

（1）比较优势投资理论立足于日本国情，但是20世纪80年代以后，随着国际贸易保护主义的盛行和日本产业结构的调整，日本许多大型企业都纷纷进行对外直接投资，导致了逆贸易型对外直接投资大幅度增加，比较优势理论无法对该现象进行解释。

（2）小岛清从宏观角度论述比较优势投资理论，以投资国为主体而不是以企业为主体，这就假定了所有对外直接投资的企业动机是一致的，即投资国的动机就是所有企业的投资动机。但现实并非如此，通过日本对外直接投资的实证分析可知，这样的假定过于简单，即使日本在某些行业存在着比较优势，但并非该行业中所有的企业都会对外直接投资。

（3）按照小岛清的理论，对外直接投资只能是发达国家对东道国进行的单方向投资，而技术相对落后的发展中国家无法进行对外直接投资，更不能向发达国家投资。这无法解释20 世纪80 年代后以中国为代表的发展中国家对外直接投资迅猛发展的现象。

（4）日本在战后采取"贸易导向"的产业政策，其对外直接投资必然集中在经济水平较低国家的资源开发或劳动密集部门，立足于东道国丰富的自然资源和廉价的劳动力成本。并且日本大型企业采取零部件加工系统化生产，受日元升值、国内工资成本上升的影响较小，日本大型企业在战后一段时期内国际直接投资较少。由于日本国内市场狭小，中小企业无法与大企业竞争而转向海外生产，这实际上是一种寻求生存机会的直接投资行为。因此，日本对外直接投资出现以中小企业为主的特点。但是在20 世纪70 年代中期以后，随着日本经济实力的增强和产业结构的调整，日本的对外直接投资也发生了明显的变化，表现在向北美等发达国家的制造业直接投资大幅增加，并多以进口替代型投资为主。

4.2.5　国际生产折中理论

1. 国际生产折中理论的产生背景

国际生产折中理论是国际直接投资领域具有较影响力的著名学者邓宁（J. H. Dunning）提出的。他于1957 年获得英国南安普顿大学博士学位，其博士论文题目为《美国在英国制造业中的投资》。他除担任雷丁大学的教授外，还担任加利福尼亚大学伯克利分校、西安大略大学、波士顿大学和斯德哥尔摩经济学院等院校的客座教授以及联合国、世界银行和跨国公司的经济顾问等。1977 年，邓宁教授在其论文《贸易、经济活动的区位与多国企业——折中理论探索》中首先提出国际生产折中理论。1981 年，邓宁在论文集《国际生产与多国公司》中对国际生产折中理论进行了系统的论述。邓宁的学说在适应国际化生产格局变化的同时，吸收和综合了以往的国际直接投资理论，在很大程度上解释了国际化经营活动三种方式，即国际直接投资、技术转让和出口贸易的选择问题，构建了国际直接投资理论研究的综合框架。国际生产折中理论被誉为具有高度概括性、广泛涵盖性与较强实用性的国际直接投资"通论"。

所谓国际生产，是指跨国公司对外直接投资所形成的生产活动。邓宁指出，20 世纪60 年代以前，以美国的直接投资活动为主的国际生产格局比较单一，投资主要流向西欧、北美及拉美国家，国际生产主要集中在技术密集的制造业部门和资本密集的初级工业部门，海外子公司大多采用独资形式。20 世纪60 年代以后，随着西欧、日本跨国公司的兴起，发达国家出现相互交叉投资现象，投资开始流向发展中国家、新型工业化国家和地区，同时发展中国家也纷纷开展对外直接投资，此时海外子公司的主要形式为合资形式。

邓宁总结和归纳了20 世纪60 年代以来的国际直接投资理论，将其大致分为如下三种类型：一是以海默等人的垄断优势理论为代表的产业组织理论；二是以阿利伯等人为代表的货币金融理论；三是以巴克莱、卡森的市场内部化理论为代表的厂商理论。邓宁认为，这三类理论对国际生产和国际直接投资的解释是片面的，缺乏对区位因素的考虑。国际生产折中理论吸收了这三类理论的主要观点，提供了一种综合分析的研究方法，将企业的特定垄断优势与国家的区位、资源优势结合起来，解释跨国公司参与国际经济活动时对国际直接投资、出口贸易或许可证交易的选择问题，所以邓宁的国际生产折中理论也可称为国际直接投资的综合理论。

2. 国际生产折中理论的主要内容

邓宁认为，影响现代国际直接投资活动的因素是多方面的，仅从一种或两种主要因素来分析企业的国际直接投资行为不够全面。国际生产折中理论认为一个企业要对外直接投资必须具备3个优势，即所有权优势、内部化优势和区位优势。

（1）所有权优势，又称厂商优势，是指企业相对于国外竞争者所特有的优势。主要包括：专利技术、商标、创新能力优势、规模优势、组织管理能力优势、金融和货币优势以及市场销售优势。邓宁指出，国际直接投资会增加企业的成本和风险，但企业之所以仍然愿意对外直接投资并获得收益，主要是因为企业拥有其他竞争者所没有的比较优势，这种优势所带来的收益会超过国际直接投资的成本和风险。具有所有权优势的企业可以通过技术转让的方式增加企业利润，在具备其他条件的情况下也会进行产品出口和对外直接投资。

（2）内部化优势，是指由于外部市场的不完全性增加了企业的交易成本，企业通过将资产或所有权内部化可以避免这种不利影响，相比处于外部市场的企业具有一定优势。邓宁认为，外部市场的不完全性包括两个方面：一是自然性的市场不完全，主要是由于知识市场的信息不对称和交易成本过高而造成的；二是结构性的市场不完全，如竞争壁垒、政府干预等。由于外部市场的不完全性，企业的特有优势在外部市场中存在丧失的风险，所以企业为了保持其垄断优势进行内部化降低交易成本，从而获得最大收益。在同时具备所有权优势和内部化优势的条件下，企业可以通过产品出口来增加利润，并使国际直接投资成为一种可能。国际直接投资就是企业利用其所有权优势直接到国外设厂生产，建立企业内部的国际生产和运营体系的过程。

（3）区位优势，是指东道国在投资环境、经济制度和政策等方面比投资国更有利的条件。区位优势主要包括两方面：一是资源禀赋优势，即东道国丰富的自然资源、优越的地理位置、适宜的气候条件、价格低廉的土地和劳动力等；二是制度政策优势，即东道国稳定的政治经济环境、完善的法律法规、有利于投资的金融政策等。

国际生产折中理论吸收了已有的国际直接投资理论的主要观点，但并非是对以往理论的简单总结和归纳，而是从所有权优势、内部化优势和区位优势这三个方面论述企业对国际经济活动方式的选择。三个基本要素的不同组合决定了企业采取国际直接投资、产品出口还是许可证贸易（技术转让）。

当企业只具备所有权优势，既没有能力使之内部化，也没有能力利用国外的区位优势时，只能通过技术转让的方式参与国际经济活动，即把技术专利转让给国外企业使用，从而获得报酬。当企业具备所有权优势，并且具有内部化的能力，就可以通过产品出口的方式参与国际经济活动。只有当企业同时具备了所有权优势、内部化优势和区位优势，才使企业以国际直接投资方式参与国际经济活动成为可能。

3. 对国际生产折中理论的评价

1) 国际生产折中理论的贡献

邓宁的国际生产折中理论被认为是迄今最完备的、集各家之长、被人们最广泛接受的国际直接投资理论，它将国际直接投资领域的研究推进了一大步，使国际投资研究向比较全面和综合的方向发展，具有较强的实用性。国际生产折中理论探讨了跨国公司进行国际经济活动的决定因素，即所有权优势、内部化优势和区位优势，分析了跨国公司对国际经济活动方式的选择，特别是结合区位优势因素可以较好地解释经济实力不如美国的国家对美国进行的直接投资行为。第二次世界大战之后，美国吸引的国际直接投资日益增加并成为世界上第一大国际直接投资接受国，这主要取决于美国所具有的区位优势。该理论目前已成为跨国公司对外直接投资研究中最有影响力的理论，被广泛用于分析跨国公司对外直接投资的动机和优势。

2) 国际生产折中理论的局限性

（1）国际生产折中理论指出，同时具备三种优势的跨国公司可以通过国际直接投资参与国际经济活动，但是有些企业并没有同时具备这三种优势，却仍可以进行国际直接投资，该理论对这种现象不具有解释力，同时也不能解释行业内的交叉投资现象。

（2）国际生产折中理论不具备动态分析的特点，三种优势之间的关系及其随时间的变动情况并不明确，更像是一种分类方式。

（3）邓宁在分析中着重考虑成本，并假定不同国际经济活动的收入是相同的，这一假设不符合现实。实际上，国际直接投资产生的收入流量最大，产品出口其次，许可证交易最低。因此，应该在考虑收入的基础上决定获利最多的国际经济活动方式。

本节讨论案例

迪士尼乐园的成功与失败

1984年，美国的沃特·迪士尼集团在美国加州和佛罗里达州迪士尼乐园经营成功的基础上，通过许可转让技术的方式，开设了东京迪士尼乐园，获得了巨大成功。目前唯一赚钱的乐园是东京迪士尼，因为它是日本方面独立拥有与经营，已脱离了迪士尼管理层的控制。

在巴黎开设的欧洲迪士尼乐园与东京迪士尼乐园不同，迪士尼集团采取的是直接投资方式，投资了18亿美元，在巴黎郊外开办了占地4 800万平方米的大型游乐场。但奇怪的是，虽然有了东京的经验，又有了由于占有49%股权所带来的经营管理上的相当大的控制力，欧洲迪士尼乐园的经营至今仍不理想，该乐园第一年的经营亏损就达到了9亿美元，迫使关闭了一家旅馆，并解雇了950名雇员，全面推迟第二线工程项目的开发，欧洲迪士尼乐园的股票价格也从164法郎跌到84法郎，欧洲舆论界戏称欧洲迪士尼为"欧洲倒霉地"。

香港迪士尼乐园，由华特迪士尼公司与中国香港特别行政区合伙成立香港国际主题公园有限公司，其中华特迪士尼公司和香港特区各拥有43%和57%的股份。香港方面投入90%的资金，只拿到了57%的股权，而迪士尼只投了10%的资金，就拿到了43%的股份。所以即使香港迪士尼营业以来整体上是亏损的，但迪士尼总部却是从香港迪士尼挣钱的！因为除去43%的股份，华特迪士尼还要向中国香港特别行政区另收迪士尼的运营管理费和特许权费。

（资料来源：http：//wenku. baidu. com/link?.）

【讨论的问题】

1. 迪士尼在巴黎投资失败说明了什么？
2. 请结合迪士尼在美国本土之外的投资，运用邓宁的国际生产折中理论，分析东京、巴黎、香港迪士尼投资成功与失败的原因，并提出建议。

4.3　发展中国家的国际直接投资理论

20 世纪 80 年代，在新一轮的国际直接投资增长浪潮中，发展中国家发挥着越来越重要的作用。就经济发展的整体而言，虽然发展中国家在机器设备、生产技术、管理经验、营销网络等方面都与发达国家存在较大差距，并不具备垄断优势，但发展中国家的国际直接投资仍然发展迅速。在这种背景下，众多学者开始针对发展中国家的特点及国情，在已有的直接投资理论基础上对发展中国家的国际直接投资进行了研究，具有代表性的理论包括资本相对过度积累理论、小规模技术理论、技术地方化理论、技术创新产业升级理论、投资发展周期理论等。

4.3.1　资本相对过度积累理论

发展中国家的国际直接投资是在普遍缺乏资金的情况下发生的，即国内建设资金短缺，需要大规模地吸引外资。针对这种情况，苏联学者阿·勃利兹诺伊利将发展经济学中的二元经济结构理论运用到国际直接投资领域，用二元经济结构来解释发展中国家的国际直接投资现象。

1954 年，美国经济学家阿瑟·刘易斯（Arther Lewis）在《劳动力无限供给条件下的经济发展》一文中提出了"二元经济结构"。所谓的二元经济结构是指在发展中国家，具有新技术的现代化工业部门和技术落后的传统农业部门同时存在的现象，即现代经济与传统经济并存的经济结构。二元经济结构理论认为由于劳动生产率、生产技术水平、经济组织形式上的差距造成传统农业部门远远落后于现代工业部门。一方面，由于传统农业部门的劳动生产率、需求弹性和供给弹性均较低，并容易受到天气变化和客观环境的影响，农业部门生产的原材料无法满足快速发展的现代工业部门的需要；另一方面，现代工业劳动力严重短缺和传统农业劳动力供应过剩现象并存以及工人和农民的收入不平衡，进一步加大了工业部门和农业部门之间的差距。因此，发展中国家的现代工业部门有可能在未达到规模效益之前，就由于需求减弱造成局部结构性供给过剩甚至某些企业或行业出现"资本相对过度积累"，在这种情况下，工业部门就产生了向海外市场扩张的可能性。

资本相对过度积累理论，将发展经济学中的二元经济结构理论与国际直接投资相结合，探讨了发展中国家在技术落后的传统农业部门和技术先进的现代工业部门共存的情况下，会出现个别行业资本短缺而其他行业资本相对过度积累的二元格局，从而产生发展中国家资本相对过度积累的部门或行业对外直接投资的可能性。但是该理论逻辑不够严密，而且仅阐述了发展中国家在资本普遍短缺情况下对外直接投资的可能性，并没有深入分析其对外直接投资的动机和方式等。

4.3.2　小规模技术理论

传统国际直接投资理论将垄断技术优势及规模经济作为企业对外直接投资的必要条件，但发展中国家在不具备垄断技术优势及规模经济的情况下仍能对外直接投资。针对这个现象，美国哈佛大学教授路易斯·威尔斯在 1977 年发表的《发展中国家企业的国际化》一文中提出小规模技术理论。

1983 年，威尔斯在其专著《第三世界跨国企业》中，对小规模技术理论进行了更详细的论述。威尔斯认为，发展中国家跨国公司的竞争优势主要体现在三个方面。第一，拥有为小市场需要服务的劳动密集型小规模生产技术。低收入国家商品市场的一个普遍特征是需求量有限，大规模生产技术无法从这种小市场需求中获得规模效益，而许多发展中国家正是开发了满足小市场需求的生产技术而获得竞争优势。第二，在国外生产民族产品。发展中国家主要是为了服务于国外同一种族团体的需要而建立对外投资。第三，产品低价营销战略。生产成本低，物美价廉是发展中国家跨国公司形成竞争优势的重要原因，也是抢占市场份额的重要武器。与发达国家跨国公司相比，发展中国家跨国公司往往花费较少的广告支出，采取低价营销策略。

小规模技术理论被西方理论界认为是发展中国家跨国公司研究中的早期代表性成果。威尔斯的小规模技术理论的贡献在于，它推翻了只能依赖垄断技术和规模经济优势进行国际直接投资的传统观点，认为发展中国家可以将生产技术与自身的市场特征结合起来形成竞争优势，以满足小规模、多样化的市场需求。小规模技术理论为那些生产技术不够先进、生产规模较小的企业提供了国际直接投资的理论支持，即发展中国家的企业只要满足国外市场的特色化需求，就可以参与国际竞争。但是该理论也存在着明显的局限性。威尔斯将发展中国家的技术创新局限于对发达国家成熟技术的吸收、消化和创新上，会导致发展中国家处于国际生产的边缘地带或产品生命周期的最后阶段，限制了其理论的适用范围。同时，该理论对于发展中国家高新技术企业的对外直接投资行为，以及发展中国家对发达国家直接投资日益增长的现象不具有解释力。

4.3.3　技术地方化理论

英国经济学家拉奥（Sanjaya Lall）在 1983 年出版的《新跨国公司：第三世界企业的发展》一书中，在深入研究印度跨国公司竞争优势和投资动机的基础上，从技术变动的角度首次提出了发展中国家国际直接投资的技术地方化理论，以解释发展中国家通过对技术的引进、创新来进行国际直接投资的行为。

所谓技术地方化，是指发展中国家的跨国公司通过对国外技术进行消化、改进和创新，使产品更适合自身的经济条件和需求。拉奥认为，尽管发展中国家跨国公司生产规模小、机器设备不够先进、采用劳动密集型技术，但却包含着企业对技术的创新活动。不同于小规模技术理论所暗含的技术被动思想，拉奥强调企业对引进技术的再生过程，即发展中国家跨国公司对发达国家技术的引进和利用不是一种简单被动的模仿或复制，而是对技术进行改进和创新使其适应本国市场的需求，正是这种创新活动为企业带来了独特的竞争优势。

　　拉奥指出，发展中国家在引进发达国家的成熟技术之后，根据自身特点对其进行创新和升级，使技术更适应发展中国家生产要素的条件和市场需求，即把这种技术知识当地化，再将这种当地化的技术知识投资到与母国经济环境相似的国家和地区，由此可形成具有本国特色的国际直接投资竞争优势。

　　技术地方化理论不仅探讨了发展中国家的企业存在着竞争优势，还重点强调这种竞争优势主要来自于对发达国家技术的创新。这种创新技术可以更好地满足当地小规模、特色化生产的需求，会产生更高的经济效益。故企业不能被动地接受发达国家的技术，而应根据当地的生产条件和需求状况主动对技术进行改进和创新，以形成适应本国市场的竞争优势。虽然技术地方化理论只是粗线条地描述了跨国公司的技术创新活动，但它却将发展中国家的国际直接投资理论引向微观层面，阐述了发展中国家通过比较优势参与国际直接投资的可能性。

4.3.4　技术创新产业升级理论

　　20 世纪 80 年代中期以后，发展中国家，特别是一些新兴工业化国家向发达国家的直接投资大幅增加，并成为东道国企业强有力的竞争对手。如何解释发展中国家对外直接投资出现的新现象，成为理论界研究的热点问题。在这种背景下，英国学者约翰·坎特威尔（Jhon Cantwell）及其学生托兰惕诺（Paz Estrella E. Tolentino）系统地考察了发展中国家的国际直接投资行为，于 20 世纪 90 年代共同提出了发展中国家的技术创新产业升级理论。

1. 技术创新产业升级理论的主要内容

1）技术创新带来产业升级

　　坎特威尔和托兰惕诺从技术累积的角度出发，解释发展中国家的国际直接投资行为并提出了两个基本命题：一是发展中国家跨国公司的技术创新活动具有明显的"学习"特征，即这种技术创新活动主要是利用特有的学习经验和组织能力，掌握和开发现有的生产技术。不断地技术积累可以促进一国经济的发展和产业结构的优化和升级；二是发展中国家国际直接投资的增长与跨国公司技术能力的不断提高和积累直接相关，并且这种技术能力将影响到国际直接投资的形式和增长速度。

　　技术创新产业升级理论认为技术创新是一国发展的根本动力，可以促进国家的经济发展。不同于发达国家对研发方面大量的投入，发展中国家的企业由于缺乏人力、物力、财力支持，对技术的创新研究相对薄弱，主要是利用长期以来具备的学习经验和组织能力来掌握和开发现有的技术，并按照本土化特点进行一定程度的改进。

2）产业分布和地理分布

　　在对技术创新产业升级理论进行论述的基础上，他们进一步得出结论：发展中国家国际直接投资的产业分布和地理分布是随着时间的推移而逐步深入的，并且可以预测。

　　在产业分布方面，首先是以自然资源开发为主的纵向一体化生产活动，其次是以进口替代和出口导向为主的横向一体化生产活动，最后是涉及高新技术领域的全方位对外直接投资。具体的产业选择也不再局限于传统产业，而是逐步转向高科研领域的生产和研发活动。

　　在地理分布方面，受心理距离的影响，首先利用种族联系从周边国家开始投资，其次随着跨国直接投资经验的积累，开始从周边国家向其他发展中国家转移，最后随着工业化程度加深、产业结构升级，逐步向高新技术领域拓展，为了获得更先进的知识技术开始对发达国家进行直接投资。

2. 对技术创新产业升级理论的评价

技术创新产业升级理论不仅解释了发展中国家对外直接投资的地理区域由周边国家到发展中国家再到发达国家、对外直接投资产业选择从传统产业向高新技术产业转移的发展轨迹，而且还阐明了发展中国家进行技术学习和积累的重要性，以及技术创新、产业升级对发展中国家的重要作用，因此，该理论更符合发展中国家的现实，对于发展中国家的对外直接投资有一定的指导意义。

4.3.5　投资发展周期理论

由于国际生产折中理论是针对西方发达国家对外直接投资的研究，其对发展中国家对外直接投资行为解释力较差，所以邓宁一直试图建立一个普遍适用的国际直接投资理论。1981年，邓宁在《用折中范式解释发展中国家对外直接投资》一文中，阐明了在经济发展的不同阶段，国家所有权优势、内部化优势和区位优势是不同的，一国吸收外资和对外投资的数量取决于本国经济发展阶段以及本国所拥有的所有权优势、内部化优势和区域优势。邓宁用主流理论解释发展中国家对外直接投资现象，以证明折中范式的广泛应用性。

同年，邓宁在《国际生产与跨国公司》中将国际生产折中理论动态化，提出了投资发展周期理论。邓宁在国际生产折中理论的基础上，运用实证分析方法对 1967—1975 年间 67个国家的经济发展水平和资本的流入流出进行研究。他根据人均 GDP 水平将一国的经济发展划分为四个阶段，不同阶段的国际直接投资流入流出水平是不同的，还据此绘制了著名的"U 形发展曲线"。研究结果表明，一国的对外直接投资地位与人均 GDP 成正比关系，即以人均 GDP 衡量的经济发展水平越高，该国越倾向于对外直接投资。随着人均 GDP 的增长，一国的对外直接投资从一开始落后于外国对该国的直接投资，然后逐渐赶超。

该理论指出一国所处的经济发展阶段以及所有权优势、内部化优势和区位优势的对比决定了该国是吸收外资还是对外投资，实质上，投资发展阶段理论是国际生产折中理论在发展中国家的运用和延伸，从动态角度解释了一国的经济发展水平与国际直接投资地位的关系，弥补了国际生产折中理论缺乏动态分析的缺陷。邓宁及其学生纳鲁拉在 1996 年《对投资发展阶段理论的再探讨——基于新出现的问题》一文中对投资发展阶段理论进行了修正，该理论在发展中国家得到了广泛的应用。

邓宁首先将一国的经济发展水平按照人均 GDP 划分为四个阶段，指出不同阶段中所有权优势、内部化优势和区位优势强弱变化，会引起国际直接投资地位的变化。

第一阶段，人均 GDP 低于 400 美元，处于这一阶段的是世界上最贫穷的国家，由于政治和经济上的落后导致整体投资环境不利，几乎不存在区位优势，对外资的吸引能力较差；同时由于这些国家的企业缺乏所有权优势和内部化优势，不会进行对外直接投资。

第二阶段，人均 GDP 在 400～2 500 美元，处于该阶段的主要是一些发展中国家，企业的所有权优势和内部化优势程度都比较低，相比外资的流入来说只能进行少量的对外直接投资，并且这种对外直接投资主要集中在地理位置接近、风俗习惯相似的周边国家，净对外直接投资额仍为负。

第三阶段，人均 GDP 在 2 500～4 000 美元，处于这一阶段的是一些新兴的工业化国家，经济实力有了较强的发展，在区位优势显著吸引外企投资的同时，国内部分企业的所有权优势和内部化优势程度大大增强，其对外直接投资金额也大幅增长，对外直接投资的增长速度已经超过引进国外直接投资的速度，但其总量仍低于吸收的国外投资，净对外直接投资额为负值。

第四阶段，人均 GDP 超过 4 000 美元，处于该阶段的主要是发达国家，由于投资环境较好，吸引着其他发达国家和发展中国家对其投资；同时由于所有权优势和内部化优势程度较高，对外直接投资保持着迅猛发展，此时对外直接投资的速度和金额都已超越吸收的外资，净对外直接投资额为正值。

由此可见，一国所拥有的所有权优势、内部化优势和区位优势的强弱及此消彼长的变化决定了一国对外直接投资和吸收外资的实力对比，而这三种优势又是由一国所处的经济发展水平决定的，究其原因还是经济的发展水平决定着一国的对外直接投资地位。

投资发展周期理论的核心命题是：发展中国家所处的经济发展阶段和该国所拥有的所有权优势、内部化优势和区位优势决定了该国对外直接投资的规模。邓宁指出，发展中国家普遍处于第二阶段，由于该阶段中区位优势相比所有权优势和内部化优势明显，所以 FDI（外商直接投资）流入在增长速度和总量上都超过了 FDI 流出。随着经济发展水平的变化，一国所有权优势、内部化优势和区位优势都发生相应的改变，进而影响了对外直接投资和吸引外资的力量对比，最终改变其国际直接投资地位。

同时，邓宁还指出，除了用经济指标衡量一国吸引外资和对外直接投资的总量，还应该考虑其政治经济制度、法律体系、市场机制、科研水平、教育水平等因素的影响。

邓宁的投资发展周期理论运用国际生产折中理论的综合分析框架，将一国经济发展阶段与企业的所有权优势、内部化优势和区位优势相结合，动态分析了 FDI 流量是如何随着竞争优势的此消彼长而发生变化的，系统地阐述了一国对外直接投资、吸引外资与经济发展阶段的关系。现实中发达国家和发展中国家的国际直接投资地位的变化大体上符合该理论的分析结果。投资发展周期理论也存在不足之处。该理论指出，经济实力雄厚、生产力水平先进的国家往往是资本输出最多、对外直接投资最活跃的国家，但对于发展中国家跨国公司竞争优势的形成和发展没有做出解释；此外人均 GDP 是一组动态的数据，仅用一些数字来划分难以准确衡量对外直接投资的规律性。总之，邓宁从宏观经济角度提出的投资发展阶段理论，虽然存在一定的局限性，但其为发展中国家开展对外直接提供了理论支持，阐明了发展中国家对外直接投资的可能性和发展轨迹。

▶ 本节讨论案例

世界投资四趋势值得关注

联合国贸易和发展会议发布的《2014 年世界投资报告》揭示了国际投资格局中的 4 个趋势，值得全球金融界和投资界关注。

（1）不发达国家不再依赖采掘业。最贫穷的发展中经济体在吸引外国直接投资方面对自然资源的依赖趋于减少。许多贫穷的发展中国家过去严重依赖采掘业吸引直接外资，但如今采掘业的份额在快速减少。统计显示，制造业和服务业已占非洲和最不发达国家"绿地投资"项目总价值的 90%。

（2）私募股权蓄势待发。2013 年，私募股权公司的未支付余额进一步上升，达创纪录的 1.07 万亿美元。但通过并购实现的跨境投资仅为 1 710 亿美元，下降了 11%。私募股权占 2013 年跨境并购总额的 21%，与 2007 年高峰时相比降低了 10 个百分点。大多数私募股权收购仍集中在欧洲和美国，但亚洲的这类交易有所增加。发展中国家开始出现私募股权公司，在发展中国家和成熟市场交易。

（3）主权财富基金的对外投资仍然较少，国有跨国公司成重量级选手。主权财富基金继续扩张，资产规模接近 6.4 万亿美元，投资遍布世界各地。但主权财富基金的直接外资水平仍然很低，仅限于一些主要的主权财富基金。2013 年，主权财富基金的直接外资流价值 67 亿美元，累计存量达到 1 300 亿美元。

联合国贸易和发展会议估计，发达国家和发展中国家至少有 550 家国有跨国公司，其在海外有 15 000 多个分公司，估计其海外资产超过 2 万亿美元。据估算，国有跨国公司的直接外资 2013 年超过 1 600 亿美元，占全球直接外资流量的 11% 以上。

（4）国际生产继续稳步增长。发展中和转型期经济体跨国公司扩张海外业务的速度快于发达国家跨国公司。5 000 家规模最大的跨国公司 2013 年保持高额现金储备，现金储备份额超过其总资产的 11%。据估算，发达国家跨国公司现金储备为 3.5 万亿美元，而发展中和转型期经济体的现金储备为 1 万亿美元。发展中国家跨国公司现金与资产比率在过去 5 年中相对稳定，约为 12%，而发达国家跨国公司现金与资产比率近年来有所提高，从国际金融危机前的平均 9% 提高至 2013 年的 11% 以上。高水平的现金储备体现出其成为发展融资来源的巨大潜力。

（资料来源：http：//sub.cssn.cn/jjx/jjx_ hw/201406/t20140625_1227230.shtml.）

【讨论的问题】

1. 私募股权有哪些优势？
2. 国际投资格局中的 4 个趋势是什么？对国际投资将产生哪些影响？
3. 发展中国家海外投资如何应对新的国际投资发展趋势？

4.4　国际直接投资理论的最新发展

近年来，随着跨国公司对全球政治经济影响的日益扩大，国际直接投资问题已经成为国际经济学领域研究的重点之一。但是到目前为止，尚未出现像垄断优势理论和国际生产折中理论那样具有理论突破性的成果，主要是修正、检验和发展原有的理论，并推动研究更贴近现实。

4.4.1　投资诱发要素组合理论

20 世纪 80 年代后期，许多学者对国际直接投资的分析从内部因素转向外部因素，提出了投资诱发要素组合理论，也称为综合动因理论。该理论认为，任何形式的国际直接投资都是在直接诱发要素和间接诱发要素的组合作用下发生的。该理论对以往的国际直接投资理论进行补充，弥补了单纯从内部因素分析的片面性和局限性。

1. 直接诱发要素

直接诱发要素是指各种生产要素，包括自然资源、劳动力、资本、生产技术、知识信息及管理技能等。直接诱发要素既可以存在于投资母国，也可以存在于东道国，只要这种直接诱发要素存在，就会诱发投资国对外直接投资。当投资国具有某种诱发要素时，可以利用其要素优势对外直接投资，将这种要素优势转移到东道国；当东道国具有某种诱发要素时，投资国为了获取东道国的要素优势也会对其进行直接投资。例如，发达国家在资本、生产技术、管理技能等方面具有要素优势，因此这些国家对外直接投资主要是投资国直接诱发要素起作用，同时还可以利用东道国的自然资源、劳动力、知识信息等直接诱发要素为其服务。发展中国家到发达国家建立生产和研发基地，引进发达国的新技术、新工艺，从而获得在投资母国所不具备的要素优势。

2. 间接诱发要素

间接诱发要素是指除直接诱发要素以外的其他要素，主要包括以下3个方面。

（1）投资国的诱发因素，如国内政治环境稳定、国家为鼓励企业对外直接投资新颁布的优惠政策、与东道国签署的合作协议等。

（2）东道国的诱发因素，如东道国优越的投资环境、完善的配套设施、优惠的吸引外资政策、高效的政府行政体系、健全的法律法规等。

（3）全球性的诱发因素，如经济全球化、科技创新、国际金融市场的利率与汇率波动等。

投资诱发要素组合理论主要是从外部因素的角度分析国际直接投资的决定因素，并强调了间接诱发要素在现代国际直接投资中的重要作用，克服了以往理论中只重视投资目的与自身比较优势的局限性。随着经济全球化的发展，世界市场竞争日益加剧，各国纷纷改善国内投资环境，出台优惠政策争相吸引外资，使间接诱发要素在对外直接投资中的作用日益重要。

4.4.2　国家竞争优势理论

美国哈佛大学教授迈克尔·波特（Michael E. Porter）提出了国家竞争优势理论。波特在其《国家竞争优势》一书中，将一个国家竞争力的发展分为四个阶段：资源要素导向阶段、投资导向阶段、创新导向阶段和财富导向阶段。

1. 资源要素导向阶段

波特认为，当一个国家处于竞争发展的起始阶段，即使是在国际生产中取得成功的企业也只能从自然资源、成本廉价的劳动力等基本生产要素中汲取竞争优势，企业本身没有能力创造技术。这一阶段就是资源要素导向阶段。在这一阶段，推动一国经济发展的是丰富的自然资源和廉价的劳动等生产要素，虽然也可能在较长时间内维持人均高收入，但资源要素导向性的经济却是一种生产率增长基础薄弱的经济。

2. 投资导向阶段

在资源要素导向阶段基础上，一国无论是国家还是企业，都有主动投资的意愿，同时也具有吸收并改良外国技术的能力。通过改进基础设施和引进技术的投资，利用资源要素低廉的优势，推动国家突破资源要素导向阶段向创新导向阶段迈进。

3. 创新导向阶段

在这一阶段，企业不仅利用和改进其他国家的技术和方法，而且也对技术和方法进行发明创造。处于创新导向阶段的企业，继续在成本上进行竞争，但这一成本并非取决于要素成本，而是取决于同技能和技术有关的生产率。

4. 财富导向阶段

这一阶段是一个最终导致衰落的阶段，持续投资和创新动机已经削弱，从而妨碍了增长的方式转移。

波特认为，随着一国竞争力的不断发展，其参与国际经济活动的方式也随之发展。波特的竞争发展理论将经济发展、比较优势和国际直接投资作为互相作用的三种因素结合起来分析，不仅强调了国家在不同发展阶段以不同模式参与跨国投资的必要性，而且还提出了选择原则和实现的步骤，这是其对国际直接投资理论的一大贡献。虽然波特的理论并非跨国公司理论，但这种新的发展阶段的划分补充和完善了直接投资理论。

4.4.3　跨国公司全球战略理论

20世纪90年代以来，经济全球化日益加剧，跨国公司面对新的市场环境纷纷采取全球战略，跨国公司步入生产与经营国际化的新阶段，有关跨国公司全球发展战略型动机的直接投资理论应运而生。所谓跨国公司全球战略，是指跨国公司从全球化视角出发，将投资国与东道国的比较优势相结合并充分利用，将生产和营销各个环节及职能进行合理配置，谋求利益最大化。采取全球战略的国际直接投资最大的特点就是，在全球范围内追求利益最大化而非某一时点在某个特定国家的盈亏。

跨国公司全球战略理论是在经济全球化、投资自由化、生产一体化、金融国际化、交通便利化、计算机网络化的时代背景下产生的。该理论从企业微观角度出发分析跨国公司的生产和投资活动，指出跨国公司全球化战略的目的不仅仅局限于实现东道国的利润最大化，而是放眼于全球范围内的利润最大化，强调其全球性、整体性和协同性，使对跨国公司直接投资行为的分析更加贴近现实，并在一定程度上解释了研发全球化、跨国公司采取的并购和战略联盟等行为。跨国公司的全球战略充分利用了投资国与东道国的比较优势，在某种意义上否定了大而全、小而全的国际生产模式，通过对跨国界的各项资源进行配置、协调和管理，实现采购、生产、营销、研发、财务各环节的一体化，真正实现了专业化生产，增强了企业的抗风险能力和国际竞争力。

▶▶▶ **本章讨论案例**

全球外国直接投资重现增长　发展中经济体保持领先

联合国贸易和发展会议2014年6月24日发布的《2014年世界投资报告》显示，2013年全球外国直接投资（FDI）重现增长，流入量增长9%。但一些新兴市场的经济脆弱性以及政策不确定、区域不稳定带来的风险可能会对这一增长势头产生不利影响。

1. 发展中经济体优势明显

尽管2013年全球外国直接投资受发达经济体增长驱动重现增长，但发展中经济体仍然保持了领先地位。2013年，流向发达国家的FDI增长9%，达到5 660亿美元，占全球总流量的39%，而流向发展中经济体的FDI再创历史新高，达到7 780亿美元，占总流量的54%。此外，1 080亿美元流向了转型经济体。在全球吸引FDI最多的20个经济体中，发展中经济体和转型经济体占到了一半。

从地区看，流入亚洲发展中经济体的FDI保持了全球第一的位置，远远超过了欧盟

（传统上全球第一大的 FDI 流入地）的水平。流入其他主要发展中地区的 FDI 均出现增长，如非洲增长 4%，拉美和加勒比地区增长 6%（不包括该地区离岸金融中心）。

同期，从发展中国家流出的 FDI 也达到了历史最高水平。来自发展中经济体的跨国公司越来越多地收购发达国家设在发展中经济体的子公司。发展中经济体和转型经济体对外投资达 5 530 亿美元，占全球 FDI 流出量的 39%，而这一比例在 21 世纪初只有 12%。

2. 投资自由化成国际主流

2013 年，世界各国政府出台的外资政策大多数支持投资自由化和鼓励外国投资，同时在国际投资规则的制定上出现不同的趋势。有些国家对于撤资显示出关切，有的则试图推动本国跨国公司将海外投资重新转回国内。

联合国贸易和发展会议的监测显示，2013 年，国家制定投资政策的导向依然是投资促进和自由化，有 73% 的政策是鼓励外国投资的。同时，监管或限制性投资政策的比重从上年的 25% 上升到 27%。倡导投资自由化的主要是亚洲国家和地区，而且大多数与电信产业和能源部门有关。调查显示，2013 年新出台投资规定中有一半以上涉及投资鼓励措施。

在国际层面上，投资条约的制定在 2013 年呈现两极分化。在连续几年下降之后，国际投资协定的缔结速度有所加快。随着 30 份新的双边投资条约和 14 份"其他国际投资协定"的加入，全球国际投资协定的数量在 2013 年年底接近 3 240 份。2013 年，缔结双边投资条约尤为活跃的国家包括科威特（7 份）、土耳其和阿联酋（各为 4 份）、日本、毛里求斯和坦桑尼亚（各为 3 份）。同时，越来越多的非洲、亚洲和拉丁美洲的发展中国家在脱离国际投资协定体系。

3. 投资于可持续发展目标

要实现联合国确立的可持续发展目标，发达国家和发展中国家都需要巨大的投入。对发展中国家而言，预计每年的投资需求将在 3.3 万亿～4.5 万亿美元。

按照目前可持续发展目标相关部门的投资水平，发展中国家面临每年 2.5 万亿美元的资金缺口。公共资金不能满足可持续发展目标的全部需求，私营部门投资具有不可或缺的作用。目前，私营部门参与可持续发展目标相关部门投资的水平相对较低。全球的银行、养老基金、保险公司、基金会及跨国公司的资金，只有一小部分投向可持续发展目标部门。联合国贸易和发展会议认为，使最不发达国家的私营投资增长率从每年 8% 增加到 15%，是一个理想的目标。

为此，联合国贸易和发展会议提出了一整套政策建议，并强调应包括以下 4 个方面的平衡：一是在改善投资环境、消除投资障碍的同时通过监管保护公共利益的平衡；二是在保障私营投资者获得有足够吸引力的回报与为全体民众提供可以负担得起的服务之间取得平衡；三是在扩大私营投资与扩大公共投资之间取得平衡，并确保私营投资和公共投资实现互补；四是在实现全球可持续发展目标以及为最不发达国家实现有关目标做出更大努力之间取得平衡。

4. 激发私营部门投资活力

联合国贸易和发展会议建议，国际社会应采取有针对性的行动方案，激发私营部门的投资活力，助推联合国可持续发展目标的实现。

一是新一代投资促进和便利化。这要求为实现可持续发展目标建立投资发展机构，为可持续发展目标相关行业提出、推销具备商业可行性的项目，进行招商引资并推动项目落地。

　　二是面向可持续发展目标的投资鼓励机制。重建投资鼓励机制，特别是从"基于投资数量"的鼓励政策转向"基于可持续发展目标"的鼓励政策，这有助于推动对可持续发展项目的投资。

　　三是可持续发展目标区域性投资合作。区域性和南南合作将有助于促进可持续发展目标投资，特别是通过跨国基础设施和区域产业集群的开发和建设。

　　四是可持续发展目标投资新型伙伴关系。例如，由母国的对外投资机构与东道国的投资促进机构结成伙伴关系，或成立多边机构间技术援助合作机制，为最不发达国家提供支持。

　　五是创新融资机制和金融市场的重新定位。建立新型可交易融资工具和可持续发展目标专门基金，金融市场的重新定位要求建立涵盖可持续发展目标的更全面的审评报告制度。

　　六是转变商务理念，培养投资于可持续发展目标的专长。联合国贸易和发展会议为全球商学院设置了一套课程，着眼于提高学生对不发达国家投资机会的认识。同时，这些课程将为学生提供在发展中国家成功经营所需的技能和工具。

　　（资料来源：http：//sub. cssn. cn/jjx/jjx_ hw/201406/t20140625_1227231. shtml.）

【讨论的问题】

1. 2013 年世界各国政府出台的外资政策有何新变化？
2. 发展中国家成为国际直接投资的主要流入地和流出地，用哪种理论可以说明这一现象？

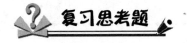 复习思考题

思考题

1. 为什么说垄断优势理论是国际直接投资理论研究的重大突破？
2. 垄断优势理论的主要思想是什么？它是否能解释所有国家的对外直接投资？
3. 垄断优势理论和市场内部化理论对市场不完全的假设有何不同？
4. 根据产品生命周期理论，跨国公司是怎样对直接投资区位选择进行动态分析的？
5. 以德国大众为例，分析跨国公司是如何运用产品周期理论进行国际投资的。
6. 市场内部化理论和国际生产折中理论对企业选择对外直接投资方式而非出口与技术许可证方式的解释有何不同？
7. 在内部化理论看来，是什么导致了企业进行国际直接投资？
8. 分析内部化战略对微软国际投资的影响。
9. 小岛清比较优势理论中的日本型对外直接投资和美国型的对外直接投资有何不同？
10. 国际生产折中理论认为一个企业从事对外直接投资必须同时具备哪些优势？
11. 发展中国家的国际直接投资理论主要包括哪些类型？
12. 试述国际生产折中理论和投资发展周期理论的异同。

第5章

跨国公司

> ➤了解跨国公司的产生和发展。
> ➤掌握跨国公司的内涵及特征。
> ➤熟悉跨国公司的组织结构。
> ➤熟悉跨国公司的全球经营战略。
> ➤了解跨国公司最新发展趋势。

导入案例

可口可乐：本土化思维助营销

1. 分销策略

可口可乐公司本土化营销的思维由来已久，其在全球的传统经营哲学是"3A"原则，即要让顾客"买得到"（availability）、"买得起（affordability）"、"乐意买"（acceptability）。尔后，可口可乐又将其进一步发展成为"3P"原则，即"无处不在"（prevasiveness）、"物有所值"（price value）、"首选品牌"（preference）。无论是"3A"中的"买得到"，还是"3P"中的"无处不在"，都表明了可口可乐公司对分销渠道的重视程度。

在中国，本土化思维的营销同样被运用到市场推广中，这首先表现在分销策略上。为了使分销更有针对性，可口可乐首先把目标对准中国超过100万人口的城市，这样的城市在中国有150多个。可口可乐在这150多个城市布满公司的"点"，然后再针对人口在50万以上的城市布"点"，这样由大到小，逐步推进。此外，配合我国政府外商投资西部地区的优惠政策，可口可乐还在我国西部选中3个城市，即西安、成都、昆明投资建厂，且每在一个地方建厂之前都派出一队人马打前阵，或者建一个仓库，或者办一个营业所，或者与批发商成立一个共同的办事处。

中国地域辽阔，不同地区的市场差异很大。为了适应各地不同的市场，可口可乐在中国认真分析营销渠道，采取灵活多样的分销方式，有合资的，有合作的，还有只负责配送的。

2. 销渠营道建设

图 5-1 是可口可乐公司在中国的渠道系统图。

现代渠道			传统渠道												
KA			批发	直营											
大卖场	连锁超市	便利超市		餐馆	交通	百货店	食品店	快餐	酒店娱乐	食杂店	学校	摊贩	旅游	窗口店	网吧

图 5-1　可口可乐公司在中国的渠道系统图

可口可乐认为渠道的市场营销就是在每个渠道中，根据消费者行为和客户需求实施售点市场营销策略，可口可乐在进行渠道市场营销中，了解消费者的消费场景和购买场景，观察和分析消费者的行为。例如，了解消费在既定时间的行为是什么样的，在不同的时间、场合、对饮料的需求如何；在具体的消费者场合，消费者为什么去喝、喝什么、喝多少饮料。在做渠道建设时还注重购买场景，看看是谁在哪些渠道里进行了购买，是爸爸、妈妈，还是孩子，在超市、百货商店、便利店，还是在街边小卖店购买了可乐。可口可乐将这些因素综合进行排序分析，提供解决方案，以满足不同消费者在不同场合的不同需要，设计不同的产品。

3. 体育营销

可口可乐在全球范围内宣扬相同的品牌核心价值，即"乐观奔放、积极向上、勇于面对困难"，这一价值观与体育精神极为吻合，可口可乐颇具体育情结，除了和中国奥委会合作赞助体育赛事，还成功地走出了一盘"奥运棋"。2001 年，北京申奥成功的消息传出不到半个小时的时间内，为此特别设计的 3 万箱奥运金罐，就已从北京可口可乐有限公司的生产线上下线，并连夜送往各大商场和零售摊点。这次限量生产的全国 3 万箱、共 72 万罐的金罐可口可乐，罐体由金、红两色作为主色调，加入长城、天坛等中国和北京的代表建筑，罐口用大字写着"为奥运牵手、为中国喝彩"，罐身下方还不忘用小字标出"自 1928 年起即为奥运会全球合作伙伴"，以告诉顾客可口可乐与奥运的不解之缘。

其实，针对这次活动可口可乐的经济收益并不是很大，因为小批量生产和特殊的包装使成本增加了大约 25%，而售价却没有变。但活动带来了巨大的社会效应，即让全国各地的消费者都能与可口可乐一道庆贺奥运这一美好的盛事，增加喜庆的色彩和意义。

4. 广告宣传

在碳酸饮料市场上，可口可乐一直独领风骚。广告每隔几年就换一次，流传下来很多经典的主题广告语，如"永远的可口可乐，独一无二好味道"就很有代表性。可口可乐在中国的广告都采用中国化元素，根据中国的风土人情对其传统的广告策略进行了调整，可口可乐公司广告宣传策略本土化的另一方面体现在带有当地流行明星的宣传广告。为极力体现

"活力永远是可口可乐"的基调，先后聘请了港台明星谢霆锋、林心如、张柏芝、张惠妹等，走"年轻化"路线，因为可乐产品的主要消费群是年轻人。2001年三届奥运冠军得主、中国跳水皇后伏明霞成为新世纪"雪碧"品牌在中国的第一位广告代言人。

5. 分析

从某种程度上讲，可口可乐的成功，是营销战略的成功。仅从它在中国的经营和发展中，就可以挖掘出许多营销的秘密。

第一，可口可乐"中国营销"的进程可以用"因地制宜"来形容。1979年，在中美建交3个小时后，可口可乐宣布进入中国。初进中国的可口可乐是非常"国际化"的形象，经过30多年的发展，其逐渐在广告、品牌上加强与消费者情感上的沟通，并得到认可。

第二，品牌价值蕴藏着巨大潜力。品牌竞争是很多跨国公司竞争的显著表现形式，成功的品牌，尤其是世界500强等国际品牌代表着巨大的、持久的竞争优势，使它们在向各国输出资本和技术的同时，进行品牌输出，以品牌为核心来制定营销策略，开创全球市场。

第三，可口可乐初进中国的时候投入渠道建设的经费较大，而且还有广告、促销方式的投入。

第四，优秀的企业制度建设和文化传统是其长盛不衰的重要保证。可口可乐创造过许多大胆的制度和优秀的传统，还积极推出美国文化和美国精神。但具体到中国，它不是用西方文化来改变中国人的消费观念，而是选择用中国文化来影响可口可乐的生产和营销方式。这一点很值得中国企业学习。

（资料来源：http：//www.guandang.net/doc/436712.html.）

由此案例引出的问题：

◐本案例分析了可口可乐公司的营销策略，从中你学到了什么？

◐试列举出可口可乐公司其他经营管理方面的成功经验。

◐试说明：跨国公司应具备哪些科学的组织管理结构？

5.1　跨国公司概述

5.1.1　跨国公司的内涵

跨国公司是20世纪兴起和发展起来的大型国际性企业组织，是国际直接投资的主体。其名称的确定是在20世纪70年代初，联合国经济及社会理事会组成了由知名人士参加的小组，较为全面地考察了跨国公司的各种准则和定义后，于1974年作出决议，决定联合国统一采用"跨国公司"这一名称。

跨国公司是指由两个或两个以上国家的经济实体所组成，并从事生产、销售和其他经营活动的国际性大型企业。跨国公司主要是发达国家的垄断企业，以本国为基地，通过对外直接投资，在世界各地设立分支机构或子公司，从事国际化生产和经营活动的垄断企业。联合国跨国公司委员会认为跨国公司应具备以下3个要素。

（1）跨国公司是指一个工商企业，组成这个企业的实体在两个或两个以上的国家内经营业务，而不论其采取何种法律形式经营，也不论其在哪一经济部门经营。

（2）这种企业有一个中央决策体系，因而具有共同的政策，此等政策可能反映企业的全球战略目标。

（3）这种企业的各个实体分享资源、信息以及分担责任。

5.1.2 跨国公司的特征

跨国公司的特征主要表现在以下 4 个方面。

（1）生产经营活动跨国化。这是跨国公司经营方式最基本的特征。跨国公司通过新建或购买方式在多个国家拥有子公司，利用当地资源和廉价劳动力全面进行资本、商品、人才、技术、管理和信息等交易活动，并对子公司实现有效控制。

（2）战略目标全球化。跨国公司的战略是将整个世界作为目标市场，在世界范围内有效配置公司的资源，使整个公司取得最大限度的利润和长远利益。为此，在制定经营决策时，不是孤立地考虑某一子公司所在国的市场、资源等情况和其局部得失，而是从多国或全球角度考虑整个公司发展，不仅考虑眼前利益，更要考虑长远发展。

（3）管理高度集中化。跨国公司实行高度集中的管理体制，母公司会将分布于全球的分公司、子公司视为一个整体，不论是产品价格、生产计划、投资计划、人力资源管理、研究与开发计划还是利润分配等重大决策均由母公司制定，各分公司和子公司均在母公司的统一部署下完成生产经营活动。

（4）领先的技术优势。跨国公司的技术优势是其完成跨国经营的关键。为保持技术的领先地位，跨国公司每年投入巨额资金开发新技术、新工艺、新产品，此费用至少占其销售收入总额的 5%～10%，有些领域会更高。不仅如此，跨国公司还在全球范围内有计划、有组织地设立科研机构，兼顾东道国本土化产品的研发，而主要的研究机构设在母公司所在国，使研究成果牢牢掌握在总公司手中。

5.1.3 跨国公司的产生与发展

（1）早期跨国公司的初步发展。跨国公司是科学技术和生产力发展的结果，是垄断资本主义高度发展的产物，它的产生已有 100 多年的历史。1600 年成立的英国东印度公司，作为殖民主义对外侵略扩张的工具，已具有跨国公司的雏形。19 世纪末 20 世纪初，经济比较发达美国和欧洲国家的某些大型企业通过对外直接投资，在海外设立分支机构和子公司，开始跨国性经营，成为真正具备现代跨国公司组织形式的企业。最有代表性的企业有三家：1865 年，德国的弗里德里克·拜耳化学公司在美国纽约州的奥尔班尼开设一家制造苯胺的工厂；1866 年，瑞典的阿佛列·诺贝尔公司在德国汉堡开办了一家炸药厂；1867 年，美国的胜家缝纫机公司在英国的格拉斯哥建立了一个缝纫机装配厂。此外，美国的威斯汀豪斯电气公司、爱迪生电器公司、贝尔电话公司，英国的帝国化学公司，瑞士雀巢公司等都先后在国外开展投资活动，这些公司是现代跨国公司的先驱。在两次世界大战期间，跨国公司在数量上和规模上都有所发展。

（2）第二次世界大战后跨国公司迅速发展。第二次世界大战后，特别是从 20 世纪 50 年代后期起，国际环境相对稳定，科学技术取得了突飞猛进的发展，世界经济一体化程度不断提高，经济全球化趋势加强，跨国公司得到迅速发展，国际直接投资的规模也急剧增长。

对外直接投资的作用和影响已经超过对外间接投资。据联合国原跨国公司中心的资料，发达国家跨国公司母公司数量从 1968 年的 727 家增加到 1980 年的 10 727 家，子公司数量从 1968 年的 27 300 家增加到 1980 年的 98 000 家。第二次世界大战后，美国跨国公司的数目、规模、国外生产和销售额均居世界之首，稳坐霸主地位。据联合国贸易与发展会议公布的《1993 年世界投资报告》中对全球跨国公司的排名，前 10 名的依次是英荷壳牌集团（Royal Dutch Shell），美国的 Ford、GM、Exxon、IBM，英国石油（British Petroleum），瑞典及瑞士合资的 Asea Brown Boveri，瑞士的 Nestle，荷兰的飞利浦，美国的 Mobil。前 10 名中美国占了 5 名。这是按公司海外资产进行的排名。若按销售额排列，美国依然位居前列。1987 年按销售额排列的世界最大跨国公司的金字塔，在高居塔尖的 23 家中，美国占了 10 家，平均每家年销售额高达 250 亿美元。在紧接塔尖之下的 52 家中，美国占了 21 家，平均每家年销售额达 100 亿美元。1987 年，600 家世界最大跨国公司的销售总额高达 4 万亿美元，其中美国占 42%，西欧占 32%，日本占 18%，发展中国家和地区仅占 2%。

（3）20 世纪 90 年代跨国公司的全面发展。20 世纪 90 年代以后，尽管受到全球多地金融危机的不利影响，但随着世界经济全球化趋势的不断增强和国际分工的日益深化，跨国公司数量剧增，迎来全面发展阶段。联合国贸易与发展会议《2002 年世界投资报告》统计，20 世纪 90 年代国际直接投资年均增长率高达 21%，远超过 20 世纪 80 年代 14.4% 的年均增长率，尤其是 20 世纪 90 年代中期以来增长势头更加迅猛，1996—2000 年年均增长率超过 40%，2000 年全球外国直接投资流入量达到创纪录的 14 015 亿美元。尽管全球外国直接投资扩大，但发达国家跨国公司仍占主导地位，地区和行业分布很不均衡。发达国家跨国公司不断增加向发展中国家第三产业投资的比重；在全球范围内有组织地安排科研机构，利用不同东道国在人才、科技实力、科研基础设施方面的优势从事新技术、新产品的研发，使其生产经营当地化；与此同时，在美国、德国、英国、日本、法国等几个发达国家还出现了一些巨型跨国公司，这 5 大投资国对外直接投资约占全球对外直接投资的 2/3。仅美国通用汽车公司的年销售额就相当于一个欧洲中等发达国家的国民生产总值。同时，随着经济实力不断增强，尽管总体实力远远比不上发达国家，但发展中国家跨国公司也获得长足发展，其中最大的跨国公司主要集中在韩国、新加坡、南非和巴西等国家及我国香港地区。截至 1997 年，全球共有跨国公司 5.3 万家，控制了全球生产的 40%，贸易的 50%～60%，技术的 60%～70%，对外直接投资的 90%。

（4）21 世纪跨国公司的新发展。进入 21 世纪，跨国公司国际直接投资受网络泡沫破灭及金融危机的双重影响进入大起大落的调整时期。尽管 2010 年全球外国直接投资流入量上升了 5%，达到 12 400 亿美元，但其仍比危机前的均值低 15% 左右，比 2007 年时的最高值减少了近 37%。据联合国贸易与发展会议的数据显示，2000—2010 年全球国际直接投资年均增长率仅为 -2.2%，远远低于 20 世纪后 3 个 10 年的年均增长率，为联合国贸易与发展会议开始统计数据全球国际直接投资以来最低速的 10 年。

在此阶段全球直接外资的格局发生重大改变，表现在两方面：一是发展中国家和转型经济体吸收了超过半数的全球国际直接投资，达到 6 420 亿美元，引领着直接投资的回升；其中，中国内地及香港地区的外资流入量实现了两位数增长，东亚地区的外资流入量上升至 1 880 亿美元。中国的流入量上升了 11%，达到 1 060 亿美元。总体来看，投资仍然落后于已恢复至危机前水平的全球工业产值和贸易的复苏。二是与服务业相比，制造业进一步减少。2010 年全球 FDI 有所回升，但幅度很小，从 2011 年上半年看，情况有所改善，但世界范围 FDI 复苏的力度仍然较弱。主要原因在于：发达国家经济复苏乏力，债务危机严重，新兴经济体通胀抬头，不稳定因素增加，这些都对投资者信心造成负面影响。

◤◣ 本节讨论案例 ◢◥

跨国公司，投资依然"小步走"

"不确定性"是国际经济组织和经济学家近年来预测世界经济走势时最常用到的词。种种不确定性导致跨国公司对外投资继续保持谨慎的"小步走"战略，全球并购市场呈现交易规模减小、活跃程度低等态势，并可能持续一段时间。作为世界第二大经济体，中国企业海外并购则风生水起，逆势上扬，成为近年来全球跨国投资格局中少数扩大对外直接投资的国家之一。

自 2008 年国际金融危机爆发以来，全球企业并购规模一直在 2 万亿～2.2 万亿美元徘徊，增减幅度均有限，可以用"不温不火"一词来概括。与此同时，还产生了许多值得关注的国际资本流动现象。

1. 趋势

总体规模明显下降，资金更多流向信息、能源、金融等领域。

2007 年是 2003—2013 年 10 年间全球并购交易规模的顶点，达 4 万多亿美元。金融危机的爆发不可避免地中断了这种上升趋势。相比 2007 年，2012 年全球企业并购市场交易规模缩减了 47%，并购交易约为 3.7 万件，也比 2007 年的繁荣时期下降了近 20%。这些数据在一定程度上反映出金融危机对全球企业并购市场的消极影响，各国企业也因此采取了相对谨慎的投资策略。2013 年，全球跨国并购交易额为 7 744 亿美元，比 2012 年的 8 752 亿美元下降 11.5%。

多年来，在全球巨型跨国公司主导下，能源领域的并购交易一向具有交易频繁、平均交易规模大的特点。2012 年，该领域完成并购交易总额达 5 870 亿美元，占当年全球并购交易总额的 24%。进入 2013 年后，信息技术领域取代能源领域，成为并购交易最为活跃、总交易规模最大的领域。2013 年全球信息产业并购交易金额达 5 101 亿美元，同比增长 54.1%，在全球并购市场各个产业所占份额中的比例从上年的 14.5% 上升到 23%。在信息产业中，有 14 件并购案的交易金额超过 50 亿美元。无论从交易总额还是大型并购交易件数来看，都创下 2008 年以来的最高纪录。

这一点在美国并购市场表现得尤为明显。在美国 2013 年交易规模最大的并购案中，有 5 桩发生在信息技术领域。其中就包括美国威瑞森公司收购英国沃达丰在美国的移动通信业务，交易额 1 300 亿美元，位列 2013 年全球最大、历史第三大并购案。

在过去 10 多年的全球并购市场上，沃达丰是一家抢尽风头的英国电信巨头。它曾在 1999 年以高达 2 020 多亿美元的价格创造了全球企业并购史上最大的并购交易案，并从此开启了其全球扩张战略。2013 年，沃达丰再次成为全球并购市场上的焦点，但这次是以被并购者的角色出现。该交易意味着沃达丰在获得巨额投资回报的同时，也彻底退出了美国这个巨大且成熟的移动市场。

相比于信息产业，能源领域的并购交易额在 2013 年下降到 4 270 亿美元，在全球并购交易总额中的比重下降至19%。多年来，能源矿产领域一直都是全球并购资金流入最多的产业，而且在2009—2012年间，这一比例一直占到1/4以上。进入2013年后，受全球经济前景的不确定性等诸多因素的影响，该领域的并购交易次数和交易总额都出现明显下降。2013年上半年，全球石油天然气行业仅发生240宗并购交易，总交易额降至799亿美元，交易数量与交易金额均同比下降29%。

值得注意的是，自2008年全球金融危机至今，全球制造业的并购经历了有所起伏但整体趋势下降的变化格局。2009年制造业的并购交易为606亿美元，为2008—2013年最低点，随后有所增长，但自2012年起又逐年减少。

2. 特点

美国市场是全球产业动态风向标，欧洲市场受债务危机影响陷入低迷。

美国和欧洲一向执全球跨国投资的牛耳，历年并购交易规模占全球总规模的2/3以上。这与它们拥有大量具有投资能力的跨国公司和发达的资本交易市场有直接联系。此外，由于中国和日本的经济规模扩大，亚洲成为除美欧以外的第三大并购市场。2013年，美欧及亚洲这三大市场并购金额合计占到全球近89%。

美国不仅并购规模占全球的比重在30%以上，而且历次全球并购潮都以美国为中心，因此美国国内并购市场被视为跨国公司及全球产业动态的风向标。2008—2013年间，除2009年外，美国国内并购市场交易规模基本保持了逐年稳定增长的态势。2013年，美国并购市场总交易额为8 930亿美元，同比增长3.8%。随着美国经济趋稳，美国企业更加积极地寻找在本国国内的投资机会，导致2013年美国国内企业间的并购成为自2007年以来最为活跃的一年，总交易额达到7 282亿美元，同比增长9.1%。值得注意的是，2013年发生在美国的外资并购交易活动有所减少，仅为1 648亿美元，比2012年的1 933亿美元减少了14.7%。

欧洲经济依然受到债务危机的影响，该地区企业投资也呈现出一种相对低迷的态势。2013年，发生在欧洲地区的并购交易额为6 313亿美元，同比下降12%，成为三大地区唯一交易金额下降的地区，是拖累这一年全球并购交易总额下滑的主要因素。从行业上看，并购资金流向减少的是能源采矿领域，仅实现1 175亿美元，同比降幅达到46%。与美国一样，欧洲地区内的信息产业并购比上年增加近一倍，达到138亿美元。在欧洲并购市场，2011—2013年间，来自区外的跨境并购无论交易总额还是交易数量都在减少。其中，2013年的交易总额仅为1 847亿美元，同比减少15.4%，为2010年以来的最低值。值得关注的是，在所有对欧洲的跨境并购活动中，只有来自亚洲新兴市场国家的投资不减，近年来继续维持增长态势。

亚洲并购交易规模持续保持在3 600亿美元左右的水平（不含日本），2013年则上升至4 030亿美元，同比增长15%。相对于美欧地区，亚洲地区大多数领域的并购无论从交易规模还是交易数量，都呈现增长和比较活跃的趋势。这些领域包括能源、房地产、生物制药等。

非洲及中东地区资源获取型并购交易近年来十分活跃，来自包括中国在内的亚洲各国对非洲及中东地区的投资正在显著增长。2013年，亚洲国家对非洲及中东地区的并购交易额达到172亿美元，占这两个地区吸收所有外资并购资金的47%，而这些并购交易几乎90%以上发生在能源资源领域。

3. 原因

金融危机阴霾制约并购市场扩张，跨国公司整体经营业绩不佳。

导致近年全球并购市场变化的因素，既有世界经济的发展状况，也有跨国公司战略的变化。2008 年金融危机的爆发对世界经济产生了重大影响。在美国的次贷危机、欧洲的债务危机等一连串打击下，西方经济陷入低迷，在全球并购市场上一向具有重要影响力的欧元区国家，在 2012—2013 年间整体经济甚至为负增长，相比之下，只有中国、印度等新兴市场国家保持较高增长速度。

由于世界经济不景气和商品市场的低迷，经营业绩下滑是各国企业普遍遇到的问题。从《财富》杂志每年发布的 500 强排行榜中可以清晰地看到，尽管 2012 年 500 强企业总收入和总利润都实现了增长，但 2013 年新的 500 强总收入增长了 2.8%，总利润却下降了 5.5%。这表明在经历了金融危机和严重衰退之后，全球大型跨国公司依然面临着较为严峻的经营环境。

资源类跨国公司的经营状况、业绩下滑比较能说明问题。受油气产量下降以及油气价格疲软的双重影响，2012 年诸多大型石油跨国公司经营状况不太理想。各国企业特别是大型跨国公司经营业绩的下滑，直接导致了这些企业并购扩张欲望的减弱。

4. 展望

消化前期投入，新一轮的周期性变化正在酝酿。

"不确定性"是国际经济组织和经济学家近年来预测世界经济走势时最常用到的词，种种不确定性导致跨国公司对外投资继续保持谨慎的"小步走"战略。因此基本可以确定，未来两三年内，全球并购市场总交易规模可能维持在 2 万亿～3 万亿美元的区间，继续其近年来"不温不火"的发展态势。

全球企业并购市场的景气度固然受全球经济增长状况的影响较大，但也与并购周期的波动有关。在较长时期里，国际大型企业的并购不可能一直呈直线上升、持续火爆的局面，需要有一定的波峰与波谷的交替出现。

并购不是目的，通过并购达到企业市场占有率提升和利润增长才是终极目标。当全球并购投资膨胀到一定程度时，消化前期因并购而投入的巨额资金并将其尽快转化为利润才是最为关键的。在这种情况下，企业纷纷收缩投资规模。而当资本和商品市场同样降温的时候，全球并购市场便逐渐降温甚至出现低潮。在全球并购低潮期，许多企业一边消化前期并购投入，一边重新蓄势。全球并购市场新的一轮周期性变化又在酝酿中。

（资料来源：http://www.cssn.cn/dybg/gqdy_jj/201405/t20140523_1182024.shtml.）

【讨论的问题】

1. 试述跨国公司对全球经济发展的贡献。
2. 请结合本案例分析跨国公司目前的发展障碍。

5.2　跨国公司的组织结构

跨国公司要通过一定的组织结构进行经营和管理，为了有效地进行跨国经营活动，保证其战略目标的实现,必须建立一套与其跨国经营战略相一致的组织形式,并随着经营环境的变化不断调整其策略,以提高跨国经营的组织管理能力,从而提高经营效益。

伴随着经济全球化的程度越来越高,信息技术不断发展,全球性的组织机构应运而生,成为适应新的经济环境和全球化战略的跨国公司新的组织结构形式。为了保证内部管理层次上权利和责任的配置及其作用的发挥,跨国公司组织结构的设计和建立必须考虑到其目标、管理范围与管理层次、各管理层上管理人员的权利和责任等因素,且随着内部和外部条件的变化发展而要不断地变化,以适应市场竞争的需要。理论上,跨国公司组织结构的基本模式包括:国际业务部结构模式、地区结构模式、产品结构模式、职能结构模式、混合结构模式、矩阵结构模式等。

5.2.1　国际业务部组织结构

国际业务部组织结构是跨国公司发展早期阶段采取的一种管理模式,即从国内原有的组织结构中增设专门负责海外市场的部门,其职能主要是向海外销售产品或者服务,国际业务部负责母国以外的一切业务。随着海外市场的不断扩张,逐步过渡到总部集权下的海外子公司,负责子公司所在国家或者区域的生产和销售工作。随着市场的进一步扩大,迫切需要协调各子公司之间的资源并对其进行优化配置,以形成更合理的组织结构形式,适应越来越激烈的竞争,因此成立了国际业务分部,对跨国公司的各大业务在分权的基础进行统一管理。国际业务部适用的条件主要有:① 企业出口业务量小,产品品种较少且产品的产量规模不大;② 国外市场在地理上较为集中,国外业务的好坏对企业影响不大。这种组织结构的优点可集中加强对国际业务的管理,树立体现全球意识的国际市场的意识,加强了公司总部对国际业务的了解和控制,也利于提高职员的国际业务水平,培养更多的跨国经营人才。

这种结构的局限性主要表现在:将国内业务与国际业务割裂,而国际业务部不具有中央决策功能,有关国际业务的重大决策有可能被拖延,从而可能削弱企业在国际市场上的竞争力。所以,国际业务部在跨国公司发展管理初期规模不大和产品种类不多的情况下,还能适应市场,一旦跨国公司发展到一定的规模,国际业务部与国内业务活动所需的各种生产要素会因两者目标差异发生冲突,难以协调,会有碍于跨国公司的发展,应该被更具效率的组织结构取代。该结构可用图5-2表示。

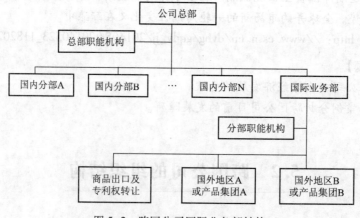

图5-2　跨国公司国际业务部结构

5.2.2　全球性产品组织结构

全球性产品组织结构根据主要产品的种类及其相关服务的特点在全球范围设置部门，负责管理和协调该产品的设计、生产和销售等生产经营活动。每个产品总部各自成为一个利润中心，独立核算，自负盈亏。总公司负责制定整个公司总体经营战略目标和各产品总部间的协调。

这种组织结构的优点是：在强调产品制造和市场销售等经营目标由跨国公司总部统一制定和规划的前提下，对每个产品的技术、生产和信息统一管理。加强了公司总部对跨国经营活动的控制与协调，通过统一管理和集中决策，提高组织效率；加强了公司总部与海外子公司之间及海外子公司相互之间的联系，促使各部门把主要精力集中在产品技术和产品市场上，最大限度地减少了国内和国外业务的差别。其缺点是不同产品的全球性生产经营活动自成体系，相互独立，缺乏横向沟通与交流，使产品知识分散；也可能导致在一个特定国家同一公司的不同产品重复建厂，使得机构设置重叠，并产生资源浪费。

全球性产品组织结构多适用于存在产品的全球性市场；需满足产品品种较多，产品标准化程度较高，易于大规模生产等条件。该结构可用图 5-3 表示。

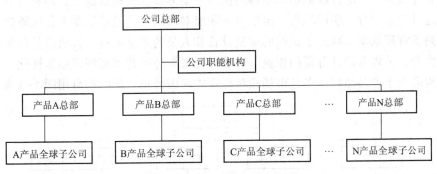

图 5-3　跨国公司产品组织结构

拓展阅读

华为服务全球 170 多个国家和地区　65% 的收入来自国外

2014 年 7 月 14 日华为公司发布《2013 年可持续发展报告》称，其旗下产品和解决方案已经服务全球 170 多个国家和地区的近 30 亿人口。

华为公司 2013 年营业收入达 2 390 亿元人民币，其中 65% 的收入来自国外。近两年来，华为致力于自身的开放和透明。

该报告称，170 多个国家和地区包括很多欠发达地区、地理环境恶劣地区、偏远地区。例如，通过 SingleSite 解决方案，华为已经在尼泊尔西部三个偏远山区，即中西区、西部、远西区开通了 2G 信号，覆盖了当地 800 多万人口。

在 2013 年，华为为保障全球近 30 亿人口的通信畅通，对受雅安地震、菲律宾海燕台风等近 200 个重大事件、自然灾害波及地区进行网络保障。对华为而言，仅仅实现商业成功是不够的。2013 年，对于全球近 200 个重大事件、自然灾害地区进行的网络稳定保障，使得华为"对此深感自豪"。

报告介绍，截至 2013 年年底，华为已建有 45 个全球培训中心，培育当地专业人才，实现知识的传递。其遍布全球的培训中心，能够提供英语、法语、俄语等 16 个语种的培训服务。华为还注重海外员工的本地化发展，促进当地人口的就业，2013 年，华为海外员工本地化达到 79%，全球员工保障投入达 63 亿元人民币。

（资料来源：http：//intl. ce. cn/sjjj/qy/201407/15/t20140715_3159460. shtml.）

5.2.3   全球性职能组织结构

全球性职能组织结构是指跨国公司的一切活动都按照生产、销售、研发、财务、行政管理等职能分设部门，每个部门负责该项职能全球业务的组织结构。例如，生产部门负责管理和协调属于本部门的国内外一切生产经营活动，财务部门对全球的财务收支、税收安排、财务报表编制等负责。全球性职能组织结构的优点主要体现在管理效能上，即符合专业化分工的原则，通过专业化分工明确职责，运用不同职能对跨国生产经营活动进行统筹规划、全面协调，提高了管理效率，减少了机构的重复设置和人员的多重配备。其缺点是各职能部门相对独立，生产、销售和设计等部门相脱节，难以开展多种经营和实现产品多样化。全球职能性组织结构适用于产品品种不多且市场相对稳定的跨国公司。该结构可用图 5-4 表示。

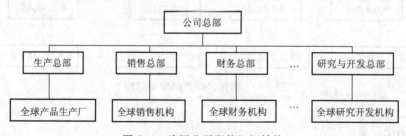

图 5-4   跨国公司职能组织结构

5.2.4   全球性地区组织结构

跨国公司以地区为单位设立分部，每个地区分部作为独立实体和营利中心，负责协调该地区的每个分支机构的所有生产经营活动。每个地区分部对总公司的总裁负责。该结构的优点体现在每个地区分部可因地制宜地制定适合本地区的产品生产和营销策略，设计适合本地市场的产品，适应不同市场需求。缺点在于：容易分权化，各地分部自成体系，重视本地区的战略和业绩，忽视总公司的全球战略目标和整体利益，忽视开展跨地区的产品研发，不能适应产品多样化发展。全球性地区组织结构适用于产品系列单一，市场销售条件和技术水平较接近的跨国公司。该结构可用图 5-5 表示。

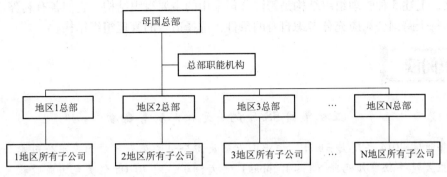

图 5-5 跨国公司地区总部组织结构

5.2.5 全球性矩阵组织结构

随着跨国公司规模的快速扩张，其对管理的要求越来越高，全球性产品组织结构、全球性职能组织结构、全球性地区组织结构虽然各具优点，能加强跨国公司母国总部的集中控制，但都存在相互间沟通协调不畅的问题，直接影响到跨国公司业务发展和整体效率，因此一些大型跨国公司对公司业务开始实行交叉管理，即将产品结构、职能结构、地区结构相互结合，组成三维的矩阵式结构，其特点是交叉负责，具有双重命令系统，海外子公司往往要由两类或两类以上部门共同管理和协调同一地区或同一种产品的跨国经营活动，接受两个以上不同类型部门的控制，使得产品、职能、地区三个部门既可以单独发挥作用，增强应变能力，也可彼此间形成制约，各部门各层次密切合作，增强整体实力。实施这种组织结构的企业，其面临产品和地区竞争的双重压力，因此必须建立一个既能保持产品在全球的竞争地位，又能巩固和发展地区市场占有率的有效的组织结构。这种组织结构要求内部信息能实现横向和纵向的快速交流，以及各部门需具有根据信息快速、准确做出决策的能力。因此，它对管理人员的素质要求很高，但也存在组织结构过于庞大，各层次利益关系不易协调的问题。该结构可用图 5-6 表示。

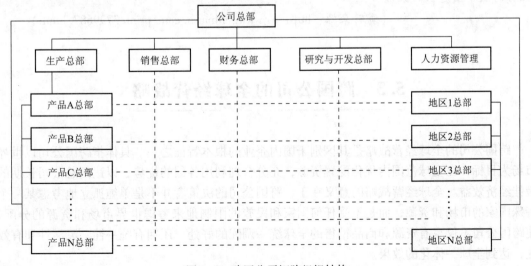

图 5-6 跨国公司矩阵组织结构

总之，上述 5 种管理组织结构是跨国公司采用的主要组织结构，它们各有利弊，各有适用范围。每个跨国公司应充分考虑自身的条件，选择适合的管理组织结构。

拓展阅读

五矿集团 58.5 亿美元收购秘鲁铜矿

秘鲁时间 2014 年 7 月 31 日，由中国五矿集团公司所属五矿资源有限公司牵头组成的联合体正式接手秘鲁邦巴斯（Las Bambas）特大铜矿，以 70.05 亿美元完成股权交割，从而实现了中国金属矿业史上的最大海外并购交易。

五矿公司资料显示，邦巴斯铜矿是世界级的优质铜矿资产，资源储量巨大，已查明铜超过 1 000 万吨，并伴生大量的钼、银、金矿。这起并购是继 2008 年中铝斥资 143 亿美元购买力拓 12% 股权之后，中国企业在海外矿业并购中最大的一笔。在收购 Las Bambas 项目完成后，五矿资源有限公司将正式晋升成为亚洲最大的铜矿生产商。五矿公司在未来的 12～24 个月内将重点完成这个项目的建设，尽快投产并实现运营的前 5 年每年生产超过 40 万吨铜精矿，之后的产量预计在 30 万吨左右。希望通过对周围区域的进一步勘探开发，将年产量维持在 40 万吨的水平。

五矿公司表示，由于该项目位于秘鲁最偏远的贫困山区，在收购时公司承诺将帮助当地居民走出得不到发展的窘境。此前，中国铝业公司在收购秘鲁特罗莫乔铜矿之后就为当地居民建设了一座新城，在项目正式投产前，五矿公司还需要完成当地村民的搬迁工作，涉及约 441 个家庭，新的住宅区已经建设完毕，一共有 3 个学校，还有医院等相关生活配套设施。该收购项目开创了大型金属矿企与当地携手发展的新模式。此项收购还表明了全球矿业企业对秘鲁经济发展的信心。

五矿公司已经获得中国国家开发银行牵头的中资银团提供的合计 69.57 亿美元的贷款，主要用作收购及发展 Las Bambas 铜矿项目。参与贷款的其他银行包括工商银行、中国银行及中国进出口银行。

（资料来源：http：//www.chinairn.com/print/3799687.html.）

5.3 跨国公司的全球经营战略

跨国公司的全球经营战略是其区别于国内企业的根本特征之一。具体指跨国公司以世界市场为目标，在全球范围内优化配置资源，充分合理利用各国的优势，以达到总公司长期的最佳经济效益。全球经营战略的意义在于，跨国公司的决策者并不是单纯孤立地考虑某一个特殊国家的市场和资源，而是不受任何国家和民族的限制地来考虑世界市场和资源的分配，使跨国公司不仅享有资源和商品销售的全球统一调配的好处，还拥有统一性、灵活性和有效性，达到全球一体化的效果。

跨国公司全球经营战略中主要包括：公司增长战略、进入新市场战略、市场选择战略、产品战略、所有权战略、技术转让战略、转移定价战略等。本章重点讨论市场选择战略、产品选择战略、所有权选择战略、转移定价战略。

5.3.1 市场选择战略

跨国公司选择目标市场，以此目标决定投资、供应和生产所在地，并将其纳入全球战略。

(1) 制定市场选择准则。不论跨国公司选择进入何种市场，都必须对该市场进行评估，对市场的需求和竞争情况进行分析，对市场潜力和市场的机会进行预测，建立市场准入的准则，作为市场选择的依据。例如，将年销售额为 1 000 万美元以上的市场定为目标市场，将提供给外国公司税收、土地、资源优惠政策的国家定为目标市场等。

(2) 制定市场选择策略。跨国公司进入市场的动机会直接影响选择市场的重点，按西方市场选择理论，市场选择战略有三个方面的变化：由市场集中向市场分散变化；由防御性竞争姿态向进攻性竞争姿态变化；竞争的市场目标在公司的母国市场、中立地区市场、竞争对手的母国市场三者之间变化。

5.3.2 所有权选择战略

所有权问题处理得好坏直接关系到跨国公司的成败，所有权选择战略的关键在于公司希望拥有国外子公司所有权的程度。因为所有权和控制权联系紧密，股权大小会直接影响对公司重大决策、重要人员任命的控制力。所有权选择表现为对国外子公司既可以百分之百独资经营，独立拥有所有权，也可与东道国私人公司合资，共同拥有所有权。所有权的拥有比例直接关系该子公司在母公司全球战略中的地位，如果母公司对子公司股权参与程度较低，则不会向它提供先进技术、管理诀窍、研发业务等。

在不同国家，跨国公司对所有权的选择不尽相同。有些国家对外国子公司的所有权加以限定，如墨西哥和印度，通常要求外国公司在合资企业股权参与不得超过 50%；我国中外合资企业法则对外国公司股权不设上限规定，只规定最低不得低于 25%，允许外资独资经营。影响跨国公司所有权选择战略的因素包括公司内部因素和公司外部因素两方面。

内部因素包括 4 个方面。① 公司在技术、产品、管理及市场销售等方面占有的优势地位。地位高低决定了对国外子公司所有权确定时发言权的大小。② 公司的产品策略。凡母公司执行产品多元化战略，就易于在国外搞合资企业。反之，经营的产品比较集中时，公司很难合资经营，会倾向于搞独资经营。③ 母公司的财力及管理资源是否充裕。财力及管理资源不充裕的跨国公司，为利用当地资源会采用合资形式。④ 公司的应变能力及速度。

外部因素包括 5 个方面。① 东道国对外资的政策、法律、法令及东道国的民族主义情绪。② 东道国合作者的合作能力及经营效率。③ 东道国合作者在当地金融市场上的筹资能力。④ 当地的竞争者及竞争情况。⑤ 母国政府对跨国公司海外业务的政策是鼓励还是限制。

5.3.3 产品选择战略

技术的不断创新，大大缩短了产品生命周期，每一家跨国公司为发展需要，都应有一个能不断适应和满足市场需要的产品规划，通过差别化的产品满足不同国家消费者的偏好，产品战略在跨国公司全球战略中的位置日显重要。跨国公司的产品战略主要有以下 4 种。

① 出口带动投资策略，即跨国公司将在国内发展的新产品逐渐扩大出口数量，进而在国外设立服务产品销售的机构，最后到国外投资，就地生产、就地销售，降低产品成本，占领海外市场。② 产品多样化策略，即将生产产品数量从少数几种到生产经营多种产品的方法。③ 按产品生命周期扩展策略，即按照产品的不同生命周期，分阶段逐渐采取从小额投资到集中投资到终止投资的策略。④ 国际生产专业化策略，即在全球范围合理配置资源，将产品生产由全球各子公司专业化协作完成，充分利用不同国家和地区子公司的优势，最大限度降低成本，提高生产效率。

跨国公司产品战略会随着全球经济形势的变化不断调整，在 2008 年全球金融危机后跨国公司通过加大新产品研发投入来降低危机的影响。麦肯锡的一项调查显示，有 1/3 的跨国公司计划通过"推出新产品和服务"来应对全球市场的发展和经济危机。经济危机是周期性的，只有在经济萧条时期确保对创新和研发的投入力度，才能在经济复苏阶段抢得先机。在此背景下，一些跨国公司进一步强化创新战略，加大了对新产品研发的投入。

5.3.4　转移定价战略

转移定价是跨国公司独有的一种经营策略。它是指跨国公司内部、母公司和子公司之间、各个子公司之间进行商品、劳务、资金和技术交易时约定的价格，它服从和服务于跨国公司总体目标，其价格的制定和调整由公司上层决策者负责，定价在一定程度上不受市场供求法则制约。转移定价具有转移资金、调节利润和逃避税收三大作用。

（1）转移资金。当母公司需要从东道国子公司调出资金时，可采用"高进低出"的方式，即母公司高价向子公司出售商品或劳务，低价购买子公司产品，使东道国子公司的资金大量流出；反之，当母公司需要向东道国子公司调入资金时，可采用"低进高出"的方式，即母公司高价购进子公司的商品或劳务，低价向子公司出售母公司产品，促使大量资金流入东道国，或通过使国外子公司分担母公司的研究与管理费用等转移资金。

（2）调节利润。为提高子公司在东道国的信誉，母公司可向子公司调入资金，人为地降低成本和提高利润；反之，可以提高成本和降低利润，避免暴露公司盈利的实情，降低东道国税务部门的关注度。

（3）减轻公司税负。不同国家之间所得税税率存在差异，跨国公司利用税率的差异，在高税国和低税国之间转移收入，将公司利润由高税区转向低税区，减少公司的所得税。

拓展阅读

跨国避税犯众怒　G20 拟联手打击转移定价

跨国公司利用转移定价避税已不稀奇，尤其是在经济普遍向好时，国际社会往往对此"揣着明白装糊涂"。但在各国政府普遍缺钱的当下，跨国公司的日子看来不好过了。

2013 年 2 月 16 日，二十国集团（G20）财长与央行行长会议在莫斯科举行，会议期间，打击跨国避税与货币政策、汇率操控成了此次会议的三大焦点。

鉴于一些跨国公司的避税行为 2012 年被集中曝光，引发政府和民众的广泛不满的情况，在此次会议上，G20 承诺将在未来通过国际合作处理避税问题，限制跨国企业向海外低税率区域转移利润从而少缴税的做法。这一国际联手的最大推动力，则来自欧洲"三驾马车"，即英国、法国和德国。

1. 严打避税

G20 财长会议上，针对跨国企业近年来愈演愈烈的避税行为，与会财长讨论了经济发展与合作组织（OECD）对该问题的调查报告，这份名为"解决税基侵蚀和利润转移"（Addressing Base Erosion and Profit Shifting）的调查报告显示，一些跨国巨头利用各种避税伎俩只缴纳了区区 5% 的税费，与其赚取的利润总额严重不符。

报告指出了现代税收制度存在的根本问题："随着国与国之间商业活动的紧密联系，跨境商业活动的增多，而税收规则经常未协调一致，因此，跨国企业通常游走于不同的税收规则间，通过差异来实现套利。"

英国是觊觎跨国巨头利润的代表。2012 年，谷歌、脸谱网、亚马逊和星巴克等大型跨国公司被曝在英国获得大笔收入，却未支付应上缴的税费。英国财政大臣乔治·奥斯本呼吁对现存税制进行改革，并表示愿与法、德等国一起合作，打击跨国企业的避税行径。

法国财长莫斯科维奇也表示法国将坚决打击税务欺诈、逃税、避税等可耻行为。必须避免一些跨国企业利用国际与国内税收制度的差异逃避纳税的现象。

在本次财长会议最后发布的公报中提到："鉴于跨国企业遵循的避税措施将侵蚀各国税基，威胁国际税收体系的稳定，因此各国将采取严厉措施来解决税基侵蚀与利润转移的现象。"

G20 合作处理跨国企业避税问题的具体应对措施将体现在 2013 年 7 月经合组织的报告中。其中，英国将负责处理定价转移问题，这是经合组织处理税制问题所设的三个工作小组之一。另两个小组由法、美与德国分别负责，主要着手研究低税基问题和电子商务中的合理税收制度。通过国际合作打击避税行径并不是新鲜的尝试。早在 2009 年，G20 就联手出招，迫使"避税天堂"在信息公开与透明性方面做出让步。

2. 惯用伎俩

2012 年，全球最大的咖啡连锁巨头美国星巴克公司就因税务问题在英国犯了众怒。星巴克在英国 14 年的营业额达 30 亿英镑，但累计缴纳公司所得税仅为 860 万英镑，纳税额低于营业额的 1%。2011 年，公司甚至以"亏损"为由，未向英国政府缴纳一分钱税款。路透社与英国独立调查机构"税务研究"为期四年的调查显示，星巴克采用了一系列复杂的避税手段，包括支付专利与版权费，利用公司的生产链，将利润分配给其他位于低税率国家的分公司，巧妙地降低了本应在英国缴纳的税款。

星巴克绝不是跨国企业通过转移利润避税的个案。包括谷歌、微软在内的互联网巨头都是避税黑名单上的常客。美国财政部的经济学家们估计，如不使用避税手段，苹果公司仅在 2011 年一年，就需在美多缴纳 24 亿美元的税款。

在最能挣钱的地方挣钱，在税率最低的地方纳税，这是多年来跨国企业避税的惯用伎俩。对于跨国企业而言，鉴于各国不同的税收制度，选择企业所在地是决定其税单能否"缩水"的因素之一。谷歌、亚马逊和星巴克这三家巨头毫无例外地都选择了低税率国家。企业税税率仅为 12% 的瑞士、12.5% 的爱尔兰以及荷兰都成了理想的候选地。

近些年随着电子商务的不断兴起，互联网领域法规的缺失给了跨国企业避税以可乘之机。现有的税收制度并未覆盖至电子商务这一新兴领域。由此，催生了互联网交易税收管辖权的归属等数字经济时代特有的问题。

法国政府就在 2013 年 1 月底提出了一项新的税收提案，计划对谷歌、亚马逊等互联网巨头收集用户个人数据的行为征收互联网税。这些互联网公司收集了大量的用户私人信息，利用这些信息将用户兴趣与其服务进行匹配，或者直接向用户推送个性化的广告，背后蕴含着巨大商机。但是，与其他美国互联网公司一样，谷歌在法国几乎不缴纳任何所得税，这使得法国的政策制定者寝食难安。

事实上，哪里有国内税率、监管机制和保密法律的分歧，哪里就有为跨国企业提供的"合法套利"。而且许多国家为了赢得企业落户，经常自愿成为"避税天堂"。任何公司都有削减成本的压力，企业税就是成本。而对于部分国家对于企业的"渴望"，就好比企业税税率仅为 12.5% 的爱尔兰，正"赤身裸体地吸引生意"，因为这是该国经济的核心竞争力之一。

（资料来源：http：//cif. mofcom. gov. cn/cif/html/sjswtqyb/2013/2/1361171258216. html.）

5.4　跨国公司发展的新趋势和新特点

5.4.1　2008 年以后跨国公司发展的新趋势

2008 年美国次贷危机后，全球跨国公司短期内纷纷采取缩减资本项目支出、控制成本、更稳妥的现金管理政策和小规模裁员政策加以应对压力。但中长期而言，跨国公司特别是一些大型跨国公司并未放弃全球化经营的整体战略，其发展趋势表现在以下几个方面。

（1）回撤休整。例如，有的跨国公司面临融资困难和融资成本提高的压力，被迫收缩在海外的生产性扩张，以保证母公司的资金需求，一些公司出售海外资产，并大幅裁减全球雇员。

（2）布局调整。有的跨国公司一方面在发达经济体内按市场消费能力和结构变化做出调整，如壳牌公司退出英国项目后，将新能源项目建设的重点调整至在北美开发可及性风能和在伊拉克合营开发天然气项目。另一方面则将战略重心从传统市场转向新兴市场，如沃尔玛在关闭美国数十家卖场后，却计划在亚洲大举扩展，包括在中国香港设立亚洲总部。

（3）借势重组。危机中行业领先跨国公司的能力削减为行业整合，为形成新的行业领袖提供了市场契机，在本行业内寻求合适的并购对象，借势壮大成为重要的策略。这方面以市场集中度已经很高的医药行业尤为显著：英国医药巨头葛兰素史克公司公开表示将寻求策略性并购，罗氏公司更重申计划并购基因技术公司，2009 年辉瑞制药宣布出价 680 亿美元收购惠氏制药，创美国近 3 年最大金额并购案。

5.4.2　后金融危机时代跨国公司发展的新特点

1. 更加重视本地化战略

本地化战略一直是跨国公司国际投资中的重要战略，如原材料和生产本地化，但近年来更注重在深层次的研发和人力资源本地化方面的发展。跨国公司一改将研发活动基本安排在母国的做法，逐步在市场地位重要并有一定研发条件的东道国设立研发中心，使研发直接为产品当地化服务，更加贴近和服务海外市场，同时更好地利用当地科技人才，占领技术高端。20 世纪 30 年代美国和欧洲跨国公司在海外开展的研发活动只有 7%，到 20 世纪 80 年代跃至 19%。如今跨国公司海外研发比例大幅提高，仅以在中国设立的研发机构为例，随着我国鼓励设立中外合作合资研发中心政策的相继出台，各跨国公司加快了在中国设立研发中心的步伐。据国家商务部不完全统计，截至 2009 年年底，商务主管部门批准的独立法人形式的外商投资研发中心共 465 家，投资总额 128 亿美元，注册资本 74 亿美元，主要集中在上海、北京、广东、江苏和浙江。到 2010 年 3 月，跨国公司在华设立各类研发中心超过 1 200 家，主要集中电子通信、生物医药、交通化工、软件设计等技术密集型行业。宝洁、微软、IBM、三星电子、辉瑞等知名跨国公司都在中国设立了研发中心。但目前从功能看，本地研发中心主要为当地服务，很少具备全球研发服务功能，对跨国公司具有最重要作用的基础性实验室还不多见。

拓展阅读

人才和市场优势吸引跨国公司在华设立研发中心

美国、德国、日本等发达国家都曾经历从模仿制造到自主创新的阶段。这一历程正在中国加速呈现。中国正成为世界上最有活力的研发基地，跨国企业在华设立的研发中心数量也如井喷般增长，成为"中国智造"的推动力量。

1. 趋势——研发中心如雨后春笋

2012 年，跨国企业在华设立研发中心或者扩大研发能力的报道铺天盖地：通用汽车中国前瞻技术科研中心二期工程落成，包括 62 个测试实验室和 9 个研发实验室；宝马公司宣布将在两三年内大幅提高在华研发能力，新增 300 名研发科学家；丹麦移动消费品公司捷波朗在厦门启用新的研发中心……据统计，在世界财富 500 强企业中，有 470 家已在中国设立了研发中心。2010 年，外资企业在研发领域投入资金 1 048 亿元人民币，是 10 年前的 10 倍。

美国百事公司 2012 年 11 月中旬宣布在华设立第一家，也是在美国境外最大的研发中心；世界最大的化工厂之一——德国化工企业巴斯夫如今在中国有 4 个研发基地，研发领域涵盖汽车、建筑、包装、纺织、皮料、油漆涂料、电子、造纸等。2012 年 11 月 6 日，巴斯夫在上海浦东新建一座研发中心，加上原有的巴斯夫亚洲技术中心及聚氨酯技术研发中心，组成了巴斯夫亚太研发枢纽。该基地集生产、业务和职能部门于一身，业已成为巴斯夫全球最大的多功能基地之一。

2. 热词——利用人才，扩大市场

跨国企业为何如此热衷于在华设立研发中心？答案主要有两个：一是借助中国庞大的技术力量和优越的基础设施；二是扩大在中国乃至亚太地区的市场地位。

德国化工企业巴斯夫在全球共有约 1 万名研发人员，他们正努力使亚洲的研发人员比例占到 1/4，其中大部分在中国。中国是巴斯夫在亚太地区最大的市场，而且和亚太地区其他市场联系紧密,中国未来的增长十分强劲,在全球和地区的重要性将进一步提升。上海则是中国的重要工业中心之一,也是亚太地区许多关键客户及其研发中心的所在地。同时,中国有很多优秀的高等院校,能够提供大量科技人才和具有实力的研发合作伙伴。这些都是促使巴斯夫加快在中国建设研发中心的原因。

又如,上海新设研发中心将是百事的一个重要里程碑。研发中心将成为先进的烹调中心和实验厨房,能让百事的食品和饮料更符合当地口味。此外,它还将是一个实验中心,可以帮助百事快速验证关于产品的新想法,实验厨房能在数天内而不是数月内验证设想。

3. 动向——研发中心向东方转移

从全球趋势看,企业研发活动正从欧美向亚太转移。麦肯锡咨询公司报告显示,在欧美研发中心关闭或缩减规模的同时,在华研发中心几乎在以同样的速度启动或扩张。以医药行业为例,全球20大制药公司中已有13家在中国设立了研发中心。过去5年,跨国医药公司在华研发投资超过了20亿美元。英国的医药企业阿斯利康制药有限公司10多年前就在中国投入重金;英国的葛兰素史克,美国礼来、默克制药近年来都显著加大了在华投资。美国、西欧和日本曾经是跨国医药企业的福地,但现在这些市场不断萎缩,研发力量缩减,众多新药的专利也即将到期。

瑞士罗氏制药公司2012年6月宣布关闭在美国新泽西州的研发中心,裁员1000人。该研发中心成立已有80年之久,此前已解雇数千名销售人员。罗氏仍然是业界研发投入最大的企业之一,关闭新泽西州的研发中心表明,跨国医药企业需要调整战略,减少缺乏足够新药的实验室投资。全球咨询公司博斯的一份报告显示,全球创新1000强企业2011年在欧洲的研发投入仅增长了5%,而在中国和印度却增长了27%。

4. 挑战——成功的标杆水涨船高

当然,跨国公司在华设立研发中心也面临挑战。《金融时报》强调"在华研发中心不再拥有成本优势"。中国现在已不是最廉价的产品生产地及开发地。中国的人才优势是最大的优势,但能不能留住这些人才是一个问题。一项调查表明,约100名在中国为跨国公司工作的工商管理硕士中,有4/5的人并不打算在目前的职位工作超过两年。此外,尽管跨国企业在华设立研发中心的最终目标是在中国面向全世界进行创新,但这一目标难以在一夜间实现。

（资料来源：http://www.chinairn.com/news/20121207/278774.html.）

2. 发展中国家跨国公司加快跨国并购投资

绿地投资因其能帮助企业保证控制权,避免知识溢出,并能显著给东道国增收和解决就业问题,仍为跨国公司设立海外子公司的主流模式,全球绿地投资流量自2008年达到历史峰值后回落并趋于稳定。2011年为9043亿美元,占全球外国直接投资流入量的59%,2012年同比下降34%,却仍占全球投资的2/3。但是,2008年的金融危机引发海外优质资源抄底热,全球跨国并购额在危机后回落又波动反弹,跨国并购成为企业对外投资的重要模式,尤其受到发展中国家企业的青睐。金融危机发生前两年跨国并购交易项目数量和交易额都较之前增幅显著。2009年触底后反弹,2011年热度继续回升,数量达到5769项,金额为5259亿美元,约占当年外国直接投资流入量的35%。2012年,全球跨国并购额受经济环境影响大幅下挫 41%，为 3 101 亿美元，降至 2009 年以来最低水平。发达国家加快海外撤资，2012 年跨国并购额减少 56%，降至 1 763 亿美元。同时，在发达国家和转型经济体减持海外资产的情况下，发展中国家加快了跨国并购步伐，2012 年跨国并购额同比增长 10.7%，增至 1 147 亿美元，占全球跨国并购额的 37%。

3. 加速推进全球战略

跨国公司更重视通过推进全球战略提高战略协同，加快对全球资源的配置，脱离发达国家掌控，实现从跨国到全球公司的转变。

（1）通过迁址、并购等方式加速提高全球资源配置效率。金融危机后，东道国成本的变化促使很多跨国公司转移产业链部分环节区位。大量跨国公司通过跨国并购，尤其是并购发达国家价值被低估的企业，获得生产和销售渠道，争夺全球市场，加速提高资源配置效率。

（2）加强海外分支力量，提高资源共享。跨国公司重视向海外分支增加投入，积极拓展本地和全球研发，转变由母国单一输出知识的模式，促进企业内知识、信息、资源的高效流动和共享。

（3）加快储备国际化人才。跨国公司以其富有吸引力的文化氛围、治理模式、优厚待遇和发展空间等招揽人才，充分储备国际化人力资源。

4. 更加重视履行企业社会责任

跨国公司对企业社会责任的认识和实践从最初遇到问题被动防御，逐渐发展到遵守规则、主动推广、将社会责任整合到经营战略的新阶段。社会责任关乎各国政府、媒体和消费者的评价，直接影响到企业品牌、声誉和竞争力，受到跨国公司重视。随着气候变暖、环境污染、食品安全等全球性问题凸显，跨国公司作为产业链布局全球、对世界经济和社会有重要作用的"企业公民"，履行社会责任的要求进一步提升。近年来，跨国公司在解决当地就业、保护环境、提高供应链产品标准等方面有较大进展。跨国公司通过提高社会责任履行标准，直接提高对供应商的要求，对全球各产业企业履行社会责任起到重要推动作用。

5. 重视商业模式创新

企业技术很强但无法获得较好的经济效益，质量好的产品得不到市场认可，原因是这些企业和产品忽略了商业模式的创新，处于一种同质化竞争之中。

商业模式是产品、服务和信息流的体系，商业模式创新是把新的商业模式引入社会的生产体系，并为客户和企业自身创造价值。通俗地讲，商业模式创新是指企业以新的有效方式赚钱。互联网的出现改变了基本的商业竞争环境和经济规则，标志着"数字经济"时代的来临。互联网使大量新的商业实践成为可能，一批基于它的新型企业应运而生。如雅虎、亚马逊及易贝等在短短几年时间取得巨大发展。2000 年前后，商业模式作为人们最初用来描述数字经济时代新商业现象的一个关键词，它的应用已不仅仅局限于互联网产业领域，而是被扩展到了其他产业领域。在高新技术创新随时发生的今天，竞争加剧，客户议价能力增强，企业通过技术和产品创新盈利的空间不断缩小，商业模式创新成为新的增长点。

商业模式创新对企业发展的重要作用得到重视。大量跨国公司通过商业模式创新实现了价值的快速增长。美国是商业模式创新的重要推动者，其发明者保护法案有专门条款保护鼓励商业模式创新，接受企业为商业模式创新申请专利。美国企业占 60% 的创新是商业模式的创新，40% 的创新是技术创新，如苹果的产品、技术和商业模式的创新组合。忽视商业模式创新会导致企业痛失发展良机。例如，日本部分企业一度追求技术和产品创新，被很多重视商业模式创新的韩国企业迎头赶超。

拓展阅读

商业模式创新企业的共同特征

（1）提供全新的产品或服务、开创新的产业领域，或以前所未有的方式提供已有的产品或服务。例如，乡村银行（Grameen Bank）面向穷人提供的小额贷款产品服务，开辟了全新的产业领域，是前所未有的。亚马逊卖的书和其他零售书店没什么不同，但它卖的方式全然不同。西南航空提供的虽然也是航空服务，但它提供的方式，也不同于已有的全服务航空公司。

（2）其商业模式至少有4个要素明显不同于其他企业，而非少量的差异。如 Grameen Bank 不同于传统商业银行，主要以贫穷妇女为主要目标客户，贷款额度小，不需要担保和抵押等。亚马逊相比于传统书店，其产品选择范围更广且通过网络销售，并可实现在仓库配货运送等。西南航空也在多方面创新运营模式，如提供点对点基本航空服务、不设头等舱、只使用一种机型、利用大城市不拥挤机场等，不同于其他航空公司。

（3）有良好的业绩表现，体现在成本、盈利能力、独特竞争优势等方面。例如，Grameen Bank 虽然不以盈利为主要目的，但它一直是盈利的。亚马逊在一些传统绩效指标方面良好的表现，也表明了它商业模式的优势，使之短短几年就成了世界上最大的书店。其数倍于竞争对手的存货周转速度给它带来了独特的优势，消费者购物用信用卡支付时，通常在24小时内到账，而亚马逊付给供货商的时间通常是收货后的45天，这意味着它可以利用客户的钱长达一个半月。西南航空公司的利润率连续多年高于其全服务模式的同行。如今，美国、欧洲、加拿大等国内中短途民用航空市场，已有一半逐步被像西南航空那样采用低成本商业模式的航空公司占据。

（资料来源：http://baike.baidu.com.）

◤本章讨论案例◢

跨国公司的社会责任

联合国契约组织是2000年由联合国秘书长发起并建立的，目前是世界上最大的专门从事促进企业可持续发展和社会责任建设的国际组织和联合国组织。其对企业社会责任做出解释。

第一，关于联合国全球契约组织对企业社会责任的理解。我们的理解是企业切实地履行全球契约的十项原则，就是在履行社会责任。这里有两个核心的概念和误区。① 企业社会责任并不等同于公益慈善，可以说公益慈善是社会责任重要的组成部分和一种表现形式，但并不是社会责任的全部内涵。② 最具影响力的企业社会责任是与企业核心业务紧密相关的。以一家生产食品的企业为例，无论这家企业在公益、慈善榜上的排名有多么光鲜，若其生产的东西是不合规或者有害公众健康的，那么这家企业就不是一家负责任的企业。企业社会责任不是看企业如何花钱，而是看企业如何负责任地挣钱。

第二，关于经济全球化的企业社会责任。这离不开联合国千年发展目标和企业实现这一全人类共同目标当中应该发挥的积极作用。千年发展目标是各国政府对世界上最贫困的最受伤害者所做的承诺，它成功地将人放在发展历程的核心位置，千年发展目标的核心的八项内容包括减少极端贫困到遏制艾滋病的蔓延以及普及小学教育、确保环境的可持续能力等，所有的目标完成期限是 2015 年。

企业社会责任是企业回馈社会、加强企业战略管理和提高企业竞争力的有效手段。但是现在社会上也包括企业自身，在理解企业和履行社会责任的过程中常常会出现一些偏差，认为企业社会责任无非就是企业捐了多少款、做了哪些公益事业或是企业花钱买名声，来树立企业形象的一种行为。一些机构也热衷于搞一些企业社会责任排行榜，依据企业资助社会公益的金额排座次。但是企业捐助的钱越多，就一定能表明企业的社会责任就越强吗？并非如此。

社会责任的范围非常广，企业要做的首先是要在其所在的业务领域，发挥企业的专业优势和专业能力，为国家和社会最急需、最迫切的事情提供切实有效的解决方案，切实肩负起大企业的政治责任、经济责任、社会责任和环境责任。企业履行社会责任的前提和基础是做好企业的本职工作，担大任行大道，真正地奉献社会，造福人民。

以北汽集团履行社会责任的做法为例。当前北京市和全国污染问题非常严峻，机动车尾气排放已经成为首都空气污染首要污染源，因此政府对汽车消费采取了更加严厉的限制措施，这当然也会对汽车行业的发展，尤其是在北京的汽车企业产生一定的影响。但国家和北京市对大气污染的治理，对节能减排的要求，对汽车行业来说，既是挑战又是机遇。尤其是对新能源汽车产业来说，是重大的历史机遇。

汽车制造可以通过节能减排的倒逼机制促进产业优化升级，并结合绿色低碳的环境保护要求来促进企业的技术创新，促使中国汽车行业在新能源汽车领域，抢占技术与市场的制高点。

北汽集团将加快发展节能与新能源汽车作为下一步集团发展的战略重点，并制定了新能源汽车详细的产业规划，计划组建北汽集团新能源汽车股份有限公司，加强与美国、韩国、日本等有较强跨国公司背景的国家企业的合资合作，逐步掌握国内领先的新能源汽车集成匹配、轻量化核心技术，到 2015 年形成 20 万辆新能源汽车的研发与制造能力，确保北京市到 2017 年 20 万辆新能源与清洁能源汽车销售与应用的目标能够达成。尽管目前新能源汽车的市场前景还不是十分明朗，大规模发展也存在着一定的技术进步困难等风险。但是只要有利于北京和全国生态环境的改善，北汽集团表示就会义无反顾地做下去，并且一定坚持做好。

北汽集团这几年在支持社会公益事业，履行社会责任方面也做了很多工作。从 2010 年开始，北汽集团出资与北京市慈善协会合作，设立了儿童大病爱心专项基金，旨在为下一代尽一份企业责任。北汽集团成立了北京排球俱乐部，为助力振兴排球事业；连续 3 年支持北京职业公路自行车赛，打造了北京体育新品牌；北汽奔驰连续 7 年赞助一年一度网球爱好者最喜爱的盛大节目——中国网球公开赛。北汽一系列参与社会公益的行动也得到了社会的认可，2010 年被评为社会责任优秀企业。

（资料来源：http://news.xinhuanet.com/house/bj/2013-11-17/c_118172682.htm.）

【讨论的问题】

1. 企业社会责任包括哪几层含义？
2. 北汽集团是如何履行企业社会责任的？
3. 我国一些企业，特别是私营企业在非洲国家投资时引发冲突和当地民众强烈的反华情绪，试从企业履行社会责任的角度分析这种现象产生的原因，并提出你的建议。

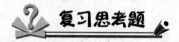

复习思考题

1. 简述跨国公司的概念及其主要特征。
2. 跨国公司主要有哪几种组织结构？其各自的优缺点分别是什么？
3. 跨国公司国际投资市场选择的依据包括哪些？
4. 简述转移定价的含义及作用。
5. 2008年后跨国公司发展呈现出哪些新趋势？
6. 跨国公司国际投资本地化有哪些进一步的发展？
7. 跨国公司国际投资应该如何履行社会责任？
8. 举实例分析近年来我国公司投资非洲引发冲突的原因，并提出化解冲突的对策。

第6章

跨国银行

【学习目标】

> ➤掌握跨国银行的主要特征。
> ➤了解跨国银行的组织形式。
> ➤了解跨国银行发展的新趋势。

导入案例

花旗银行：国际化经验在中国彰显优势

2012年10月15日，花旗中国宣布在中国推出商务卡（单位卡），成为国内首家提供此项服务的全球性银行。该业务主要面对大型企业和跨国企业客户，此举进一步巩固了花旗在该领域的领先地位。花旗致力于在中国实现各项业务的均衡全面发展，商务卡的推出充分印证了这一点。

花旗在中国的历史可以追溯到1902年，最初它是追随跨国企业的脚步进入中国的。如今，国有企业、民营企业、跨国企业、中小企业以及个人客户组成了花旗中国的主要服务对象。与过去不同的是，花旗正在利用自己的全球网络和超过百年的服务跨国企业的经验，跟随中资企业走向海外。

凭借一系列创新业务、广阔而独特的全球网络，以及丰富的国际化经验，花旗在中国实现了多个第一：第一家通过与四大国有银行建立全国清算系统的银行；第一家获得电子银行执照的银行；第一家把资金池概念引入中国的银行；第一家推出创新存款解决方案的银行。花旗银行被《投资者报》评选为2012"最佳外资银行"。

1. 现金管理彰显国际经验

对于企业来说，资金要进行集中管理，需要多样化的流动性管理和投资管理。1999年，花旗银行率先将现金管理概念引入中国。2004年，花旗找到更本地化的方式，推出了中国特色的资金池管理，通过委托贷款的方式，帮助企业极大地提高了内部资金运营效率，降低了对外部资金的依赖。近几年，企业的借贷成本在上升，借贷额度趋紧，促使企业更多地从内部做好资金管理，提高资金管理效率，优化供应链上的现金流，而不是简单地对外负债或从资本市场上融资解决流动性问题。

花旗的现金管理业务分两大块，一是跨国企业"走进来"，二是中资企业"走出去"。跨国企业的海外资金管理搭建已非常完整，在资金管制的情况下，如何完成境内外的资金流动，同时将境内的管理理念和管理方式融入区域和全球的管理体系，这对跨国企业来说是一个从简单到复杂的过程。对于中资企业来说，由于花旗海外丰富的网络优势和长期服务跨国企业的经验，使其在帮助中资企业走出去的过程中，更懂得如何管理流动性风险，进行区域或全球的资金集中。

2. 全球网络助力中国企业

随着中国企业在海外市场投入程度的加深，其对金融产品的需求也越来越复杂。一个难题便是，当某家大型企业将触角伸向全球数十个国家后，会有数十种货币，要在这些国家都设立银行账户，每个国家还有本币和外币，这样全部汇总可能就有几百个账户，当有些货币升值，有些货币贬值时，怎样知道当前的资金状况？当某个市场出现金融危机时，又该怎样规避损失？不仅是大企业，越来越多的中小企业也准备走出国门，寻求发展。但海外的经济环境、政策、利率情况等对于这些中小企业来说还很陌生，亟须专业的银行机构帮助其拓展海外市场。

对花旗来说，挖掘中国企业的需求，并帮助其全球化运营并非难事，因为花旗服务于欧美企业的国际化进程已有超过百年的历史。花旗已在全球超过160个国家和地区开展业务，其无处不在的国际网络平台，能让客户真切地体会到花旗银行服务的便利性。

3. 实现"一站式"财富管理

不同的企业，需求也不尽相同，花旗的做法是千方百计满足企业的需要。

花旗希望为中国企业提供丰富的可选产品。在中小企业成长的过程中，从贷款融资、风险管理、现金管理以及资本市场等金融服务需求，到员工工资的发放、企业主的个人理财，甚至其子女的上学贷款，花旗都可以提供相应的服务和方案。

2010年，花旗中国率先在个人零售银行中推出"优智商务"成长企业服务，将传统商业银行的个人业务和公司业务结合在一起，整合内部资源，真正达成了为客户提供"一站式"服务的愿景。

（资料来源：http://finance.sina.com.cn/money/bank/bank_hydt/20121029/154013512377.shtml.）

由此案例引出的问题：
➭花旗银行的网络优势体现在哪些方面？
➭花旗银行的"一站式"财富管理是指什么？
➭跨国银行在国际投资中起到怎样的作用？
➭跨国银行海外分支机构的形式有哪些？

6.1　跨国银行发展的简要历程

自 15 世纪至 20 世纪初欧洲便已经出现了主要为国际贸易服务的国际银行业；20 世纪 20 年代开始，随着国际贸易的进一步发展和西方国家跨国公司的对外扩张，跨国银行的国际业务量明显上升，业务范围也不断扩大，突破了以往的商业融资、外汇交易等传统业务，开始开展批发业务及投资银行业务，如向跨国公司提供融资等各项服务，至此，真正意义上的现代跨国银行开始形成；20 世纪 60—80 年代，遭第二次世界大战毁灭性打击的跨国银行得以迅速发展，各国跨国银行重建了密布全球的海外分支机构网络；20 世纪 90 年代初，欧美各国相继进入经济衰退期，日本的泡沫经济破裂，使西方银行陷入经营效益滑坡的困境，而金融自由化的发展及非银行金融机构的竞争，又使银行所面临的风险与日俱增。主要西方国家的跨国银行进入大规模的调整和重组阶段。这次重组呈现出两大趋势特征：一是通过银行间兼并风潮向巨型化发展；二是着力于银行内部机制调整及业务创新。

6.2　跨国银行的特征

跨国银行是指在境外设立分支机构，并通过分支机构从多种多样国际金融服务、在国际金融市场发挥重要作用的银行。从广义上讲，跨国银行也是跨国公司，只是业务具有特殊性。跨国银行的概念界定目前还没有统一标准，国际金融界通行的标准认为，一家银行是否为跨国银行，不仅要看其国外分支机构的形式和数量，还要看其设立分支机构的所在国家的数量。1981 年，世界银行在关于跨国银行的报告中，将其定义为在 5 个以上的国家设立分支行或独资子银行并从事存款银行业务的金融机构。跨国银行通常具有以下特征：

（1）跨国银行的产生具有派生性。也就是说，跨国银行是国内银行对外扩展的产物，它具有商业银行的基本属性和功能，当一国国内银行的业务活动扩展到国际范围时，跨国银行便应运而生，因此，跨国银行的产生具有派生性。一般来讲，只有那些国内处于领先地位的银行，才可能以其雄厚的资本、先进的技术、科学的管理、良好的信誉为基础，实现向海外的扩张经营。

（2）跨国银行的机构设置具有超国界性。也就是说，为了扩展国际业务，跨国银行在海外广泛建立各种类型的分支机构，开展超国界的银行业务。联合国跨国公司中心认为，只有在至少 5 个国家或地区设有分行或附属机构的银行才能算作是跨国银行。20 世纪 70 年代以后，西方发达国家银行在海外的分支机构数目迅速上升，跨国银行发展步伐加快。

（3）跨国银行经营广泛的国际业务。跨国银行的业务以国际业务为主，其经营范围比国内银行更宽泛，经营内容更多，经营形式也更加多样化。总行与国际分支机构之间是所有权与控制权的隶属关系，在经营范围上，国内银行的国际业务主要是传统的信用证融资、托收、汇兑等，而跨国银行除传统的国际业务外，还经营证券包销、企业兼并、咨询服务、保险信托等非银行金融服务。

（4）跨国银行采用全球经营战略。这一点同跨国公司一致。跨国银行作为跨国公司的特殊形式，其战略目标的制定以全球范围利润最大化为目标；同时，它的银行属性要求资金调拨应具有快速高效性，电子信息技术、计算机网络技术的迅猛发展为跨国银行的全球化目标提供了现实可行的网络管理手段，使得总行和各个分行之间可以及时、有效地统一行动，做到协调一致。

6.3　跨国银行与跨国公司

伴随着跨国公司的发展，作为另一个促进世界经济发展的决定性力量，跨国银行从事的融资业务超出国境，在国际投资领域中占据主导地位，尤其在国际直接投资中具有金融支柱性地位。

跨国公司与跨国银行已经成为推动世界经济发展的两个车轮。一方面，跨国公司推动了跨国银行的发展；另一方面，跨国银行业务为跨国公司国际投资提供了不可缺少的支持，两者相辅相成，互相促进。跨国银行与跨国公司分别代表着生产资本国际化和信贷资本国际化两种形态，同为国际市场的重要经济主体，有着密不可分的联系，主要表现在以下几个方面。

（1）跨国银行为跨国公司海外直接投资提供融资服务。跨国公司在国外投资并生产经营是实现资金全球范围配置的过程，每一环节都离不开巨额资金，且子公司之间也要频繁进行资金调动以提高资源使用效率，只有跨国银行能够发挥信用中介作用，为其找到信贷资金提供者，提供信贷、外汇等业务，使资金得以有效配置。有资料显示，跨国公司国外实际投资总额中超过 1/4 资金通过跨国银行中长期信贷取得。

（2）跨国银行为跨国公司提供跨国支付服务。跨国公司之间、跨国公司与其子公司之间要频繁进行资金往来调动，跨国银行通过其全球分布广泛的分支机构为跨国公司跨国界支付提供全球范围的转账清算和现金收付业务，以提高资源使用效率。

（3）跨国银行为跨国公司提供信息咨询服务。跨国银行具有广泛的客户群，在与客户的业务往来活动中掌握了极为丰富的信息，同时跨国银行也拥许多精通财务管理、投资分析方面的专门人才，可以为跨国公司国际投资提供全方位的金融咨询服务，帮助其拓展海外市场。

（4）跨国银行为跨国公司提供金融服务的同时也取得丰厚的报酬；而跨国公司也是跨国银行最大的资金客户，其各项资金成为跨国银行存款的重要来源，因此，跨国银行与跨国公司是理想的合作伙伴。

6.4　跨国银行的组织形式

跨国银行组织形式主要是指跨国银行母行与其海外分支机构的组织关系及分支机构的具体形式。跨国银行母行与其海外分支机构的组织关系主要有分支行制、控股公司制和国际财团银行制三种类型；海外分支机构形式主要有代表处、经理行、分行、附属行和联属行等。

6.4.1　母行与其海外分支机构组织结构的三种形式

（1）分支行制。它是最普通的一种组织形式，是指由母行通过在海外设立各种类型的分支机构并通过其控制分支机构开展跨国经营活动，这些分支机构之间又根据不同的级别构成一个金字塔形的网络结构。

（2）控股公司制。又称集团银行制，是指银行通过"银行持股公司"建立海外分支机构网络，从事跨国界的金融服务。这种组织结构形式以美国最为典型。银行持股公司本身并不是银行，但可通过手中持有的银行股权影响银行董事会，进而控制银行的运作和管理。

（3）国际财团银行制。又称"银行家银行"，是指由来自不同国家或地区的银行以参股合资或合作的方式组成一个机构或团体，在特定地区从事特定国际银行业务的组织方式。国际财团银行是正式注册的法人实体，一般设在主要国际金融中心。

拓展阅读

中国银行业国际化发展的成就

从 1917 年中国银行在我国香港地区设立分行算起，我国银行业国际化发展已经走过了近百年的历程。此后，随着我国政治经济体制的变迁，银行业历经多次调整，国际化进程一度陷入停滞。改革开放后，我国逐步建立起现代银行业体系，银行业国际化进程重新起步。2008 年以来，西方大型金融机构遭受国际金融危机重创，而我国银行业通过建立现代企业制度和股份制改革，综合实力显著增强，银行业金融机构抓住机遇，积极开拓国际市场，加快国际化步伐，有力支持国内企业"走出去"，促进了我国开放型经济水平不断提高。

（1）海外业务快速发展，全球网络布局初步形成。截至 2012 年年末，中国银行业的境外资产已达到 1 万亿美元，是加入世贸组织前的 6 倍，当年实现利润约 169 亿美元，占总利润的 8.6%，共有 16 家中资银行通过自设、并购、参股等方式在境外设立了 1 050 家分支机构，覆盖了亚洲、欧洲、美洲、非洲和大洋洲的 49 个国家和地区。从区域看，中国银行业海外布局主要集中在中国香港、中国澳门，以及一些发达国家市场，近几年新设机构有向非洲、拉美等新兴市场国家发展的趋势。从机构主体看，中国工商银行、中国农业银行、中国银行、中国建设银行、交通银行五大行是境外机构建设的主力军，机构数量占比高达 92%，其中中国银行 599 家，中国工商银行 246 家，占比 81.4%。从设立方式看，中国银行主要通过历史上的优势自设机构，基本形成覆盖全球主要国家的网络布局，中国工商银行则通过收购印度尼西亚 HALIM 银行、澳门诚兴银行、南非标准银行、美国东亚银行、阿根廷标准银行股权等方式进入海外市场。近几年其他银行也开始大举在海外设点、并购，如招商银行收购香港永隆银行、在纽约设立分行，国家开发银行设立香港分行和莫斯科、开罗、里约热内卢代表处等，国际化步伐明显加快。

（2）治理结构、经营管理和人员队伍日趋国际化。在治理结构方面，引入境外投资者，推进海外上市，法人治理结构和规则向国际银行看齐。在业务流程方面，加快了"以客户为中心、以风险控制为主线"的业务流程再造，运用信息管理系统引领、支持和保障银行业务发展。在经营管理方面，积极探索经济资本增加值、风险调整后的资本回报率等业绩考核方法，提高中间业务收入，优化业务发展模式和盈利模式。在风险管理方面，引入国际通行的资产五级分类标准，适应巴塞尔新资本协议监管标准，强调对信用风险、市场风险和操作风险的管控，逐步加强流动性风险、声誉风险、系统性风险管理，有效抵御国际金融危机的冲击。在人员队伍方面，中国银行业在与外资银行的交流合作中培养了一批高层次、国际化的管理人员和金融人才。

（3）服务能力逐步提升，支持企业"走出去"成效显著。随着中国对外开放水平日益提升，我国企业"走出去"的步伐也在不断加快，中国银行业则紧紧跟随中资企业步伐，做到企业发展到哪里，银行服务就跟到哪里。一是为企业提供结算服务。仅中国银行2012年的国际结算量就达2.78万亿美元，跨境人民币结算量达2.46万亿元，均保持全球领先地位。二是开展贸易融资。不断丰富贸易金融产品体系，开展外币保函、应收账款保理等一系列贸易融资综合服务，解决进出口企业的资金难题，为我国对外贸易快速发展做出了积极贡献。2012年，我国进口双保理业务量居全球第四位，出口双保理业务量已连续5年居全球首位。三是为企业"走出去"开拓市场、兼并收购提供融资服务。例如，近年来国家开发银行以贷款换能源、换资源，成功运作了中委基金、中俄石油、中土天然气等重大项目，支持我国龙头骨干企业"走出去"开展能源资源合作，为有效缓解我国能源资源瓶颈制约发挥了积极作用。

（4）在国际市场上的认可度和话语权不断增强。国际金融危机以来，西方国家银行破产数量激增，而中国银行业逆流而上，大型银行的盈利规模名列前茅。英国《银行家》杂志2013年全球1 000家银行排名中，96家中国银行榜上有名，涵盖了政策性银行、国有大型商业银行、股份制商业银行和半数以上的城市商业银行，其中中国工商银行、中国农业银行、中国银行、中国建设银行四大行均位居世界前十大银行之列，中国工商银行资产规模全球第一、一级资本全球第一，蝉联全球最赚钱银行。2011年以来，中国银行连续3年入选29家全球系统重要性银行名单，2013年中国工商银行也因为全球领先的各项指标、国际化的长足发展等因素入选该名单，表明了国际社会对中国银行业改革发展成就的高度认可，也证明了中国银行业对地区和全球金融市场有着不可小觑的重要性。国家开发银行不断加强与新兴市场国家金融机构合作，推动成立了上合组织银联体、中国—东盟银联体、金砖国家银行合作机制等多边金融合作机制，得到周边地区和新兴市场国家的广泛认同。

中国银行业国际化步伐不断加快，成为中资企业"走出去"的强大助推器，有力地促进了中国在国际舞台上发挥日益重要的作用。近年来，中国积极参与国际经济金融体系调整，努力提升在世界银行、国际货币基金组织中的股权比例，在国际事务中发出中国声音，体现中国作用，都离不开中国银行业的有力支撑。

（资料来源：http：//www.china-cba.net/do/bencandy.php?fid=67&id=12234.）

6.4.2　跨国银行海外分支机构的具体形式

跨国银行在海外设立分支机构采取哪种形式主要考虑东道国的法律要求或公司利润目标的总体统筹安排，不同分支机构设立的条件、程序、业务范围会有所不同，常见的海外设立分支机构组织形式有以下几种。

（1）代表处。这是跨国银行最低层次的、规模较小的海外分支机构，并不直接经营银行存贷款业务，主要目的是收集和提供有关东道国市场环境的信息，代表母行与东道国政府进行接触，沟通母行与东道国客户的关系，为母行招揽业务，或监督分行或附属机构的经营状况，因此它称不上是真正意义上的银行。设立代表处成本较小，手续简便，受管制较松，工作人员很少，有的仅有 1～2 人。

（2）经理处。这是介于代表处和分行之间的组织形式。同代表处相比，经理处的经营范围相对广泛，可以从母行调入资金或在东道国向银行同业拆入资金向东道国客户放贷，主要从事从国际市场上的工商业贷款和贸易融资，但不能接受东道国的居民存款业务和信托业务，它的客户主要是其他银行或工商企业，特别是设在东道国的分支机构。

（3）分行。这是跨国银行根据东道国法律规定设立并经营的境外银行机构，是母行的一个组成部分，但不具备独立的法人地位。其资产和负债要合并到母行的资产负债表上，母行需要为其承担无限责任。与经理处相比，主要区别是除可发放贷款外，还可以接受东道国国内客户的存款以及从事证券、信托业务等较全面的银行业务，分行的主要活动是对境外发放贷款，同时可以对公司并购或投资活动提供咨询。

代表处、经理处、分行三种形式均不是与母行分离的法人实体，本身没有独立法人地位。母行对其负债承担全部责任。

（4）子银行。它是指跨国银行拥有全部股权或大部分股权，并在东道国取得法人地位的分支机构。它通常能从事东道国国内银行得到允许的全部业务。跨国银行对其子银行可以保持高度的控制权，对子银行要求的资本总额比对分行要求高，但母行对其只承担有限责任。

（5）附属行和联属行。这是由跨国银行与东道国有关机构共同出资设立，或对东道国银行兼并、收购成立的合资银行，跨国银行因持股关系承担有限责任。两种形式的区别在于：附属行的大部分股权为跨国银行所有，联属行的大部分股权为东道国银行或机构掌握。由于这种银行实质上是东道国的银行，因而可以不受限制地经营一切银行业务，有时还可以开展分行所不允许经营的其他业务，从而大大地方便了母行进入当地金融市场，有利于在当地建立巩固的客户网络。附属行和联属行机构有独立的资产负债表，自主经营，独立核算。

（6）爱治法公司（Edge Act Corporation）。这是美国跨国银行根据 1919 年修订的联邦储备法允许设立的最为重要的、经营国际银行业务的海外分支机构形式。爱治法公司有两种类型：银行爱治法公司及投资爱治法公司，前者是美国跨国银行经营国际业务及设立海外分行的主要机构，后者则主要从事投资外国公司（如金融机构）为母行建立附属行。

（7）财团银行。是由两家以上银行共同出资组成的，在特定地区开展特定业务活动的银行，是在东道国注册和纳税的独立的法人实体。财团内各银行持股比例均不超过 50%。一般不吸收存款，资金由各参股银行提供，其主要业务是安排巨额长期贷款，此外还兼营证券发行及企业兼并收购等业务。

6.5 跨国银行发展新趋势

进入 21 世纪，跨国银行的最新发展呈现出重组化、全能化、电子化和本土化四大趋势。

（1）电子化推动跨国银行的创新。电子化是指银行业务、工具、结算方式的电子化，它是数字化技术在跨国银行业广泛运用和发展的结果。计算机及电子信息技术在银行业的应用引发了银行的业务创新和技术创新，网络银行的出现，使银行业的业务领域逐渐向网上银行转移。在批发银行业务方面，银行已借助电子技术向公司客户有效地提供了现金管理方面的大量服务，如支付账户的控制、账户调整、电子资金转账、支票存款服务、信用证的电子签发等；在零售银行业务方面，电子技术的运用已为银行创造出一些非常重要的付款方式，如 ATM、销售点借记卡、家庭银行、电话票据支付等。

（2）银行业务全能化。由于国际经济更多从贸易向直接（金融）投资转化，全球科技、产业进步，国际分工出现了新的结构性变化，银行业国际化的驱动因素也从国际贸易更多转化为直接投资、价值供应链、跨国公司内部贸易和产业内贸易等。随着全球经济结构趋向多元化和经济发展对银行服务需求的多样化，跨国银行并购的目标也逐渐转向建立综合型银行，即在银行传统业务之外可以兼营其他金融业务。跨国银行海外当地业务更加以家庭、中小企业融资等零售业务为主，跨国银行要继续服务当地客户，需具备为家庭和中小企业提供服务的能力，零售银行业务超过批发业务成为银行跨国发展的目标。而大公司、跨国公司业务更多与市场融资相关，跨国银行要继续服务这类客户，则需同时具备参与资金、资本市场业务运作的能力。21 世纪国际金融业的流行模式是银行、证券、保险等各类金融业务逐渐融入一体化的架构之中，形成所谓的"金融超市"。

（3）银行组织结构当地化。与跨国银行业务变化相关，跨国银行在组织结构方面也面临挑战和矛盾，其中，最主要的是条线/地域、分行/子行间的两难处境。母国和东道国监管机构都更倾向于要求跨国银行当地化，海外机构相对独立，并与集团其他部分保持隔离，在当地融资和从事资本、流动性管理，以防止某地危机出现时扩大到集团其他部分。

由于地域中心组织结构在销售和客户服务方面可以更贴近当地市场，许多地域跨度较大的跨国银行在危机前，已出现了从业务条线管理模式，向区域中心模式倾斜的回归趋势。危机后的监管和市场环境变化，则更加强了这一趋势。分行并不适合当地化，而更适合集中流动性管理，其在内部资金调度方面更具优势。外资分行与子行相比，在监管严格程度及监管成本上的优势正在下降，但在业务限制方面的劣势反而更加突出。因此，跨国银行更有可能倾向于采用子行形式扩展海外业务。但分行是跨国银行仍具有管理优势的组织形式，跨国银行不可能放弃这种形式。更合理的选择是采取"双轨制"，充分利用两种形式的优势。

（4）银行重组化。20 世纪 90 年代中期以后，主要西方国家的跨国银行进入大规模的调整和重组阶段，跨国银行重组的目标也逐渐转向建立综合型银行，即在银行传统业务之外可以兼营其他金融业务。这次重组呈现出两大趋势特征：一是通过银行间兼并风潮向巨型化发展，大型或巨型银行集团逐渐将跨国并购的对象转向发展中国家和新兴工业化国家的商业银行，尤其是亚洲各国的商业银行。其次，出于分散经营风险和获取更大收益等目的的，跨国银行并购的地域扩张已经远远超越母国和东道国两个国家的界限而走向全球化。对于并购银行来说，它兼并收购的目标银行所处地理范围和业务领域范围越广，其承担的系统风险越小。

6.6 非银行跨国金融机构

非银行跨国金融机构主要包括跨国投资银行、共同基金、养老金、保险公司等机构，这里主要介绍跨国投资银行。

6.6.1 跨国投资银行的概念

跨国投资银行是指在世界各地设立分支机构进行跨国经营的大型投资银行，是投资银行业在国际范围内的延伸。它是国际资本市场的重要参与者，既为筹资者提供服务，也为投资者提供服务，大大提高了国际投资活动的效率，极大地促进了国际投资活动的开展，与跨国商业银行并列成为当代国际金融资本的重要组成部分。

跨国投资银行是在 20 世纪 70 年代末各国相继在不同程度上拆除了金融壁垒、世界经济的一体化进程加快、国际证券业的发展和银行购并浪潮等诸多因素影响下得以发展的。

6.6.2 跨国投资银行的主要功能

（1）促进跨国并购。近年来，跨国公司国际投资直接由绿地投资为主转变为海外并购为主，而海外并购是技术性很强的工作，从并购对象选择、时间安排、价格确定及合理的财务安排等，不是靠跨国公司本身能完成的，都是聘请跨国投资银行提供专门的技术支持；特别是第二次世界大战以后跨国并购常常通过证券交易市场进行，手续更为烦琐，操作更加专业，更需要跨国投资银行提供的服务才能得以完成。跨国投资银行可以为跨国公司物色收购目标，并加以分析，帮助建立一个可行的资金财务计划，必要时可以通过发行债券等手段提供融资帮助，从而完成兼并或收购活动。这大大加快了全球资产存量调整的步伐。

（2）提高国际投资运作效率。跨国投资银行是跨国直接融资的中介，表现为将剩余资金的所有者通过资本市场与长期资金的需求者联系起来。一方面，为长期资金需求的跨国公司找到从资本市场筹集的资金，特别是期限较长的和数额较大的资金，或自身以自有资金直接参与投资；另一方面，为有闲置资金的跨国投资者寻找合适的目标进行投资，可以大大提高投资运作效率。

（3）充当财务顾问与投资咨询。跨国投资银行的财务顾问业务是跨国投资银行所承担的对跨国公司提供证券市场业务的策划和咨询业务的总称。跨国投资银行不仅是跨国直接融资的中介，而且是重要的信息机构。由于跨国投资银行拥有全球分支机构网络，在人才、信息、技术等各方面具有极大优势，掌握大量的不同国家的客户信息资料，有巨大的信息资源库，有专门的研究部门从事研究咨询工作，可为跨国公司的跨国投资活动充当资产重组顾问、财务风险管理顾问、资产管理顾问、投资组合设计、财产估价、项目融资顾问及投资顾问等，帮助跨国公司进行宏观经济分析、行业分析、市场分析，制订相关方案。

6.6.3 跨国投资银行的主要业务

1. 国际证券发行与承销

证券承销是投资银行最基础和本源的业务。投资银行承销的证券不仅包括中央政府及地方政府、部门所发行的债券，也包括各种企业所发行的债券和股票，国际证券业务是其向国际范围的扩张和延伸。跨国投资银行不仅替各国企业、各国政府进行证券承销，同时还给国际金融组织如世界银行、亚洲开发银行等承销证券，为国外上市公司发行与承销证券，这些活动营造了国际间接投资的一级市场，推动了一级市场的发展。

2. 国际证券的自营买卖及基金管理

跨国投资银行自身进行国际证券的自营买卖以期获得价差收入。这是其参与国际间接投资的行为。同时，许多跨国投资银行还管理着各种基金，代理基金进行国际证券二级市场的交易。这些活动推进了全球证券交易二级市场的深化和发展。

3. 金融衍生工具的创造和交易

跨国投资银行是创造和交易金融衍生工具的重要机构。日新月异的金融衍生工具不仅为跨国公司提供了有效规避利率、汇率等金融风险的可能，而且推动了跨国公司国际投资的创新和改革。

4. 跨国投资银行国际直接投资

跨国投资银行像跨国商业银行一样要在国外设立分支机构而进行、开展各项跨国投资银行业务，跨国投资银行建立并完善了其全球业务网络，其国际业务体系日益完善，业务规模急剧扩张，在各个重要的国际金融市场上，许多跨国投资银行证券交易量已超过本地金融机构。

▶▶▶ 本章讨论案例 ◀◀◀

海外并购创新高　国外投行抢滩中国

2012 年中国海外并购的数据出炉：2012 年，我国海外并购共计 112 起，同比上涨 1.8%，并购总额同比上升 6.1%，达到 298.25 亿美元。除了资源类项目，中国企业还不是跨国并购市场的大客户，中国企业很快将成为跨国并购市场上的最重要客户之一。

虽然 2012 年我国企业海外并购规模和数量均创下新高，但国内的海外并购市场仍存在着不足。2012 年我国海外平均并购额为 3.39 亿美元，这意味着 3 亿美元上下的项目是我国海外并购的主流。对于企业来说，要想寻找类似金额的海外项目，颇为困难。

对摩根或者高盛等外资投行来说，3 亿美元以下项目他们很少参与。在国内，能获得海外待售企业信息的投行大多来源于华尔街。若他们不做中小规模的市场，则意味着国内市场信息存在不足。

1. 看好海外并购市场

2012 年，虽然中国经济增长遭遇到挑战，但这并没有影响到国内企业海外并购的热情。现在的中国企业有能力去海外并购。前几年国内企业大多处于高速成长期，都把国内市场做好，对国外兴趣不足。而今国内经济增速开始放缓，市场趋于稳定，企业的财富也积累到一定程度，国内正在进行的产业升级和行业整合要进一步发展，需要借助外部的力量。现在从海外购买品牌、技术应该成为突破发展瓶颈的选择之一。

很多待售的欧洲企业规模不是很大，对国内企业来说还是很有吸引力的。目前，有超过2400 家中国企业在上海和深圳证券交易所挂牌上市，其中许多公司拥有能够在跨境中型市场并购竞价竞争中获胜的资金实力。且这些企业的品质很好，在欧美市场具有一定的品牌影响力。更重要的是，通过收购，中国企业可以获得先进技术。

这些年持续上涨的劳动力成本削弱了中国企业传统的竞争力，目前很多行业都在面临着整合，企业在忙于产业升级。花费几亿元乃至十几亿元并购国外优质企业，不仅可以获得品牌、借助对方的渠道进入国外市场，还可以获得新技术，节省很多研发时间，以便在行业竞争中甩开竞争对手，抢占市场份额。

在时间选择方面，未来一段时间或是海外并购的最佳时期。受到几轮金融危机及债务危机的打击，欧洲、美国的很多企业都陷入了前所未有的困境之中。在目前艰难且不确定的市场环境下，即便是一些利润不错、每年的业绩都还有所增长的企业也都开始考虑通过并购的方式借助大企业的财力和新兴市场的活力使企业得到更好的发展。此外，由于全球资本市场的大幅萎缩，这些标的企业的市场估值和其所有者对估值的心理预期也随之大大降低。目前的经济形势确实已经挤压掉了行业的泡沫，企业可以以合理价格买到一些优质的资产。

2. 抢滩空白市场

国内企业的海外并购，发轫于 20 世纪 90 年代，而今已有 20 多年时间。但我国的海外并购市场仍不成熟，还存在空白。在国内，能获得海外待售企业信息的投行大多来源于华尔街。若摩根或者高盛等外资投行不做中小规模的市场，则意味着国内市场信息存在严重的稀缺。国内投行此方面表现也颇不给力。目前国内的投行正在海外设立相关的渠道。例如，中金、中信等中资投行开始在我国香港或者国外设立办事处。

中资投行在国外的业务覆盖面短期内没有铺得很开，而且也是希望做大项目的。因此，国内的企业想收购 3 亿美元上下的国外项目，目前渠道很少。林肯国际曾参与中国企业上海电气、万向集团、北京海纳川汽车部件股份有限公司等公司的海外并购项目，林肯国际目前要做的就是把这些相对空缺的信息从国外带到中国，其最近两年每年要完成超过 100 项交易，绝大多数都是代表卖方寻找买家，每周可提供 2～4 个新的独家机会给国内买家。林肯国际的并购业务资源遍及美国、欧洲、日本和世界其他地区，持有大量可收购机会的信息也正是中国企业所希望看到的。

如果一家企业是第一次去海外进行收购，应注意以下几点：首先，选择的并购对象最好不要过大，太大可能会造成对自己企业本业的冲击。其次，不要选择购买在海外市场做得不好的企业，不要觉得自己具有化腐朽为神奇的力量。最后，要选择与自己主营业务相关的项目。以前日本在泡沫时代就犯了很多这样的错误，他们当时去美国买洛克菲勒大厦，买电影公司等各种各样的资产。由于买的这些资产和企业的本业并不相关，因而经营的情况并不太好，最后都不得不贱价卖出。

（资料来源：http://www.21cbh.com/HTML/2013-1-14/0NNDA1XzYwMzI0NA.html.）

【讨论的问题】

1. 林肯国际采用怎样的策略进军中国市场？

2. 林肯国际跨国投资业务有哪些特点？

3. 我国投资银行"走出去"应注意哪些问题？

复习思考题

1. 简述跨国银行的特征。
2. 跨国银行与跨国公司有怎样的联系?
3. 跨国银行的组织形式有几种?
4. 简述跨国银行海外分支机构的具体形式及其主要业务。
5. 跨国投资银行的主要功能有哪些?
6. 跨国银行最新发展趋势怎样?
7. 分析我国国有商业银行国际投资的成功经验。

第3篇

国际间接投资

第7章

国际证券投资

【学习目标】

> ➤掌握国际股票价格指数、交易程序和方式。
> ➤掌握国际债券投资的基本内容。
> ➤掌握国际投资基金的设立及管理的主要内容。

导入案例

海外上市，民营资本的朝圣之路

2014年9月19日，阿里巴巴登陆纽交所，以每股美国存托股68美元的发行价，成为美国融资额最大的IPO。

进入2014年以来，中国企业赴美上市再次进入一个小高潮，目前已有新浪微博、聚美优品、京东、迅雷等10家中国互联网公司登陆了纽交所或者纳斯达克，其中京东的IPO更是令其一举成为中国第四大互联网公司。

1992年10月9日，华晨汽车在美国纽约的上市，开启了中国企业在境外上市的先河。如果说1999年以前境外上市完全是国企的天下，那么，自1999年侨兴环球纳斯达克IPO开始，民企则成为境外上市的绝对主力。

从某种意义上，华晨汽车是境外资本市场哺育了中国的"民企军团"。截至目前，已有逾千家民营企业通过IPO或者借壳的方式在境外各交易所上市，其中最多的无疑是中国香港及美国的两大交易所。环视当前的中国，那些响当当的民营企业，那些明星型的民营企业家，他们几乎无一不是到境外上市去了。

在民营企业于境外资本市场波澜壮阔的登台表演下，"红筹上市"被演绎得精彩纷呈，而"红筹股"的内涵与外延，也迥异于这个词最早被发明之时。

自1999年起，在这15年的时间里，民企的境外上市大致可以分成以下五个阶段。

1999—2000 年，萌芽期。这一时期民营企业境外上市还是弄潮儿，互联网企业的境外上市几乎可以视作一枝独秀，这一阶段以 2000 年下半年互联网泡沫破灭为结束标志。代表企业有：侨兴环球、新浪、搜狐、网易、UT 斯达康。

2001—2003 年，逐步发展期。互联网泡沫破裂之后，中国互联网产业进入了长达三年的低迷期，而一些成熟的传统民企则陆续选择境外上市，这一阶段以 2003 年年底互联网复苏为结束标志。代表企业有：创维、比亚迪、国美、金蝶、研祥、物美。

2004—2006 年，全面推动期。携程网的上市宣告了互联网第二波热潮的来临，同时其他传统民营企业也迎来了大规模的成熟期，民营企业迎来了境外上市的第一波高潮。代表企业有：盛大、蒙牛、腾讯、分众、百度、尚德、玖龙纸业。

2007—2010 年，深入发展期。以"十号文"（商务部令 2006 年第 10 号）的颁布为分水岭，民营企业境外上市进入到了一个新的阶段。一方面，不受"十号文"限制的民企大规模"赶末班车"；另一方面，金融危机的影响使得民企境外上市经历高峰之后有所回落。代表企业有：汇源、味千拉面、碧桂园、百丽、复星、阿里巴巴、中旺。

2011—2013 年，信任危机期。在海外投资人对中概股产生信任危机的背景下，相关机构对中概股实施了最大规模的做空潮；由于中概股被大规模做空，一些存在财务问题以及估值失去优势的中概股，涌现出了大规模的退市潮。代表企业有：土豆、东方纸业、嘉汉林业、分众、奇虎、新东方、盛大。

整体来说，民企的境外上市是一个难以阻挡的历史大趋势，只要 A 股的各项制度未能完善，民营企业终究会选择"用脚投票"。因而有人说，中国民企境外上市之路，犹如资本朝圣之路，经历起起落落，依然执着而坚定。

（资料来源：http://www.xcf.cn/jrdd/201407/t20140722_615241.htm.）

由此案例引出的问题：

❍ 什么是红筹股？

❍ 民营企业境外上市应具备哪些条件？

7.1　国际股票投资

国际股票投资是指在股票市场上购买外国公司股票。随着世界经济的发展，越来越多的企业开始通过在国际证券市场上发行股票来筹集资金，一些发展中国家的企业也开始通过国际股票吸引更多的国际投资者。

7.1.1　国际股票价格指数

1. 股票价格指数的含义

股票价格指数是反映股价变动相对水平和股价变动趋势的一种动态统计指标。

股票价格指数一般由证券交易所或其他金融服务机构编制。不同股票市场有不同的股票价格指数，同一股票市场也可以有多个股票价格指数。股票价格指数是一种平均数或加权平均数，其涨跌反映了以样本股为代表的相关市场的波动趋势。借助股票价格指数，投资者可以观察和分析股市的发展动态，研究有关国家和地区的政治经济形势，拟定投资策略。

2. 股票价格指数的种类

国际股票价格指数有很多种，其中较有影响的有以下几种。

1）道琼斯股票价格平均指数

道琼斯股票价格平均指数是 1884 年由美国道琼斯公司开始编制的，它是国际股票市场上最有代表性的股票价格指数。

道琼斯股票价格平均指数是历史最悠久、影响范围最广的股票指数，从开始编制至今从无间断。1884 年 6 月 3 日，道琼斯公司创始人查尔斯·亨利·道（Charles Henry Dow）开始编制一种股票价格指数，并刊登在《每日通讯》上。今天的道琼斯股票价格平均指数发表在《华尔街日报》上，共分四个分类指数：工业股票价格指数、运输业股票价格指数、公用事业股票价格指数和综合股票价格指数。其中，工业股票价格指数应用范围最广。

道琼斯工业、运输业和公用事业股票指数都是平均系列指数，综合指数是由以上三个指数的 65 只成分股组成的平均指数，可以综合反映纽约证券交易所所有上市股票的价格总体走势。道琼斯股票价格平均指数采用算术平均法计算，遇到拆股、换牌等非交易情况时用除数修正法予以调整。

现在常用的道琼斯股票价格平均指数是以 1928 年 10 月 1 日为基期的，并令基期的平均数为 100。道琼斯股票价格平均指数每隔半小时计算一次，并向外公布。

2）标准普尔指数

标准普尔指数是美国最大的证券研究机构即标准普尔公司编制和发表的股票价格指数。

标准普尔公司于 1923 年开始编制股票价格指数。最初采选了 230 种股票，编制两种股票价格指数。1957 年，采选的股票范围扩大到 500 种，分成 95 种组合。其中最重要的 4 种组合是工业股票组、铁路股票组、公用事业股票组和 500 种股票混合组。1976 年 7 月 1 日，改为 400 种工业股票、20 种运输业股票、40 种公用事业股票和 40 种金融业股票。标准普尔指数以 1941 年至 1943 年抽样股票的平均市价为基期，以上市股票数为权数，按基期进行加权计算，其基点数为 10。以股票市场价格乘以股票市场上发行的股票数量为分子，用基期的股票市场价格乘以基期股票数为分母，相除之数再乘以 10 就是股票价格指数。

标准普尔指数在美国也很有影响。标准普尔指数包括的 500 种普通股票总价值很大，其成分股有 90% 在纽约证券交易所上市，所以它的代表性比道琼斯股票价格指数要广泛，它更能真实地反映股票市价变动的实际情况。

3）恒生指数

恒生指数是由香港恒生银行 1969 年 11 月 24 日开始编制的用以反映香港股市行情的一种股票价格指数。恒生银行每天上午 11 时、中午 12 时和下午收盘时计算股票价格指数。

恒生指数的成分股由在香港上市的较有代表性的 33 家公司的股票构成，其中金融业 4

种，公用事业 6 种，地产业 9 种，其他行业 14 种。恒生指数最初以 1964 年 7 月 31 日为基期，基期指数为 100，以成分股的发行股数为权数，采用加权平均法计算。后由于技术原因改为以 1984 年 1 月 13 日为基期，基期指数定为 975.47。恒生指数现已成为反映我国香港地区政治、经济和社会状况的主要风向标。

4）纽约证券交易所股票价格指数

纽约证券交易所股票价格指数是由纽约证券交易所编制的股票价格综合指数。纽约证券交易所于 1966 年开始编制，先是普通股股票价格指数，后来改为混合指数，包括在纽约证券交易所上市的 1 500 家公司的 1 570 种股票。具体计算方法是将这些股票按价格高低分开排列，分别计算工业股票、金融业股票、公用事业股票、运输业股票的价格指数。纽约证券交易所股票价格指数是以 1965 年 12 月 31 日确定的 50 点为基数，采用的是综合指数形式。纽约证券交易所每半个小时公布一次指数的变动情况。虽然纽约证券交易所编制股票价格指数的时间不长，但其所股票价格指数可以全面、及时地反映股票市场活动的综合状况，因此较受投资者的欢迎。

5）日经平均指数

日经平均指数是日本经济新闻社编制公布的、反映日本股票市场价格变动的股价指数。

日经平均指数又称日经道琼斯平均股价指数、日经 225 指数，它是由日本经济新闻社于 1950 年 9 月开始发布，当时称为"东证修正平均股价"，选用东京证券交易所第一市场上 225 只股票，算出修正平均股价。自 1975 年 5 月 1 日起，日本经济新闻社根据与道琼斯公司的合同，公布日经道琼斯平均股价。该指数从 1982 年 1 月 4 日起采用日经 500 只股票平均股价，每天公布。

日经平均指数与美国道琼斯股票平均价格指数相比有一定差别，因为它没有设定基期，没有基期值，是严格意义上的股价平均数，离指数化还有一定距离。但该指数用以观察股价的长期性变动极为便利，是在日本股票市场上最具有代表性的股价指数。

6）伦敦金融时报指数

伦敦金融时报指数是伦敦《金融时报》工商业普通股票平均价格指数的简称，由英国《金融时报》于 1935 年 7 月 1 日开始编制，是用以反映伦敦证券交易所行情变动的一种股票价格指数。

伦敦金融时报指数以 1935 年 7 月 1 日作为指数的基期，令基期股价指数为 100，采用几何平均法进行计算。它最早选取在伦敦证券交易所挂牌上市的 30 家代表英国工业的大公司的股票为样本，是欧洲最早和最有影响力的股票价格指数。金融时报指数有三种，一是由 30 种股票组成的价格指数；二是由 100 种股票组成的价格指数；三是由 500 种股票组成的价格指数。

通常所讲的伦敦金融时报指数指的是第一种，即由 30 种有代表性的工商业股票组成并采用加权算术平均法计算出来的价格指数。该指数以 1935 年 7 月 1 日为基期日，以该日股价指数为 100 点，以后各期股价与其比较，所得数值即为各期指数，该指数也是国际上公认的重要股价指数之一。由于 1888 年创刊的英国《金融时报》每天都详细登载伦敦金融市场、特别是证券交易所的行情变化、市场动向及国内外的政治、经济动态，发行量很大。因此，该指数不仅是英国股票市场上，而且也是世界金融市场上颇有影响力的股价指数。

拓展阅读

上证指数体系的构建

上证综指于 1991 年 7 月 15 日发布，是上海第 1 只反映市场整体走势的旗舰型指数，也是中国资本市场影响力最大的指数，包含 A 股、B 股等上海股票交易所全部上市股票，以总股本为权重加权计算，代表中国资本市场 20 年发展历程，是中国资本市场的象征。

上证 180 指数选择总市值和成交金额排名靠前的股票，按照中证一级行业的自由流通市值比例，分配和选取 180 只固定样本，以自由流通股本为权重加权计算。这些公司核心竞争力强、资产规模大、经营业绩好、产品品牌广为人知，是上海证券市场上最具代表性的大型蓝筹股票指数，是投资评价尺度和金融衍生产品标的基础指数，于 2002 年 7 月发布。

上证 50 指数是在上证 180 指数的样本股中挑选规模最大、流动性最好的 50 只股票，反映最具市场影响力的一批龙头企业的状况，于 2004 年 1 月发布。

发布于 2010 年 11 月的上证 380 指数，代表了上海市场成长性好、盈利能力强的新兴蓝筹企业，这部分企业规模适中、具有成长为蓝筹企业的潜力，代表了国民经济发展战略方向和经济结构调整方向。它是在上证 180 指数之外的公司中，剔除亏损及近 5 年未分红送股公司，按中证二级行业的自由流通市值比例分配样本，在行业内选取规模、流动性、成长性和盈利能力综合排名靠前的 380 只样本股。

上证 50、上证 180 指数集中于金融、能源、原材料和工业等传统行业，上证 380 指数则广泛分布于节能环保、新一代信息技术、生物、高端装备、新能源、新材料等新兴产业和消费领域，凸显了我国经济结构调整的方向。

上证国债指数以所有剩余期限在 1 年以上的固定利率国债为样本，按照发行量加权计算，以反映债券市场的整体变动状况。

上证企债指数以剩余期限在 1 年以上的非股权连接类企业债为样本，以发行量加权计算，反映了企业债市场的整体走势和收益状况；上证企债 30 指数，选取流动性、发行规模等指标排名靠前的 30 只企业债，市场代表性好，可作为债券 ETF 的跟踪标的。

上证基金指数样本为所有在上海股票交易所上市证券投资基金，反映基金价格的整体变动状况。

上证 50、上证 180 和上证 380 指数是上海市场特大型、大型和中型蓝筹企业的代表，表现上海多层次蓝筹股市场的变化特征；上证债券类指数、上证基金指数反映上交所分层市场，与股票指数一同构成上证指数体系。

（资料来源：http://www.sse.com.cn/market/sseindex/bluechips/introduction.）

7.1.2　国际股票市场

国际股票通常是指外国公司在一个国家的股票市场发行的，用该国或第三国货币表示的股票。国际股票市场是国际股票发行和交易的场所。在国际股票市场中，股票的发行和买卖交易是分别通过一级市场和二级市场实现的。

一级市场即股票发行市场，二级市场即对已发行的股票进行买卖的市场。

1. 一级市场

1）股票一级市场的含义

股票一级市场是指股票的初级市场，也即发行市场，在这个市场上投资者可以认购公司发行的股票。通过一级市场，发行人筹措到了公司所需资金，而投资人则购买了公司的股票成为公司的股东，实现了储蓄转化为资本的过程。

在西方国家，一级市场又被称为证券发行市场、初级金融市场或原始金融市场。在一级市场上，需求者可以通过发行股票取得资金。在发行过程中，发行者一般不直接同持币购买者进行交易，需要有中间机构办理，即证券经纪人。所以一级市场又是证券经纪人市场。

股票在一级市场上发行是指发行者在一级市场按照法律规定的条件和程序，通过股票承销商向投资者发行股票的行为。

2）股票一级市场的主要特点

（1）发行市场是一个抽象市场，其买卖活动并非局限在一个固定的场所。

（2）发行是一次性的行为，其价格由发行公司决定，并经过有关部门核准。投资人以同一价格购买股票。

3）股票一级市场的发行方式

股票的发行方式，也就是股票经销出售的方式。由于各国的金融市场管制不同，金融体系结构和金融市场结构不同，股票发行方式也有所不同。

（1）按照发行与认购的方式及对象，股票发行可划分为公开发行与非公开发行。

公开发行又称公募发行，是指事先不确定特定的发行对象，而是向社会广大投资者公开推销股票。

非公开发行又叫私募发行，是指发行公司只对特定的发行对象推销股票。私募发行方式主要适用于以下几种情况：① 以发起方式设立公司；② 内部配股；③ 私人配股。

（2）按是否有中介机构协助，股票发行可划分为直接发行与间接发行。

直接发行又叫直接招股，是指股份公司自己承担股票发行的一切事务和发行风险，直接向认购者推销出售股票的方式。

间接发行又叫委托发行，是指发行者委托证券发行承销中介机构出售股票的方式。股票间接发行的方式，分为代销发行、助销发行和包销发行三种方式。

（3）按不同的发行目的，股票发行可以分为有偿增资发行和无偿增资发行。

有偿增资发行是指认购者必须按股票的某种发行价格支付现款，方能获得新发股票。一般公开发行的股票和私募中定向发行的股票都采用有偿增资的发行方式。

无偿增资发行是指股份公司将公司盈余结余、公积金和资产重估增益转入资本金的同时，发行与之相应的新股票，分配给公司原有的股东，原有股东无须缴纳认购股金款。

2. 二级市场

二级市场是证券交易市场的别称，也被称为证券流通市场、次级市场，是指对已经发行的证券进行买卖、转让和流通的市场。由证券交易所、经纪人、证券商和证券管理机构等组成。

新证券在一级市场卖出后，接下来的交易就是在二级市场进行。在二级市场上销售证券的收入属于出售证券的投资者，而不属于发行该证券的公司。二级市场至关重要，因为它为在一级市场买入的投资者提供了卖出的机会。根据二级市场的结构，它可以分为证券交易所市场和场外交易市场。

1）证券交易所

证券交易所是为证券集中交易提供服务的组织机构。从组织形式来看，证券交易所分为公司制和会员制。

公司制证券交易所依据公司法设立，以盈利为目的，交易所以投资者认购或发行股票的形式筹集资金，投资者是交易所的股东，但不一定是交易所的会员，交易所本身可以上市。会员制证券交易所是由会员发起设立的非营利性法人，证券公司是其主要的会员，交易所的筹建费用及营运资本由会员以缴纳会费的形式筹集，交易所不向会员之外的投资者融资，也不可以上市。

国际上主要的证券交易所，如纽约证券交易所、纳斯达克证券交易所、伦敦证券交易所、东京证券交易所及香港交易所采用的都是公司制，大多数证券交易所都已经上市。

拓展阅读

纽约证券交易所

纽约证券交易所（New York Stock Exchange，NYSE）是目前世界上规模最大的有价证券交易市场。在美国证券发行之初，尚无集中交易的证券交易所，证券交易大都在唐提咖啡馆和拍卖行里进行，1792 年 5 月 17 日，24 名经纪人在纽约华尔街和威廉街的西北角一间咖啡馆门前的梧桐树下签订了"梧桐树协议"，协议规定了经纪人的"联盟与合作"规则，通过华尔街现代老板俱乐部会员制度交易股票和高级商品，这也是纽约交易所的诞生日。到了 1817 年，华尔街上的股票交易已十分活跃，于是市场参加者成立了"纽约证券和交易管理处"，一个集中的证券交易市场基本形成，1863 年，管理处易名为纽约证券交易所，此名一直沿用至今。

由于第一次世界大战的爆发，交易所在 1914 年 7 月被关闭，但同年 11 月又重新开放，各种债券的自由交易，有力地支持了美国的一战。1929 年 10 月 29 日的"黑色星期二"导致美国股票市场崩溃，股价下跌引起的恐慌又引致了美国经济的大萧条。交易所随后推出的恢复投资者信心的计划，重振了资本市场，对美国经济的复苏和发展功不可没。1971 年 2 月 18 日，纽约证券交易所成为非营利性法人团体。2005 年 4 月，纽约交易所宣布收购电子交易运营商 Archipelago 控股公司。纽约交易所从非营利性法人团体转化为营利性公司，合并后的新公司更名为纽约证券交易所集团公司，集团的股票在纽交所上市。2006 年 6 月 1 日，纽约证券交易所宣布与泛欧证券交易所合并组成纽约-泛欧证券交易所。2007 年 4 月 4 日，纽约-泛欧证券交易所正式成立，总部设在纽约，由来自 5 个国家的 6 家货币股权交易所以及 6 家衍生产品交易所共同组成，其上市公司总数约 4 000 家，总市值达 28.5 万亿美元（约合欧元 21.5 万亿），日平均交易量接近 1 020 亿美元（约合欧元 769 亿）。

在 200 多年的发展过程中，纽约证券交易所为美国经济的发展、社会化大生产的顺利进行、现代市场经济体制的构建起到了举足轻重的作用，也是世界上规模最大、对世界经济有着重大影响的证券交易所。

（资料来源 . http：//finance. sina. com. cn/money/roll/20090818/23536633831. shtml. ）

2）场外交易市场

场外交易市场是指在证券交易所外进行证券买卖的市场。主要由柜台交易市场、第三市场、第四市场组成。

场外交易市场具有如下几个特点。

（1）场外交易市场是一个分散的无形市场。它没有固定的交易场所，由许多各自独立经营的证券经营机构分别进行交易，且主要是依靠电话、电报、传真和计算机网络联系成交。

（2）场外交易市场的组织方式采取做市商制。证券交易通常在证券经营机构之间或证券经营机构与投资者之间直接进行，不需要中介人。证券商既是交易的直接参加者，又是市场的组织者，他们制造出证券交易的机会并组织市场活动，因此被称为"做市商"。

（3）场外交易市场是一个拥有众多证券种类和证券经营机构的市场，以未能在证券交易所批准上市的股票和债券为主。由于证券种类繁多，每家证券经营机构只固定地经营若干种证券。

（4）场外交易市场是一个以议价方式进行证券交易的市场。在场外交易市场上，证券买卖采取一对一交易方式，对同一种证券的买卖不可能同时出现众多的买方和卖方，也就不存在公开的竞价机制。场外交易市场的价格决定机制不是公开竞价，而是买卖双方协商议价。

（5）场外交易市场的管理比证券交易所宽松。由于场外交易市场分散，缺乏统一的组织和章程，不易管理和监督，其交易效率也不及证券交易所。

场外交易市场由柜台交易、第三市场和第四市场 3 部分构成。

（1）柜台交易。它是指证券公司、经纪公司、经纪人、投资者等直接在交易柜台上进行面对面的交易，其中不涉及交易所，买卖股票的种类、数量、价格等均由交易双方协商决定。

（2）第三市场。它是场内市场向场外的一种特殊延伸，是指已获得在证券交易所上市资格的股票，由非交易所会员的证券商进行场外交易。

（3）第四市场。它是场内市场向场外的另一种特殊延伸，是指交易双方不通过证券商而直接进行股票交易。

拓展阅读

纳斯达克（NASDAQ）股票市场

　　纳斯达克是英文缩写"NASDAQ"的音译名，全称是美国"全国证券交易商协会自动报价系统"。它建于1971年，是世界上第一个电子化证券市场。它利用现代电子计算机技术，将美国6 000多个证券商网点连接在一起，形成一个全美统一的场外二级市场。1975年又通过立法，确定这一系统在证券二级市场中的合法地位。纳斯达克的发展与美国高技术产业的成长是相辅相成的，被奉为"美国新经济的摇篮"。

　　纳斯达克（NASDAQ）股票市场是世界上主要的股票市场中成长速度最快的市场，而且是首家电子化的股票市场。每天在美国市场上换手的股票中有超过半数的交易是在纳斯达克上进行的，将近有5 400家公司的证券在这个市场上挂牌。

　　纳斯达克在传统的交易方式上通过应用当今先进的技术和信息——计算机和电讯技术使它与其他股票市场相比独树一帜，代表着世界上最大的几家证券公司的519位被称作"做市商"的券商，他们在纳斯达克上提供了6万个竞买和竞卖价格。这些大范围的活动由一个庞大的计算机网络进行处理，向遍布52个国家的投资者显示其中的最优报价。

　　纳斯达克拥有各种各样的做市商，投资者在纳斯达克市场上任何一只挂牌的股票的交易都采取公开竞争来完成——用他们的自有资本来买卖纳斯达克股票。这种竞争活动和资本提供活动使交易活跃地进行，广泛有序的市场、指令的迅速执行为大小投资者买卖股票提供了有利条件。这一切不同于拍卖市场。它有一个单独的指定交易员，或特定的人。这个人被指定负责一种股票在这处市场上的所有交易，并负责撮合买卖双方，在必要时为了保持交易的不断进行还要充当交易者的角色。

　　纳斯达克增大了交易市场中的优秀因素，并增强了其交易系统，这些改进使纳斯达克有能力把投资者的指令发送到其他的电子通信网络中去，使人感觉好像进入了一个拍卖市场。

　　（资料来源：http：//wiki. mbalib. com/wiki/NASDAQ.）

7.1.3　国际股票交易程序

　　股票在证券交易所的交易程序一般包括以下几个环节：开户、委托、竞价成交、清算交割、过户等步骤。

1. 开户

　　开户是指股票的买卖人在证券公司开立委托买卖的账户。

　　投资者在买卖证券之前，要到证券经纪人处开立户头，开户之后，才有资格委托经纪人代为买卖证券。客户开设账户，是股票投资者委托证券商或经纪人代为买卖股票时，与证券商或经纪人签订委托买卖股票的契约，确立双方为委托与受托的关系。

开立账户之后，投资者与证券公司作为授权人和代理人的关系就基本确定。投资者作为授权人委托证券公司代理买卖股票，证券公司作为代理人负有认真执行客户的委托的责任，并为客户的委托事项保守秘密。任何一方如果失信，将承担违约责任。

2. 委托

投资者买卖股票必须通过证券交易所的会员进行。投资者委托股票经纪人买卖某种股票时，要签订委托契约书，填写年龄、职业、身份证号码、通信地址、电话号码等基本情况。委托书还要明确买卖何种股票、何种价格、买卖数量、时间等。最后签名盖章才能生效。

3. 竞价成交

证券商在接受客户委托，填写委托书后，应立即通知其在证券交易所的经纪人去执行委托。也就是说，经纪人在接受投资者委托后，按投资者指令进行申报竞价，然后拍板成交。

由于要买进或卖出同种证券的客户不止一家，因此需要通过双边拍卖的方式来成交，也就是说，在交易过程中，竞争同时发生在买者之间与卖者之间。证券交易所内的双边拍卖主要有三种方式，即口头竞价交易、板牌竞价交易、计算机终端申报竞价。

口头竞价是指场内交易员在交易柜台或指定区域内大声喊出自己买入卖出的证券价格、数量直至成交。同时辅以手势，以手指变动表示不同的数字，掌心向内表示买进，掌心向外表示卖出。

板牌竞价是指在股票的竞价买卖中，买卖各方的买价和卖价均书写在板牌上，经纪人通过板牌竞价直至成交。

计算机终端申报竞价是指证券公司交易员在电脑终端机上将买卖报价输入到交易所的电脑主机，然后由电脑主机配对成交。这种方式是世界各国证券交易所采用的主要竞价方式。

4. 清算交割

股票的清算与交割是一笔股票交易达成后的后续处理，是价款结算和股票交收的过程。清算和交割统称股票的结算，它关系到买卖达成后交易双方责权利的终结，直接影响到交易的顺利进行，是市场交易持续进行的基础和保证。

股票的结算方式有逐笔结算和净额结算两种。

逐笔结算是指买卖双方在每一笔交易达成后对应收应付的股票和资金进行一次交收，可以通过结算机构进行，也可以由买卖双方直接进行，比较适合以大宗交易为主、成交笔数少的证券市场和交易方式。

净额结算是指买卖双方在约定的期限内将已达成的交易进行清算，按资金和股票的净额进行交收。该方式比较适合于投资者较为分散、交易次数频繁、每笔成交量较小的证券市场和交易方式。净额结算通常需要经过两次结算，即首先由证券交易所的清算中心与证券商之间进行结算，称为一级结算；然后由证券商与投资者之间进行结算，称为二级结算。

股票结算的时间安排，在不同的证券交易所因其传统和交易方式的不同而不同。

一是会计日交收，是指在一个时期内发生的所有交易在交易所规定的日期交收。例如，比利时根据交易所排定日期安排交收，印度证券市场交易每周安排一次交收。

二是滚动交收，是指某一交易日成交的所有交易有计划地安排距成交日相同营业日天数的某一营业日进行交收。例如，在"T+3"滚动交收中，要求 T 日成交的证券交易的交收在成交日之后的第三个营业日（T+3）完成。

滚动交收目前已被各国证券市场广泛采用。美国证券市场采取"T+3"，我国香港市场采取"T+2"。我国目前存在两种滚动交收周期，即"T+1"与"T+3"。"T+1"滚动交收目前适用于我国的 A 股、基金、债券、回购交易等；"T+3"滚动交收适用于 B 股。

5. 过户

股票和价款清算交割后，并不意味着股票交易程序的终结。随着交易的完成，当股票从卖方卖给买方时，就表示原有股东拥有权利的转移，新的股票持有者则成为公司的新股东，原有的股东丧失了他们卖出股票的权利，新股东则获得了他们所买进股票的权利。然而，由于原有股东的姓名及持股情况均记录于股东名簿上，因而必须变更股东名簿上相应的内容，这就是通常所说的过户手续。

证券交易所的股票如果已实行无纸化交易，对于交易过户而言，结算完成即实现了过户。所有的过户手续都由交易所的电脑自动过户系统一次完成，不需要投资者办理过户手续。

7.1.4　国际股票交易方式

国际股票的交易方式是指转移国际股票所有权的行为，它一般是在国际股票交易市场进行的。世界上比较著名的国际股票交易市场有伦敦、纽约、东京、中国香港等证券交易市场。国际股票的交易方式主要有以下几种。

1. 现货交易

股票的现货交易，又称现金交易，是指股票的买卖双方达成交易以后，按当时的成交价格清算和交割的交易方式。

现货交易的交割方式有两种。一种是当日交割，即股票买卖双方在成交的当天即将交割手续办完；另一种是例行交割，即股票买卖双方在成交后，按交易所例行的规定日期办理交割手续。在国际股票市场上，投资金额较少的机构和个人投资者通常采用现货交易的方式来买卖股票。

现货交易的一个显著特点是实物交易，即卖方必须向买方转移证券。实行无纸化交易后，现货交易无须实物证券，仅通过证券账户划转即可。

2. 期货交易

期货交易是指股票买卖双方成交后，清算和交割按双方约定的价格在远期进行的一种交易方式。也就是说，股票期货交易的双方在签订交易合同之后，买方不用立即付款，卖方也无须及时交出股票，而是在双方约定的未来某一时间进行。

期货交易一般有两种。一种是预计在交割前股价上涨，将买入期货合同的，称为多头；另一种是预计在交割前股价下跌，将卖出期货合同的，称为空头。

采用这种交易方式，买卖双方成交时必须签订合同，以确定股票交割的价格和日期。由于进行股票结算时是按买卖契约签订时的股票行市进行，而不是按照股票交割时的行市进行，所以能避免股票行市波动带来的影响。由于股票成交与交割时间较长，也给股票买卖双方进行套期保值或者投机带来了方便。在买卖双方约定的交割日期到来时，如果股票行情上涨，股票购买者就能获得溢价收益；反之就得承担股价下跌所带来的一系列损失。因此，买卖双方可以根据对市场牛市或者熊市的判断和预测，利用期货交易方式进行赌博，到结算时只需支付股票行市涨落的差额。投资者进行期货交易的目的是套期保值，以防范价格变动的风险。

3. 保证金交易

保证金交易，又称信用交易或垫头交易，是指投资者购买一定数额的股票仅支付部分价款，其余部分暂时由交易所的经纪人垫付；或者投资者支付一定保证金，向经纪人买入股票卖出。前者称为保证金买进交易，后者称为保证金卖出交易。

在投资者对未来股票行情看涨时，可以采取保证金买进方式，在向经纪人缴纳部分保证金后，委托经纪人垫付余额并代理买进股票。经纪人接受投资者委托办理交易，然后将代客户买入的股票存入银行作为借款的抵押。在该股票卖出后，经纪人归还银行借款本息，扣除自己应收取的佣金和垫款利息后，将余额还给客户。如果投资者对未来股市看跌，可以办理保证金卖出交易。由此可见，采用保证金交易方式，投资者不用缴纳全部价款就可以进行股票买卖，有可能获得更大收益。

如果经纪人为交易者垫付的是部分款项，则被称为融资；如果经纪人借给交易者的是股票，则被称为融券。

保证金交易属于多头或买空交易，它要求交易者必须有足够的信誉和实力。在交易过程中，投资者用保证金购买的股票全部用于抵押，客户还要向经纪人支付垫款利息。

4. 期权交易

股票期权交易是一种股票权利买卖，即某种股票期权的购买者和出售者可以在规定期限内的任何时候，不管股票市价的升降程度，分别向其股票的出售者或购买者以期权合同规定好的价格购买或出售一定数量的某种股票。

股票期权分为以下 3 种方式。

（1）看涨期权。这是在契约规定的时间内，期权所有者拥有按照契约规定的价格和数量购买某种股票的权利。

（2）看跌期权。这是在约定的时间内，期权持有者拥有按契约规定的价格和数量卖出某种股票的权利。

（3）双向期权。它是看涨期权和看跌期权的融合。这种期权交易为投资者增加了获利的机会，而期权出售者则要承担更多的风险，因此需要索取更多的期权费作为补偿。由于股票期权交易可以限制投资风险损失，有利于获得较大利益，因此受到许多投资者的青睐。

在期权购买者认为行使期权对自己不利时，也可以放弃期权，但期权的购买费不予退还。期权合同一般随着有效期的结束而失效。期权交易一般对买卖双方均有好处，买方可以利用期权保值或赚取股票买卖差价，而卖方可以赚取期权出售费。

5. 股票价格指数期货交易

股票价格指数期货交易是投资者以股票价格指数为依据进行的期货交易，买进和卖出的都是股票期货合同。

在股票交易中，各种股票的价格经常有升有降，变幻莫测，投资于不同种类的股票，其风险也不相同。股票指数代表若干种股票价格的平均数，它的变动比单只股票价格变动相对稳定，预测也比较容易。投资者在了解一国经济发展状况、金融市场利率和某些主要行业的发展前景后，就可以预测股价指数的趋势。在对股价指数升降进行了准确预测后，投资者就可以买进或卖出期货合同了。因此，买卖股票指数期货更受投资者欢迎。

◢◤ 本节讨论案例 ◢◤

京东商城，挂牌纳斯达克证券交易所

2014 年 5 月 22 日，中国最大的自营电子商务企业京东正式在美国纳斯达克证券交易所挂牌上市，成为中国第一家在美国纳斯达克成功上市的大型综合电子商务公司。京东也将由此成为腾讯、百度之后的中国第三大互联网上市公司。而腾讯在京东赴美上市前夕增持京东 5% 股份，也就是说，腾讯所持股份达到 19.3%。京东的上市，将使腾讯和阿里巴巴之争更加激烈。从一个中关村的普通柜台，发展到中国最大的自营电子商务企业，京东创造了中国电子商务的奇迹。

京东股票开盘价 21.75 美元，当日最高涨至 22.50 美元，最低至 20.24 美元，报收于 20.90 美元，较 19 美元的发行价上涨 10%。以收盘价计算，京东市值达 286 亿美元，在已上市的中国互联网公司中排名第三，仅次于腾讯和百度。

京东从 2004 年开始做电子商务，是中国知名 B2C（企业对终端消费者）电子商务企业，此次上市囊括京东商城集团、京东金融集团、拍拍网、海外事业部四块业务。从财报来看，创立长达 10 年之久的京东一直未实现盈利。此前京东提交的招股文件显示，2009—2013 年，京东净亏损分别为 1.03 亿元、4.12 亿元、12.84 亿元、17.29 亿元和 5 000 万元。京东对巨额亏损的解释是"自有物流体系投入及品类扩张"。尽管连年亏损，但京东一直在飞速扩张，这主要来自于各路资本的支持。2007 年，京东获得了国际著名风险投资基金"今日资本"的第一轮融资 1 000 万美元。此后的几年里，京东共进行了七轮融资，先后获得"雄牛资本""老虎环球基金"等机构的融资，金额总计 23 亿美元。

1. 京东商城的融资史

2007 年，今日资本投资京东 1 000 万美元；2008 年，今日资本再次投资，同时还有雄牛资本及梁伯韬私人公司参与投资，合计金额 2 100 万美元；2011 年，DST 投资京东 62.37 亿元；2012 年，Classroom Investments 和老虎全球基金投资京东 28.54 亿元；2013 年，Kingdom 5-KR-225 基金、Supreme Universal Holdings、Goldstone Capital、DST 参与投资，合计金额 18.55 亿元，与今日资本一样，DST 也是两次投资京东。

此次 IPO，京东以每股 19 美元的价格共发行 93 685 620 股美国存托股票（American Depository Share，ADS）。以此计算，假设承销商不行使额外购买 ADS 的期权，此次 IPO 共募资 17.8 亿美元，是目前中国企业在纳斯达克最大的一次 IPO。京东此次只发行 10% 新股，而大多数公司发行股本是 15%～25%。京东之所以发行新股这么少，是因为过去两年京东的现金流非常好，京东还有 30 多亿美元现金，随着京东成功上市，又拿到 30 多亿美元，因此，京东短期不会有融资计划。

　　京东募资主要用于几方面用途，分别是进一步向三四线城市沉淀，扩展京东在这些城市的品牌影响力和渠道资源；涉足生鲜领域；开展国际业务。

2. 京东上市的行业影响

　　除京东登陆纳斯达克外，阿里巴巴于 9 月在美国挂牌上市。从中国 B2C 市场整体表现看，2013 年天猫、京东和腾讯的份额合计已经达到 73.1%，市场马太效应已经在加剧。京东和阿里巴巴上市后，"双超多强"的局面更加明显，会给同类公司带来资金分流压力，尤其规模小的科技公司想要"分杯羹"会很难。

　　京东上市会对阿里巴巴有何影响？据有关人士分析指出，京东在第二季度上市，阿里巴巴在第三季度上市，二者有一定的时间差，京东提前于阿里巴巴上市对资本市场的分流并不明显，对阿里巴巴融资影响不大。

　　（资料来源：http：//tech. 163. com/14/0523/07/9STO5BR800094ODU. html. ）

【讨论的问题】
1. 京东在美国公开发行的股票属于哪类国际股票？
2. 请结合京东挂牌纳斯达克证券交易所，分析中国企业海外上市的意义。

7.2　国际债券投资

7.2.1　国际债券的价格和投资收益

1. 国际债券的价格

　　债券的价格分为两种：一种是债券在一级市场上的发行价格；另一种是债券在二级市场上买卖的成交价格，即交易价格。

　　1）债券的发行价格

　　债券的发行价格是公司发行债券时使用的价格，也是债券的原始投资者购买债券时实际支付的价格。

　　债券发行价格的高低，取决于以下 4 个因素。

　　（1）债券面值，即债券票面上注明的价值，也是债券到期时偿还本金的数额。一般而言，债券面值越大，发行价格就越高。

　　（2）债券票面利率。票面利率又称名义利率，是债券发行时票面上注明的利率。通常，债券的票面利率越高，债券的发行价格就越高。

　　（3）市场利率。是指债券有效期限内资金市场的平均利息率。通常，市场利率越高，债券的发行价格越低。

　　（4）债券期限。是指债券自发行日至偿还全部本金所需要的时间。同银行借款一样，债券的期限越长，债券持有人的风险越大，要求的债券投资收益率就越高，债券的发行价格就可能较低；反之，则可能较高。

债券的发行价格是由债券本金和债券年利息收入按债券期限内的市场利率折现后的现值之和决定的。债券发行价格的计算公式为：

$$债券发行价格 = \sum_{t=1}^{n} \frac{年利息}{(1+市场利率)^t} + \frac{面值}{(1+市场利率)^n}$$

债券发行通常有三种情况，即溢价发行、平价发行和折价发行。

溢价发行是指债券以高出面值的价格发行；平价发行是指债券以面值发行；折价发行是指债券以低于面值的价格发行。债券以何种价格发行，取决于债券票面利率与市场利率的关系。债券票面利率是预先确定的，而市场利率是变动的。票面利率和市场利率的关系影响到债券的发行价格。如果市场利率高于票面利率，则债券需折价发行；如果市场利率低于债券票面利率，则债券要溢价发行；如果市场利率等于票面利率，则债券等价发行。

例如，某公司发行 5 年期的公司债券，债券面值为 1 000 元，票面利率为 8%，利息每年支付一次，试确定以下 3 种情况下的债券发行价格。

（1）债券发行时市场利率为 10%。

（2）债券发行时市场利率为 8%。

（3）债券发行时市场利率为 5%。

当市场利率为 10% 时：

$$债券发行价格 = \sum_{t=1}^{5} \frac{1\,000 \times 8\%}{(1+10\%)^t} + \frac{1\,000}{(1+10\%)^5}$$
$$= 924.16（元）$$

当市场利率为 8% 时：

$$债券发行价格 = \sum_{t=1}^{5} \frac{1\,000 \times 8\%}{(1+8\%)^t} + \frac{1\,000}{(1+8\%)^5}$$
$$= 1\,000（元）$$

当市场利率为 5% 时：

$$债券发行价格 = \sum_{t=1}^{5} \frac{1\,000 \times 8\%}{(1+5\%)^t} + \frac{1\,000}{(1+5\%)^5}$$
$$= 1\,129.86（元）$$

根据上述公式计算的发行价格一般是确定实际发行价格的基础，在实务中，还要结合发行公司自身的信誉情况来综合确定。

2）债券的交易价格

债券的交易价格是指投资者之间转让债券的价格。

债券的待偿期越短，债券的价格就越接近其终值；债券的待偿期越长，其价格就越低。因为待偿期越长，发债企业所要遭受的各种风险就可能越大，所以债券的交易价格也就越低。

债券的票面利率越高，到期的收益就越大，债券的售价也就越高。债券投资者的获利预期是跟随市场利率而发生变化的，若市场利率高调，则投资者的获利预期也高涨，债券的价格就会下跌；若市场利率调低，则债券的价格就会上涨。

债券的交易价格还取决于资金和债券的供求关系。在经济发展呈上升趋势时，企业一般要增加设备投资，所以它一方面因亟需资金而抛出债券，另一方面它会从金融机构借款或发行公司债，这样就会使市场的资金趋紧而债券的供给量增大，从而引起债券价格下跌。而当经济不景气时，企业对资金的需求将有所下降，金融机构则会因贷款减少而出现资金剩余，从而增加对债券的投入，引起债券价格的上涨。

当中央银行、财政部门、外汇管理部门对经济进行宏观调控时也往往会引起市场资金供给量的变化，其反映一般是利率、汇率跟随变化，从而引起债券价格的涨跌。

当物价上涨的速度轻快或通货膨胀率较高时，人们出于保值的考虑，一般会将资金投资于房地产、黄金、外汇等可以保值的领域，从而引起资金供应的不足，导致债券价格的下跌。

2. 国际债券的投资收益

债券投资收益是指投资者在一定时期内投资债券所获得的收益。债券投资收益一般用收益率来表示。

收益率是指债券投资的收益占原始投资额的比率，是衡量投资者收益的标准。收益率通常包括以下几种。

1）名义收益率

名义收益率是指债券年固定利息与债券面额之比，计算公式为：

$$名义收益率 = \frac{债券年利息}{债券面额} \times 100\%$$

例如，一张面额为 1 000 元、年利息为 15% 的债券，则持有者的名义收益率为：

$$名义收益率 = \frac{1\ 000 \times 15\%}{1\ 000} \times 100\% = 15\%$$

2）本期收益率

本期收益率是指债券的年固定利息与债券本期市场价格之比，计算公式为：

$$本期收益率 = \frac{债券年利息}{本期市场价格} \times 100\%$$

例如，一张面额为 1 000 元、年利息为 15%、期限为 5 年的债券，债券发行时的认购者在购买后的第三年年初以 900 元卖出。则债券新购买者的本期收益率为：

$$本期收益率 = \frac{1\ 000 \times 15\%}{900} \times 100\% = 17\%$$

3）持有期收益率

债券的持有期收益率是指投资者从购入债券到出售债券期间所得的收益率，计算公式为：

$$持有期收益率 = \frac{卖出价 - 买入价}{买入价} \times \frac{360}{持有天数} \times 100\%$$

例如，某人在证券市场上以 100 元买了一张刚发行的、利率为 15%、期限为 5 年的债券，两年之后又以 120 元的价格卖出，其持有期的收益率为：

$$\frac{120 - 100}{100} \times \frac{360}{720} \times 100\% = 10\%$$

4）到期收益率

债券的到期收益率是指投资者从购入债券到债券到期时的收益率。其计算公式为：

$$到期收益率 = \frac{债券到期后的本金和利息总额 - 买入价}{买入价 \times 待偿还的期限} \times 100\%$$

例如，某人以 120 元购买了一张面值为 100 元、利率为 15%、期限为 5 年的债券，由于投资者买入这张债券时，债券已发行了 3 年，投资者 2 年后债券到期时的收益率为：

$$\frac{100 + (15 \times 5) - 120}{120 \times 2} \times 100\% = 22.92\%$$

拓展阅读

熊 猫 债 券

2005 年 2 月 18 日，《国际开发机构人民币债券发行管理暂行办法》，允许符合条件的国际开发机构在中国发行人民币债券。2005 年 10 月，中国人民银行批准国际金融公司和亚洲开发银行在全国银行间债券市场分别发行人民币债券 11.3 亿元和 10 亿元。这是中国债券市场首次引入外资机构发行主体。国际多边金融机构首次在华发行的人民币债券被命名为"熊猫债券"。

外国债券是指某一国借款人在本国以外的某一国家发行以该国货币为面值的债券。此次国外开发机构获准在我国发行人民币债券在我国债券市场是史无前例的，可以说是我国债券对外开放过程中的一个重大突破。根据国际惯例，国外金融机构在一国发行外国债券时，一般以该国最具特征的吉祥物命名。例如，外国筹资者在日本发行的以日元计价的债券被称为"武士债券"；在美国发行以美元计价的债券被称为"扬基债券"；在英国发行以英镑计价的债券为"猛犬债券"；在澳大利亚发行的以澳元计价的债券被命名为"袋鼠债券"；在新西兰发行的以纽元计价的债券为"贝壳杉债券"；在加拿大发行的以加元计价的债券则叫"枫树债券"；在瑞士发行的以瑞士法郎计价的债券被称为"阿尔卑斯债券"。因此，我国财政部部长金人庆将国际多边金融机构首次在华发行的人民币债券命名为"熊猫债券"。2005 年 10 月 11 日，国际金融公司和亚洲开发银行在银行间市场发行了 11.3 亿元的 10 年期的熊猫债券，票面利率为 3.4%，按票面值发售。债券的主承销商为中金公司和中信证券。国际金融公司将用债券收益向 3 家中国企业提供融资。2005 年 10 月 13 日，亚洲开发银行发行的 10 亿元熊猫债券为 10 年期债券，票面利率为 3.345%，债券主承销商为中银国际。亚洲开发银行 2009 年 12 月 1 日在中国市场发行总值 10 亿元人民币的 10 年期"熊猫债券"。这是继 2005 年首发成功后，亚行第二次发售以人民币计价的固息债券。

（资料来源：http：//finance.eastmoney.com/news/1371,20110727151373425.html.）

7.2.2　国际债券的发行

1. 国际债券市场对发行者的要求

国际债券市场有严格的管理制度，一般对发行者有如下几项要求。

（1）必须经过正式申请和登记，并由专门的评审机构对发行者审查。

（2）发行者必须公布其财政收支状况和资产负债情况。

（3）在发行期间，每年应向投资人报告资产负债及盈亏情况。

（4）债券发行获得批准后，必须根据市场容量，统一安排发行的先后次序。

（5）债券的发行与销售仅允许证券公司或投资银行经营，银行只能办理登记及还本、付息、转让等业务。

（6）须由发行者国家政府或中央银行进行担保，担保必须是无条件的和不可撤销的。

2. 发行市场的构成

国际债券的发行涉及多个国家，参与主体较多，通常包括以下几种。

（1）发行人即借款人，也称债务人。它通过发行国际债券筹措所需的资金。

（2）投资人，即购买债券的人，也称债权人。它通过购买国际债券盈利。

（3）主干事，即发行国际债券的主要组织者，一般由一家知名度高的投资银行或证券公司担任。主干事的职责是受债券发行人的委托，负责组织、安排发行债券的工作，同时，它还要选择几家金融机构，组成干事集团，共同商办发行债券事宜。

（4）承购集团，即由主干事组织的向广大公众销售债券的中间人。一般由数十家金融机构参加承购集团，如果债券销售后有剩余，那么承购集团的各承购人有义务在自己承购的额度内买下售不出的债券。

（5）销售集团，即由主干事组织的向广大公众销售债券的中间人。一般也由数十家金融机构参加销售集团，但销售集团对不能推销出去的债券，一般不承担承购的责任。

（6）受托机构，即受债券发行人和投资人的委托，经办有关债券发行事宜的金融机构。

（7）登记代理机构，即对投资人手上的债券进行登记的机构，一般都由金融机构担任。

（8）支付代理机构，即帮助发行人对债券还本付息的金融机构。

（9）律师，即向发行人提供法律咨询意见，并帮助起草各种法律文件。

3. 发行条件

发行条件是发行债券的关键环节。对发行人而言，发行条件关系到筹资成本和筹资效益；对投资者而言，发行条件是做出投资判断的基础，涉及投资风险和收益问题。国际债券的发行条件主要包括资信评级、发行额度、偿还期限、票面利率、发行价格、偿还方式、利息支付方式和担保等。

4. 发行方式

国际债券的发行方式主要有两种：公募和私募。

1）公募

公募是向社会广大公众发行债券，可在证券交易所上市公开买卖。公募债券的发行必须经过国际上认可的债信评级机构的评级。借款人需将自己的各项情况公布于众。借款人每发行一次债券，都要重新确定一次债信级别。

2）私募

私募是指私下向限定数量的投资人发行债券。这种债券发行的金额较小、期限较短、不能上市公开买卖。但私募债券机动灵活，一般不需要债信评级机构评级，也不需要发行人将自己的情况公布于众，发行手续较简便。

5. 发行程序

国际债券的发行程序主要如下。

（1）发行企业选任一家金融公司作为债券发行的组织者，即主干事银行或主干事证券公司。双方就债券的形式、发行市场、发行数量、币种、利率、价格、期限以及发行的报酬和费用等进行磋商。

（2）向当地外汇管理部门提出发行债券申请，经该部门审查并提出意见后，报经该国政府有关管理部门批准。

（3）向国外有关资信评审机构申请评级。申请评级以前，需先向国内的审查管理机构提出书面申请，并提供评级机构名称和用于评级的资料等。发行者应在得到评级结果的三日内向审批管理部门报告评级结果。

（4）向拟发行证券的市场所在国政府提出申请，征得市场所在国政府的许可。

（5）发行者在得到发行许可后，委托主干事银行组织承销团，由其负责债券的发行与包销。

拓展阅读

国际债券的发行目的

一般来说，各国运用国际债券来筹集资金的主要目的有以下5个方面。

（1）用以弥补发行国政府财政赤字。对于一国政府来说，弥补财政赤字除了可以用发行国内债券的方式外，还可以通过发行国际债券的形式筹集资金，作为国内债券的补充。

（2）用以弥补发行国政府国际收支的逆差。发行国际债券所筹集的资金在国际收支平衡表上表现为资本的流入，属于资本收入，因而有利于减少国际收支逆差。在1973—1975年的石油危机中，许多西方工业国家都采用发行国际债券的方式来弥补由于石油价格上涨而造成的国际收支逆差。

（3）用以为大型或特大型工程筹集建设资金。这主要由一些国际金融债券或公司集团组成的投资机构来发行。

（4）用以为一些大型的工商企业或跨国公司增加经营资本来筹措资金，从而增强其实力。大型企业为增强其实力，需要大量资金的支持。

（5）用以为一些主要的国际金融组织等筹措活动资金。例如，世界银行就曾多次发行外国债券，以筹措巨额资金，实施其开发计划。

（资料来源：http：//china. findlaw. cn/falvchangshi/zhengquan/guojizhaiquan/gjzjfx/27055. html. ）

7.2.3　国际债券的清算

1. 国际债券清算机构

国际上有两大债券清算机构，即欧洲清算系统和塞德尔国际清算机构。

欧洲清算系统成立于 1968 年，总部在布鲁塞尔。它是一个股份制的机构，现有股东 125 个，主要从事债券的清算、保管、出租、借用，并提供清算场所等业务。该系统在世界上 16 个国家和地区设立了分支机构。

塞德尔国际清算机构成立于 1970 年，总部设在卢森堡，它与欧洲很多国家的银行建立了清算代理关系，其业务范围与欧洲清算系统大致相同。

国际债券交易的清算，绝大部分是通过这两个机构进行的，它们已发展成为当今世界两家最大的清算机构。

2. 国际债券清算程序

国际债券的清算大致经过以下几个程序。

（1）开立债券清算账户和货币清算账户。申请加入清算系统的银行或证券公司必须开立债券清算账户和货币清算账户。债券清算账户是用于债券面额的转账，而货币清算账户是用于买卖债券时，按市场价格和生息后计算出的总额转账。因为国际债券交易既转移所有权，还要按市场价格计算出的等值货币支付。

（2）发送债券清算指示。债券买卖成交以后，买卖双方分别向其清算机构发送清算指示。清算指示主要包括清算机构名称、买入或卖出债券的种类、成交日期、结算日期、债券的面额和币种、成交价格、生息与否、货币总额、结算路线、清算指示的发送者名称和发送日期等。

（3）核对清算机构发回的有关交易细节的报告，以便及时纠正。

（4）在结算日进行内部账务处理。

（5）核对清算机构的对账单，如有不符，可立即向对方和清算机构查询。

7.2.4　国际债券的评级

向社会公开发行的债券通常由专门的债券评信机构进行等级评定。国际债券评级是指由证券市场上专门从事证券研究、统计和咨询的机构，对债券发行企业支付的可能性和信用度进行等级评定，即以不同的等级级别表示债券质量的好坏、还本付息能力的强弱和债券投资风险的高低。评定的结果对债券发行单位及投资者都有重大影响，它直接影响债券的发行效果和投资者的投资选择。

1. 债券评级标准

按照国际惯例，债券的等级一般分为三级九等。分别是 A 级、B 级、C 级和 AAA、AA、A，BBB、BB、B，CCC、CC、C 9 个等级。AAA 级是最高级，偿还本金、支付利息能力极强，投资风险最低；C 级是最低级，一般表示不能支付利息的债券。

AAA 级：等级中的最高级，表明债券发行企业的还本付息的能力极强。

AA 级：属高级，表明还本付息的能力很强。

A 级：属中高级，表明还本付息的能力较强。

BBB 级：属中级，表示具有一定的还本付息的能力，但需要一定的保护措施。

BB 级：属中低级，本金和收益缺乏足够的保障。

B 级：属于较低级，本金和收益保障很小。

CCC 级：属于低级，本金和利息没有保障。

CC 级：经常违约，具有较高的投机性。

C 级：属于最低级，不能承担还本付息的义务。

通常认为只有前三个等级的债券才具有实际投资的价值。债券的信用等级与利率成反比，信用等级高的债券其利率低。因此，发行单位若能提高其债券的信用等级，则可以降低资本成本。

债券评级的目的就是将发行者的信誉和偿债的可靠度传达给投资者，使投资者做出投资选择。美国的标准普尔公司、穆迪公司、加拿大的债务级别服务公司等是国际上公认的信用评定机构，它们的评定结果对公司和投资者都有极大的影响。

2. 债券评级内容

债券评级机构在对债券进行信用评级时，主要对以下几个方面进行评价。

（1）公司的经营状况。包括公司所处行业的现状、发展前景、竞争态势、购销环境等。

（2）公司的财务状况。包括公司的债务状况、偿债能力、营运能力、盈利能力和融资弹性，以及财务状况的发展变动趋势。

（3）债券的约定条件。包括债券有无担保、有无限制性条款、债券期限、还本付息方式，以及可否转换、利率是否浮动等内容。

（4）社会政治、经济环境。包括债券发行时所处的政治、经济环境，以及债券期限内政治、经济条件变化的预测。

▶ **本节讨论案例** ◀

"11 超日债" 无法兑付

上海超日太阳能科技股份有限公司于 2012 年 3 月 7 日发行的上海超日太阳能科技股份有限公司 2011 年公司债券（简称"11 超日债"）至 2014 年 3 月 6 日期满 2 年，第二期利息原定付息日为 2014 年 3 月 7 日，利息金额共计人民币 8 980 万元。

经历连续 3 年亏损，"11 超日债"已于 2013 年 7 月暂停交易，将在年中与股票（＊ST超日）一同退市，债券价格也从上市之初最高位 104 元跌至暂停时的 65 元。2013 年 1 月，上海超日曾因涉嫌"未按规定披露信息"而被证监会调查，并且导致评级公司鹏元资信收到证监会的"警示函"。

据＊ST超日公告，"11 超日债"本期利息将无法于原定付息日 2014 年 3 月 7 日按期全额支付，仅能够按期支付共计人民币 400 万元。

公司表示，债券利息无法兑付的具体原因是公司流动性危机尚未化解，通过公司自身生产经营未能获得足够的付息资金。

同时，公司也通过各种外部渠道筹集付息资金，但由于各种不可控的因素，截至目前公司付息资金仅落实人民币 400 万元，公司拟于 2014 年 3 月 5 日将付息资金划入中国证券登记结算有限责任公司深圳分公司指定的银行账户用于本次债券付息，剩余付息资金尚未落实。

（资料来源：http：//business. sohu. com/20140305/n396055038. shtml. ）

【讨论的问题】

1. 什么是债券的投资收益？

2. 请结合本案例，分析投资国际债券的收益率有哪些种类？

7.3　投　资　基　金

7.3.1　投资基金的设立

投资基金是一种利益共存、风险共担的集合证券投资方式，即通过发行基金份额，集中投资者的资金，由基金托管人托管，由基金管理人管理和运用资金，从事股票、债券等金融工具投资，并将投资收益按基金投资者的投资比例进行分配的一种间接投资方式。

投资基金的设立是指从发起设立基金、提交基金设立申请、发表基金招募说明书、发行基金证券到基金上市的全部过程。

1. 基金发起人发起设立基金

基金发起人是投资基金的发起者及最终设立者。基金发起人是一个法律的概念，它一般是指具有法人地位的机构。

基金发起人一般为经国家有关部门批准设立的证券公司、信托投资公司或基金管理公司等。基金发起人必须符合规定的条件，如对发起人资本的要求、财务状况的要求、组织的要求、业绩的要求、营业场所的要求、认购基金股份或认购基金单位的要求等。基金发起人的主要职责是制订设立基金的具体工作方案，确定拟设立基金的类型，起草申请报告和信托凭证，募集设立基金所需的费用。如果有两个或两个以上发起人，还应签订发起人协议书，以明确发起人之间的权利和义务。

2. 向投资基金的主管部门提交申请

向投资基金的主管部门提出设立基金申请时，除了提交设立基金的必要性和可行性的申请报告外，还应同时提交能体现发起人权利和义务的发起人协议，以及能反映基金性质和管理等情况的招募说明书，并附带有委托管理协议、委托保管协议、基金公司章程、信托契约、基金发起人最近三年的财务报告等文件。

3. 发表基金招募说明书

基金招募说明书是向所有的基金投资者发布的，用以说明基金性质、基金当事人权利和义务，以及基金从发起、运作到终止全过程的法律性文件。其主要内容包括基金的设立背景、种类、规模、发行价格、发行原则、发行对象、投资者应支付的费用、交易的方式和条件、投资的策略和范围、派息和纳税的时间与方式、财会和报告制度以及当事人权利与义务等。

4. 发行基金证券

基金证券，又称基金券或受益凭证，它既是基金管理公司或信托投资机构签发给投资者的一种确认其投资份额的证书，又是投资者参与分红及出让份额的凭证。

发行基金证券一般有两种发行方式，即定向发行和公开发行。如果基金的发行数额较大，一般采用公开发行；如果数额较小，一般采用定向发行。基金证券既可以由基金管理公司或信托投资机构自行发行，也可以通过承销机构代为发行。

基金的发行价格可以采用平价、溢价或折价。基金的个人和机构投资者按照规定的程序，通过购买基金证券来实现其投资。投资者的多寡及其购买基金单位数量的大小是基金发行能否成功的关键。

5. 基金的上市

基金发行成功后，基金管理公司依法向证券交易所提出上市申请，经审查并符合交易所规定的上市条件后，便可获准在交易所挂牌交易。

从不同性质基金的特点来看，封闭型投资基金可以上市进行交易，而开放型投资基金只是通过内部的交易柜台购回或赎回，但在发达国家的证券市场上，开放型投资基金也可上市流通。基金的上市不仅满足了基金投资者的变现要求，而且还加强了基金的透明度和市场监督，同时也扩大了基金的影响。

拓展阅读

谁管理着全球最大对冲基金？

对于科技企业而言，充裕的现金流是它们在千变万化的行业竞争中抵御市场冲击的一道安全屏障，但有了现金，如何实现资金增值并非易事。在这样的背景之下，科技巨头旗下的投资基金得以应运而生。

根据苹果公司 2013 年发布的年报，该公司共持有现金 1 370 亿美元，而这笔巨资近日也引来了无数的话题。就连"股神"巴菲特也认为，这笔钱实在是太多，并建议苹果公司应该用来回购股票。

这笔钱的一部分目前是被一个叫作 Braeburn Capital 的机构管理着。该公司隶属于苹果公司，于 2012 年 10 月被媒体曝光，从其投资模式而言属于对冲基金。

外媒称，Braeburn Capital 成立于 2006 年，办公室位于内华达州里诺市（Reno），主要是将苹果公司的现金流用于投资资本市场。如果以当前苹果公司的现金总额计算，那么该公司的资产管理规模已经超过对冲基金的行业巨头水桥资本（Bridgewater Capital），成为全球最大的对冲基金。

　　Braeburn Capital 的高管们表示，当美国消费者购买一部 iPhone、iPad 或者其他苹果产品之后，通常就会有一部分销售利润存入 Braeburn Capital 控制的账户。这家公司便会投资于股票、债券或者其他金融工具。

　　资料显示，Braeburn Capital 在诞生之后的 6 年时间里，苹果的现金储备和全球投资已经得到了 25 亿美元的收益。

　　显然，苹果似乎并不想将 Braeburn Capital 的运作公之于众。现在，Braeburn Capital 此前的地址已被另一家公司使用，而且苹果地图中也无法提供现在该机构的具体位置。

（资料来源：http://news.imeigu.com/a/1362769607723.html.）

7.3.2　投资基金的管理

1. 投资基金管理的主要依据

投资基金管理的主要依据包括投资基金章程、信托契约、委托管理协议、委托保管协议和招募说明书等。

1）投资基金章程

投资基金章程是基金的发起人在设立基金时所制定的纲领性文件。投资基金章程是对基金管理的主要法律依据，也是投资者或债权人了解基金的重要文件。

投资基金章程的主要内容包括总则（基金的名称、地址、法人代表、类型、宗旨、管理人、托管人及制定该章程的依据）、基金证券的有关规定、基金的发行与转让（发行对象、规模、方式、认购的最低额、期限及存续期）、基金持有人的权利与义务、投资目标、投资政策、投资范围、投资限制、有关当事人的职责、资产评估与经营情况的报告时间和方式、基金运作所需的各项费用及其计算、会计与税收、终止与清算、公司董事会的产生办法和权限以及附则等。

2）信托契约

信托契约是基金管理人与托管人在设立基金时，为明确双方的权利和义务而制定的一种核心性文件。

它的主要内容包括当事人的名称和地址、基金的名称和期限、基金的规模（发行总额、单位面额、受益凭证单位总数）、基金设立的目标、投资政策、投资限制、派息政策、基金资产净值的计算和报告方法、基金的发行与认购方法、基金所有当事人（包括管理人、托管人、投资顾问、投资者、律师等）的权利与义务、信托费用种类与标准、信托契约的修改与终止等。

3）委托管理协议

委托管理协议是公司型投资基金与基金管理公司就委托管理公司、对基金资产进行投资管理问题达成的协议。委托管理协议的作用在于从法律上确立了基金公司和基金管理公司的权利和义务。

选择合格的基金管理人是使基金增值、投资者权益得到保护的重要保障。作为基金的管理人不仅应具有法律所规定的资产、固定的经营场所和必备的设施、专业技术人员，还应具有优良的业绩和良好的信誉。基金管理公司应该是经国家有关主管部门批准的信托投资公司、证券公司或专门从事基金管理工作的基金管理公司。

4）委托保管协议

基金委托保管协议是基金管理人与基金托管人就基金资产托管一事达成的协议书。

协议书以合同的形式明确委托人和托管人的责任和权利、义务关系。主要目的在于明确双方在基金财产保管、投资运作、净值计算、收益分配、信息披露及相互监督等事宜中的权利、义务及职责，确保基金财产的安全，保护基金份额持有人的合法权益。

5）招募说明书

招募说明书是基金发起人编制并向投资人提供的经国家有关部门认可的一项法律性文件。编制的目的是让广大投资人了解基金的详情，以供投资人做出是否投资的决策。

2. 投资基金的费用、利润的分配、税收和报告制度

1）投资基金的费用

投资基金的费用主要是指基金在整个运作过程中所需的各种投入。主要由基金的开办费、固定资产的购置费、操作费、受益凭证的销售费、基金利润的分配费及行政开支费等构成。

投资基金所需的费用主要来自投资者和基金本身的收益。投资者交纳的费用有以下几项。

（1）首次认购费，它是投资者首次认购基金时一次性支付的费用，该费用一般为买卖基金总额的 3% 左右，用于刊登广告、购买设备和支付中间人的佣金。

（2）管理年费，即基金管理人因经营和管理基金而从基金收益中提取的费用，提取的标准各国不尽一致，一般为基金资产净值的 0.25% ～ 2.5%。

（3）保管年费，即基金的托管人因保管和处分基金资产而从基金收益中提取出的手续费，提取标准一般为基金资产净值的 0.2%。

（4）赎回费和投资财务费，即投资者出售或赎回基金时所交的费用，该费用一般为单位基金资产净值的 0.5% ～ 1%。

（5）业绩费，即基金管理人根据其业绩从基金收益中提取的费用，业绩费一般为年利润的 3% ～ 4%。

2）投资基金的收益及其分配

投资基金的收益除了来自债券与股票的利息和股利之外，还有一部分来自利用基金资产投资于有价证券所得到的买卖差价收益，即资本利得，以及基金所持有的证券增值所带来的收益，即资本增值。基金净收益的分配比例各国不一，一般要求将每年盈利的 90% 以上分配给投资者，美国规定不少于 95%，我国规定不少于 90%。收益的发放既可采用现金的方式直接发放给投资者，也可将收益滚入本金进行再投资。

3）投资基金的税收

大多数国家对投资基金的经营者是免税的，因为投资基金的经营者既不是基金资产的所有者，也不是基金的受益者。基金的收益是运用信托资产创造的，投资基金的经营者只不过是一个委托代理机构。纳税人应该是基金的投资者，即缴纳所得股息、利息、红利收入的所得税，股票基金和债券基金的交易税及交易单据的印花税等。

纳税可采用由投资者自缴和由基金公司代缴两种方式。有些国家和地区对基金的投资者免征一定的税金，特别是对海外投资基金的投资者免除一切税收。

4）投资基金报告

依据各国的法律规定，基金公司应定期或不定期向投资者公布基金的有关信息，这些信息主要通过基金运作过程中发布的报告与公告来披露。这些报告与公告的内容包括：

（1）基金的年度报告与中期报告，主要介绍基金一年或半年来的运营状况和基金管理人的经营业绩，其中包括基金的资产负债表和损益表等；

（2）基金资产净值公告，每月至少公告一次，介绍基金的资产净值及每基金单位资产净值；

（3）基金投资组合公告，至少每季度公告一次，主要介绍基金资产投资于股票、债券及其持有现金的比例。

▶▶▶ 本章讨论案例 ◀◀◀

QDII 基金投资版图日趋完整

海外市场屡创新高，QDII 也从前期的无人问津，再度成为投资焦点，经过几年的发展，海外投资也日趋成熟，从原来的专注港股到现在的百花齐放，2014 年，华安基金推出的华安德国 30（DAX）ETF 及联接基金正式获批，成为首只投资欧洲市场的 QDII 基金，海外投资版图也日趋完整。

品种繁多的 QDII 也带来了选择的烦恼，2014 年上半年 QDII 基金的首位业绩差异超过了 20%，而且有愈演愈烈之势，如何在过百只产品中选出适合自己的产品？截至 2014 年 6 月 30 日，85 只 QDII 基金平均收益 4.72%，有 87% 的产品收益持平或上涨。从细分类别来看，投资于房地产和油气领域的主题基金表现最为抢眼，其中，房地产主题基金更是包揽了 QDII 前 5 名中的 4 席。诺安全球收益不动产、鹏华美国房地产领衔同业，净值涨幅 17.77%、17.96%。投资黄金和大宗商品等的商品基金也风生水起，平均涨幅也达到 7.7% 左右。

QDII 基金再度回归大众视野，成为近期投资者关注的焦点。与刚问世时相比，现在的 QDII 基金已经从千人一面、集聚港股的初级阶段，过渡到百花齐放、品类繁多的成熟阶段。由华安基金推出的华安德国 30（DAX）ETF 及联接基金已经获批，将是国内首只专注投资欧洲股市的产品，该指数的权重股中包含西门子、宝马、拜耳、大众等世界级跨国企业，这也标志着国内公募基金海外投资版图日趋完整，国内投资人的投资品种也更为丰富。

（资料来源：http：//fund.jrj.com.cn/2014/07/10102817576206.shtml.）

【讨论的问题】

1. 什么是 QDII?

2. 请结合本案例，说明 QDII 与传统境外理财的区别。

复习思考题

1. 股票有哪几种交易方式？
2. 债券价格的决定因素有哪些？
3. 国际债券评级机构根据发行者的支付能力和信誉一般把债券分为哪几级？
4. 投资基金管理的主要依据是什么？

第8章

国际风险投资

【学习目标】

➢ 了解国际风险投资的概念及产生。
➢ 掌握国际风险投资的特点、作用。
➢ 掌握国际风险投资的运作和管理。
➢ 了解国际风险投资的发展现状。

导入案例

哥伦布与风险投资

风险投资的起源可以追溯到 15 世纪末的欧洲，英国、荷兰等国的一些富商为到海外开拓市场寻找新的商业机会，开始投资于远洋探险。

一位年轻人带着自己的探险方案向西班牙女王寻求一笔巨大的资金，那是一条从来没人尝试过的路线，目的地是盛产黄金和香料的富庶东方。在此前的 6 年时间里，年轻人找到了欧洲各大王室贵族，他们并非对探险计划不感兴趣，而是在年轻人苛刻的条件面前退缩了。年轻人提出，投资人出探险的全部费用，倘若探险失败，自己不负责赔偿损失，而一旦探险成功，自己要获得探险收益的 10%，同时也成为新领地的总督。

西班牙女王与年轻人进行了四年的讨价还价，却没有达成一致。就在年轻人失望地离开准备去向法国国王游说的时候，女王改变了主意。年轻人拿到了收益分配契约，女王的承诺激发了年轻人渴望成功的勇气和欲望。当探险的帆船驶入大西洋时，这笔风险投资是能获得收益又或者血本无归，无论是女王还是年轻人都不得而知。此后的探险故事当然以成功告终，否则就不会有历史上最著名的地理大发现——哥伦布发现美洲大陆的经历被演绎成传奇故事，人们奉他为英雄。事实上，是女王的风险投资和哥伦布的航海技术共同造就了西方地理大发现中最辉煌的成就。

这一 500 年前的探险计划可以被看成是风险投资的雏形。

（资料来源：中央电视台大型纪录片——《华尔街》。）

由此案例引出的问题：

➲ 风险投资有哪些风险？

➲ 风险投资能起到怎样的作用？

8.1   国际风险投资概述

国际风险投资是国际投资领域的新生事物，它伴随高科技产业的发展而形成。高科技产业具有高投入、高风险、高回报等特征，使银行等传统投资主体望而却步，而靠政府投入又远不能满足需求，因此一种新的投资、融资体制——风险投资应运而生，它是除直接投资和外债以外的又一种重要的国际投资方式。

8.1.1   国际风险投资的定义

风险投资又称创业投资，是对具有技术上、市场上的高风险，但增长潜力大的高技术企业的投资，是一种科研、企业和金融有机组合的投资机制。

对风险投资的定义有多种，这里主要介绍 3 种。

（1）美国"全美风险投资协会"将风险投资定义为：所谓风险投资，是指由职业金融家投入到新兴的、迅速发展的、有巨大竞争力的企业中的一种权益资本。

（2）国际经济合作和发展组织将风险投资定义为：以高科技与知识为基础，生产与经营技术密集的创新产品或服务的投资。

（3）我国著名学者成思危对风险投资的定义为：把资金投向蕴藏着较大失败危险的高新技术开发领域，以期获得成功后取得高资本收益的一种商业投资行为。

从投资行为的角度来讲，风险投资是把资本投向蕴藏着失败风险的高新技术及其产品的研究开发领域。从运作方式看，风险投资是指由专业人才管理下的投资中介向特别具有潜能的高新技术企业投入风险资本的过程，也是风险投资家、技术专家、投资者三方面利益共享、风险共担的一种投资机制。而将风险投资延伸到海外的投资便构成国际风险投资。

8.1.2   国际风险投资的起源

国际风险投资的起源可以追溯到 15 世纪的欧洲，英国、荷兰等国的一些富商为到海外开拓市场寻找新的商业机会，开始投资于远洋探险。哥伦布发现美洲大陆的传奇经历就是典型的事例，这一探险计划的实现就是风险投资的雏形。

1. 国际风险投资在美国的发展

（1）美国是现代风险投资的发源地，也是当今世界上风险投资发展最发达、最成熟和相关法律制度最为完备的国家。早在 19 世纪末 20 世纪初，美国的财团就将资金投向于铁路、钢铁、石油及玻璃工业等领域，获得高额回报。1946 年在波士顿由哈佛大学教授乔治·多里奥特（Georges Doriot）成立的美国研究发展公司（American Research and Development Corp.，AR&D）是现代意义上专业化与制度化的风险投资开始的标志，是风险投资发展史上的一个重要里程碑。AR&D 的发起人都是经验丰富、享有盛名的杰出人才，他们具备技术、管理、财务、法律等各个方面的知识和能力。AR&D 的宗旨是：募集资金；支持和促进科研成果向市场产品尽快转化。投资对象是科技型的新兴企业。由于 AR&D 的宗旨和对投资对象的选择当时不为大多数公众所接受，并且处于当时股市低迷的大背景下，从 1946 年 AR&D 成立到 1951 年，AR&D 的业绩不佳，股票一直在低位徘徊。但这样一个全新理念的投资公司的管理层在不断地摸索管理方法，积累投资经验。从 1951 年年底开始，AR&D 所投资的公司开始盈利，同时也渐渐受到投资业的瞩目。AR&D 的成功开启了美国风险投资业的大门，面向既有巨大成长潜力、又有很高失败风险的新兴高科技企业的投资从此成为广大投资者关注的焦点之一。AR&D 成为美国风险投资机构的示范和鼻祖。

美国国会于 1958 年通过了《小企业投资公司法》（简称 SBIC），此法创立了小企业投资公司这种新的风险投资组织形式，该法案规定经小企业管理局审查和核准许可的小企业投资公司（简称 SBICs）可以享受税收优惠和政府优惠贷款，旨在鼓励多建立小企业投资公司为小企业提供融资。692 家小企业投资公司在随后的 5 年纷纷成立，它们管理着 4.64 亿美元的资金。美国的风险投资业在相关的法律扶持下迅速发展起来。

（2）20 世纪 70 年代，美国风险投资进入调整时期。风险投资开始尝试有限合伙这一组织形式，与公开上市的风险投资公司相比，有限合伙制不受 1940 年美国投资法的约束，有着内在的管理和制度优势，从而吸引了大量的资本进入风险投资行业。从 1969 年到 1973 年，有 29 家风险投资有限合伙成立，总融资额达 3.76 亿美元，平均每个有限合伙管理的风险资本达到近 1 300 万美元。这与小企业投资公司平均不足 100 万美元的风险资本相比，在资本规模上已经有了长足的进步。1973 年，全美风险投资协会成立，美国风险投资业更为规范，发展也更为蓬勃。1974 年，美国国会通过《雇员退休收入保障法》，严格禁止公司养老基金对高风险的投资，使得风险资本筹资在 1975 年跌入谷底，小企业投资公司风险投资活动停滞不前。此阶段对风险投资业影响最大的法律变革是 1978 年美国劳工部对《雇员退休收入保障法》的修改，即只要不危及整个养老基金的投资组合，养老基金是可以投资于风险资本市场的。1979 年 6 月，劳工部的这个决定开始生效，小企业股票和新股发行市场立即活跃起来，养老基金为风险投资机构提供了巨大的资本来源。自此，养老基金成为风险资本最大的提供者。总体来看，20 世纪 70 年代的美国风险投资业起伏很大，各种不利因素与有利因素的交织造成了美国这一时期风险投资业波浪起伏发展的独特现象。

（3）20 世纪 80 年代，随着美国《小企业投资促进法》《小企业发展法》的出台和资本收益税率下调等立法及相关政策的变化，以及 20 世纪 70 年代投入的风险资本在 20 世纪 80 年代初期所产生的巨额回报，使得计算机、生物技术、医疗卫生、电子和数据通信等行业迅猛发展，带来了美国风险投资业的巨大发展。1980 年，美国每年的风险资本流入量从 20 世纪 70 年代中期的 5 000 万美元增加到 10 亿美元，1982 年为 20 亿美元，1983 年超过了 40 亿美元，到 1989 年，美国的风险资本总额达 334 亿美元。

（4）进入 20 世纪 90 年代，美国风险投资业进入规范与有序发展时期。这一阶段是新经济产生与网络时代形成的 10 年，美国风险资本市场在"硅谷"与"NASDAQ"（纳斯达克）市场的双重推动下更加繁荣，风险投资额由 1998 年的 213.47 亿美元上升到 1999 年的 546.04 亿美元。信息产业、生物工程、医疗保健等行业蓬勃发展，美国的经济呈现出极大的活力，得到了持续的增长，年均经济增长率达到 3.2%。经济的持续稳定增长带动了股票市场，1992 年建立的 NASDAQ 市场为风险资本的退出提供了更为便捷的通道，NASDAQ 市场连创新高。

（5）自 2000 年风险投资总额上升到 1 058.92 亿美元，达到历史最高水平后，华尔街经历了一场灾难，以网络股为龙头的股市大跌，互联网泡沫破灭，近一半的网络公司在泡沫中消失。美国风险投资业的发展又跌入低谷，2001 年、2002 年风险投资机构和风险投资额大幅缩减。直到 2003 年年初，受互联网企业经营业绩回升、世界经济好转等综合因素的影响，风险资本市场才逐渐复苏。

到 2008 年，受金融危机影响，全球风险投资的势头也有所减弱，2008 年全年的总额为 283 亿美元，较 2007 年下跌了 8%。2009 年美国风险投资降至 12 年以来新低，跌至大约 177 亿美元，同比下降 37%，这一年风险投资行业别无选择，只能放慢投资步伐。疲弱的退出环境致使投资人更加谨慎。与形势严峻的 2009 年相比，2010 年美国风险资本投资总额增长了 19%，项目数量也增加了 12%，总共有 2 180 亿美元风险投资被 3 277 个项目获得。2011 年，美国风险投资总额增长了 22%，从 2010 年的 232.6 亿美元增至 284.3 亿美元。项目数量从 2010 年的 3 526 个增至 3 673 个。风险投资家们将更多资金投向了互联网、清洁技术及其他行业。但项目数量从上年同期的 861 个降至 844 个。2012 年，美国风险投资总额达 283 亿美元，交易量为 3 267 起。资金量比 2011 年下降了 7.5%，但交易量增长了 7%（从 3 051 增至 3 267），这主要得益于持续强劲的种子期风险投资活动。移动互联网继续受宠，互联网项目则门前冷落；医疗行业正在复苏，清洁技术依然低迷；NEA 登上最活跃投资机构榜首，KPCB 与 Google Ventures 紧随其后。据报道，2012 年软件行业的公司却吸引了 83 亿美元的投资，这是自 2001 年以来软件行业获得投资最多的一年。如今，风投资本投资正在转型，他们更愿意进行初期投资。2012 年，有 1 638 家创业初期的公司获得了投资，而在 2011 年以前，这个数字是 1 555 家。获得多轮投资的公司数量从 2011 年的 1 022 家下降到 2012 年的 956 家。而获得末轮投资的公司数量从 2011 年的 917 家下降到 2012 年的 830 家。而且种子期投资也出现了下降趋势，2011 年获得种子轮投资的企业数量为 443 家，而 2012 年为 274 家。

在美国兴起的风险投资业，于 20 世纪 70 年代末至 80 年代初拓展到欧洲、日本及其他工业化国家和地区，其中英国是仅次于美国的第二大风险投资国家。近年来，由于发展中国家经济的飞速发展，风险投资的收益更高，获利机会更多，因此，西方风险资本纷纷进入发展中国家。风险投资在全球得到蓬勃发展，越来越多的国家加入风险投资的行列，风险投资逐渐成为全球经济发展中必不可少的组成部分。

2003—2010 年美国风险投资金额、风险投资项目数量分别如图 8-1、图 8-2 所示。

2. 国际风险投资在我国的发展

（1）我国风险投资的产生。我国风险投资始于 20 世纪 80 年代，称为"创业投资"。中共中央 1985 年 3 月发布《关于科学技术体制改革的决定》中提出，"对于变化迅速、风险较大的高技术开发工作，可以设立创业投资给以支持"。1985 年 9 月，国务院正式批准成立了"中国新技术创业投资公司"，成为中国第一家专营风险投资的全国性金融机构。

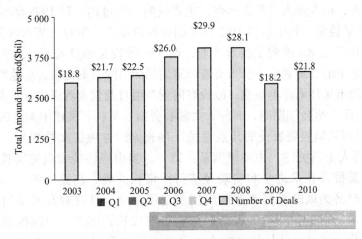

图 8-1　2003—2010 年美国风险投资金额

［资料来源：普华永道会计师事务所和美国全国风险投资协会（NVCA）的 MoneyTree 报告。］

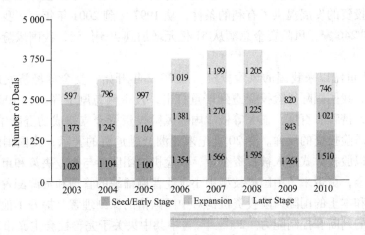

图 8-2　2003—2010 年美国风险投资项目数量

［资料来源：普华永道会计师事务所和美国全国风险投资协会（NVCA）的 MoneyTree 报告。］

1986 年国家科学技术委员会在科学技术白皮书中首次提出了发展我国风险投资事业的战略方针。此后有些地方及部门也成立了一些以科技融资为主要业务的小公司。但是由于观念上及体制上的障碍，科技改革与经济改革未能保持同步，以及融资渠道不通畅、资本市场欠发育、契约关系不健全、分配制度不合理、知识产权不明确等原因，致使我国的风险投资事业举步维艰，发展极为缓慢。个别风险投资公司甚至误入歧途，将资金用于放高利贷、炒股票、买期货、经营房地产等方面进行投机，最后因严重违规及亏损而被政府勒令关闭。

（2）20世纪90年代我国的风险投资。随着改革开放的不断深化，境外的投资者对在华投资的兴趣也日渐增加，他们从20世纪90年代初开始投资设立了许多中国投资基金。这类基金通常设在境外，由专业人员负责运作，主要投向中国境内。到1998年时这类基金的资本总额已达近40亿美元，其中包括IDG技术创业投资基金、华登（Walden）中国基金等。但是，这类基金中只有8%投向了技术产业，而65%的资金则投入了已有企业的扩大再生产。虽然在这些基金的管理者中不少人有着丰富的国际风险投资经验，但他们多半认为在中国发展风险投资的市场环境还不成熟，故没有向创新项目及创业者提供资本支持。

在1998年3月"两会"期间，时任人大常委会副委员长、民建中央主席成思危提出了"关于加快发展我国风险投资事业的几点意见"的提案。这项提案被列为会议的"一号提案"，受到了各界人士的关注，主要原因是：第一，美国经济持续高速增长让人们认识到发展风险投资，是推动技术进步和实现经济持续增长的唯一出路；第二，中国正在建设的社会主义市场经济为风险投资事业的发展奠定了基础，具有较高素质的企业管理者队伍正在形成，技术、财务和法律等咨询服务业正在成长；第三，中国拥有许多有价值的科研成果等待转化，国家统计局提供的有关资料表明，我国每年仅专利技术就有7万多项，但专利技术的实施率只有10%左右，科技成果转化为商品并取得规模效益的比例为10%～15%，而发达国家这一比例一般为60%～80%。虽然造成这一结果的原因很多，但缺乏风险资金的支持不能说不是一个重要原因；第四，中国老百姓在银行中有巨额（当时已超过5万亿元）的存款，具有直接投资的潜力；第五，中国证券市场日趋成熟。这些都为中国风险投资的发展提供了有利的条件，从1997年到2001年年底，我国风险投资机构从53家增加到246家，风险资金总额从51亿元增加到405亿元，我国风险投资进入快速发展阶段。

（3）进入21世纪以来我国的风险投资。从2002年开始，受全球经济发展减速和风险投资萎缩的影响，我国国际风险投资遭到严重打击，投资额急剧下降。自2003年开始，我国经济强劲增长，携程、百度、盛大等依靠国际风险投资资金支持成功登陆纳斯达克市场，带来了我国国际风险投资的反弹。受20世纪末亚洲金融危机的警示，我国国际风险资本的主流方式才真正以股权方式进入被投资企业，风险机构团队参与企业决策和市场运作，不仅为企业带来了资金，更带来了中国科技型中小企业普遍稀缺的管理和资源配置能力；同时也完成了中国海外和本土的国际风险投资机构对中国国情的深刻理解，提升了他们对中国科技型中小企业风险的判断和控制能力。2003年，《中共中央关于完善社会主义市场经济体制若干问题的决定》出台，中国政府第一次明确提出建立多层次资本市场体系，建立风险投资系统和创业板市场。2003年我国风险投资额达到9.92亿元。2004年，由国家有关部委及金融证券机构共同订立的"科技型中小企业成长路线图计划"，成为中国政府引导国际风险投资行动的风向标，年度完成12.69亿元风险投资。

2006年召开的全国科学技术大会部署实施了《国家中长期科学和技术发展规划纲要（2006—2020）》，动员全党全社会坚持走中国特色的自主创新道路，大力扶持风险投资发展。2006年我国风险投资进入新的发展阶段，风险投资规模高达240.85亿元，2007年，中国风险投资行业所处政策和法律环境得到进一步完善，作为《创业投资企业管理暂行办法》配套政策的《关于促进创业投资企业发展有关税收的通知》（财税〔2007〕31号）正式出台，新修订的《中华人民共和国合伙企业法》也正式生效。中国风险投资表现活跃，投融资活动频繁发生，风险投资的概念为大众所熟知。2007 年风险投资金额更是达到 398.4 亿元。

2008 年，面临席卷全球的金融海啸、资本市场流动性不足、全球经济形势堪忧等宏观环境的变化，我国风险投资机构投资趋于谨慎，投资面临着资金募集难、退出亦难的困境，资金投入承诺减少，投资数量不断下降。全年共投资 506 个项目，投资金额比 2007 年略有回落，投资规模近 48 亿美元，共有 35 家 VC/PE 投资支持的中国企业在境内外上市，合计融资 34.20 亿美元，上市数量、融资额和平均融资额均处于近三年来的低谷，其中上市数量较 2007 年和 2006 年分别下降 63% 和 10%，融资额分别减少 90% 和 89%。

2011 年上半年，中外创投机构共新募基金 73 只，发生 605 起投资，已披露金额的 538 起投资总量共计 60.67 亿美元。同时，中国创业投资市场共发生 228 笔退出交易，同比涨幅达 56.2%。IPO 依然是最主要的退出方式。上半年共有 71 家获 VC 支持的中国企业上市，涉及 198 笔 IPO 退出交易。投资领域为互联网、机械制造和清洁技术三大行业，分别获得 110 起、47 起、46 起 VC 投资；此外，传统行业领域中的高端装备制造业、现代农业、能源资源、消费等也逐渐为当前国内股权投资人所关注。

8.2　国际风险投资的特点与作用

8.2.1　国际风险投资的特点

1. 高风险、高收益

风险投资是一种高风险的投资行为，特别是当这种投资跨国界进行时，更加放大了风险。这种风险是其区别于其他投资的首要特征。这种风险来自投资对象：首先，高科技的中小企业面临巨大的技术风险和市场风险；其次，高科技的中小企业的资产基本上是无形资产，一般很难估价，也不能用于抵押，公司失败也无法卖出。著名的"大拇指定律"形象地描绘出这一特征：如果风险投资 1 年投资于 10 家风险企业，在 5 年左右的发展过程中，会有 3 家公司垮掉；有 3 家停滞不前或勉强生存，最终被收购；有 3 家公司能上市并有不错业绩；10 家企业中只有一家能成长迅速，上市后为社会所看好，成为一颗耀眼的明星，市值数十倍甚至成百倍地增长，给投资者带来巨额回报，而这家企业就成为"大拇指定律"中的"大拇指"。国外一些风险投资公司估计，风险投资的失败率高达 80%～90%，成功率仅为 10%～20%。

风险投资追求高潜在收益，但不是指每一个单个项目的高收益，而是所有项目投资组合的整体高收益。尽管可能只有少数项目能获得成功，但由于某一项或几项成功的投资项目具有极高的收益率，其收益足以弥补失败项目的投资损失。例如，美国德丰杰风险投资公司曾经有过很多失败的经历，也曾面临无法偿还贷款的艰难岁月，甚至被列入美国联邦小企业署的监控名单。公司曾经在三年内，在全球范围投资了大约 25 家公司，但是均不见成效，没有一家公司上市，而且有的公司进入了低迷期。有人开始催公司还贷款。但该公司抓住机会，在百度成立后的第二年注资百度，以 1 200 万美元收购了百度公司 28% 的股份，百度公司成立 6 年后，成功登陆纳斯达克。作为百度最大的机构投资者，德丰杰公司获得了将近 50 倍的回报。这便是国际风险投资高风险、高收益的典型案例。

2. 投入资金与投入管理并重

风险资金投入到风险企业后，风险投资家与企业之间形成"风险共担，利益共享"的关系，风险投资家不仅向创业者提供资金，更是用他们长期积累的经验、知识和信息网络，积极参与风险企业的经营管理全过程，从产品开发到商业化生产，从机构设立到人员安排，从产品上市到市场开拓，以及企业形象策划和产品宣传，风险投资家提供全方位的增值服务，把资本、技术和管理有机结合，使风险企业科研成果尽快商品化、产业化，并帮助其打开产品销路，尽力帮助创业者取得成功。

3. 风险投资是长期、多轮的投资

首先，从时间上看，风险投资期限至少 3～5 年，长的可达 8～10 年。风险投资常在风险企业初创时就以 15%～20% 股权参与投资，经历产品研发、试制、投产、销售等阶段，甚至直到企业股票上市才能取得收益。风险投资家的投资并不是一次全部投入，而是把资金按企业生产阶段分几次投入，对前一阶段有成功希望的项目继续进行增值。由于风险投资流动性很差，因此有人形象地称之为"呆滞资金"或"耐心的投资"。其次，风险投资机构对风险企业进行的投资不是为控股和经营，或者是分红取息，而是为风险企业资本高增值后，出售股权，收回投资，获取收益，转而寻找新的投资项目，带着更大的投资能力去寻求新的投资机会，开始新一轮的风险投资。因此，风险投资是按照"投入—回收—再投入"的模式循环进行的，正是由于风险投资的这种特殊机制，使得高新技术企业不断涌现，从而推进高科技产业化进程。

4. 风险投资对象大多是高新技术领域

传统的产业由于其技术、工艺已经成熟，产品和市场相对稳定，风险相对较小，收益也相对稳定和平均，通常是银行的投资对象；而高新技术产业，特别是处于种子期或早期的中小企业，虽没有成熟的产品，没有一定的市场占有率，但往往有很大的潜力。这类风险大的高新技术风险企业未来有很大的不确定性，由于产品附加值高、收益大，自然成为风险投资青睐的目标。据统计，美国 1991 年风险投资约 37% 投向计算机领域，12% 用于通信领域，11% 用于医疗技术，12% 用于电子工业，8% 用于生物技术，只有约 10% 用于低技术领域。美国哈佛大学乔希·勒纳（Josh Lerner）教授的研究证明，风险投资对于技术创新的贡献，是常规经济政策如技术创新促进政策等的 3 倍。也正是如此，风险资本为确立美国信息产业在国际上的主导地位做出了巨大的贡献，使信息网络、生物工程、金融工程、医疗保健等成为美国发展最快的产业，美国经济的科技含量由此得到最大限度的填充和优化。

5. 风险投资是组合投资

高风险的投资，要获取收益，绝对不能只投资一个项目，而是投向一组项目，即组合投资，利用成功项目的高回报，弥补失败项目的损失并获得盈利。为分散风险，风险投资通常投资于一个包含 10 个项目以上的高新技术群。例如，作为百度最大的机构投资者，美国德丰杰公司在投资百度的同时，还同时在全球不同国家的 60 家风险企业进行组合的国际风险投资，这 60 家的风险投资有多数是亏损，但在百度成功上市后，德丰杰公司获得了将近 50 倍的回报，仅仅凭借投资百度而获得的股票市值就足以收回其在全球 60 家风险企业投入的 4 亿美元的成本。

8.2.2　国际风险投资的作用

1. 国际风险投资是高科技产业化的助推器

一项科研成果高科技项目从最初构想到形成产业，一般要经过研究、开发、试点和推广四个阶段。国际风险投资支持的重点是开发和试点生产这两个阶段，这也是高科技产业化的关键阶段，由于这两个阶段风险较大，收效较慢，资金需求量又较多，故银行通常不愿提供贷款，一般投资者也不愿出资支持，因此科技成果的转化迫切需要风险投资给予支持。国际风险投资在此阶段的资金投入填补了高科技产业化过程中研究与开发阶段的企业自筹资金不足和银行贷款间的空白，使高科技产业化各环节由于有了资金支持得以完成。美国许多著名的高科技企业如微软、英特尔、苹果、数字设备、雅虎、亚马逊等公司发展的初期都有着风险资本的扶持，国际风险投资为这些企业的超常规发展提供了巨大的推动力。搜狐公司目前是我国最领先的新媒体、通信及移动增值服务公司，也是中文世界最强劲的互联网品牌。搜狐公司便是在初创时期，由董事局主席兼首席执行官张朝阳，多次赴美寻求资金支持，最终得到美国几家公司的国际风险投资支持才得以生存发展的。

2. 国际风险投资有利于提高全社会资源的利用率

从宏观角度讲，国际风险投资使得全球范围资源得到优化配置。传统的银行在资源配置上出于谨慎原则，也为了有效规避风险，投资目标均是成熟的、收入趋于稳定的大公司，以保证其收益的取得。而最需要资金、资金生产率最高的高技术企业因为风险较高而得不到贷款。国际风险投资与传统投资最大的区别在于，它看重的是高技术企业的前景，而不只求保本付息的收益。只有最具成长性的项目才可能吸引国际风险投资。在市场经济下，对利润最大化的追求能带来资源的最佳配置。国际风险资本的特征，决定了其将大部分资源投向全球范围内科技含量高、成长性高的高技术企业。国际风险投资者在投入资金后与高技术企业就结成了一种"荣辱与共"的关系，利用其拥有的技术人员和管理团队，参与所投资的高技术企业的经营管理，直至上市退出，弥补了高技术企业人员在管理和市场营销等方面的不足，从而保证了高技术企业成果的顺利转化，从而提高风险资金的运营效益。

3. 加速高新技术集群和科技园区发展

高科技园区是一种以智力密集为依托，以开发高技术和开拓新产业为目标，促进科研、教育与生产相结合，推动科学技术与经济社会协调发展的综合性基地。纵观世界高科技园区发展历程，自 1951 年世界上第一个高科技园区——美国斯坦福工业园（后来的"硅谷"）诞生至今，经过半个多世纪的迅猛发展，目前高科技园区已遍布全球，尤其是在发达国家和新兴工业化国家，已成为其科技经济发展的制高点，并发挥着越来越重要的引领、支撑作用。高科技园区主要特征突出表现在以下几个方面。

（1）集聚一流的要素。目前世界上较为成功的高科技园区，都是因聚集或依托雄厚的科技实力而快速发展的。美国硅谷拥有 8 所全球著名的研究型大学；日本筑波科学城进驻了 48 家国家级研究与教育院所，集聚着全国约 30% 的国家级研究机构及 40% 的研究人员，私营研究机构达 200 多家；我国台湾新竹科技工业园有 42% 以上本科和 20% 以上硕士、博士人才。研究型大学、科研机构和创新型人才的高层次、高密度集聚是高科技园区的重要特征。

（2）形成一流的机制和环境。无论是在哪里，高科技园区并不是各种科技资源的简单集聚，而是顺应社会经济和科学技术发展需要的新型社会组织形式，形成了一种科技与经济结合，大学之间、研究机构之间、企业之间以及三者之间是一种互动的关系，是建筑在一定利益关系之上的共享兼容、分工协作的体制、机制以及开放式、网络化的组织结构。同时，这些高科技园区能营造各种科技创新要素引得进、留得住、发展好的环境，其环境建设既注重一般意义上的水电、交通、通信等硬环境建设，又强调风险投资、公共创新技术平台、科技中介服务、供应链管理等配套服务软环境建设。

（3）实现一流的产出。作为一种新型的经济增长形态，高科技园区所追求的并不是简单的 GDP 增长，更强调科技含量和科技竞争力，实现一流的科技产出，即一流的科技成果和知识产权，一流的科研成果转化和产业化水平，一流的新兴产业和产业结构，从而建立起产业发展的高端优势。

8.3　国际风险投资的运作与管理

国际风险投资不同于一般投资，其具有独特的筹资、投资、退出的模式，涉及资金拥有者、风险投资机构、风险企业（也称创业企业）等主体，在风险投资过程中，风险资本首先从资金拥有者流向风险投资机构；经过风险投资机构的筛选决策，再投入选中的风险企业；通过风险企业的运作，资本得到增值，再回流至风险投资机构；风险投资机构再将收益回馈给资金拥有者，从而完成一个资金循环。

8.3.1　国际风险投资的运作主体

风险投资的运作主体是指风险投资的直接参与者，一般包括资金拥有者、风险投资机构、风险企业、政府。其中，前三个是主要的，是最直接的参与者，而政府在风险投资产业发展过程中的作用也是不容忽视的。

1. 资金拥有者

风险资金来源是风险投资的最重要一环。随着风险投资的发展，资金来源越加广泛。

风险资本投资者是风险资本的原始提供者，主要包括：银行控股公司、保险公司、投资银行、养老基金、富有家庭和个人、政府等，他们手中掌握着大量的闲置资金，寻求投资出路，在政府出台的各项鼓励政策和税收优惠政策的引导下，为获得投资的高回报，这些投资者甘愿冒极大的风险将资金投入收益高于其他投资方式的风险投资。但为规避风险，他们往往会把一部分资金交由风险投资机构代为运作。

风险企业第一批投资人被形象地称为天使投资人或天使投资家，是他们在风险最大的风险企业初级阶段，带来天使资本，帮助创业者摆脱资金困境，促使风险企业成长。天使资本主要来源有：成功的企业家、大型高科技公司或跨国公司的 CEO、富人等。在部分经济发达国家，政府也扮演了天使投资人的角色。虽然天使投资数额往往只有几十万美元，但天使投资人大多受过高等教育，具有较高的素质和良好的社会背景，了解创业者面对的困境，有的还会积极参与投资后的管理，是初创企业的最佳融资对象。从我国的天使投资人构成看，除职业投资者外，还包括外资公司的代表、高管人员、海外华侨，以及国内成功的民营企业家和先富起来有一定资金实力的个人。

2. 风险投资机构

在风险投资过程中，风险投资机构扮演着重要的角色。风险投资机构一般是指风险投资公司或风险投资基金，是具体运作和管理风险资本的组织。风险投资机构可以说是一种利用风险资本生产新企业的企业。风险投资机构将投资者的资金集中起来进行运作，是资金来源和资金使用之间的桥梁，是风险投资流程中的中心环节。

以私人股权结构为主体产权结构特征的美国风险投资业，其主要的资本来源于机构投资者，个人和家族在美国独立式风险投资公司的资金来源中所占比例在 20% 以下，而养老基金的比例 1999 年高达 53%。在欧洲，风险投资业的资金同样以机构投资为主体，主要的投资机构是养老基金和银行。

1997 年美国风险资金来源比例见表 8-1。

表 8-1　1997 年美国风险资金来源比例

名称	养老基金	企业公司	个人（家庭）	捐赠基金	银行、保险	其他
比例/%	40	30	13	9	各占 1	7

（1）风险投资机构的主要职能是：从众多的项目中进行筛选，寻求最佳的高风险、高收益特征的投资机会进行投资，对被投资企业进行规范化、专业化的经营管理，待企业发展成功后，退出投资，获取投资收益之后，将退出的资金继续投资下一个项目，实现风险资金的滚动增值。

（2）风险投资机构组合投资。一家风险投资机构可能设立多个风险基金，对不同的高科技风险企业进行投资。风险资本基金会持有一个高风险高收益的投资组合，这只不过是其最终出资人拥有的大型投资组合中的一部分而已。

（3）风险投资机构的组织形式。分为公司制和有限合伙两种。其中有限合伙在欧美更为流行，它包括有限合伙人和普通合伙人。有限合伙人一般提供 99% 的资本金，分得 75% ～ 85% 的税后利润，责任也以出资额为限，它将风险投资者个人利益与公司利益紧密结合，建立和激励与约束协调一致的运行机制，被誉为风险投资机构最佳组织形式而普遍存在。普通合伙人一般提供 1% 的资本金，一般分得 5% ～ 25% 的税后利润，其对公司负无限连带责任。

拓展阅读

美国的风险投资机构

在美国，典型的风险投资机构是由合伙制组织起来的。根据最新权威数据，一个典型合伙关系有 6 ～ 12 个一般合伙人，他们是有经验的企业家，或财务、销售、工程、软件开发、产品设计等的专家或曾经在某行业的企业当中当过经理的人。一小部分来自投资银行或商业银行。一般合伙人是风险投资机构的管理者，在合伙关系中出资比例很小，只有大约 1%。主要的投资资本由有限合伙人提供。有限合伙人一般有 10 ～ 30 个，机构或个人都可以。一个有限合伙人的典型出资额是 100 万美元。不过一个风险投资机构资本总额有 1 000 万美元就可操作了（在中国不用这么多）。一个合伙关系的年限一般是 10 年，前 3～5 年把钱投资于 10～50 个项目。一个有名的风险投资机构一年接到的创业申请书成百上千，但其只在其中挑选 2～15 个进行投资。此后几年主要是负责监督和管理，把成功的项目卖掉，在合伙人间分利（现金或股票），对不成功的项目予以了结。

（资料来源：http：//www. niwota. com/submsg/919850.）

3. 风险企业

风险企业是风险资金的接受者和使用者，也称为创业企业。风险企业常常只是一个新技术、新发明、新思路的创造者或拥有者。风险企业作为风险投资的对象和载体，提供能实现产业化的高新技术的创意和成果，在风险投资支持下，将科技成果产业化、市场化，同时发明者得到应有的回报。在发明创造初期，风险企业家会借助自有资金开展研发，当发明活动进行到一定程度时，会因缺乏后续资金和管理经验陷入困境，必须寻求风险投资家的帮助。风险投资家会对风险企业进行鉴定、评估，确定其技术与产品是否有市场，是否具备很大的市场潜力或盈利能力，以决定是否提供及如何提供资金。

风险企业是风险投资业的基础，一个高质量的风险企业是风险投资成功与否的关键。而高质量的风险企业离不开高素质的风险企业家。在风险投资者眼中，风险企业家应具备的素质包括：① 忠诚正直——忠诚正直的企业家在与风险投资者合作的过程中心胸坦荡，遵守交易规则和法律，值得信赖；② 有良好的教育背景，对所在行业的技术有前瞻性和市场的敏锐性；③ 自信，敢于冒险，勇于开拓，具有创新精神；④ 具备良好的领导者素质和沟通能力。

4. 政府

政府可以作为资金拥有者直接参与风险投资活动，但更重要的是为风险投资业制定有利的政策和法规，充当宏观指导和调控的角色。风险投资发展最早的美国正是有了 1958 年颁布实施的《小企业投资法》及其后来相继颁布的相关法律法规，才使得风险投资业蓬勃发展。政府制定的相关法律主要从以下几方面对风险投资业进行扶持。

（1）税收政策。税收政策优惠程度，特别是税率高低对风险投资业的发展影响巨大。以美国为例，1969 年美国国会把资本收益税的税率从 28% 增加到 49%，使得风险投资大幅下滑，直接影响到美国科技发展速度。在 1978 年、1981 年美国先将税率从 49% 调回到 28%，后下调到 20%，引发风险投资的资本净值大增，促进了风险投资业的迅猛发展。因此，政府在税收方面的优惠直接吸引风险投资。

（2）信用担保。当风险投资公司向金融机构贷款时，政府为其提供担保；对风险投资机构不敢投入的领域提供政府补贴或贴息贷款。

（3）建立风险资本退出渠道。政府要在金融制度中为风险资本的退出设计出口，如美国的纳斯达克市场、我国的创业板市场。

（4）其他措施。例如，建立健全对知识产权和专利产品的保护、对风险投资的管理、对风险投资业的保护等措施。

8.3.2　国际风险投资的运作

一个完整的风险投资运作流程，涉及三方，即风险资金提供者（投资人）、风险投资运作和管理者（风险投资机构）、风险资金使用者（风险企业）。风险投资一般包括以下几个步骤。

1. 筹集风险资金

首先解决"钱从哪里来"的问题。风险投资需要一定数量的资金，融资是风险投资机构的首要任务之一。风险投资资金的来源有多种渠道，包括富有个人资金、政府资金（如国家科技创新基金）、金融资金、养老基金、保险基金、风险投资基金等。风险投资一般是通过成立合伙制或公司制风险投资基金进行资金筹集，进而选择项目，完成投资。

2. 进行风险投资

这一阶段解决"钱往哪里去"的问题。专业的风险投资机构经过初步筛选、尽职调查、估值、谈判、签订协议等程序，把风险资本投向那些具有巨大增长潜力的风险企业。投资后，风险投资机构通过参与企业的经营管理活动，帮助被投资企业完善公司治理结构及协助被投资企业后续融资等。

（1）选择投资项目。一般分以下步骤：首先，初审。风险投资机构每天接到大量风险投资的商业计划书，专家经过初步筛选，将有吸引力的项目仔细研究。其次，面谈。对于感兴趣的项目，风险投资机构会接触企业家，了解企业家和管理队伍的素质和企业创办情况，对投资项目的可行性进行基本判断。再次，筛选投资对象。若面谈较成功，风险投资机构会对企业家的经营情况进行考察，了解产品核心技术、新产品开发特点和优势、企业的管理和财务状况、市场潜力、企业投资规模等，对包括技术、市场、管理、财务、政策等方面的风险进行分析及投资回报率的估测，最终确定投资对象。最后，谈判与签订投资协议。在风险投资机构对申请项目做出技术与评价后，与拟投资的企业就技术、股权结构、投资数额、投入工具和股权结构、双方权利义务、风险投资退出路径等有关投资具体协议项目进行洽谈，最终签订投资协议。从初次筛选到交易完成通常需要 90 ～ 150 天。

（2）经营管理合作。风险投资与传统投资相比，其特点之一是参与其所投资的风险企业的管理。投资协议签订后，风险投资机构便拥有了风险企业的股份，并在其董事会中占有席位。风险投资机构参与风险企业的经营管理或对风险企业管理活动进行监督。他们通常同时介入多家企业，向风险企业管理层提供咨询和建议，定期审查会计师事务所提交的财务分析报告，帮助风险企业经营实现专业化。由于风险投资机构对其所投资的业务领域了如指掌，所以其建议会很有参考价值。为了减少风险，风险投资家们经常联手投资一个项目，这样既减少了风险，也为风险企业带来了更多的咨询资源，而且为风险投资企业提供了多个评估结果，降低了误差。

3. 风险投资的退出

1）IPO

IPO 即首次公开发行，是风险资本最理想和使用最多的退出方式。风险企业成熟后，会在证券市场向公众发行股票，风险投资家将其持有的股权在公开市场出售，收回投资，获取收益而退出。风险投资选择 IPO 退出的原因在于：① 对于风险企业而言，IPO 是金融市场对风险企业发展的一种确认，增加了风险企业的市场价值，有利于树立企业形象和提高知名度，有助于其在资本市场持续融资；② 风险资本由股份转变为上市公司股票，提高风险投资家和创业家所持有股份的流动性，获得很高的盈利，实现了投资的价值；③ 风险资本的适时退出也可以为新的风险企业提供资金，促使风险投资家重新寻找新的投资项目。在美国，2010 年首次公开发行的 104 家公司中，有 72 家是风险资本投资的，占比为 69.23%。而证券市场中的创业板市场是风险投资资本的最佳退出场所，原因是风险公司要迅速成长，其需要的巨额资金风险投资资金远远不能满足需要，公司进入成长期之后，风险投资资金就逐步淡出，风险公司常以募集新股或公司重组的方式进入证券市场，因此，一个支持创新的资本市场是风险投资存在的必不可少的条件。美国 NASDAQ 证券市场就是针对中小企业和高科技企业提供服务的创业板市场。我国 2009 年创业板开版，为风险投资的发展提供了最佳退出渠道，为风险投资机构顺利获利退出提供了条件，同时也为创业者获取风险投资资本创造了机遇。

2) 股份回购

由于通过股份上市的方法申报程序复杂，需要的周期比较长，再加之风险投资资本在首次公开发行股票之后尚需一段时间才能完全退出，因而许多风险投资机构采取以下退出方式。

（1）股份回购。它是指风险公司或风险企业家本人以现金形式向风险投资基金回购本公司股权的交易行为。目的是希望对已经发展良好的公司能由自己控制，股份回购还可以通过创业者和风险投资机构之间达成一致，风险投资家将股份卖给风险企业家，实现风险的资本退出。

（2）出售。出售也是风险投资退出投资的一种主要方式。近年来，以出售的方式退出在迅速发展的风险投资业中所占的比重越来越大，经过出售决定、价格评估等谈判过程，创业企业为其他企业所收购。在这一过程中，了解收购者的计划、会计准则、法律结构和其他业务是十分重要的。通过这种调查了解，可以获得出售公司最好的价格，并且顺利地通过出售退出风险投资，以确保投资收益。出售的支付方式通常有卖股换现金、卖股换票据、以股换股、卖资产换现金、卖资产换票据、卖资产换股票等几种形式。

3) 并购

并购是风险投资退出常用的一种方式。自 19 世纪末以来，美国曾有过四次大的企业兼并浪潮。进入 20 世纪 90 年代，美国又经历了第五次兼并浪潮，第五次收购兼并形式同前四次兼并浪潮相比，具有交易规模大、涉及面广以及兼并形式多样的特点。美国有较完善的法律制度，这为美国收购兼并市场的发展提供了保证。可以说，收购兼并市场的发展为风险投资机构顺利出售自己的股权提供了广阔的空间。

4) 清算

相当大部分的风险投资是不成功的，风险投资机构的巨大风险反映在高比例的投资失败上。越是处于早期阶段的风险资本投资，失败的比例越高。当风险投资机构确认风险企业失去了发展的可能或者成长太慢，不能给予预期的高回报时，就要果断地撤出，将能收回的资金用于下一个投资循环。根据研究，清算方式退出的投资大概占风险投资资本总投资的 32%。这种方法一般仅能收回原投资额的 64%。清算方式的退出是痛苦的，但是在很多情况下是必须断然采取的方案。因为风险投资的风险很大，同时投资收益又必须予以保证，如果不能及时抽身而出，只会带来更大的损失。即便是仍能正常经营，如果成长缓慢，收益很低，发展前途不确定，也应立即退出，以保证最大限度地减少损失，并收回资金。

8.3.3　国际风险投资的管理

风险投资机构对风险企业的投资不是一次完成的，而是随着风险企业发展的不同阶段分几次投资，每个阶段投资金额也各不相同。

1. 风险企业的发展阶段

风险企业是风险投资的投资对象，是用最新的技术研发和生产新产品的中小企业，由于其成功与否尚不确定，投资存在极大风险，故称为风险企业，也称创业企业。风险企业的发展阶段分为：种子期、成长期、扩张期和成熟期。

（1）种子期。种子期是风险企业发展的最初阶段，新产品或新技术处于构想和研发中，项目还未经过市场检验，成功与否也是未知，失败的风险极大。据统计，种子期失败概率超过 70%，即风险投资中的大部分风险企业在"种子期"就遭淘汰。

（2）成长期。成长期是风险企业技术发展和生产扩大和企业成型阶段，风险企业在这一时期已经有了核心管理团队，经营活动开始正规化，但还没进入大规模生产，还没有稳定收入，多处在亏损状态，由于需要招聘更多人员，购买原材料进行生产等，投资要加大，风险因此更大。

（3）扩张期。扩张期是指风险企业产品和技术进入批量生产和市场销售阶段，生产线已具规模，管理队伍发展也达成熟水准，已占有相当比例市场，且有一定程度盈余，因此计划大规模扩充生产规模，扩大销售量与市场占有率，以获取更多的利润。

（4）成熟期。成熟期是指风险企业技术成熟，进入大批量工业化生产阶段，成为具有一定实力的企业，产品销售数量增加，市场占有率和市场份额不断提高，盈利能力大大增强，投资风险也随之降低。

2. 风险投资机构分阶段的投资管理

（1）种子期投资。此时风险企业仅有产品构想，未见产品原型，项目需要的资金额度有限，难以获得风险投资机构青睐，投资人主要是用自有资金或家人、朋友或天使投资人进行投资。因此，风险投资机构主要考虑风险企业的技术研发能力与产品市场潜力，与自身擅长投资的领域、产业范围是否密切关联。若评估投资风险可控制在合理的范围内，风险投资机构会以 10%～15% 的投资组合资金比例投入企业。

（2）成长期投资。此阶段风险企业已组建了核心管理团队，其初期产品或技术进入测试期，但还未取得稳定收入，因此仍需要较多的营运资金投入才能得以生存，企业经营失败的风险依然较高。风险投资机构主要考虑的是该公司的成长能力、市场竞争力、财务计划，以及彼此间的资源互补程度。如果认为风险企业有相当成长机会，则会以 15%～20% 的投资组合资金比例投入企业。

（3）扩张期投资。此阶段风险企业进入营销阶段，需要扩充生产规模，风险资本对企业进一步成长仍很重要，风险投资机构主要考虑的是该公司的获利稳定性、财务结构与组织健全程度、回收期长度等，如果认为可获得满意的回报率，则会以 25%～30% 的投资组合资金比例投入企业。该阶段资金具有"承上启下"的作用，且银行等稳健资金也会择机进入。

（4）成熟期投资。进入技术成熟和产品工业化阶段的风险企业经营规模与财务状况，均接近上市公司审查的要求条件并计划在公开市场筹集资金，进行多角化的经营。该阶段资金需求量很大，但风险投资机构已经很少再增加投资，一则企业产品销售已能取得较高收入，二则技术成熟和市场稳定使企业有足够的资信能力去吸引银行借款、发行债券或股票。更重要的是，随着风险程度大幅降低，利润率也随之下降，对风险投资机构不再具有足够吸引力。风险投资机构对这一阶段投资的主要考虑是，能否成功上市，证券市场投资者的接受程度，以及财务操作的效果。如果风险投资机构觉得投资对象在上市后能从中获得合理的报酬，则会以 15%～25% 的投资组合资金比例投入于成熟阶段的事业。

成熟阶段是风险投资的收获季节，也是风险投资的退出阶段，这不仅是因为此阶段风险投资机构吸引力降低，而且因为此阶段对银行等其他投资者具有吸引力，风险投资机构可以以较好的价格退出。

以美国为例。1992—1993 年美国风险投资按阶段投资比例情况见表 8-2。

表 8-2　1992—1993 年美国风险投资按阶段投资比例

风险企业所处阶段	种子期	成长期	扩张期	成熟期
投资比例/%	5	15	53	27

〔资料来源：美国风险投资协会（NVCA）统计资料。〕

8.4　创业板与风险投资

8.4.1　创业板的概念、特点及发展历程

1. 创业板的概念

创业板又称二板市场，即第二股票交易市场，是主板之外的专为暂时无法在主板上市的创业型企业、中小企业和高科技产业企业等提供融资途径和成长空间的证券交易市场。由于二板市场上市企业大多趋向于创业型企业，所以又称为创业板。创业板是对主板市场的重要补充，在资本市场中占据重要的位置。

2. 创业板的特点

（1）创业板首先是一种证券市场，它具有一般证券市场的共有特性，包括上市企业、券商和投资者三类市场活动主体，是企业融资和投资者投资的场所。相对于现在的证券市场（主板市场）而言，主板市场在上市公司数量，单个上市公司规模及对上市公司条件的要求上都要高于创业板，所以创业板的性质属于二板市场。

（2）创业板是为中小企业量身打造的上市制度。创业板是完全独立于主板市场的独立系统，拥有自己的交易系统、管理机制和组织结构。与主板市场相比，创业板具有包容性很强的市场定位，上市要求更加宽松，主要体现在成立时间、资本规模、中长期业绩等的要求上，对公司不设最低盈利要求，经营年限也可以相对较短。创业板市场的上市公司不仅限于高科技企业，而且包括各行各业的具有高成长性的企业，往往成立时间较短、规模较小，业绩也不突出，但有很大的成长空间。证券市场的多次筹资功能可以改善中小企

业对投资的大量需求，还可以引入竞争机制，把不具有市场前景的企业淘汰出局。可以说，创业板上市规则普遍较简单，上市标准低，上市程序相对简化，这样就大大节省了上市时间和成本。它有助于有潜力的中小企业获得融资机会，也是一个孵化科技型、成长型企业的摇篮。

（3）更加严格和完善的监管机制。创业板高风险的特质决定了监管制度的重要性。与主板市场相比，创业板的低门槛使得上市公司面临着市场风险、技术风险和经营风险，使得公司运转将会出现较多的问题，因此对创业板市场的监管更为严格。创业板市场的监管机制一般有两种。第一，强调信息披露基础上的投资者自我保证。这是因为高科技企业的综合风险系数高，所以对上市公司信息披露规定很严格的要求，以保证市场高度透明，便于投资者及时评估公司的发展前景。第二，强调监管机构对发行者质量的要求和对投资者保证的责任，对公司上市相应地采取注册和审批制。发达国家一般采取的是注册制。有的创业板市场设立保荐人，通过保荐人的监督、服务，使上市企业规范运作，真正建立现代企业制度，遵守创业板相关法律、法规，减少违规操作现象的发生。

3. 创业板的发展历程

自 20 世纪 60 年代起，以美国为代表的北美和欧洲等地区为了解决中小型企业的融资问题，开始大力创建各自的创业板市场。20 世纪 60 年代可以称为创业板的萌芽起步时期。1961 年，为了推进证券业的全面规范，美国国会要求美国证券交易委员会对所有证券市场进行特定的研究。两年之后，美国证券交易委员会放弃了对全面证券市场的研究，而是将目光盯住了当时处于朦胧和分割状态的场外市场。SEC 提出了"自动操作系统"作为解决途径的设想，并由全国证券商协会（NASD）来进行管理。1968 年，自动报价系统研制成功，NASD 改称为全国证券商协会自动报价体系（NASDAQ 系统）。

世界创业板市场的发展大致可分为两个阶段。

第一阶段，从 20 世纪 70 年代到 90 年代中期。1971 年，美国全美证券商协会建立了一个柜台交易的证券自动报价系统——纳斯达克（NASDAQ）。1971 年 2 月 8 日，NASDAQ 市场正式成立，当日完成了 NASDAQ 系统的全面操作，中央牌价系统显示出 2 500 个证券的行情，开始对超过 2 500 种柜台交易的证券进行报价。直到 1975 年，NASDAQ 建立了新上市标准，把在 NASDAQ 挂牌的所有上市公司证券与在柜台交易的其他证券区分开来。1982 年，NASDAQ 最好的上市公司形成了 NASDAQ 全国市场，并开始发布实时交易行情。但是，直到 20 世纪 90 年代初，NASDAQ 的运作并不十分理想。1991 年，其成交额才达到纽约股票交易所的 1/3。

与美国 NASDAQ 市场的起步几乎同时的是，日本开始了创业板的脚步。1963 年，日本东京证券交易所设立了针对中小公司的第二板，并正式启用了场外市场制度。后来日本的场外市场一直萎靡不振。1999 年 11 月 25 日，酝酿 10 年之久的香港创业板终于呱呱坠地。它定位于为处于创业阶段的中小高成长性公司尤其是高科技公司服务。它共有上市公司 25 家，大多是网络、计算机、电信企业。

第二阶段，从 20 世纪 90 年代中期到现在。国际上成熟的证券市场大都设有二板市场，只是名称不同。世界上其他国家二板市场发展的背景及原因是：① 知识经济的兴起使大量新生高新技术企业成长起来；② 美国纳斯达克市场迅速发展，在加剧竞争的同时，为各国股市的发展指出了一个方向；③ 风险资本产业迅速发展，迫切需要针对新兴企业的股票市场；④ 各国政府重视高新技术产业的发展，纷纷设立二板市场。在此背景下，各国证券市场又开始了新一轮的设立二板热潮，其中主要有：香港创业板市场（GEM，1999）、台湾柜台交易所（OTC，1994）、伦敦证券交易所（AIM，1995）、法国新市场（LNA，1996）、德国新市场（NM，1996）等。这一阶段的二板市场发育和运作远强于第一阶段，大多数发展较顺利，其中美国 NASDAQ 和韩国 Kosdaq 的交易量甚至一度超过了主板市场。伴随着新经济和网络股概念热浪，全球创业板市场出现了疯狂上涨行情。美国纳斯达克指数从创立初期的 100 点增长到有史以来的最高点——5 132.52 点。从 1998 年 7 月 16 日收于 2 000.6 点到 2000 年 3 月 10 日一跃超过 5 000 点，纳斯达克仅仅用了不到 2 年的时间。全球的创业板市场发展达到了一个前所未有的高潮，全球创业板市场的数量达到了 75 家。从 2000 年下半年开始，代表新经济的网络股泡沫破灭，以纳斯达克为代表的创业板市场开始大幅下跌，纳斯达克综合指数从历史最高点位迅速下滑，到 2002 年 10 月曾跌至 1 108.49 点，跌幅最高达 78%。科技股的大幅缩水最终使得 NASDAQ 在 2003 年 6 月被迫关闭。在此期间，德国新市场也受其影响，加之德国自 20 世纪 90 年代中后期以来经济持续低增长和失业率居高不下的经济状况，德国新市场从此一蹶不振，于 2003 年年底宣布关闭。截至 2008 年年底，全球有超过 40 家创业板在运作，这些市场覆盖了全球主要经济实体和产业集中地区。

最新数据表明，2011 年美国 VC 投资飙升 22% 至 284 亿美元，互联网板块投资达 10 年最高水平，该年风投总共进行 3 673 项交易，共投资了 284 亿美元。与上一年相比，投资额增长了 22%，交易量提高了 4%。2011 年的投资额在过去 10 年中排在第三位。2011 年有多个行业出现两位数的投资增长，包括清洁技术和互联网行业。2011 年对互联网公司的投资也有显著增长，达到了 69 亿美元，成交 997 笔。金额比 2010 年增长了 68%。实际上，互联网投资已经达到过去 10 年的最高水平。互联网公司投资额占风投总投资额的 24%，比 2010 年的 18% 增长了 6 个百分点。17 个行业里面有 13 个行业的投资出现增长，其中增长率最大的行业包括：消费产品与服务（103%）、媒体/娱乐业（53%）、电子设备（52%）及 IT 服务（39%）。《2012 年美国风险投资活动报告》指出，美国风险投资全年交易额 283 亿美元，下降 7.5%；交易数量 3 267 起，上升 7%；移动互联网继续受宠，互联网项目则门前冷落；医疗行业正在复苏，清洁技术依然低迷。

8.4.2 我国创业板的发展历史

1984 年，国家科委组织了"新技术革命与我国的对策"课题研究，提出建立创业投资机制、促进高新技术发展的建议，这标志着我国开始关注促进新技术发展的创业投资问题。1985 年 1 月，中共中央、国务院颁布《关于科学技术体制改革的决定》指出，对于变化迅速、风险较大的高新技术开发工作，可以设立创业投资给予支持；1998 年 3 月，被人们誉为"中国风险投资之父"的成思危代表民建中央向九届政协会议提出《关于借鉴国外经验，尽快发展我国风险投资事业的提案》，此提案是当年全国政协会议的"一号提案"；同年 8 月，证监会主席周正庆视察深圳证券交易所，提出要充分发挥证券市场功能，支持科技成果转化为生产力，在证券市场形成高科技板块；1999 年 1 月，深圳证券交易所正式向证监会提交了创业板立项报告；同年 3 月，中国证监会第一次明确提出了"可以考虑在沪深证券交易所内设立科技企业板块"；同年 8 月 20 日，中共中央、国务院发布《关于加强技术创新，发展高科技、实现产业化的决定》，指出适当时候在现有的沪深交易所专门设立高新技术企业板块；2000 年 4 月，证监会向国务院报送了《关于支持高新技术企业发展设立二板市场有关问题的请示》，建议由深圳证券交易所尝试建设我国二板市场；同年 5 月 16 日，国务院原则同意证监会意见，将二板市场定名为创业板市场。

　　然而，2001 年年初，以 NASDAQ 市场为代表的全球股票市场出现单边下跌，红极一时的网络股泡沫破灭，引发了股票市场的一度混乱。因此，中央高层认为股市尚未成熟，创业板计划搁置。同年 11 月，朱镕基总理表示，吸取香港与世界其他市场的经验，把主板市场整顿好后，才能推出创业板；2002 年前后，全球经济开始逐渐复苏。由于国内没有相应的二板市场，急需获得成长资金的国内互联网及相关企业，如新浪、搜狐、百度、盛大、分众传媒、携程、阿里巴巴、掌上灵通等，纷纷选择在海外上市，其中部分企业采取了借壳上市的方式。面对国内优质公司的资产纷纷由海外投资者控制和中小型互联网企业缺少融资渠道等状态，2002 年 11 月，深圳证券交易所在给中国证监会《关于当前推进创业板市场建设的思考与建议》中，建议采取分步实施方式推进创业板市场建设；监管部门开始重新考虑打开创业板的大门。2003 年 10 月，党的十六届二中全会决议通过，推进风险投资和创业板市场建设。随后，证监会同意深交所设立中小板；2004 年 5 月 17 日，经国务院批准，证监会正式批复深交所设立中小企业板市场，标志着分步推进创业板市场建设迈出实质性步伐；同年 6 月，深交所恢复新股发行，8 只新股在中小板上市；2007 年 1 月，新的《公司法》开始生效，其导向为鼓励企业参与创业投资，同年 8 月，国务院批复以创业板市场为重点的多层次资本市场体系建设方案；2008 年 3 月，创业板《管理办法》（征求意见稿）发布。2009 年 3 月 31 日，证监会发布《首次公开发行股票并在创业板上市管理暂行办法》，办法自 5 月 1 日起实施；同年 8 月 14 日，第一届创业板发行审核委员会正式成立，这标志着创业板发行工作正式启动。2009 年 10 月 23 日，我国创业板举行开板启动仪式，首批上市 28 家公司以平均 56.7 倍市盈率于当日登陆我国创业板。

　　2010 年共有 117 家创业板公司登陆，创业板公司总市值已达到 7 205 亿元，平均市盈率 76.82 倍，平均发行价 35 元，募集资金 1 216 亿，平均每个企业获得了 7.7 亿，最高发行市盈率 151 倍，最高发行价 111 元。2011 年创业板出现很大波动，上市公司的"三高"特性饱受投资者诟病，创业板新股破发成为常态，创业板公司股价的"去泡沫化"运动愈演愈烈，致使创业板公司的市盈率从 2010 年时的 70 多倍直降至 30 倍左右，共有 68 家公司跌破发行价，占所有公司总数的 55%。创业板指数跌幅达 31%，2011 年创业板共有 124 家企业上市，创业板 277 家的总市值（含限售股）为 8 091 亿元。2012 年在创业板上市公司共 74 家，平均发行市盈率为 33.58 倍，共募集资金 351.49 亿元人民币。2013 创业板指数一路上涨到 1 423.97 点，翻了一倍多，报收于 1 307.99 点，涨幅达到 83.23%，最新平均市盈率达 55.61 倍，总市值达 15 198.2 亿元。一年内，总市值增加了 6 467 亿元，增幅达 74.1%。截至 2014 年 10 月 30 日，创业板开板的五周岁生日，创业板上市公司总数已达到 400 家，其总市值也达到历史新高 2.28 万亿元。五年来创业板公司收入增长率保持稳定增长，平均收入规模已由 2009 年的 3.05 亿元增长至 2013 年的 6.57 亿元，增幅达到 115.5%。净利润虽经历了 2012 年的小幅下滑，但在 2013 年迅速回升，平均净利润达 7 825 万元。

拓展阅读

创业板五年上市400家　2.28万亿总市值创史上新高

2014年10月30日，随着三家公司登陆创业板，创业板公司总数达到400家，特别是在创业板开板五周年之际，其总市值也达到历史新高2.28万亿元。

从创业板指数的走势看，创业板指数10月30日报收于1525.77点，较基点1000点上涨52.58%。自2010年6月运行以来，该指数于2012年12月4日创出历史最低，报585.44点；2014年2月25日创出历史最高，报1571.40点。从市盈率变化看，2009年12月3日，创业板平均市盈率最高，为127.65倍（当时只有28家上市公司）。随着市场的扩容，以及高估值的回归，2012年12月4日，创业板平均市盈率下降至26.51倍。截至目前，创业板平均市盈率为69.23倍。

从市值变化看，2009年10月30日，创业板公司上市首日，28家公司的总市值为1399.67亿元，流通市值为250.69亿元。随着2014年10月30日三家公司新登陆创业板，400家创业板公司总市值为2.81万亿元，较5年前增长了15倍。

尽管创业板整体大扩容，但就个股表现看，5年以来，仍有17.5%的个股出现下跌。据Wind统计显示，截至2014年10月30日收盘，有330只个股不同程度上涨。其中，涨幅超100%的有148只，涨幅超600%的有3只，分别是旋极信息（739.29%）、上海钢联（700.59%）、聚龙股份（605.69%）。此外，在70只下跌的个股中，天龙光电、向日葵、万福生科跌幅最大，分别走低62.08%、61.67%和60.57%。

值得注意的是，创业板五年内即曝出造假上市的万福生科；与此同时，五年来，被市场诟病的"三高"顽疾仍存。截至目前，创业板新股首发均价为29.2元，而开板之初为25.4元；新股首发市盈率目前为53倍左右，较最初的56.5倍略减。

一方面是"三高"现象突出，另一方面是股价的大幅上扬，证券分析师认为，这既有资金长期炒小、炒题材的特点，也有市场对创业板整体趋势的看好。创业板2014年三季报的增速在16%左右，结合过往年报表现看，并没有体现出高成长性。其中，既有宏观环境的原因，也有创业板上市初期带来的业绩摊薄等因素。

面对未来的创业板市场发展，分析认为新一轮的扩张仍将继续。统计显示，目前拟登陆创业板的公司有409家，这也意味着目前有400家公司的创业板还将翻倍。那么，对于创业板指数未来的走向，深圳投资者陈先生认为，扩容压力不怕，不是前两年经济不好的时候了，虽然年底之前存在挤泡沫的可能，但从中线趋势看，一旦有造假上市的公司真正退出，那就是创业板中期走牛的发令枪。南京的一位投资者告诉记者，创业板个股中不少是细分行业的龙头，这就表明创业板所带来的创新动力还会进一步释放。

（资料来源：http://finance.sina.com.cn/stock/t/20141031/103220697753.shtml.）

8.4.3　我国推出创业板的作用

风险投资促进了美国高科技企业的崛起。美国至少 50% 从事高新技术的中小企业在其发展过程中得到了风险投资的帮助。美国硅谷是高科技企业的聚集地，同时也是风险投资企业大展身手的乐园。风险投资在美国硅谷创造了很多的神话，把一个又一个软件企业从小到大地"孵化"出来，微软公司、苹果电脑公司、SUN 微系统公司、LOTUS 等，都曾从风险投资公司中深深受益。美国风险投资发展最快的时候，是在纳斯达克问世之后，风险投资有了最佳退出渠道，高收益给投资者带来丰厚的回报。1971 年美国纳斯达克市场的设立，标志着世界第一所创业板市场的诞生，它也是迄今为止最成功的创业板市场。纳斯达克不仅"孵化"出了一部分高科技企业，也成就了许多有远见、有魄力的风险投资商。

风险投资与高科技企业的崛起之间的紧密联系，使得我国创业板的推出被赋予了更积极的意义。2009 年我国创业板成立至今已走过五个年头，创业板上市公司数量从最初的 28 家增加到 400 家，累计融资超过了 2 700 亿元，总市值超过了 2.2 万亿元。上市公司当中，高新技术企业占比超过了九成，培育出一大批以高技术含量、高研发投入、高创新能力为特征的风险企业。创业板的推出对于我国风险投资企业的重要作用犹如纳斯达克之于美国的风险投资商。我国创业板推出的作用表现在以下方面。

1. 创业板有助于推动经济转型和战略性新兴产业的发展

经历了长期高速增长之后的我国经济，正值经济转型的关键时期，战略性新兴产业以重大技术和国民经济重大需求为基础，在我国经济发展方式转变、产业升级，产业结构调整方面都发挥了重要的作用。创业板在推动战略性新兴产业方面的独特作用尤为明显，对落实国家自主创新战略都具有十分重要的意义

首先，创业板定位于服务创新型企业，设置了更加科学合理的市场准入门槛。新兴产业处于产业生命周期的萌芽阶段，新能源、新材料、生物，以及新一代信息技术等产业需要长期科研攻关，需要大量的资金投入。创业板适应了战略性新兴产业的发展路径与轨迹，支持了处于发展初期的战略性新兴产业公司快速进入资本市场。创业板对我国经济从传统制造业转向高科技的互联网、电子商务和金融服务起到助推器的作用。

其次，创业板成立之初在制度安排上就结合了创新型企业的一些特点和需求，充分考虑了新模式、新技术、新业态等特点。创业板成功吸引聚集了大量新兴产业公司，目前这类公司占创业板公司的 70% 以上，从收入和主要指标看，已经成为创业板的中坚力量。创业板上市公司平均营业收入从 2009—2013 年翻了 1 倍多，平均每家上市公司的净利润达到 7 825 万元。创业板不少优秀公司脱颖而出，在 2013 年之前上市的 355 家公司中，已经有 13 家公司上市后净利润年复合增长率超过 50%，还有 20 家公司较上市前净利润增幅超过 3 倍。截至 2014 年 9 月 30 日，创业板活跃账户已从最初的 423 万户大幅增加到 1 255 万户，机构持有比重也从 2009 年的 3.56% 增加到超过 40%，这反映了资本市场对创业板的逐步认可，以及对其前景的坚定信心。长期机构投资人得到了较好的回报。创业板还坚持比较高的现金分红，2009—2013 年五年间，创业板公司合计分红超过 300 亿元，占累计利润的 35% 以上。

此外，近年来在新兴产业领域还出现了许多原产业规划难以覆盖的新行业，如创意产业等，创业板对这些新兴行业都予以了积极支持，部分文化创意公司登陆创业板后迅速成为行业龙头，业绩与市值均大幅增长。创业板市值前十名的公司当中，文化创意类公司占据了半壁江山。

2. 创业板的建立有助于完善我国多层次资本市场体系

伴随着创业板的开板，我国已初步形成了一个由 4 部分构成的多层次资本市场：深市主板和沪市主板市场、中小企业板市场、创业板市场和场外市场。随着近年来我国产业结构调整步伐加快，我国企业规模分化日趋明显，不同区域、不同成长阶段的企业迫切要求创新金融服务体系，单一的主板市场和同质化的制度安排已经难以满足资本市场多样化的投融资需求和风险管理的要求。创业板的推出适应了中小创新型企业的多元化融资要求，有利于扩大资本市场的服务范围，也满足了各类企业和不同投资者的需求，提高了各层次市场的价格发现水平和流动性效率，更好地发挥了市场促进经济增长方式转变的作用。创业板完善了多层次资本市场的体系，形成了一个相互补充、相互促进、协调发展的多层次市场体系，不断提升资本市场对国民经济的服务能力。

3. 创业板有力地推动了科技创新，促进了国家科技战略的实施

近年来，传统的低成本、薄利润、高污染、高耗能的模式难以为继，经济增长进入了一个转型升级的重要窗口期。为此，党的十八大把推动科技创新、实施创新驱动战略放到了国家战略的核心位置，创业板在这方面发挥了积极的作用。

创业板通过支持一批具有自主创新能力的高科技公司发展，带动了所在领域整体技术水平的提升和竞争力的提高。创业板上市公司借助资本市场的力量，通过自主研发水平的不断提升，带动了各个细分行业水平的提升。同时，创业板在以企业为主体、市场为导向、与产业相结合的体系形成方面也发挥了积极的作用。

2012 年，中国证监会联合科技部共同发布了《关于支持科技成果出资入股确认股权的指导意见》，助推了科技创新与经济发展的深度融合，为科技成果转化提供了新的渠道。创业板还通过自身的示范、带动、辐射效应等，鼓励支持创富，带动更多科技人员投身创新创业，充分激发了全社会科技创新的激情和潜力。

4. 创业板有助于培育和完善市场化的运作机制

创业板的推出更重要的是在于建立和完善市场化的创新机制。创业板将促进创业投资良性循环，形成促使资本、资源和其他创新要素向具有竞争力的企业积聚的长效机制，同时推出创业板市场为投资者提供多样化的投资选择，促进产业结构调整以及社会资源的合理配置。在创业板上市公司中，风险投资公司投资了 85 家，占比 69%，主要投资于高科技企业。按照 2010 年 9 月 30 日收盘价计算，各类风险投资所投企业在创业板上市所获得的平均投资回报率达到了 11.36 倍。创业板进一步拓宽了创投资金的退出渠道并加速风投资金的周转，加大了创业投资对科技型企业的支持力度，促进了创投产业链的进一步完善，并带动了大量社会资金投入到具有自主创新能力的企业中。同时，创业板也激发了全社会支持创业创新的热情。全国大部分省市出台了扶持、鼓励企业改制上市的政策措施，从财政、税收、土地、环保、人才、政府服务等方面予以支持。这些措施为创业和创新营造了良好的条件，极大地激发了本土企业和个人的创业热情。

5. 创业板推动了社会富余资金转化成创业资本

开板五年时间，创业板累计融资超过了 2 700 亿元，创业板的总市值也已经超过了 2.2 万亿元。在当前很多企业出现资金链风险的情况下，创新型的企业能够获得大量的资本投入，得以稳定、快速发展，这给我们的经济发展提供了持续的动力。创业板为一批创新型高成长中小企业募集了后续发展资金，有力支持了高科技产业快速成长，其示范效应将对国家自主创新战略和新兴产业发展产生积极作用。创业板上市不仅为公司带来了宝贵的发展资金，而且促进了企业运营的逐步规范，改善了公司治理结构，提升了企业管理水平。我国创业板仅仅运行一年后的 2010 年，在 134 家上市公司中，超过 90% 的上市公司是 2008 年重新认证的新"高新技术企业"。创业板吸纳了一批战略性新兴产业公司，涉及新一代信息技术、高端设备制造、新材料、生物医药及环保行业 5 大主要行业，这些企业占创业板企业总数的 67%。2012 年我国风险投资快速发展，不论是风险投资的数量，还是管理资本，均出现了提升。2012 年比 2011 年增加风险投资机构 82 家。新能源、高科技、传统行业等领域仍然是关注的热点。

6. 创业板上市公司有利于区域协调发展

创业板设立以来，已经有 75 家中西部地区的企业登陆创业板，这些企业在发展区域特色产业、转化资源优势等方面起到了积极作用，对加快中西部地区的工业化、城镇化进程，以及产业升级方面都发挥了积极作用。其中，还有 50 多家创业板企业地处县、乡、区级，这些企业在缓解区域及城乡经济发展不平衡方面都起到了积极的作用。创业板还带动了我国创新、创业的发展，加快了实现更高质量的就业，增加居民收入，改善民生方面目标的实现。到 2013 年年末，创业板公司提供就业人数超过了 40 万，年度职工平均工资超过了 6 万，分别比上市前增长了 112% 和 32.5%。创业板还带动了一批节能环保等新兴产业公司的发展，促进了我国的生态与文化建设。

7. 创业板加速风险投资机构的投资，吸引高技术创新人才

风险投资最佳的退出渠道就是创业板，因此我国创业板提供的风险退出渠道极大地促进了创业投资机构投资高成长科技型中小企业的积极性。目前，中国风险投资各类机构已经达到 1 400 多家，累计投资项目超过了 1 200 多个，投资总额达到 2 634 亿元，其中投资高技术企业项目达 6 779 家，投资总额超过 1 300 亿元，各类科技企业孵化器、大学科学园、创投联盟等蓬勃发展，将服务延伸到初创期企业。

创业板已经成为创业创新的推动引擎。创业板民营控股企业 385 家，占比高达 96%，一大批民营创业企业通过创业板登上了资本市场的大舞台。创业板的发展正在深刻地改变科研体制，吸引着掌握前沿技术的科研人员参与创业，推动企业成为技术创新主体。截至 2014 年 9 月底，创业板共有 63 家公司具有高校、科研院所背景，占比 16%，"海归"高级技术人才创业并成功在创业板上市的也很多。我武生物、欧比特等都是"海归"创业的典型代表。一大批在各自领域的技术领军人才在创业板的成功创业，激励着更多的科学家、技术团队走出高校、科研院所，投身创业大潮。

拓展阅读

2012 年中国风投市场回报大幅缩水几成定局

中国投资市场分析机构清科研究中心近日发布报告显示，2012 年中国风投市场的惨淡业绩几乎已成定局，前 11 个月募、投、退环节数据呈现较大幅度下滑。

根据清科研究中心最新统计，2012 年前 11 个月，仅有 104 家风投（包括私募）支持的中国企业在境内外市场上市，合计融资 108.48 亿美元，IPO 数量仅为 2011 年同期的 67.5%，融资额则较上年同期下滑 57.0%。退出回报方面，2012 年前 11 个月风投（包括私募）机构 IPO 退出平均回报水平为 5.19 倍，而 2011 年同期为 8.17 倍，回报缩水明显。

虽然 2012 年中国市场上风投（私募）机构的 IPO 退出之路不顺，但根据清科研究中心"2013 年中国 VC/PE 市场发展展望调研"报告，IPO 退出依旧将是风投（包括私募）机构 2013 年首选的退出方式，因为一、二级市场溢价以及限售股份全流通后溢价收入较其他退出方式更为可观，而且该退出方式对于符合上市条件的企业管理者而言更易接受。

清科分析认为，由于境内市场估值较高，2013 年投资机构 IPO 退出市场选择方面将仍以境内中小板和创业板为主。为了降低 IPO 退出不畅风险，多数风投（包括私募）机构倾向"多条腿走路"，即对于难以达到上市要求的被投项目考虑通过并购及股权转让等方式退出。投资回报方面，2012 年将与 2011 年水平大致相当。

（资料来源：http://news.xinhuanet.com/fortune/2012-12/17/c_114058375.htm.）

8.4.4　我国创业板发展存在的问题

2009 年 10 月 30 日，孕育 10 年之久的中国创业板市场终于开板，28 只新股在深交所创业板挂牌上市。从此，我国资本市场步入了一个全新的发展局面。开板五年来，创业板上市公司数量不断增加，市值一路走高，使中小企业突破了资本市场融资难的瓶颈，为计算机技术、新材料新能源、生物制药、通信等方面的高科技企业中小企业募集到发展急需的资金。然而，创业板也因其制度和结构还不完善，在发展过程中存在着许多问题。

1. 投资者突击入股，创业板成最高效造富机器

在成熟的海外市场，风险投资机构或投资家主要凭借其专业知识和判断，发现并培养有潜力的风险企业，投资入股的同时参与企业经营管理，最终帮助企业上市实现自己的投资价值，这种机制鼓励了技术创新，推动了中小企业的成长。而我国的创业板市场有一批特殊的投资者，不参与风险企业的成长过程和承担风险，只是在风险企业上市前夕突击入股，上市后获取收益，这些投资者的做法严重侵害了创业板股东的利益，扰乱了市场秩序，破坏了市场的公平原则，这说明我国创业板上市公司的 IPO 制度设计还存在严重缺陷，应尽快修改，严防这类寻租股东出现。

风险投资机构和风险投资家在风险企业创业初期就加入企业，进行股权投资，同时参与企业的经营管理，关注企业的长期价值，与企业共担风险，共同成长，但其目的是在企业上市后获利退出，取得丰厚回报。创业板正是风险资本退出的最佳渠道。通过风险投资获取超额回报本无可厚非，但我国的创业板造富效应出现扭曲。2012 年 10 月 26 日，创业板首批 28 家公司进入全流通时代，数据显示解禁市值高达 518 亿，且解禁股东全部是首发原始股东，三年内创业板共造就 735 位亿万富翁，2 489 位千万富翁，其中不乏突击入股的投机者，他们不承担风险企业发展过程中的任何风险，却一夜暴富，造成财富分配的不公平。

2. 高管急于套现、辞职频繁，变相挪用募集资金

原始股东变相出售公司限售股套现是目前创业板市场存在的一个重大隐患。由于原始股有限售期限制，这些原始股东们和接手盘约定以 5 折的价格合同协议转让，双方达成一份"股权质押融资合同"，原始股东趁着股票强劲反弹之机，以"股权质押"为名以 5 折的价格变相抛售公司限售股，这实际是一种变相减持。数据显示，首批创业板上市公司原始股被解禁的一个月内，创投公司、高管、大股东套现达 28.5 亿元。例如，华谊兄弟公司董事虞锋的母亲王育莲，为高管及家属套现最频繁的一位，减持次数达到 23 次；监事谭智的配偶孙晓璐累计套现超过 2 亿元，拿下减持金额之最。此外，几乎所有的公司都存在着募集资金尚未投资到位就打超募资金主意的情况，在募集资金尚未落实之前，就抢先一步动用超募资金投资主业。

上市公司高管辞职本无可厚非，但选择在敏感时点出现频率较高则表明必然有制度设计的缺陷。创业板上市公司在创业板上市，募集到企业发展所需资金后，本应尽快将资金运用达到预期的收益，回馈投资者，但许多上市公司高管没有选择继续和企业"创业"，而是选择减持、套现并迅速离职，追求自身利益最大化。2010 年年初至 9 月，60 多名上市公司高管频繁地辞职，其中 28 人持有所在公司股票，涉及近 30 家企业。高管辞职现象说明创业板投机色彩浓厚，也严重动摇了投资者对上市公司的信心。

3. 股票发行"三高"问题突出

"三高"即高市盈率、高发行价和高超募金额。首先，企业的高市盈率要依赖于企业的高成长性，而创业板 150 多家公司近几年的年利润总额增长率约为 40%，归属母公司股东净利润的整体增长率也为 40% 左右，这样的增长并不足以支持创业板企业的高发行市盈率。其次，2010 年还出现"天价发行"，"创业板最高发行价"的名号在一年之内三易其主，先有为电信运营商提供网络服务的技术公司世纪鼎利，以每股 88 元高价发行，后有定价在 95 元的疫苗新贵沃森生物，超了前任 7 元钱；再到汤臣倍健，发行价 110 元，首日再涨 33%。最后是资金超募严重。伴随着询价机构和二级市场的热捧，创业板公司超募现象愈演愈烈。创业板第一批上市公司平均超募 129%，第二批平均超募 209%，第三批平均超募 248.5%，第四批则平均超募逾 250%。据统计，创业板超募资金使用率仅 21.85%，大量资金闲置或投资地产，资金超募的后果是创业板上市公司会无视企业的创业理想，更会影响企业管理的有效性，大大降低资本的使用率和回报率。

4. 信息泄露现象严重

在创业板高送股之前，人们常观察到，有关创业板通常会拉几个涨停板，明显的价格异动包含着信息泄露。由于创业企业经营发展变化快，不确定性较大，稳定性差，规模偏小，股份流通数量有限，信息非对称且泄露严重，很容易滋生内幕信息交易，加大市场投机性，给资金实力雄厚者有机可乘，对股价形成控制和操纵，导致股价暴涨暴跌，价格严重偏离价值，给投资者带来极大的风险。这是对市场公平环境的破坏和对法律的践踏，也是对其他投资者财富的侵蚀，这必将极大动摇投资者对创业板的信心，导致更多的投资者远离创业板。

5. 上市门槛高，对创新缺乏包容

我国新兴产业门类很多，但是目前创业板对企业上市条件要求较高，对新兴产业的覆盖面不够，尤其是对尚未盈利的互联网企业、IT、科技创新企业。同时，我国创业板对创新经济的包容性不足，使大量优秀企业在海外上市。例如，北京中关村 245 家上市公司中有 94 家在海外上市。这说明我们整个创业板的包容度不够。不单单是一个盈利，是我们对轻资产，对无形的资产，包容性还不够，没能让更多的中小高科技企业得到在创业板上市融资的机会。

6. 退市机制缺失

退市机制是创业板市场优胜劣汰功能的重要机制，是高风险市场的重要标志。没有高效

的退市机制，创业板的市场效率会大大降低，投机也无法遏制。确定退市机制标准因监管理念不同而有差别，但是不管以什么理念来确定退市标准，都要以提高创业板市场效率为目标，都要充分体现创业板高风险、高成长的市场特征。退市制度的设计并不是一个单纯的摘牌问题，退市机制必须与完善的信息披露制度建设、市场定位、投资者保护、退市后的后续安排及市场的发展程度等统筹设计，退市机制的有效实施和完善需要一系列配套机制的建立、健全，是一个循序渐进的过程。当前，对于我国创业板的退市标准、投资者损失的责任补偿、退市后的安排等众多问题，都需要认真研究、系统设计。建立有序和有效的创业板市场上市公司退市机制，进而发挥退市机制在资源配置中的作用，是中国创业板制度建设的最重要的内容之一。

拓展阅读

创业板五年分红超 300 亿元

中国证监会主席助理张育军 2014 年 10 月 30 日在"加快创业板改革，服务创新驱动战略论坛"上表示，下一步，中国证监会将持续深化创业板市场改革，强化创业板服务创新型企业的积极作用，推动创业板健康稳定发展。

张育军表示，五年来，创业板发挥了四个方面的作用。

一是创业板切合我国新经济发展的特点，有力地推动了战略性新兴产业的发展。首先，创业板定位于服务创新型企业，设置了更加科学合理的市场准入门槛。创业板适应了战略性新兴产业的发展路径和轨迹，支持了处于发展初期的战略性新兴产业公司加速进入资本市场。其次，创业板成立之初在制度安排上就结合了创新型企业的一些特点和需求，充分考虑了新模式、新业态等特点。目前，新兴产业公司已经成为创业板的中坚力量。

二是创业板有力地推动了科技创新，促进了国家科技战略的实施。创业板定位为服务创新型企业，通过支持一批具有自主创新能力的高科技公司发展，带动了所在领域整体技术水平的提升和竞争力的提高。

三是创业板推动了一批高成长创新型企业成长，为投资人分享国民经济发展的新成果提供了重要渠道。截至 2014 年 9 月 30 日，350 家创业板公司复权股价已经高于发行价，有 210 家公司的最新复权价较发行价涨幅超过 100%。同时，创业板还坚持比较高的现金分红，在 2009—2013 年这五年间，创业板上市公司合计分红超过 300 亿元，占累计利润的 35% 以上。

四是创业板上市公司有利于区域协调发展，在促进社会、文化、生态文明建设方面发挥了积极作用。

（资料来源：证券日报，2014-10-31.）

8.4.5　我国创业板市场发展的几点思考

创业板现阶段取得的阶段性成果与当初的设计初衷还有一定的差距，解决发展过程中遇到的问题对创业板的稳步发展至关重要，其中应先考虑解决的问题包括以下几个方面。

1. 推进上市制度改革

要建立更加市场化的准入制度，加大创业板公司供给，加快上市审批进程。我国新兴产业门类很多，应尽快改变目前创业板市场门槛较高、对新兴产业的覆盖面不够的现状，让更多的高科技中小企业能在发展初期就得到资金支持。例如，北京中关村符合创业板上市条件的公司截至 2014 年 10 月底超过 1 000 家，但只有 63 家完成了上市，还有五六十家在排队，有的排了两三年，更长的甚至排了四年。中关村高新技术企业近 2 万家，已经成功实现上市的有 245 家。这 245 家上市公司中有 94 家在海外上市，最多的是纳斯达克和纽交所。如果不能建立符合创新企业特征的发行上市制度，大力推进符合创业创新规律的改革，很多优秀企业不得不走向纳斯达克等海外市场，或者放弃上市，而这对于营造创新生态环境、实施创新驱动战略都是很大的打击。

2. 严格执行退市制度

推动完善优胜劣汰机制，该退的坚决退，形成良性循环，最大限度发挥创业板的潜力和作用。国外创业板市场基本形成了一整套完善的运行机制，而退市制度就是其中之一。退市在国外是一项基本制度。创业板市场的退市率更是高于主板市场。据相关统计，2003—2007 年年均退市率英国市场高达 11.6%，美国纳斯达克市场达 8%，日本市场为 5.8%，我国香港地区为 2.1%，均高于其同期主板市场公司的退市率。在美国，创业板退市公司数量甚至大于同期上市公司数量。这标志着各国对创业板的监管较主板更为严格，严进宽出的倾向较为明显。我国创业板推出的五年没有一家企业退市，有些上市公司业绩下滑明显，2010 年最为严重的几家公司上半年业绩同比下跌接近 80%。

2012 年 5 月 1 日正式施行的《深圳证券交易所创业板股票上市规则（2012 年修订）》从退市标准、退市程序和退市渠道等方面，较为详细地规定了创业板市场的上市公司在什么样的情况下会被退市及如何退市的问题，具有鲜明的创新性。但是，这样的退市制度并不完善，在退市标准方面，应当建立与上市标准相对应的退市标准，同时更加注重上市公司持续经营能力的考核和加强信息披露及公司治理制度，而最重要的则是增强退市标准的可操作性，同时加强配套措施，在健全法律法规的前提下，更加关注退市责任的追究和投资者利益的保护，使创业板市场能够更好地发挥为中小型成长企业和新兴创业公司提供融资渠道的作用，建立进退有序的良性循环。

3. 严格信息披露

信息披露是联接上市公司、交易所和投资者最基础和最重要的环节，是了解企业情况、进行投资决策的基本依据。如果信息披露制度不健全，则市场中严重的信息不对称可能给中小投资者带来严重损失，危及创业板市场的资金供给。国际创业板市场普遍采用"信息披露"为本的监管理念，该理念要求发行人及时和经常性披露所有必要及有关信息，以便投资者能在知情的情况下做出有根据的投资决策，以保护投资者的利益，赢得投资者的信任。因此，创业板对上市公司所从事创新活动的信息披露要求非常严格，披露的标准比主板市场更高。这样在一定程度上能改善我国创业板上市公司突击入股、高管套现及辞职的现象。

8.5   我国国际风险投资的最新特点

8.5.1   2012 年以前我国国际风险投资的特点

1. 非金融类企业与个人成募资主渠道

在来源于中国的风险资本中，个人投入与非金融类企业的资金比例最高，分别占比45.39%、37.04%。与 2010 年相比，个人投入比例大幅提高，政府类投资大幅减少。在来源于海外的风险资本中，机构投资者（主要包括养老基金、银行/金融机构、保险公司、捐赠基金等）投入的资金比例最高，占新募集海外资本的 81.56%；其次是来自 FOF（基金中的基金或母基金），占比 8.5%。

2. 本土机构投资热情高涨，数目规模均超外资机构

2011 年上半年，共有 430 个项目透露了机构性质，这些项目的投资金额共 738.63 亿元。其中由本土机构主导的投资项目数量为 330 个，占总投资数量的 76.74%，投资金额为501.08 亿元，占总投资金额的 67.84%；由外资机构主导的投资项目数量为 100 个，占总投资数量的 23.26%，投资金额为 237.55 亿元，占总投资金额的 32.16%。本土投资机构在主导的投资项目数量上和投资金额上均占优。

3. 传统制造业、电子商务及互联网等行业最受青睐

2011 年上半年，中国 VC/PE 投资的行业分布继续呈现多元化，在披露被投资企业所属行业的 440 个项目中，传统制造业领域的投资项目数量最多，共 60 个，投资项目数量紧随其后的是电子商务、互联网、消费及服务，分别为 55 个、51 个、39 个。金融服务领域吸金最高，涉及投资金额达 315.54 亿元，其次是电子商务领域，涉及投资金额 138.63 亿元。能源环保行业成为最受投资者青睐的行业，受到"十二五"规划影响，新兴产业继续受到风险投资的关注，其中能源环保行业最吸引投资者的目光。在对 2011 年上半年最吸引投资的行业调查中，能源环保居首位，其次是狭义 IT 和医药保健。被投资企业主要集中在北京、上海和江苏等地，从被投资企业地域分布来看，北京地区的被投资企业的数量和获得的投资金额均居首位，其中，数量占比为 21.95%，金额占比为 58.23%；被投资企业数量和金额位居第二的是上海，占投资企业数量的 12.22%，占总投资额的 10.64%。

4. VC/PE 背景企业上市数量和融资规模趋缓，创业板和中小板受到青睐

2011 年上半年，共有 94 家具有 VC/PE 背景的国内企业在境内外资本市场上市，合计融资 1 025.84 亿元，平均单个 VC/PE 背景企业上市融资额为 10.91 亿元，总上市数量为 2010年的 29.65%，融资金额仅为 2010 年的 21.35%。无论从数量上还是融资规模上都有所萎缩，企业上市趋缓。在实现上市的 94 家 VC/PE 背景企业中，有 83 家在境内上市，占 VC/PE 背景企业上市总数的 88.30%，融资额共计 871 亿元，占 VC/PE 背景企业上市融资额的 84.91%。其中，有 45 家是在创业板上市，合计融资 347.22 亿元；28 家在中小板上市，合计融资 245.86亿元。有 11 家 VC/PE 背景企业在海外上市，其中，在美国市场（包括纽交所、纳斯达克两个市场）上市的数量最多，有 7 家，占总量的 7.45%；融资总金额最高，共计融资 88.67 亿元，占总金额的 8.64%。从企业上市平均融资额来看，VC/PE 背景企业在内地主板平均融资额最

高，为 27.79 亿元/家，其次是香港市场，平均融资额为 20.66 亿元/家。

8.5.2 2013 年我国国际风险投资的特点

虽然整体来看 2013 年的基金募资相对于前两年稍显惨淡，但投资情况似乎并未受到明显影响，统计数据显示，2013 年共披露中国创投市场投资事件 1 003 例，较上年同比增加 54.78%，而投资金额也有较大幅度的增长——获得披露的投资金额共计 1 227.95 亿元，同比增长 17.87%。但相较于投资非常活跃的 2009 年到 2011 年这段时期的数值仍有显著的差距。2008—2013 年中国创投市场投资案例数量及金额如图 8-3 所示。

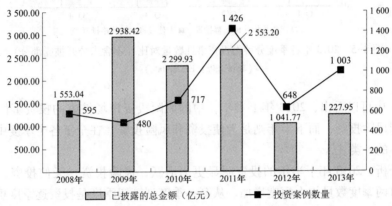

图 8-3 2008—2013 年中国创投市场投资案例数量及金额

(资料来源：EZCapital。)

1. 人民币为最主要的投资币种

从投资的币种来看，2013 年中国风险投资市场披露投资事件涉及币种共有 3 种：人民币、美元和港元。对应投资数量为：人民币投资 835 例、美元投资 166 例和港元投资 2 例。对应投资金额方面人民币投资共计披露 922.82 亿元，美元投资共计 287.43 亿元，对应币种的投资金额占比与投资数量占比很相似：都是以人民币投资和美元投资为主，而且人民币投资占比超过 3/4，而美元投资数量和金额少于 1/4，如图 8-4 所示。

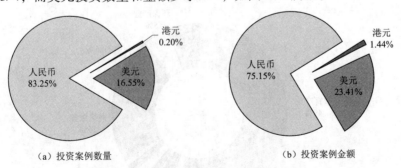

(a) 投资案例数量　　　　　　　　(b) 投资案例金额

图 8-4 2013 年各币种投资案例数量及金额

(数据来源：EZCapital。)

下半年投资更为活跃，风险投资数量和金额最多，2013 年各季度分种类投资事件数量对比如图 8-5 所示（不含未公开披露部分）。

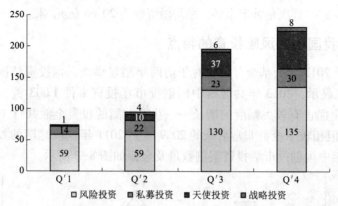

图 8-5　2013 年各季度分种类投资事件数量对比（不含未公开披露部分）

（数据来源：EZCapital。）

从图 8-5 中可以看出，2013 年上半年，中国风险投资市场披露的投资事件数量最多的是私募投资和风险投资，而下半年则是天使投资和风险投资，在全年各个季度中风险投资始终是数量最多的一类。

按季度分析，2013 年下半年的投资明显更为活跃，风险投资、天使投资、战略投资和私募投资较前两季度数量均大幅度增加。从第一季度到第四季度是投资逐季度更加活跃，统计数据显示：仅最后一个季度，中国风险投资市场公开披露的投资事件的数量总和超过 230 起，投资金额超过 200 亿元人民币。

2. 最主要的投资流向：教育产业、网络服务和电子商务

统计数据显示，2013 年中国风险投资市场的投资金额按其分布的行业流向最多的是：教育产业、网络服务和电子商务这三大行业，在总投资金额中的占比依次达到 49%、15% 和 8%。其它投资金额集中度较高的行业还有：能源产业、环保产业和物流产业。以上提及的前六大行业所获得的投资金额累计超过 1 000 亿元人民币。具体如图 8-6 所示（投资金额占比低于 3% 的行业未显示）。

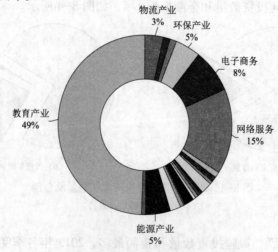

图 8-6　2013 年分行业投资金额分布情况

（资料来源：EZCapital。）

拓展阅读

2013 年 7 月投资数量剧增，涉及金额猛减

　　数据显示，2013 年 7 月中国市场共披露投资事件数量为 65 起，涉及金额 47.83 亿元，7 月投资事件数量环比增加 75.68%，披露金额环比减少 94.34%。2013 年获披露的投资案例数量及涉及金额如图 8-7 所示。

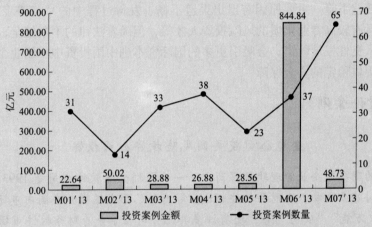

图 8-7　2013 年投资案例披露数量及涉及金额

（数据来源：EZCapital。）

　　数据显示，2013 年 7 月中国市场披露的投资事件中无战略投资，其中风险投资最多，共计 48 例，占全部投资事件数量的 74%，其次是天使投资，共计 10 例，占全部投资事件数量的 15%，私募投资共 7 例，占全部投资事件数量的 11%。各投资种类比较如图 8-8 所示。

　　投资金额方面，私募投资涉及金额最多，共 31.93 亿元，占全部投资事件披露金额的 2/3，而天使投资金额最少，占全部金额比例不足 1%，风险投资占比近 1/3，如图 8-9 所示。

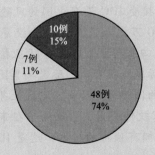

图 8-8　2013 年 7 月分种类投资数量

（数据来源：EZCapital。）

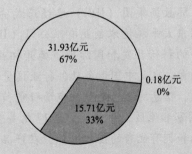

图 8-9　2013 年 7 月分种类投资金额

（资料来源：EZCapital。）

　　结合上月数据来看，风险投资仍为最频繁的投资方式，但私募投资的数量依然巨大，在所涉及金额中占比最高。

　　（资料来源：http：//www. ezcap. cn/article/report_show. aspx?id=20130802185047486&page=4.）

　　从最新数据看，2013年第一季度中国风险投资市场共募集资金21亿元，同比大幅减少72.7%，下滑至2009年以来的最低点，不仅风险投资的投资金额明显下降，而且所投项目的预期收益也普遍下降。主要原因有退出渠道不畅、发行过程中的"三高"问题屡屡得不到解决、缺乏具有较高专业素质的风险投资人才等，但随着法律的不断健全，相信我国创业板市场将会进入良性发展轨道，会吸引更多的国际资本到中国投资中小创业企业，为我国高新技术的发展提供稳定的资金保障。

▶ 本节讨论案例

金蝶公司获美国风险投资公司投资

　　我国最大的财务及企业管理软件厂商之一——深圳金蝶软件公司是1993年建立的财务软件公司，公司建立之初，在财务软件领域，即有早已形成规模并在国内市场上占有很大份额的"用友""万能""安易"等，还有许多其他公司在争夺着财务软件市场。但金蝶不断快速开发新产品，1993年推出了V2.0和V3.0 DOS版财务软件；1995年年底，金蝶率先开发出全新的Windows产品；1996年4月，金蝶开发的全新Windows产品经过有关部门严格测试，被评为"中国首家Windows版优秀财务软件"。在此之后，金蝶再接再厉，缩短产品的更新周期，在产品技术上远远领先于其他财务软件，并大力提倡决策支持型软件。在不断革新的过程中，金蝶软件在其企业发展中完成了3次飞跃。为了吸引国际目光，金蝶软件公司基于先进的开发理念推出了3层结构式的财务软件。随着销售额的剧增，金蝶软件开始与微软公司（国际软件界巨头）进行多方位的合作。于是，其发展潜力再次得到了巨大的提高。

　　1998年5月6日，深圳金蝶软件公司宣布，金蝶公司与世界著名的信息产业跨国集团——国际数据集团（IDG）已经正式签订协议，将接受IDG设在中国的风险投资基金公司——广东太平洋技术创业有限公司（IDGVC）2 000万元人民币的风险投资，用于金蝶软件公司的科研开发和国际性市场开拓业务。这是继四通利方之后国内IT业接受的最大一笔风险投资，也是中国财务软件行业接受的第一笔国际风险投资。国际数码集团公司是一家综合出版、信息网络、展览、市场研究和咨询于一体的国际大型公司。它的业务涉及全世界80多个国家和地区，年销售量达17亿美金。作为一家软件公司，金蝶除了在市场上取得了巨大成就和拥有优秀的组织以外，在产品和服务上也拥有独特的技术，这是IDG与其合作风险投资的一个重要原因。

　　2001年，金蝶国际在香港创业板上市，IDGVC持有上市公司20%左右的股权，此后3年，IDGVC通过数次套现资金，回收高达1.2亿港元，共计达2亿元左右，投资回报率达到10倍，IDGVC在金蝶的股份也从原有的25%稀释到4.1%，2004年7月，国际数据集团从金蝶国际撤出全部投资，至此，这个第一家进入中国市场的美国风险投资公司与金蝶正式"分手"。国际风险投资完成从进入到退出的全过程。

（资料来源：http：//china. findlaw. cn/gongsifalv/zhaoshang/zsal/42433. html. ）

【讨论的问题】

1. 深圳金蝶软件公司获得美国 IDG 的风险投资的主导因素是什么？
2. 美国 IDGVC 投资金蝶获得了怎样的回报？

复习思考题

1. 简述国际风险投资的概念及特点。
2. 国际风险投资有哪些作用？
3. 国际风险投资与高科技企业的关系是什么？
4. 国际风险投资的运作主体包括哪些？
5. 政府在国际风险投资中充当怎样的角色？
6. 国际风险投资运作一般经过哪些阶段？
7. 国际风险投资退出渠道有哪几种？
8. 风险企业发展一般经历哪几个阶段？每个阶段风险程度有何不同？
9. 如何对风险企业进行分阶段投资管理？
10. 影响我国风险投资发展的制约因素有哪些？
11. 我国创业板的推出对我国风险投资发展的意义何在？
12. 我国创业板发展存在哪些问题？

第4篇

国际投资管理

第9章

国际投资风险管理

【学习目标】

> 了解国际投资风险的概念和基本内容。
> 掌握国际投资政治风险的种类、评估和管理。
> 掌握国际投资外汇风险的种类、预测和管理。
> 掌握国际投资经营风险的种类、识别和管理。

导入案例

双汇并购美国史密斯菲尔德食品公司

中国双汇国际与美国史密斯菲尔德食品公司于 2013 年 9 月 26 日联合宣布收购完成,至此中国企业对美国企业规模最大的一宗并购投资案正式收官。这是继 2012 年万达收购 AMC 后中国企业赴美投资的又一里程碑。根据收购协议,双汇国际以每股 34 美元的价格从史密斯菲尔德的股东手中购得全部股份,史密斯菲尔德股票自 26 日收盘后将在纽约股票交易所退市。

双汇国际为收购股份支付 47 亿美元,还将承担史密斯菲尔德 24 亿美元的债务,总收购金额高达 71 亿美元。合并后,双汇国际承诺保持史密斯菲尔德的运营不变、管理层不变、品牌不变、总部不变,承诺不裁减员工、不关闭工厂,并将与美国的生产商、供应商、农场继续合作。史密斯菲尔德从此作为双汇的全资子公司运营,其品牌依然被保留。

双汇国际是中国最大的肉类加工企业和肉类上市公司,总部位于香港。史密斯菲尔德食品公司成立于 1936 年,是全球大型的养猪及猪肉生产企业,在全球 12 个国家开展业务,年销售收入达 130 亿美元。公司总部所在地——美国弗吉尼亚州史密斯菲尔德小镇成为远近闻名的世界火腿肠之都。史密斯菲尔德公司名下也拥有诸多家喻户晓的食品品牌。

双方企业合作的基础在于中美两国猪肉市场的互补性,美国市场的发展已经相当成熟,对猪肉产品的需求已趋于饱和,而中国生猪市场却展现出巨大的潜力,已经吸引越来越多国际企业的关注。双汇在中国有庞大的分销网络,史密斯菲尔德有着领先的生产技术与安全标准，两家公司的合作在稳定史密斯菲尔德现有业务的基础上，又开辟了一个进入庞大且仍在快速增长的中国猪肉市场的机遇。此项收购使得两家公司能发挥各自优势，为全球消费者提供安全优质的产品。双方将联合打造世界上最大的猪肉加工巨头。

史密斯菲尔德被中国公司收购的消息公布后，在美国社会引起极大反响，各种担忧也接踵而来。一些美国人对于这样一家老字号企业被中国公司收购感到"惊讶"、"困惑"。除了担心被双汇收购后出现产品质量问题外，一些人担心就业机会可能流失，还有人担心双汇会压低生猪采购价格，甚至有人担心增加向中国出口后，美国的猪肉价格会猛涨。

但弗吉尼亚当地官员打消了这些担忧，认为这一并购将给当地经济带来利益。弗吉尼亚州农林厅厅长认为这是一件大好事，他表示，就出口猪肉而言，中国代表了重大机会，对中国出口增加，将给当地较小规模的养猪场和弗吉尼亚的港口业务带来重大商机。现在不应凭空去猜测并购会带来什么问题。

（资料来源：http：//finance. sina. com. cn/world/20130817/014516477666. shtml. ）

由此案例引出的问题：

☛中国企业投资美国有哪些风险？

☛企业该如何防范这些风险？

9.1　国际投资风险概述

跨国公司的决策者进行投资决策时应首先对投资风险进行分析，国际投资风险是跨国公司决策中不可忽视的一个重要方面，它直接影响到投资者的投资收益。

9.1.1　风险

1. 风险的定义

对于风险的定义，国内外学术界众说纷纭。一般来说，风险的定义可分为以下两种。

（1）事件发生的不确定性。一方面，由于对未来事情的发生与否难以预测，在企业的经营活动中常常会遭遇到许多的不确定性，令企业经营者产生恐惧、忧虑，使得企业经营的绩效降低。另一方面，不确定性也有充满希望的一面，为企业经营者带来希望、光明，并使之获得收益。因此，从主观上来说，风险是指在一定情况下的不确定性，这种不确定性是指：发生与否不确定；发生的事件不确定；发生的状况不确定；发生的后果严重性程度不确定。

（2）事件遭受损失的机会。该观点认为风险是指在企业经营的各种活动中发生损失的可能性。例如，某企业一年中遭受损失的概率介于 0 与 1 之间，若概率为 0，即表示企业的经营活动不会遭受损失；若概率为 1，则说明企业的经营活动必定会发生损失。若企业在经营活动中发生火灾损失的概率为 0.5，则表示企业遭受火灾损失的风险可能在未来的两年中发生一次。因此，企业经营活动损失的概率越大，风险也越大。

2. 风险的特征

风险具有客观性、普遍性、损失性、不确定性和可变性 5 种特征。

（1）风险具有客观性。风险是不以企业意志为转移，独立于企业意志之外的客观存在。

企业只能采取风险管理办法降低风险发生的频率和损失的幅度，而不能彻底消除风险。

（2）风险具有普遍性。在现代社会，企业面临着各种风险。随着科学技术的发展和生产力的提高，还会不断产生新的风险，且风险造成的损失也会越来越大。例如，核能技术的运用产生了核子辐射、核子污染的风险。

（3）风险具有损失性。只要风险存在，就一定有发生损失的可能性。风险的存在，不仅会造成人员伤亡，而且会造成生产力的破坏、社会财富的损失和经济价值的减少。

（4）风险具有不确定性。风险是不确定的，风险的不确定性主要表现在空间上的不确定性、时间上的不确定性和损失程度的不确定性。

（5）风险具有可变性。风险的可变性是指在一定条件下风险具有可转化的特性。任何事物都是互相联系、互相依存和互相制约的，且都处于不断变化之中，这些变化必然会引起风险在性质和数量上发生变化。

9.1.2　投资风险

1. 投资风险的概念

投资风险是风险现象在投资过程中的表现。具体来说，投资风险就是从做出投资决策开始到投资期结束这段时间内，由于不可控因素或随机因素的影响，实际投资收益与预期收益的偏离。实际投资收益与预期收益的偏离，既有前者高于后者的可能，也有前者低于后者的可能；或者说既有蒙受经济损失的可能，也有获得额外收益的可能，它们都是投资的风险形式。

2. 投资风险的分类

投资风险依据不同的分类标准可以分为以下几种类型。

1）按投资风险形成的原因划分

投资风险按其形成的原因可划分为自然风险、社会风险、经济风险和技术风险。

（1）自然风险。自然风险是指由于自然因素的不规则变化给投资主体造成的风险，如地震、洪水、台风等。

（2）社会风险。社会风险是指由于不可预知的个人行为或团体行为给投资主体带来的风险，如欺诈、盗窃、玩忽职守等。

（3）经济风险。经济风险是指投资活动中，由于经营管理不善或市场因素变化而引起的风险，包括经营风险、价格风险、利率风险和通货膨胀风险等。经济风险是市场的必然产物，因而是投资风险管理的核心问题。

（4）技术风险。技术风险是指由于技术设计及管理不周而产生的风险，如系统故障、工程质量不达标引发的风险。

2）按投资风险的性质划分

投资风险按其性质可划分为纯粹风险和投机风险。

（1）纯粹风险。纯粹风险是指不能带来获利机会、无获得利益可能的风险。纯粹风险有两种可能的结果，即造成损失或不造成损失。纯粹风险造成的损失是绝对的，一般与自然力的破坏或人的行为失误有关。

（2）投机风险。投机风险是指既可能带来机会、获得利益，又隐含威胁、造成损失的风险。投机风险有三种可能的结果：造成损失、不造成损失和获得利益。

3）按投资风险涉及的范围划分

投资风险按其涉及的范围可划分为系统风险和非系统风险。

（1）系统风险。系统风险是指由那些影响所有公司的因素而引起的风险，如战争、通货膨胀等。系统风险涉及所有的投资对象，不能通过多元化投资来分散，因此也称为不可分散风险或市场风险。

（2）非系统风险。非系统风险是指由发生在个别公司的特有事件而引起的风险，如罢工、新产品开发失败、诉讼失败等。这类事件是随机发生的，因而可以通过多角化投资来分散，即发生于一家公司的不利事件可以被其他公司的有利事件所抵消，因此非系统风险也称为可分散风险或公司特有风险。

3. 投资风险管理

1）投资风险管理的概念

投资风险管理是指通过风险识别、风险衡量、风险评价和风险应对，采用多种管理方法、技术和工具，对投资活动所涉及的各种风险实施有效的控制和管理。

投资风险管理的目标是控制和处理投资风险，防止和减少损失，减轻或消除风险的不利影响，以最低成本取得对投资安全的满意结果，保障投资的顺利进行。

2）投资风险管理的程序

投资风险管理的程序包括投资风险的识别、投资风险的衡量、投资风险的评价、投资风险的应对和投资风险的监控。

（1）投资风险的识别。投资风险的识别是投资风险管理的第一个环节，是对风险的感知和发现。投资风险识别需要管理人员在进行实地调查研究之后，运用各种方法对潜在的及存在的各种风险进行系统归类，并总结出企业面临的所有风险，它是投资风险衡量的前提与基础。

（2）投资风险的衡量。投资风险的衡量是在风险识别的基础上，通过对历史资料的定量分析，估测出风险发生概率和造成损失的幅度。投资风险的衡量以损失频率和损失程度为主要预测指标，并据此确定风险的高低或者可能造成损失程度的大小。

（3）投资风险的评价。投资风险的评价是在风险衡量的基础上，对引发风险事故的风险因素进行综合评价，以此为根据确定合适的风险应对策略。投资风险评价的目的是为选择恰当的风险处理方法提供依据。

（4）投资风险的应对。在对投资风险进行衡量、评价后，必须选择适当的应对风险的策略和方法。风险应对策略选择的原则是选择费用最小、获得收益最大的管理方法和策略。选择合适的投资风险应对策略，可以减少投资风险的发生，并降低损失。

（5）投资风险的监控。投资风险的监控是对投资风险识别、衡量、评价和应对全过程的监视和控制，以保证投资风险管理能达到预期的目标。投资风险监控的主要任务有两个：一是跟踪已识别风险的发展变化情况；二是根据风险的变化情况调整风险管理的内容，并研究新增风险的应对策略。

9.1.3　国际投资风险

1. 国际投资风险的概念

国际投资风险是指由于国际投资活动中存在的不确定性因素，导致国际投资经济损失的可能性。它通常包括政治风险、汇率风险和经营风险。

2. 国际投资风险的分类

加拿大银行家纳吉提出 6 类标准对国际投资风险进行了分类。

（1）按地理位置或国别分类，并以特定典型国家给国际投资风险命名，如墨西哥风险、英国风险、新西兰风险、印度风险等。国际投资风险是作为一个地理概念而存在的。

（2）按筹资主体的性质，可以把国际投资风险分为主权风险（政府或国家风险）、私营部门风险、企业风险和个人风险等。

（3）按风险的触发因素，可以把国际投资风险分为政治风险、社会风险和经济风险等。

（4）按资金用途，可以把国际投资风险分为贷款风险、出口融资风险、项目风险、国际收支风险和开发投资风险等。

（5）按国际投资风险发生原因进行分类，国际投资风险包括拒付风险、否认债务风险和债务重议风险等。

（6）按国际投资风险严重程度分类，国际投资风险有高风险、低风险和一般风险等。

3. 国际投资风险的影响因素

（1）投资者的目标。投资者到东道国进行投资的最终目标是实现利润最大化，其直接目标是多重性的，如利用资源、占有市场、避免贸易摩擦等。如果投资者的最终目标定得过高，直接目标构成过于复杂，则投资运行的结果与预定目标之间发生差异的可能性就越大，因而所面临的风险也就越大。科学确定投资目标，是制定风险防范措施的重要前提。

（2）投资对象的选择。对外直接投资的对象是投资项目。投资项目是一个小系统，既要内部各要素之间互相协同动作，产生最优组合，又要与外界进行物质、信息和能量的交流。投资项目的选择涉及对东道国一系列政策的研究，这是进行直接投资的重要一步。

对外间接投资的主要对象是证券。一般来说，股票投资的风险较大。在债券投资中，政府债券投资的风险最小。投资者应根据投资目标、资产负债结构以及东道国证券的风险程度等因素，正确选择证券投资对象。

（3）国际政治经济格局。作为跨国经济行为，国际投资要受到国际政治经济格局的影响。例如，自 2014 年 7 月 15 日开始，习近平同志一年多的时间里第二次访问拉美国家，意味着中拉关系正在突破过去以经济关系为主的局限，开始注重发展政治关系，提高中拉关系水平，推进双方整体合作。此次拉美之行背后，是中国新一届政府在全球范围内力图构建全新政治格局的努力。2013 年中拉经贸合作硕果累累，中国继续保持拉美第二大贸易伙伴的地位。中国在拉美投资领域也越来越广阔。

（4）东道国投资环境。外国投资者的投资活动在东道国的境内进行，因此东道国投资环境是国际投资风险的重要影响因素。

（5）投资者的经营管理水平。对外投资活动是投资者的一种自主的经济活动，在既定的投资环境下，其投资目标能否实现，在很大程度上取决于投资者的经营管理水平。

（6）投资期限的确定。投资是一种长期的经济行为，在对外投资运行期间，影响投资活动的各种因素是不断变化的，这种变化加大了投资风险。通常投资期限越长，投资者所面临的风险也就越大。

9.2 国际投资政治风险管理

9.2.1 政治风险的概念

国际投资政治风险是指在国际经济往来中，由于未能预期到的政治因素变化而给国际投资活动可能带来经济损失的风险。它包括以下几个方面的内容。

1. 国有化风险

国有化风险是指东道国对外国资本实行国有化、征用或没收政策而给外国投资者造成的经济损失。这种风险主要是发生在政治不稳定和政策易变的国家和地区。国有化是指东道国政府接管某个行业中的所有私有企业；征用是指东道国政府对某个行业中的个别外国企业实行接管；没收是指在没有任何补偿的条件下东道国政府占有外国企业的全部资产。

拓展阅读

警惕跨国投资的国有化风险

2012 年 4 月 16 日，阿根廷政府宣布强行控股该国第一大石油企业雷普索尔-YPF 公司，实现国家对石油资源的控制。YPF 公司第一大股东、西班牙雷普索尔公司拥有 YPF 公司 57.43% 的股份，阿根廷政府的强行收购无疑令雷普索尔的股份丧失殆尽。对此，西班牙政府明确表示将采取"明确"且"有力"的措施对阿根廷予以报复。从更广泛的角度而言，阿根廷政府此次强制收购行为不止使雷普索尔公司遭遇十分惨重的损失，同时也向在阿投资的跨国公司敲响了国有化风险的警钟。

作为企业对外直接投资的风险之一，国有化风险曾集中大面积出现于 20 世纪六七十年代。相对于战争、利润转移等风险而言，国有化风险其实是跨国公司对外直接投资活动中面临的最为突出的风险。虽然要求东道国对国有化予以全部赔偿的呼声近年来与日俱增，但实际上东道国都奉行着适当补偿的原则，其最终补偿金额都远远低于市场价值，而且补偿时间有时长达 30 年甚至更久。不仅如此，不少国家补偿的手段还是政府的长期债券，其未来价值存在着更多的不确定性。研究表明，资产超过 1 亿美元的公司遭受没收的比率比资产少于 100 万美元的小型公司大 50 倍，因此，大型公司所承受的国有化压力和损失将更大。

当然，国有化不是任何一国政府都可以肆意妄为的行为。联合国《关于天然资源之永久主权宣言》规定："收归国有、征收或征用应以公认为远较纯属本国或外国个人或私人利益为重要之公用事业、安全与国家利益等理由为根据。"而这一规定又通过社会公共利益原则、符合法律程序原则、不违反条约义务原则和不歧视原则等来达到对东道国政府国有化行为的有效约束。也正是如此，各国政府可以利用上述规定和原则防范和降低本国企业对外投资海外市场国有化的风险。

除了投资国政府从经济外交的角度为企业海外投资构筑针对国有化风险的"防火墙"外，由于与东道国政府和市场直接打交道的还是跨国公司，因此，国有化风险的控制更大程度上需要跨国企业自身的防范和化解。因此，跨国公司除了在对外直接投资前期阶段进行科学而周密的可行性投资研究和投资风险预判外，在进入东道国投资和经营的实质性操作阶段应重点做好以下几项"功课"。

首先，投资主体当地化，即选择与东道国当地政府或企业共同投资，建立合资企业，通过投资主体的分散将一部分国有化风险转移到当地合资者身上。其次，投资经营本土化，即在原材料采购、产品的销售上与东道国企业建立战略联盟，在人力资源配置上主要以东道国为主，以此增大东道国政府国有化的机会成本。再次，投资工具信贷化。股权投资和债权投资是跨国公司常用的两种投资工具，前者以购买股份和成为合资企业投资者等形式投资，后者以银行信贷、商业信用等方式投资。由于后者更容易与东道国银行形成"共同体"，并能增大跨国公司抗抑与对冲东道国政府国有化的筹码，自然可以作为投资工具的首选。而当国有化风险增大时，跨国公司可以选择将股权出卖或转为银行信贷、母公司的买方信贷等债权形式。最后，投资对象的分散化弹性化，即尽可能地选择东道国的多个目标企业和市场进行投资，而一旦当地出现某一个产业的国有化风险时，企业可以将一部分投资迅速转移到非国有化行业和企业。

（资料来源：http：//finance. eastmoney. com/news/1350,20120424202425675. html.）

2. 战争风险

战争风险是指东道国国内由于政府领导层变动、社会各阶层利益冲突、民族纠纷、宗教矛盾等情况，使东道国境内发生战争而给外国投资者造成的经济损失。

3. 政策变动风险

政策变动风险是指由于东道国有意或无意变更政策而可能给外国投资者造成的经济损失。投资者进行对外投资活动必须遵循东道国的各项经济政策。东道国的土地、税收、市场、产业规划等方面具体政策的变化将影响投资者的决策。例如，土地政策中涉及土地的购买，拥有使用权时间的长短，土地税的内容均会影响投资者的利益。东道国市场的开放程度以及在投资区域和行业等方面实行的限制或鼓励政策也是投资者所关注的问题。

4. 转移风险

转移风险是指在跨国经济往来中所获得的经济收益，由于受东道国政府的外汇管制政策或歧视性行为而无法汇回投资国而可能给外国投资者造成的经济损失。

9.2.2　政治风险的评估

政治风险评估是投资者对东道国的各种政治状况进行调查、分析、预测，得出对该国投资可能面临的政治风险的总体评价，从而为国际投资活动提供决策依据。政治风险的评估手段主要有以下4种。

1. 国别评估报告

国别评估报告是投资者对特定对象国的政治、社会和经济状况进行综合性评估的文件。它往往用于大型海外建设项目的投资或贷款之前，其性质与可行性研究报告相仿，但侧重于防止国家政治风险的发生。例如，美国摩根保证信托公司的国别评估报告主要评估对象有以下 4 方面的内容。

（1）政治评估。政治评估主要是对对象国政府的经济运营能力和应变能力进行估价。经济运营能力，包括政府官员的政策设计能力、经济官员对政府决策人的影响能力、政府首脑的决策能力。环境变化的应变能力，包括政府对石油价格变化、世界经济周期变化等国际经济环境变动时，迅速调整国际收支的能力。

（2）经济评估。经济评估主要是对对象国生产要素和发展意图进行分析。在自然资源方面，包括已有的自然资源状态、开发的可能性以及开发程度。在人力资源方面，包括劳动者的教育及训练情况、企业家的素质。在发展战略方面，包括过去和现时的长期经济发展战略与该国自然资源、人力资源的满足程度。在国内资金来源方面，包括国内资金在开发投资中的比重、国内促进储蓄增长的政策性措施。在外贸出口方面，包括出口商品种类和数量，以及出口市场多样化程度。

（3）对外金融评估。对外金融评估主要是对对象国国际金融状况进行评价。在国际收支状况上，包括国际收支现状、预测及未来的趋向。在外债状况上，包括外债增长率、债务结构及未来发生的债务负担。在外汇储备上，包括外汇储蓄水平、按进口规模和出口规模推算的合理水平。在借款的可能性上，包括从国际金融组织筹措用于国际收支调整的贷款数额。

（4）政局稳定性评估。政局稳定性评估主要是对对象国和全球政治状态进行考察。在国内政局方面，包括政府领导班子能否顺利交接、各项政策的持续性。在国际政局方面，包括区域的、全球的政治局势的稳定。

2. 评分定级法

评分定级法是用一组固定的评分标准将对象国的各个风险因素加以衡量，从而确定风险分数的方法。一般来说，评分定级法的整个评分定级过程分为以下 4 个阶段。

第一阶段：确定考察风险因素，如负债率、战争次数、人均收入等。

第二阶段：确定风险评分标准。分数越高，风险越大。例如，负债率 10% 以下为 1～2 分，10%～15% 为 3 分，15%～25% 为 4 分，25%～50% 为 5 分，50%～80% 为 6 分。

第三阶段：将所有项目的分数汇总，确定该国的风险等级。

第四阶段：进行国家间的风险比较，确定投资方向。

3. 预先警报系统

预先警报系统是 1975 年联邦德国经济研究所制定的一系列重要的国家经济指标。它主要由以下指标组成：偿债比率、本金偿还比率、负债比率、负债对出口比率、负债对外汇储备比率、流动比率、偿息额对国民生产总值比率、经常项目收支逆差对出口额比率、物价上涨率、货币供给增长率、财政赤字对国内生产总值比率、国际货币基金借款对本国在该组织份额的比率、年固定资产形成额对国内生产总值比率、国际银团对该国贷款的加息率。通常在进行政治风险评估时要有选择地运用其中一部分指标，其中较为常用的有偿债比率、负债比率、负债对出口比率和流动比率。

（1）偿债比率。它表示一国偿付外债的能力。如果偿债比率在 10% 以下，表明该国拥有较强的偿还能力；当偿债比率高于 25% 时，则意味着可能面临债务困难，存在着不能归还到期债务的可能。其计算公式为：

$$偿债比率 = \frac{外债当年还本付息额}{当年出口商品与劳务额} \times 100\%$$

（2）负债比率。它表示一国的经济规模和外债的关系。一般认为负债比率低于15%较好；当高于30%时，则容易发生债务危机。其计算公式为：

$$负债比率 = \frac{本国全部公私外债余额}{当年国民生产总值} \times 100\%$$

（3）负债对出口比率。它用以衡量一国短期内偿还全部外债的能力。在当前发展中国家短期债务所占比重日益增加的情况下，负债对出口比率越低，说明该国越不易发生债务危机。一般认为，负债对出口比率的危险界限为100%左右。其计算公式为：

$$负债对出口比率 = \frac{本国全部公私外债余额}{当年出口商品与劳务额} \times 100\%$$

（4）流动比率。它表明一国外汇储备相当于进口额的月数，一般认为相当于5个月进口额的外汇储备是比较充足的，低于1个月进口额的外汇储备则是危险的。其计算公式为：

$$流动比率 = \frac{外汇储备余额}{月平均进口的外汇支出额} \times 100\%$$

4. 风险指数法

国际上主要的风险指数有以下几种。

1）国家风险国际指南

国家风险国际指南由美国纽约国际报告集团编制，每月发布一次。国家风险国际指南分为政治、金融和经济三部分，其中政治因素分析占50%，即100分，后两项分别各占25%，即各为50分。指标模型为：

$$CPFER = 0.5 \times (PF + FF + EF)$$

在上式中，CPFER表示政治、金融、经济综合指数，以0～100分表示，分数越高表明风险越低。

PF表示全部政治指数，包括领导权、法律、社会秩序及官僚化程度等13个指标。

FF表示全部金融指标，包括停止偿付、融资条件、外汇管制的损害程度及政府毁约等5个指标。

EF表示全部经济指标，包括物价上涨、偿付外债比率及国家清偿能力等6个指标。

CPFER是针对每一个具体国家而言的，它考察各个国家不同时期综合风险指数及其变化情况，便于国际投资者了解国家政治风险的状态和变化趋势，比较不同国家的政治风险，决定投资方向。

2）富兰德指数

富兰德指数，又称国家风险预测指数，是20世纪60年代末期，美国F. T. 汉厄（F. T. Haller）教授设计的考察国家政治风险大小的一种评价指数。该指数以0～100表示，指数越高，表明风险越低。

富兰德指数是三个定性定量环境评级体系的综合指标。其中定量评级体系侧重于评估一国的外债偿付能力，包括对外汇收入、外债数量、外汇储备状况及政府融资能力4个方面的评分。定性评级体系主要考察一国的经济管理能力、外债结构、外汇管制状况、政府贪污渎职程度和政府应付外债困难的措施 5 个方面的评分。环境评价体系包括三个指标系列，即政府风险指数、商业环境指数、社会政治环境指数。

上述三个评级体系在富兰德指数中所占比重分别为 50%、25% 和 25%。与指数相配合，美国商业情报研究所还定期发表富兰德报告，公布各国的基本统计数字和分析人员的评价。富兰德指数及报告基本包括了主要债务国和贸易国的风险环境的分析，是进行国际投资的重要参考依据。

3）欧洲货币国家风险等级表

欧洲货币国家风险等级表是由国际金融界权威刊物《欧洲货币》编制并在每年秋季公布的，侧重于反映一国在国际金融市场上的形象与地位的指数。它主要考察的内容及其比重分别如下。

（1）进入国际金融市场的能力，占 20%。进入国际金融市场的能力包括在外国债券市场、国际债券市场、浮息债券市场、国际信贷市场及票据市场上筹措资本的能力。

（2）进行贸易融资的能力，占 10%。进行贸易融资的能力主要是指通过无追索权的大型贴现而融资的能力。

（3）偿付债券和贷款本息的记录，占 15%。

（4）债务重新安排的顺利程度，占 5%。

（5）政治风险状态，占 20%。

（6）金融二级市场上的交易能力及转让条件，占 30%。

4）日本公司债研究所国家等级表

日本公司债研究所国家等级表是日本公司债研究所每年以图表形式公布国家风险分析的报告，为日本投资者了解风险状况服务。

国家等级表采取评分制，以 0～10 分表示，10 分表示该国国家政治风险最低。国家等级表按 14 个项目对一个国家的经济状态进行逐项评分。这 14 个项目是：内乱、暴乱及革命危险性，政权的稳定性，政策的持续性，产业结构的成熟性，经济活动的干扰性，财政政策的有效性，金融政策的有效性，经济发展的潜力，战争的危险性，国际信誉地位，国际收支结构，对外支付能力，对外资的政策，汇率政策。根据综合评分确定一国风险等级序列，该序列 A、B、C、D、E 按风险程度从低到高排列。

9.2.3 政治风险的防范

1. 投资前期的政治风险防范

1）办理海外投资保险

在许多发达国家，如美国、英国、日本等，都设有专门的官方机构对私人的海外投资提供政治风险的保险，如美国海外私人投资公司，英国的出口信贷保证部等。海外投资保险承保的政治风险包括国有化风险、战争风险和转移风险三类。一般做法是：投资者向保险机构提出保险申请，保险机构经调查认可后接受申请并与之签订保险单。投资者有义务不断报告其投资的变更状况、损失发生状况，且每年定期支付费用。当风险发生并给投资者造成经济损失后，保险机构按合同支付保险赔偿金。

2）与东道国政府进行谈判

投资者在投资前要与东道国政府进行谈判，并达成协议，以尽量减少政治风险发生的可能性。在协议中通常要明确以下几个方面的内容。

（1）子公司可以自由地将股息、红利、专利权费、管理费用和贷款本金利息汇回母公司。

（2）划拨价格的定价方法，以免日后双方在划拨价格问题上产生争议。

（3）公司缴纳所得税和财产税参照的法律和法规。

（4）发生争议时采用的仲裁法和仲裁地点。

2. 投资中的政治风险防范

1）生产和经营战略

生产和经营战略是投资者通过生产和经营方面的安排，使东道国政府实施征用、国有化或没收政策后，无法维持原公司的正常运转，从而避免被征用的政治风险。

在生产战略上，要控制住两点：一是控制原材料及零配件的供应；二是控制专利及技术诀窍。

在营销战略上，通过控制产品的出口市场以及产品出口运输及分销机构，使得东道国政府接管企业后，失去产品进入国际市场的渠道，产品无法出口，这样做可以有效地减少被征用的风险。

2）融资战略

融资战略是投资者通过对公司融资渠道的有效管理，达到降低政治风险的目的。其中一种方式是积极争取在东道国金融市场上融资。尽管在东道国金融市场上融资成本较高，并有可能受到东道国政府紧缩银根、使筹资成本提高的影响，但这样做可有效地防范政治风险。

◤ 本节讨论案例 ◢

中资企业在利比亚损失惨重

自 2011 年 2 月 16 日以来，北非国家利比亚局势持续动荡，引起国际社会的密切关注。利比亚的持续混乱局势直接影响了中资企业在利比亚的投资项目，中资企业损失不可避免。

以利比亚米苏拉塔一处项目为例，该中资企业项目被当地反卡扎菲军队征用，项目指挥部被改造成临时指挥所。从外观上看，连日的战火已使这里伤痕累累：指挥部楼体遭受炮击，留下数个 1 米见方的窟窿；楼内走廊上的天花板脱落，断裂的铝合金孤零零地悬在半空；会议室被用作军火库，掷弹筒、火箭弹、弹药箱随处可见；弹壳散落一地，墙体被熏得乌黑，门窗等悉数被毁，空调主机上的弹孔清晰可见……原本整齐划一的营地也一片狼藉，直接经济损失达数亿美元。

中国在利比亚 100 多亿美金的工程项目，绝大部分是位于利比亚的城市和城郊的住宅项目，有的是已经完工需要验收，有的是接近完工。这些项目在利比亚的动乱和内战中遭到了炮火的严重袭击，损失严重。

（资料来源：http://www.mofcom.gov.cn/aarticle/i/jyjl/k/201203.html.）

【讨论的问题】

1. 国际投资政治风险包括哪些？

2. 请结合本案例，分析中国企业应如何规避海外投资政治风险。

9.3　国际投资外汇风险管理

9.3.1　外汇风险的概念

外汇风险又称汇率风险，是指在国际经济活动中，由于未能预期到的汇率变动而给跨国企业可能带来经济损失的风险。企业在跨国经营中遇到的外汇风险主要为外汇交易风险、外汇折算风险和外汇经济风险。

1. 外汇交易风险

外汇交易风险是指已经达成而尚未完成的用外币表示的经济业务，因汇率变动而可能发生损益的风险。交易风险涉及两类项目：一是已经列入资产负债表中的应收和应付账款项目，如进出口贸易应收应付款、外汇借贷款等；二是资产负债表外会引起未来的应收和应付账款的项目，如远期购售合同、应付租赁费用、尚未履行的客户订单等。

2. 外汇折算风险

外汇折算风险是指由于汇率变动使分支公司和母公司的资产价值在进行会计结算时可能发生的损益。在国际投资活动中，跨国公司在每一个会计年度期末，需要将各分支公司的财务报表合并。在将分支公司以东道国货币计价的会计科目折算成母国货币的过程中，由于汇率变动而可能给跨国企业带来损失。折算风险带来的收益和损失，只是一种会计概念，并不表示该跨国公司实际的或已经发生的收益和损失。折算风险反映在会计报表的资产、负债和权益等各个科目上。

3. 外汇经济风险

外汇经济风险是指由于汇率变动引起跨国公司的经营环境发生变化，导致业务现金流可能发生变更而产生经济损益的风险。经济风险存在于跨国经营的各个方面，因为汇率变动意味着各国同种商品之间的比价和一国不同商品之间的比价都要发生变化，这种价格体系的变化，会改变国内及国际市场上的生产条件和需求结构，从而影响跨国公司的经营活动。

9.3.2　汇率预测

1. 汇率预测的内容

对于汇率变动的预测，主要从以下 3 个方面来进行。

（1）汇率变动的方向。货币内在价值的提高或降低，引起汇率的变动，这决定跨国公司是得到收益还是遭受损失。

（2）汇率变动的幅度。它决定跨国公司得到收益或是遭受损失的程度大小。

（3）汇率变动的时间。它决定跨国公司得到收益或是遭受损失的时间。

2. 影响汇率的因素

汇率作为一国货币对外价值的表现形式，受到经济、政治、社会等多种因素的影响。

（1）国际收支。它是指一国在一定时期内全部对外经济往来中所发生的收入和支出。当一国国际收支出现顺差时，表现在外汇市场上外汇的供给大于需求，对该国货币的需求上升，因而该国货币汇率上升，外国货币汇率下降。反之，当一国国际收支出现逆差时，表现在外汇市场上外汇的供给小于需求，则出现本国货币汇率下降，外国货币汇率上升。

（2）相对通货膨胀率。货币对外价值的基础是其内在价值。如货币的内在价值降低，则汇率也将随之下降。自从纸币在全世界范围内取代金属铸币流通后，通货膨胀率几乎在各国都有不同程度的发生。因此，考察通货膨胀率对汇率的影响时，要考察相对通货膨胀率。一般来说，相对通货膨胀率持续较高的国家，由于其货币的内在价值下降得较快，其汇率也将随之下降。

（3）相对利率。利率作为使用资金的代价或放弃使用资金的收益，也会影响汇率水平。当利率相对较高时，使用本国货币资金成本上升，外汇市场对本国货币的供应相对减少；同时，相对较高的利率吸引外资流入，使外汇市场上外国货币的供应相对增加，对本国货币的需求上升。这样，相对较高的利率推动着本国货币汇率的上扬。

拓展阅读

外汇市场

广义的外汇市场泛指进行外汇交易的场所，甚至包括个人外汇买卖交易场所、外币期货交易所等；狭义的外汇市场是指以外汇专业银行、外汇经纪商、中央银行等为交易主体，通过电话、电传、交易机等现代化通信手段实现交易的无形的交易市场。

目前，世界主要的外汇市场包括欧洲的伦敦、法兰克福、巴黎、苏黎世外汇市场，北美的纽约外汇市场，亚洲的东京、中国香港、新加坡外汇市场，澳大利亚的悉尼、惠灵顿市场，这些市场时间上相互延续，共同构成了全球不间断的外汇市场，其中以伦敦外汇市场的交易量为最大，而且欧洲市场也是流动性较强的一个市场。纽约外汇市场波动幅度经常较大，主要是由于美国众多的投资基金的运作以及纽约市场上经常会发生一些对外汇影响较大的事件，如美联储利率决定、公布美国重要经济数据等。

了解各个市场的特性，对于理解汇率的真实性和进行汇率预测有一定帮助。通常我们所说的当日收盘是指纽约收盘，外汇市场的参与者主要包括外汇银行、中央银行、外汇投机者、外汇经纪公司、大型投资基金、实际外汇供求者等。通过了解外汇市场参与者的资金动向对于预测走势也有很大帮助，如日本财务年度的资金汇回日本会造成日元的升值压力，英国公司对于德国公司的大型收购案会构成欧元/英镑交叉盘的上升，日本央行通过抛售日元干预汇市会造成日元的贬值，日本投资者在澳大利亚发行澳元计价的债券会造成澳元/日元交叉盘的上升，等等。只要善于分析交易主体的动向和特点，都会从一些蛛丝马迹中寻求汇率的方向。

（资料来源：http：//www.cs.com.cn/hb/131/201112/t20111203_3154390.html.）

（4）国际储备。较多的国际储备表明政府干预外汇市场、稳定货币汇率的能力较强。因此，储备增加能加强外汇市场投资者对本国货币的信心，因而有助于本国货币汇率的上扬；反之，储备减少则会诱导本国货币汇率的下调。

（5）宏观经济政策。一国政府为协调宏观经济而采取松紧不一的货币政策和财政政策，将会对该国货币汇率产生影响。实行扩张性货币政策，导致货币供应量增加，利率下调，大量资本外流，外汇市场对本国货币的需求下降，导致本国货币汇率下降。实行扩张性财政政策将直接导致需求膨胀，进口增加，外汇市场对外国货币的需求增加，最终导致本国货币汇率下降。

9.3.3　外汇风险的防范

外汇风险防范的目的是减少由于汇率变动而给跨国企业国际经营造成的负面影响。

1. 交易风险和折算风险的防范

交易风险和折算风险的防范对策主要有以下 5 种。

1）利用远期外汇市场套期保值

跨国企业在国际购销业务活动中，从签约到清算债权债务，通常要间隔 30～90 天，大型设备的支付期将会更长。企业可以利用远期外汇市场套期保值，针对每一笔以外币计价的应收和应付账款，根据收（付）的时间和金额，卖出（买入）相同币种、相同交割期、相同金额的一笔远期外汇，从而将汇率变动造成的损失以套期交易成本的方式固定下来。

2）利用货币市场套期保值

外国投资者在货币市场上，针对每一笔外币计价的应收和应付账款，根据收（付）的时间和金额，通过借贷款创造出相同币种、相同期限、相同金额的应付和应收账款。

3）提前或拖延收付

提前或拖延收付，是根据结算货币与本国货币汇率的变动趋势，通过调整货款收付日期以避免外汇风险或者希望从汇率变动中获得收益的方法。当预测本币汇率上升时，可尽快收回外币债权和其他应收款，推迟支付外币债务和其他应付款；反之，当预测本币汇率下降时，则进行反方向的运作。

4）平行贷款

平行贷款是指两个不同母国的跨国企业间，分别向对方的子公司提供当地货币贷款。双方贷款按约定期限用当地货币偿还，并按预先达成的贷款利率分别向对方支付利息。

5）选择计价货币

在国际金融市场上，有软、硬货币之分。硬货币是指货币汇率比较稳定，并且有上浮趋势的货币；软货币是指汇率不稳定，且有下浮趋势的货币。企业在交易过程中，选择合适的计价货币，也是防范外汇风险的重要方法。

一般来说，在国际经济活动中，当对方国家货币是软货币时，从对方国家进口商品应尽量争取使用对方货币结算，向对方国家出口商品应尽量争取使用本国货币或硬货币结算。当对方国家货币是硬货币时，从对方国家进口商品应争取使用本国货币或软货币结算，向对方国家出口商品应尽量使用对方货币结算。

企业在交易过程中，选择计价货币应遵循以下两个原则。

（1）选择可自由兑换的货币。选择可自由兑换的货币便于根据汇率变化的趋势随时在外汇市场上兑换交易，转移货币的汇率风险；

（2）付汇用软货币，收汇用硬货币。企业在不能做到"出口用硬货币，进口用软货币"时，为避免汇率风险，可以采取其他保值工具，如远期外汇买卖、货币保值条款等。

拓展阅读

货币保值条款

货币保值条款是防范汇率风险常用的一种手段，即在交易谈判时，双方协商在合同中（往往是长期合同中）加入适当的保值条款，以防汇率多变的风险。在合同中规定了一种（或一组）保值货币与本国货币之间的比价，如支付时汇价变动超过一定幅度，则按原定汇率调整，以达到保值的目的。

常用的货币保值条款有以下几项。

1. 黄金保值条款

布雷顿森林体系崩溃以后，各国货币与黄金脱钩，黄金平价失去作用，浮动汇率制取代了固定汇率制。因而国际经济活动中的外汇风险大大增加，为此，有的国家采用市场黄金价格来保值。

具体做法是：在订立合同时按签约日的黄金价格将支付货币的金额折合为一定数量的黄金，到支付日再将特定数量的黄金按当时的金价转换成一定数量的计价货币。如果黄金价格上涨，则支付货币金额要相应增加，反之，则相应减少。实行黄金保值条款的前提是黄金价格保持稳定。

2. 硬货币保值

用硬货币保值即在合同中订明以硬货币计价，用软货币支付，记录两种货币当时的汇率，在执行合同过程中，如果由于支付货币的汇率下浮，则合同中的金额要等比例调整，按照支付日的支付货币的汇率计算。这样，实收的计价货币金额和签订合同时相同，支付货币下浮的损失可以得到补偿。如前几年，我国内地对香港特别行政区出口的部分商品在港币计价成交合同中曾订了一条保值条款，即：若港元兑美元的汇价上下浮动各达3%时，就按照港元对美元汇价变化幅度相应调整港元价格，若上下浮动幅度不到3%时，则价格不变。

3. 一篮子货币保值

一篮子货币的含义是多种货币的组合。在浮动汇率制下，各种货币的汇率每时每刻都在变化，但变动的幅度和方向并不一致。用一篮子货币保值就是在合同中规定用多种货币对合同金额进行保值。

具体做法是：在签订合同时，双方协商确定支付货币与一篮子保值货币之间的汇率，并规定出各种保值货币与支付货币之间汇率变动的调整幅度。如果到支付期时汇率的变动超过规定的幅度，则要按合同中已规定的汇率调整，从而达到保值的目的。由于一篮子货币中，货币的汇率有升有降，汇率风险分散化，因而可以有效避免外汇风险，把较大的外汇风险限制在规定的幅度内。目前在国际支付中，对一些金额较大、期限长的合同和贷款，采用特别提款权和欧洲货币单位等一篮子货币保值的做法极为普遍。

（资料来源：http://forex.cnfol.com/120112/134,2048,11551907,00.shtml.）

2. 经济风险的防范

防范经济风险的对策主要有以下 3 种。

1）调整营销战略

针对汇率的长期性改变，跨国公司可以调整营销战略，通过改变产品市场结构等途径来维持竞争力。汇率变化对市场份额的影响是通过影响成本和价格实施的。在国际市场上，子公司所在地货币贬值，会使子公司产品在国际市场上的价格相对下降，使子公司在定价策略上有较大的灵活性和在出口市场上有较强的竞争实力。

在东道国市场上，如果贬值前不存在强有力的进口产品与之相竞争，则维持产品价格不变，使损失降至最低；若存在强有力的进口产品与之相竞争，则子公司可以根据东道国市场对产品需求弹性的大小，决定产品价格是否提高，以扩大销售额，增加子公司的销售收入。

2）调整生产管理战略

针对暂时性的汇率失衡，跨国公司可以调整原材料、零部件和制成品的采购渠道，当本国货币贬值时，公司应根据比较价格和替代可能性来寻找用国内投入替代进口投入的途径，从而维持其生产成本稳定在原有水平上。

当子公司所在地货币升值时，子公司产品在国际出口市场上的价格会相对上升，进而引起销售额的下降。母公司应安排子公司增加具有高附加值的新产品生产，促进产品的升级换代，提高制造差别产品的能力，维持子公司产品在国际市场上的份额，从而抵消因货币升值而使出口收入下降的损失；通过增加进口投入品的比例或转向生产成本更低的国家或地区进行投资，以降低生产成本，获得较高收入。

3）全球经营多元化战略

在国际经营中，要避免使企业的海外业务活动过分地集中于某一国家或地区。跨国公司将经营业务分散到不同国家和不同行业中，通过分散化经营降低汇率变动所带来的经济损失。

▶▶ 本节讨论案例 ◀◀

德国奔驰汽车公司在美国经营失败的教训

奔驰汽车公司创立于 1926 年，创始人是卡尔·本茨（Karl Benz）和戈特利布·戴姆勒（Gottlieb Daimler）。它的前身是 1886 年成立的奔驰汽车厂和戴姆勒汽车厂。1926 年两厂合并后，称戴姆勒—奔驰汽车公司，中文翻译简称奔驰汽车公司。现在，奔驰汽车公司除以高质量、高性能豪华汽车闻名于世，它也是世界上最著名的大客车和重型载重汽车的生产厂家。

1981 年比德·休兹出任奔驰汽车公司美国销售总部总裁，将奔驰车的销售重心从欧洲转移到美国，并经过种种努力，建立起在美国的营销网络，将奔驰客车在美国的销售量从 1980 年的 1 万辆提高到 1985 年的 3.5 万辆，增长近 3 倍。但到 1987 年后，奔驰赛车在美国销售量逐渐下降，到 1993 年，跌至 3 000 辆，被迫关闭在美国的零配件批发储运中心。比德·休兹也被迫辞去其总裁职务而离开奔驰汽车公司。

表 9-1 是 1981—1993 年马克对美元/日元汇价指数。

表 9-1　1981—1993 年马克对美元/日元汇价指数

年份/年	1981	1982	1983	1984	1985	1986	1987	1988	1989	1990	1991	1992	1993
马克的美元指数	100	105	95	88	83	104	126	129	120	140	136	145	137
马克的日元指数	100	93	89	79	77	80	82	75	75	92	83	83	69

（资料来源：http：//course. shufe. edu. cn/jpkc/gjtzx/kcal20_1. html. ）

【讨论的问题】

1. 试结合马克对美元、日元汇价指数，从汇率风险管理角度分析奔驰公司在美国经营失败的原因。

2. 结合本案例，提出国际企业外汇风险管理的对策。

9.4　国际投资经营风险管理

9.4.1　经营风险的概念

经营风险是指企业在进行跨国经营时，由于市场和生产技术等条件的变化而给企业可能带来损失的风险。经营风险一般包括以下 5 种风险。

1. 价格风险

价格风险是指由于国际市场上行情变动引起价格波动而使企业蒙受损失的可能性。引起价格变动的因素很多，因此价格风险是经常性和普遍性的。

2. 销售风险

销售风险是指由于产品销售发生困难而给企业带来的风险。销售风险产生的原因包括以下几个。

（1）市场预测失误，预测量与实际需求量差距过大。

（2）产品品种、式样、质量不适应消费者的需要。

（3）产品价格不合理或竞争对手低价倾销。

（4）广告宣传不好，影响购销双方的信息沟通。

（5）销售渠道不畅通，影响产品销售。

3. 财务风险

财务风险是指企业经营过程中遇到入不敷出、现金周转不灵、债台高筑而不能按期偿还的风险。

4. 人事风险

人事风险是指企业在员工招聘、经理任命过程中存在的风险，如环境变化，原有工作人员不能胜任等。

5. 技术风险

技术风险是指开发新技术的高昂费用、新技术与企业原有技术的相容性、新技术的实用性等可能给企业带来的风险。

9.4.2　经营风险的识别

经营风险识别的方法主要有以下 3 种。

1. 德尔菲法

德尔菲法是美国兰德公司在 20 世纪 40 年代末发明的一种专家预测方法。

德尔菲是古希腊的城市，因有阿波罗神殿而闻名于世。阿波罗能够综合诸神的看法，预卜未来。因此兰德公司以"德尔菲"作为预测方法的名称。德尔菲法通过寄发调查表的形式征求专家的意见，专家在提出意见后以不记名的方式反馈回来；组织者将得到的初步结果进行综合整理，然后反馈给各位专家，请他们重新考虑后再次提出意见。经过几轮的匿名反馈过程，专家意见基本趋向一致，组织者据此得出预测结果。德尔菲法在各种预测领域被广泛采用，并收到良好的预测效果。

德尔菲法实施的步骤如下。

（1）确定可以明确回答的问题，问题条目可由风险识别的组织者或参与者单方面决定，也可由双方共同商定。

（2）将问题以通信方式寄给参与者，或在会议上发给与会者，但要保证参与者不能面对面。

（3）问询可分两轮或多轮进行，每一轮都反复带有对每一条目的统计反馈，它包括中位值或一些离散度的测量数值，必要时要提供全部回答的概率分布。

（4）随着每次反复所获得信息量的减少，由组织者决定在某一轮停止反复。

这种方法强调集中众人智慧，可使预测更为准确。一般地讲，专家组越多，预测所需的时间越长，风险识别的可信度就越高。

2. 头脑风暴法

头脑风暴法又称智暴法，是一种刺激创造性、产生新思想的方法。这种方法由美国的亚历克斯·奥斯本（Alex Faickney Osborn）于 1938—1939 年提出，首先用于设计广告的新花样，随后逐渐推广运用到其他领域。它是组织各类专家就市场预测目标相互交流意见，在头脑中进行智力碰撞，产生新的思维和观点，并进一步深化得出最佳预测结果。头脑风暴法又可分为直接头脑风暴法和反向头脑风暴法两类。

（1）直接头脑风暴法。它是采用直接鼓励专家对所要预测的问题进行创造性的思维活动并得出预测结果的一种方法。会议是在一种自由、活跃、民主的讨论气氛中进行的。会议主持人只出题目，不谈个人看法，严格限制讨论范围，讨论要求具体明确，主题突出，对各种意见和方案不持否定和批评态度，只讨论设想而不分析这种设想，每个人自己谈自己的，不对别人的设想进行评论，提出的预测设想多多益善，因为讨论问题越广泛越深入，产生有价值设想的概率就越大。

（2）反向头脑风暴法。它是指对直接头脑风暴法提出的预测方案进行质疑分析的预测方法。其做法与直接头脑风暴法基本相同，只是在讨论时，需要对一种预测方案实现的可行性进行全面质疑和评价，对已提出的设想能否实现进行论证，分析存在的制约因素，并提出排除限制因素的建议。在质疑过程中，鼓励提出可行性设想，从而进一步完善预测方案，形成一个更科学、更可行的预测结果。

头脑风暴法用于国际投资风险识别时，一般要提出这样一些关键性问题：进行国际投资活动会遇到哪些风险？这些风险的危害程度如何？组织者为避免重复，提高效率，应当首先将已取得的分析结果作会议说明，使与会者不必在重复性问题上再花时间，从而促使他们打开思路再去寻找新的风险形态及其危害。

3. 幕景分析法

幕景分析法是指在国际投资风险分析时，用幕景描绘能引起风险的关键因素及其影响程度的方法。由于影响国际投资经营风险的因素很多，实践中需要有一种能够识别关键因素及其影响的方法。幕景分析法就是为了适应这种需要而产生出来的以识别风险关键因素及影响程度为特点的方法。

幕景是对风险状态的一种描绘，这种状态既可以是文字型的，也可以是图形、图表或曲线型的。一个幕景就是一项国际投资活动未来某种状态的描绘或者按年代的概况进行的描绘。

幕景分析法研究的重点是：当某种因素变化时，整个情况将会是怎样？将会有什么样的风险发生？其影响力度将会有多大？通过选择一些关键因素，然后像电影屏幕一样一幕一幕地进行演示，比较不同的结果，以通俗、形象的方式表示出来，供决策时参考。可见，这种方法的功能主要在于考察风险范围及事态的发展，并对各种情况作对比研究，以选择最佳的效果。因此，幕景分析尤其适用于对企业进行风险分析。

幕景分析的结果是以易懂的方式表示出来的。一种方式是对未来某种状态的描述；另一种方式是描述一个发展过程，即未来若干年某种情况的变化链。

幕景分析要经过一个筛选、检测和评判的过程。也就是说，先要用某种程序将具有潜在风险的对象进行分类选择，再对某种风险情况及其后果进行观测、记录和分析，最后要根据症状或其后果与可能起因的关系进行评价和判断，找出可疑的风险因素并进行仔细检查。

但是这种分析方法也有一定的局限性，即容易产生所谓"隧道眼光"现象，就好像是从隧道中观察外界事物一样，难以看到比较全面的情况。所有幕景分析都是围绕着分析者目前的价值观和信息水平进行的，很可能产生偏差。

9.4.3　经营风险的管理

1. 风险规避

风险规避是指事先预料风险产生的可能程度，判断导致其产生的条件和因素，在投资活动中尽可能地避免它或改变投资流向。风险规避是控制风险最彻底的方法，采取有效的风险规避措施可以完全消除某一特定风险，而其他控制风险手段仅在于通过减少风险概率和损失程度，来削减风险的潜在影响力。但由于风险规避牵涉到放弃某种投资机会，从而相应失去与该投资相联系的利益，因此，风险规避手段的实际运用会受到一定的限制。

常见的规避风险的方式有以下有4种。

（1）改变生产流程或产品。如开发某项新产品，如果花费的成本很高且成功的可能性很小，则可通过放弃新产品的研制或购买该产品技术专利来规避风险。

（2）改变生产经营地点。如将企业由一国转移到另一国，或由国内某一地区转移到另一地区，以规避地理位置缺陷的风险。

（3）放弃对风险较大项目的投资。

（4）闭关自守。坚持生产经营自成体系，不受任何国家政治、经济因素的干扰。

2. 风险抑制

风险抑制是指采取各种措施减少风险实现的概率及经济损失的程度。与风险规避最明显的不同在于：风险抑制是投资者在分析风险的基础上，力图维持原有决策，减少风险所造成的损失而采取的积极措施；风险规避虽可以完全消除风险，但企业要终止拟订的投资活动，放弃了可能获得的收益。

3. 风险自留

风险自留是指投资者对一些无法避免和转移的风险采取现实的态度，在不影响投资根本利益的前提下自行承担下来。投资者为承担风险损失需要事先做好准备工作，修正自己的行为方式，努力将风险损失降到最低程度。

投资者承受风险的能力取决于其经济实力。经济实力雄厚的大企业，可以承担较大的意外损失，而经济实力薄弱的小企业，则难以承担较大的风险损失。

4. 风险转移

风险转移是指风险的承担者通过经济和技术手段将风险转移给他人承担。风险转移可分为保险转移和非保险转移两种。

保险转移是指投资者以缴纳保险费为代价，向保险公司投保，将风险转移给保险公司承担。在承保风险发生后，其损失由保险公司按合同进行补偿。非保险转移是指投资者不是向保险公司投保，而是利用其他途径将风险转移给他人，如签订合同、订立保证书等。例如，在风险较大的国家投资时，投资者要求当地信誉较高的银行、公司或政府为之担保，一旦发生损失后，则可以从担保者那里获得一定的补偿。

▶ 本章讨论案例 ◀

盘点中企海外巨亏案例　金融投资失败最多

财新网对近年来著名的中国企业海外巨亏的案例统计见表 9-2。

表 9-2　中国企业海外巨亏案例

	时间	背景	原因描述
中国铁建	2010 年	在沙特承建轻轨项目，由于合同签订过于草率，需求不明确，报价过低，导致在工程实施过程中，沙特方面不断提出增加工程量的要求，甚至提出新的功能需求，而双方此前在合同中却并没有针对这个项目列出详细的工程量。为了将整个项目完成，中国铁建不得不赔本继续推进项目工期，最终巨亏 42 亿元	合同过于草率
中信泰富	2008 年	为了澳大利亚铁矿石项目进行的杠杆式外汇买卖合约引致亏损共 8.07 亿港元；而仍在生效的杠杆式外汇合约，按公平价估值的亏损更是高达 147 亿港元	期权投资失败

续表

	时间	背景	原因描述
中国平安	2008 年	2007 年 11 月，中国平安宣布斥资约 18.1 亿欧元（折合人民币 238.7 亿元）购买以经营银行及保险业务为主的国际金融服务提供商富通集团 9 501 万股股份，约占总股本的 4.18%，成为其最大单一股东。在平安收购富通后不久，富通集团轰然倒塌。在 2008 年年报中，中国平安对富通投资巨亏拨备 227.9 亿元	遭遇金融危机
东方航空	2008 年	航油套期保值浮亏 62 亿元	期货投资失败
中国远洋	2008 年	为抵御航运运费下滑风险，采用远期运费协议进行套期保值。在与高盛等金融机构的对赌中导致截至 2008 年年底浮亏 41.21 亿元	期货投资失败
江西铜业	2008 年	因持有看多合约进行套期保值，但实际铜价大涨导致亏损 13.6 亿元。在此前的 2006 年，江西铜业因持有看空合约，而实际铜价大跌，也导致过 13.5 亿元亏损	期货投资失败
中投投资	2007 年	当时尚在筹备中的中投斥资 30 亿美元入股黑石集团。紧接着美国次贷危机发生，美国各大金融机构的股价纷纷大幅跳水，黑石集团也未能幸免，最低时股价跌至 5 美元以下。截至 2009 年 8 月，中投对黑石的投资浮亏近一半	遭遇金融危机
中投投资	2007 年	成立仅 3 个月的中投斥资 56 亿美元投资摩根士丹利，意图"抄底"，但同样因金融危机大摩股票一度跌至 6 美元左右，中投此时又追加投资 12 亿美元。截至 2009 年 7 月，该项投资账面浮亏 32 亿美元	遭遇金融危机
中航油	2004 年	因石油衍生产品交易，总计亏损 5.5 亿美元	炒衍生品失败
中储棉	2004 年	成立于 2003 年，注册资本 10 亿元人民币。当年 10 月起进口棉花多达 20 多万吨，豪赌国内市场棉价上涨。结果棉价一路下跌，截至 2004 年年底亏损约 10 亿元人民币	期货投资失败

（资料来源：财新网。）

　　这些企业海外投资巨亏，最典型的是参与金融衍生品交易失败。代表企业如中国远洋，本来是为了规避航运运费下跌的风险，但因涉入的产品过于复杂，反而导致风险过高，导致其亏损 40 多亿元。

　　上述案例中，有些负责人为此承担了决策错误的责任，如中信泰富的荣智健和中航油的陈久霖。

　　国资委于 2011 年 6 月 27 日公布的《中央企业境外国有资产监督管理暂行办法》和《中央企业境外国有产权管理暂行办法》中，首次明确了企业负责人要为海外投资失误负连带责任。

　　（资料来源：http://money. 163. com/11/0704/08/783TTI6200253B0H. html.）

【讨论的问题】

1. 结合国际投资风险的相关知识，分析中国平安海外投资的风险及防范措施。

2. 分析中投投资摩根士丹利失败的原因，并提出防范对策。

3. 国际投资规避经营风险的措施有哪些？

复习思考题

1. 什么是国际投资风险？它有哪几种类型？
2. 什么是国际投资政治风险？
3. 如何评估国际投资政治风险？
4. 什么是国际投资外汇风险？
5. 如何进行国际投资外汇风险管理？
6. 什么是国际投资经营风险？
7. 如何识别国际投资经营风险？

第 10 章

国际投资政策法规管理

【学习目标】

> 了解国际投资法的概念、渊源、基本内容和主要特点。
> 掌握东道国的外资法律政策的主要内容和基本要点。
> 掌握投资国的海外投资法律政策的主要内容。
> 了解调整国际直接投资的国际法规范的基本内容和最新发展趋势。

导入案例

英伊石油公司争议案

石油是伊朗首要的自然资源和经济命脉。1901 年，伦敦百万富翁威廉·诺克斯·达西与波斯国王穆扎法尔丁·沙达成共识，得到了伊朗大部分地区的 60 年石油勘探权，而沙阿则收取 20 000 英镑、达西公司一定数量的股份及其未来 16% 的利润（简称"达西协定"）。数年后，达西的财富日渐干涸，大部分勘探权被转卖给格拉斯哥财团伯麦石油公司。随后，伯麦石油成立子公司英波石油公司，并向公众公开发售股份。在第一次世界大战爆发前，英国海军大臣温斯顿·丘吉尔向英波石油公司注资，获得英波石油公司的控股权，以保证英国船只的石油供应。至此，英国政府成为英波石油公司背后的实际控制者。

为了使石油协定对伊朗更有利，伊方与英波石油公司展开了数轮谈判，要求修改达西协定。1933 年，前英波石油公司主席约翰·卡德曼到访伊朗，私自谒见礼萨汗，并与之达成了新协定。同年，新协定得到议会的批准，并得到皇室的同意。新协定为期 60 年，将英波石油公司的控制范围缩减至约 6.22 万平方千米，并需要每年向伊朗政府支付最少金额为750 000 英镑的税费。这些条款看似对伊朗有利，实则不然。新协定将达西协定额外延长了32 年，又允许英波石油公司选择最好的 6.22 万平方千米土地，最低专利权费用过于低廉，英波石油公司的关税也得到豁免。伊朗没有运用其权利废除达西协定，反而在烦琐冗长的仲裁过程中解决所有争论，伊朗政府被广泛认为错失良机。

　　1935 年，英波石油公司正式易名为英伊石油公司，后继续在伊作业。20 世纪 50 年代，英伊石油公司 3/4 的石油供应来自伊朗，公司对伊朗石油实现了全面控制。

　　1951 年，伊朗支持国有化英伊石油公司的呼声越来越高涨，其主要不满在于，由于长期受到英国资本的控制和垄断，伊朗的石油收益低微，伊朗石油工人及其家庭生活条件恶劣。因此，伊朗议会通过法律，决定对境内石油产业实行国有化征收。

　　英伊石油公司通过英国政府向国际法院起诉。伊朗政府拒绝应诉。

　　国际法院在驳回英国的起诉时明确指出：该石油开发协议是一国政府同一个外国公司之间的协议，其目的是规定伊朗政府同该公司之间的有关特许协议的关系，绝不是调整两国政府间的关系，因此国际法院对该案无管辖权。

　　（资料来源：韦经建.国际经济法案例教程［M］.北京：科学出版社，2005.）

由此案例引出的问题：
- 特许协议属于何种性质的法律协议？
- 伊朗对英伊石油公司进行国有化征收及补偿的依据是什么？
- 解决国际私人直接投资纠纷的途径有哪些？

10.1　国际投资法概述

10.1.1　国际投资法的概念

　　目前对国际投资法的概念表述不尽一致，但多数学者普遍认为，国际投资法是指调整跨国私人直接投资关系的国内法律规范和国际法律规范的总称。

　　在第二次世界大战后，由于国际政治、经济形势的变化以及科学技术的发展，国际投资得到了迅猛的发展，国际直接投资成为国际投资的主要方式。国际投资法作为调整投资关系的法律手段，对于保护、鼓励和管制国际投资起到了极为重要的作用。

　　国际投资的政策法规是维护整个国际投资运作的基础，是国际投资持续发展的重要保证。一般来说，国际投资法均就国际直接投资而言，不包括国际间接投资。

10.1.2　国际投资法的调整对象

　　国际投资法所调整的跨国私人直接投资关系具体可以分为以下几个方面。

　　（1）外国投资者与东道国投资者基于投资所产生的投资合作关系。

　　（2）外国投资者与东道国基于投资所产生的投资管理关系。

　　（3）外国投资者与其母国基于对外投资所产生的投资保护关系。

　　（4）东道国与投资者母国政府之间以及与投资有关的国家政府与国际组织之间基于缔结双边或者多边条约而产生的国际投资协调关系。

10.1.3　国际投资法的主体

　　国际投资法的主体是指在国际投资法律关系中，享有权利并承担义务的当事人或者参加者。国际投资活动的参加者主要包括自然人、企业、国家和国际组织。在国际投资活动中，跨国公司是最活跃的投资主体，各国政府对其在东道国的经济活动进行不同程度的规范和管理，成为目前国际投资法的重要组成部分。

10.1.4　国际投资法的特点

1. 国际投资法仅调整国际私人投资关系

国际投资法调整的国际私人投资关系，主要是指自然人、法人和民间组织、企业团体的海外投资。官方投资关系并不属于国际投资法的调整范围。所谓官方投资是政府间或国际间组织与国家间的资金融通关系。

2. 国际投资法仅调整国际私人直接投资关系

国际投资法仅调整国际私人直接投资关系，不包括国际间接投资关系。直接投资是指投资者拥有一定数量的股权，直接参与经营管理，对投资企业有较大的控制力。而间接投资是指投资者持有能提供一定收益的股票或证券，并不对企业资产或经营有直接的所有权或控制权。私人直接投资包括资本、技术、设备、专利权等投资，其形式有独资经营、合资经营、合作开发、合作经营等。

国际投资法所调整的国际私人直接投资关系既包括国内关系，也包括国际关系。主要体现为私人外国投资者与东道国及其法人、个人间以及同本国政府间的关系，也包括东道国与投资者母国政府间的关系。

3. 国际投资法的主体与国际经济法的主体相一致

国际投资法的主体与国际经济法的主体相一致，包括国家政府、国际组织、自然人和法人，范围非常广泛。

10.1.5　国际投资法的类型

国际投资法从制定者的角度可分为国内法律规范和国际法律规范。

1. 国内法律规范

国际直接投资的国内法规范是指一个国家以国家立法形式对外国投资者的投资提供的各种保护、鼓励和限制措施等。国内法律规范按照私人资本的流向又可分为资本输入的法律规范和资本输出的法律规范。

（1）资本输入的法律规范。它是指资本输入国制定的关于调整外国私人直接投资关系的法律规范的总称。资本输入国，即东道国为保护、鼓励与限制引进外资和技术而制定的外国投资法以及有关的外汇管理法、涉外税法等。

资本输入的法律规范基本上包括了国际直接投资所涉及的各个方面，具体包括以下几个方面：① 外国投资项目的审批；② 投资范围；③ 投资方式；④ 外国资本的种类；⑤ 投资比例；⑥ 外资管理机构和外商投资企业的经营管理权；⑦ 投资本金和利润的汇出；⑧ 征收及其补偿；⑨ 劳动力雇用。

此外，一些国家还对投资期限、保险、税收优惠、投资争议的经济问题做出相应的规定。

（2）资本输出的法律规范。它是指资本输出国制定的关于调整本国投资者在境外投资过程中产生的投资关系的法律规范的总称。

从世界目前的情况来看，发达国家为了促进本国的海外私人直接投资，不仅在避免双重征税、信贷等方面对海外私人投资采取鼓励措施，同时还建立了海外私人直接投资保险制度，为本国的海外投资在东道国可能发生的非商业性风险给予保险。一些发展中国家虽然鼓励本国私人海外投资，但对境外投资项目基本实行审批制度。

2. 国际法律规范

国际法律规范是调整两国间或多国间私人投资关系的保护外国投资的国际法律制度。

国际法律规范包括有关的国际投资的双边条约、多边条约以及国际惯例。其中，双边条约和多边条约是国际投资法的主要渊源。

▶ 本节讨论案例 ◀

苏伊士运河公司国有化案

苏伊士运河（Suez Canal）位于埃及境内，是连通欧亚非三大洲的主要国际海运航道，连接红海与地中海，使大西洋、地中海与印度洋连接起来，大大缩短了东西方航程。与绕道非洲好望角相比，从欧洲大西洋沿岸各国到印度洋缩短 5 500 ~ 8 009 千米；从地中海各国到印度洋缩短 8 000 ~ 10 000 千米；对黑海沿岸来说，则缩短了 12 000 千米，它是一条在国际航运中具有重要战略意义的国际海运航道，每年承担着全世界 14% 的海运贸易。

1851 年，英国获得埃及的许可，开始在埃及境内修筑铁路。法国也不甘落后，通过欺骗取得埃及的信任，于 1854 年与埃及签订了关于修建和使用苏伊士运河的《关于修建和使用苏伊士运河的租让合同》，其主要条款有：① 租让期 99 年，期满后，运河全部权力归埃及所有；② 埃及政府必须无偿提供开凿运河所成立的"国际苏伊士运河公司"所需要的所有土地；③ 埃及政府必须提供必要的劳动力；④ 公司有权免税进口开凿运河所需要的机器设置；⑤ 埃及将获得纯利润的 15%。1857 年成立了"万国苏伊士海运运河公司"。1859 年春，苏伊士运河正式破土动工，动用了几十万埃及民工。由于当时霍乱猖獗，10 多万人失去了宝贵的生命。经过 10 年的艰苦施工，1869 年 11 月，苏伊士运河正式通航。其全长约 190 千米，河面平均宽度为 135 米，平均深度为 13 米。1874 年 11 月，埃及政府因开凿运河耗费的 1 200 万英镑而债台高筑，发生了严重的财政危机，所以不得不决定出卖它所掌握的苏伊士运河公司的 44% 的股票。英国看到机会来了，便竭力阻止埃及将股票卖给法国。之后，英国政府采用各种手段得到了苏伊士运河公司的股票。运河开通后，英法两国垄断了苏伊士运河公司 96% 的股份，最终苏伊士运河成为英法两国的私有财产，两国每年从中获得巨额利润。

1956 年 7 月，埃及政府宣布将国际苏伊士运河公司收归国有，在国际上引起强烈反响。英国、美国、法国在伦敦举行会议商讨对策。随后，关于运河管理权等问题被提交联合国安理会，在此期间，英法以埃及战争为借口出兵埃及企图以武力解决此事。之后，在国际社会的积极努力下，英美同意用和平方式解决因运河国有化而发生的纠纷。

苏伊士运河在埃及本国经济发展中具有极大的价值。据统计，每年约有 1.8 万艘来自世界 100 多个国家和地区的船只通过运河。中东地区出口到西欧的石油，70% 经由苏伊士运河运送，每年经苏伊士运河运输的货物占世界海运贸易的 14%，在世界上适于海运的人工运河中，其使用国家之众，过往船只之多，货运量之大，苏伊士运河名列前茅。

苏伊士运河是埃及经济的"生命线"和"摇钱树"。过往船只通行费，多年来一直与侨汇、旅游、石油一道成为埃及外汇收入的四大支柱。当前运河每天为埃及政府收进 200 万美元的外汇。船过运河按吨位缴纳通行费，还要交付引水费和航标等费用。1993 年运河收入达 19 亿美元，1994 年收入超过 20 亿美元。

2014 年 8 月 5 日，埃及政府高调宣布，将在苏伊士运河东侧开凿一条 72 千米长的新运河，以扩大通航能力，拉动国家经济复苏。埃及苏伊士运河管理局表示，新运河项目将单独开凿 35 千米的新河道，其余 37 千米将通过拓宽旧运河，并与新河道连接来实现。这个庞大的工程项目预计将耗资 40 亿美元。为了保证埃及对新运河的绝对控制权，这一项目将不会引入外资。

（资料来源：http：//www.chinadmd.com/file/pieixw6osueczvrravuscizr_1.html.）

【讨论的问题】
1. 苏伊士运河国有化是否属于国际投资法的调整范围？
2. 埃及是否有对苏伊士运河公司实行国有化的权利？
3. 东道国征收及补偿纠纷可以通过何种途径解决？

10.2　东道国的外资政策法律

10.2.1　东道国的外资法律体系

东道国的外资法律体系是指资本输入国制定的关于调整外国私人直接投资关系的法律规范的总称。东道国的外资法律体系以资本输入国的外国投资法为主体，以外国投资的范围和比例、资本和利润的汇出、优惠政策和待遇标准、对外国投资的审批机构和程序以及投资争议的解决方式等为基本内容。

目前，世界上各国和地区关于外资立法的体制不尽一致，但主要有以下三种立法体制和形式。

第一种是制定比较系统的统一的外国投资法律，作为调整外国投资的基本法律，并辅之以其他有关的可适用于外国投资的法律，如阿根廷等国家。

第二种是没有统一的外资法，而是制定一个或几个关于外国投资的专门法律法规，由此构成关于外国投资的基本法律体系，并辅之以其他相关的法律，如毛里求斯等国家。

第三种是没有制定关于外国投资的基本法律，而是借助一般的国内法律法规调整外国投资关系与活动，外国投资者与本国投资者享受同等待遇，美国等发达市场经济国家基本上采取的是这种做法。

10.2.2　东道国外资政策法律的基本内容

东道国的外资政策法律包括以下几个方面的内容。

1. 外商投资的领域、期限和出资比例

1）外商投资的领域

外商投资的领域又称外商投资的范围，是指允许外国投资的行业部门。东道国为了确保外国投资有利于本国经济的发展，必须对外国可以投资的领域加以规定，一方面将关系到国计民生或国家安全的行业和部门保留在政府和本国国民手中，另一方面，将外资引导到本国亟须发展的行业和部门，使外国投资符合本国经济发展的目标。

世界各国法律都有关于外商投资领域的规定，一般是将本国的所有行业和部门分为四类，即明确规定出禁止、限制、允许和鼓励外国投资的行业和部门。一般来讲，发达国家对外商投资的领域限制较少，只是对国防、军事、通信、传媒、矿产、能源等部门有一些不同程度的限制；发展中国家对外商投资领域的限制正在经历一个逐步放宽的过程。近年来发展中国家对外资进入的限制已经大幅度减少，特别是服务业的准入门槛正在降低。

2）外商投资的期限

对于外商投资的期限，发达国家的投资法规基本上没有明确规定，而发展中国家的法规一般都做出了具体规定，以防止外国企业的短期行为或在本国内建立永久性公司。

3）外商投资的出资比例

外商投资的出资比例涉及外国投资的参与程度，涉及企业的经营管理权和投资者的权益分配，各国在这方面的规定并不一样，有的无限制，有的则明确规定了上限或下限。从理论上来讲，外国投资者与东道国投资者合办企业，彼此选择什么样的投资比例，应当由投资者自己考虑并通过谈判决定，比例的多少只涉及管理权的分配和经营利益的分享。但正是因为涉及了外商投资，政府通常进行干涉和限制。限制既是为了防止合营企业为外国资本所控制，也是为了引导和控制外国投资的方向。

不同国家的同一行业以及同一国家的不同行业有不同的法律和政策规定。发达国家在股权问题上一般采取开放政策，只对特定行业有所限制。发展中国家对允许外商投资领域内的外国股权参与比例，多数给予一定的限制，其限制的方式有以下几种：一是在其外资立法中明确规定；二是在国家的相关政策中予以规定；三是在政府审批外资项目时加以具体限制。通常，对于国家鼓励发展而又缺乏技术的领域、面向出口的领域、能发挥本国劳动力资源优势的领域、政府确定优先开发的地区和偏远地区，发展中国家政府允许外国投资者占有较大股权比例甚至允许外商独资，以便通过利用外资促进本国经济更快、更均衡地发展。

2. 外商投资的审查与批准

1）外商投资的审批

外商投资的审批实质上是东道国对国际投资中的双边利益的干预和协调，它是资本输入国管制外国投资的重要手段。从资本输入国来看，对外国投资的审查和批准，关系到对外资的选择，最终目的是引导和监督外国资本为本国经济发展的根本利益服务。对于外国投资者来说，事先取得资本输入国主管部门的审查和批准，其投资计划和项目经营才能取得合法地位，从而受到东道国法律保护并取得各种权利和优惠待遇。因此，在国际投资活动中，除极少数国家，如美国对外资进入一般采取不审查制度外，大多数国家都建立了对外国投资进入进行审查和批准的制度。

总体来说，发达国家的外资审批较宽松，手续较简便；发展中国家审批较严一些，但也出现了不断放宽的趋势。

2）对外商投资的审批标准

对外商投资的审批标准可以分为积极标准和消极标准两种。

积极标准是指审批机构鉴定外资积极作用的标准，如所产生的就业机会、对扩大出口和国际收支的影响、引进技术的先进性、对当地市场的影响、对经济落后地区发展的贡献、对当地雇员的培训情况、对进口替代的贡献、对当地中间品和零部件的采购程度、对当地价格水平和产品质量的影响等。外国投资若满足一项或几项积极标准，就可获得批准。

消极标准是指不予批准外国投资的条件，包括违反当地法律、有损东道国主权、不符合利用外资的产业导向政策、可能造成环境污染等。

3. 外商投资利润和本金的汇出及股份转让

1）外商投资利润和本金的汇出

在国际投资领域内，保证外资利润、本金及其他合法收益的自由汇出，是国际投资法律保护的重要内容之一。投资者因投资所获得的合法利润、其他合法收益以及回收的本金，能否兑换成国际通用货币或其本国货币汇回本国，关系到投资者的根本利益。如果不能自由汇出，则投资者虽有收益，但其实际利益不能实现。

在国际投资中，原则上应允许投资利润及本金自由汇出。发展中国家基于国家利益，特别是从解决外汇资金短缺和平衡国际收支的角度考虑，在承认自由汇出的原则下，往往会对投资者利润和本金的汇出给予一定程度的限制。总体来说，对外国投资者利润和本金汇出的限制，发展中国家较严，发达国家较松。为了兼顾和保护外国投资者的利益，促进吸收外资，东道国必须在实行外汇管制的同时，对外国投资者取得的合法收益与本金的汇出提供保障。

对于外籍职工工资的汇出，多数国家只作原则规定，允许在纳税后自由汇出；但也有一些国家附有某些条件，如规定需经批准或限额汇出。

2）外资股份的转让

关于外资股份的转让，多数国家的外资立法中做出了明文规定。规定的主要目的是既保证外国投资者有权转让其股份，又附加一定条件，如规定合营企业他方有优先购买权，向其他购买者转让股份的条件不得优于向合营企业他方转让的条件等。一般来说，在发达国家外国投资者转让其股份较自由，受到的管制较少；在发展中国家，则有相对较严的管制。

4. 外商投资的税收及税收优惠

在国际投资活动中，税收问题是投资者所要考虑的一个重要问题，同时，它也是构成东道国投资环境的一个重要因素。税率的高低、优惠的多少，是一国外资政策的重要内容和引导外资投向的重要杠杆。各国对利用外资的税收问题均有较详细的规定，归纳起来主要有两个方面：一是企业所得税税率问题；二是税收优惠问题。总的来看，发展中国家与发达国家相比，税收从轻，优惠从重。

企业所得税税率的高低，决定着外国投资者利润率的高低。就目前世界范围来看，不论是发达国家还是发展中国家，都欢迎和鼓励外资的进入，所以企业所得税税率都较前些年有所降低。但相对而言，发展中国家所得税税率的总体水平较发达国家的总体水平略低一些。

由于发达国家基本上对外资和内资同等看待，对外资实行国民待遇原则，在发达国家除个别地区和个别行业外，对外商投资企业一般都实行与内资企业同等的税负。因此，下面对税收优惠问题的分析主要集中在发展中国家和地区。

在发展中国家和地区，除了保护外国投资的安全和利益外，还对外来投资采取了各种税收优惠和鼓励政策，以引导外资投向，实现特定的经济和社会发展目标。制定税收优惠政策的依据通常包括产业政策、技术政策和地区政策等。发展中国家实行的优惠政策主要集中在以下几个方面。

（1）对国家优先鼓励发展的行业和部门给予优惠。

（2）对国家支持发展的地区（一般为边远和落后地区）给予优惠。

（3）对国家划定的特定地区（实行特殊管理政策的各类经济特区）给予优惠。

（4）对出口型企业给予优惠。

（5）对利润再投资给予优惠。

（6）对提供就业机会多的给予优惠。

5. 外商投资企业的员工雇用

有关外商投资企业员工雇用的立法问题，有的国家通过制定统一的劳动法予以规定，有的国家则通过外资立法加以解决。外国投资者在东道国雇用当地员工所遇到的问题主要有三个：一是普通员工的雇用问题；二是技术与管理员工的雇用问题；三是尊重和保障被雇用员工的权益问题。

对于普通员工的雇用问题，大多数国家的政策和法律都要求尽可能雇用当地员工，以扩大本国的劳动就业机会，解决本国的就业问题。这也是许多国家利用外资的重要动机之一。有些国家的法律还规定，外资企业应对当地员工进行培训。同样，对于外国投资者来讲，雇用当地员工可以利用当地廉价劳动力，降低生产成本。对于技术与管理员工的雇用问题，发达国家采取的是较自由的政策，由企业自主决定。一些发展中国家对此有所规定，因为发展中国家认为，这涉及合营企业的经营管理权问题，如果中高层技术、财会和管理人员中有部分是本国人，就有利于控制企业的经营管理权。在尊重和保障被雇用员工的权益问题上，不论是发达国家还是发展中国家都很重视，比较而言，发达国家的相关政策、法规规定得更详尽一些。

关于外资企业雇用外国人员的问题，多数国家都有一些限制，特别是限制对外国非技术人员的雇用，当然这种限制又有一定的弹性。对于雇用外国专业技术人员和管理人员，要求符合以下几个条件。

（1）只有当地国民胜任不了的管理职务和专业职务，才能聘请和雇用外国人员。

（2）可以雇用外国人员，但也要留出一定比例给予当地人员。

（3）人员雇用应逐步当地化，逐步增加当地人员的比例，让越来越多的当地人员走上中高层管理和专业技术岗位。

6. 土地使用期限及土地使用费

土地使用期限与土地所有权能否自由买卖密切相关。若土地所有权可以自由买卖，则土地使用期限就可以无限长；若土地所有权不能自由买卖，则土地的使用就会有期限问题。

就目前世界各国的情况来看，在土地所有权能否自由买卖的问题上可以分为两种情况。

一种是所有权可以自由买卖，实行土地私有制，以美国和日本为代表。

另一种是所有权不能自由买卖，只能自由买卖一定期限的土地使用权，实行土地国家所有制或公有制，以英国和英联邦国家为代表，中国和越南等国家也属于此类。

在实行土地私有制的国家，外国投资者如果不购买土地，就要交纳地租，还要向所在国交纳土地税、地产税，以便取得营业权、建筑权和使用权。同时，土地是商品，可以自由买卖，外国投资者也可以做地产生意。

在实行土地国家所有制或公有制的国家，外国投资者不能购买土地的所有权，对土地使用权的取得需要经过一定的法律程序，取得的土地使用权可以使用较长时期，如 70 年。一些国家为了改善投资环境，吸引外资，会在土地使用费上给予外商一定的减征或免征优惠。

另外，还有一些国家规定，土地使用权可以作为东道国合营方的出资条件，即土地使用权折价入股，从而解决外商投资企业的土地或场地问题。

7. 外商投资企业的国有化与征收

对外商投资企业的国有化与征收问题，既关系到安全与利益问题，又关系到东道国的主权问题，历来为外国投资者所关注，也是影响其对外投资决策的一个重要因素。随着国际经济与政治形势的变化，对外国投资采取强制性的国有化与征收的现象已越来越少，绝大多数国家都通过外资政策和立法等形式对外国投资实行安全保障。

在发达国家，对外国投资一般不采取国有化措施。但美国、英国等发达国家，在外资政策或立法中对国有化问题不作明确规定，而是放到友好、通商、航海条约或双边投资保护协定中加以阐明。也有些发达国家规定，在必要时对外商投资实行征用并改变外商投资的所有权，发生这种情况时对外国投资者给予充分、及时和有效的补偿。大多数发展中国家都在外资法或国家宪法中明确规定不对外资实行国有化、征用或没收，以消除外国投资者的顾虑。同时还规定，在特殊情况下由于社会公共利益的需要，依照法定程序对外资实行国有化或征用，将给予合理和适当的补偿。

对外国投资实行国有化或征用，必然会发生补偿问题。关于补偿的标准，发达国家和发展中国家之间存在一些争论。发达国家一般要求"充分"、"及时"和"有效"补偿。美国对"充分"一词又解释为"全部"和"完全"的意思。发展中国家坚持合理补偿和适当补偿。

8. 外商投资争议的解决

外国投资者在东道国进行生产经营活动，避免不了与东道国的有关当事人发生争议。当发生投资争议时，正确处理和解决争议，是协调国际投资关系的一项重要措施。处理投资争议的方法，既有社会手段也有法律手段。解决国际投资争议的依据，既有国内法也有国际法。投资争议发生后，一般先由争议双方当事人协商解决。若协商不成，则由双方当事人以外的第三者进行调解。如果调解不成立，未能解决双方的争议，则只有通过法律手段解决。法律手段主要有仲裁解决和诉讼解决两种。

仲裁解决是目前使用较普遍的行之有效的解决国际投资争议的手段。仲裁制度以始终贯彻当事人自治为原则，通过争议双方的协商一致，选定仲裁地点和仲裁人，组成仲裁厅进行仲裁。仲裁可以在双方当事人中的任何一方所在国进行，也可以在第三国进行。仲裁裁决具有终局效力，对双方当事人均有约束力，双方都要遵守并执行。如果投资协议或合同中没有规定仲裁解决，当事人任何一方可向所在国法院起诉，要求诉讼解决。

▶ 本节讨论案例

美国《外国投资研究法》

20 世纪 70 年代以后，外国资本大量涌入美国，引起了美国社会舆论大哗，有人惊呼

"美国将败于外国经济侵略"。对此，美国国会开始着手进行美国的外资立法。

《外国投资研究法》于 1974 年经国会通过，其特点重在调查研究，并没有对外国投资关系作实质性的规定。其主要内容如下。

（1）授权美国商务部财政部分别调查和研究外国私人直接投资及证券投资的性质、范围、数额和比例；调查外国公司进行投资的理由；审定外国投资流入美国所通过的程序和机构的合格性；查清外国直接投资者用以筹措资金的方法及其对美国金融市场的影响；评定外国直接投资接管或取得美国公司的范围及其重要性，以及该接管行为（无论是建立新厂还是与美资合营）对美国国内商业竞争的影响；分析外国直接投资在特别地区及特别经济部门的集中和分布情况；分析外国直接投资对美国国家安全、能源自然资源、农业、环境、不动产所有权、国际收支、贸易平衡、美国国际经济地位和产品市场的影响；分析外国直接投资对就业机会的效果，外国公司雇用经营管理人员的实况及其影响；分析美国联邦、属地、各州及地方关于对外国直接投资活动有关法令、规章、政策等的效力；并对其他主要国家和地区法令、政策等的关系和影响；比较外国在美直接投资活动同美国海外投资活动，并研究美国海外直接投资对外国在美直接投资活动的影响；根据对外国在美直接投资调查的结果及有关资料和统计数字，提出对外资可行的当前措施和方法。

（2）外国直接投资者接受调查及申请的义务。要求在美国管辖内的外国投资者及其分支机构所直接或间接控制的一切企业，必须向主管机构提出申报。所谓"控制"，是指外国投资者直接或通过其中介者或分支机构间接拥有一个具有法人资格的企业，并有表决权股份（或非正式法人企业相当数额股权）的 10% 以上者而言。

（3）对违反申报义务的外国投资者的处罚。负有申请义务的投资者，如未依照该法的规定进行申报，商务部或财政部有权向美国主管地方法院、属地法院或其他有管辖权的法院提起诉讼，要求法院对该违反申报者发出强制命令，责令其履行法令所规定的义务。在必要时法院还有权对违反者课以民事乃至刑事责任：第一，对一般违反上述规定，不提供正确进行申报者，课以一万美元以下民事罚款；第二，对确系故意违反上述规定，不提供正确资料进行申报者，处以一万美元以下罚款，责任者如为自然人，还可处一年以下拘役或并科罚金；经理、董事长或其代理人，如是明知故犯，参与这一违法行为，将处以同样的罚金和拘役，或两者并科。

（资料来源：http：// www. tpbjc. gov. cn/Article_Show_M. asp？ArticleID = 18274. ）

【讨论的问题】

1. 美国出台《外国投资研究法》的背景是什么？
2. 美国鼓励外国直接投资的政策法规还有哪些？

10.3　投资国的外资政策法律

投资国的对外投资法律政策是资本输出国调整本国投资者在境外投资行为的主要手段，它一般包括海外投资保险制度、对外投资的鼓励制度与优惠政策、投资国的管制性政策法规等。

10.3.1　海外投资保险制度

1. 海外投资保险制度的含义

海外投资保险制度，又称海外投资保障制度，是指资本输出国为了保护和鼓励海外投资，由国家分担海外投资政治风险，为国际投资提供政治保证的重要法律制度。对外投资保障制度是保障本国海外投资安全、增强本国国际竞争力的重要手段，在内容上一般包括对国际投资的保护和对国际投资的管理两个方面。

与一般投资相比，国际私人直接投资面临着更大的风险，除了一般商业风险以外，投资者还有可能承担因为东道国政局结构演变或政府管理调控而产生的政治风险，如战争、外汇禁兑和国有化征收等。为了尽量避免本国的对外投资受到东道国政治风险的影响，投资国以法律形式对海外投资进行保护和支持，解除本国投资者的顾虑，以此鼓励本国投资者对外投资。

2. 海外投资保险制度的由来

海外投资保险制度的首创者是美国。1948 年，随着美国马歇尔计划的实施，它的对外援助体制也日臻完善。当时，由美国政府的"经济合作署"管理援外事务及海外投资，首创投资保险制度，但其仅适用于欧洲发达国家，保险范围也仅限于外汇风险。此后，随着美国私人海外投资大量流入发展中国家和地区，而这些投资要面对征用和国有化等政治风险，使投资者利益受到严重威胁。从 1955 年起，保险范围扩大到战争、革命、内乱和征用等政治风险，而保险制度也转而仅适用于发展中国家和地区。美国的海外私人投资公司，简称 OPIC，从 1971 年开始承担海外投资保险业务，成为主管美国私人海外投资保险的专门机构。第二次世界大战以后，其他发达国家为鼓励资本输出，纷纷仿效美国制定了投资保险制度。

3. 海外投资保险制度的主要内容

依各国不同规定，海外投资保险制度的内容，即对外投资的保险机构、承保条件、保险范围、保险期限、保险金额与保险费及赔偿与救济有所不同。

第一，在承保机构方面，美国对外投资保险业务由 OPIC 全权经营，OPIC 是直属美国联邦政府的独立机构，自负盈亏。其宗旨是鼓励并保护私人海外投资，资助美国企业在发展中国家和地区开发新的投资市场。它实际上处于政府的直接领导下，其董事会成员一半由美国政府有关主管部门的代表兼任，其余董事须经参议院同意后由总统任命，美国国际开发署署长任董事长，公司总经理和常务副总经理也由总统任命。日本的承保机构为通商产业省出口保险部。德国则由指定的两家公司，即信托股份公司和黑姆斯信贷担保股份公司作为政府代理人承办德国海外私人投资的保险业务。

第二，在承保条件方面，多数国家对合格的投资者、合格的投资和合格的东道国作出规定。

对合格的投资者的要求是，投保的投资者与承保机构的所在国有密切联系。例如，美国要求前来投保的投资者必须为资产至少 51% 由美国人所有的美国公司或资产至少 95% 为美国人所有的外国公司。德国的合格投资者包括在德国有住所的德国公民及据德国法律设立，在德国有住所或居所的公司社团。日本规定的合格投资者为日本公民或日本法人。

所谓合格的投资，一般以东道国已明确表示同意接纳作为可以承保的先决条件，这是对东道国主权的一种应有的尊重，也是提高当地海外投资安全系数的需要。此外，各国一般要求合格的投资项目符合投资者本国的利益，顺应其母国的经济发展趋势，并且应当为新的投资。

合格东道国是指符合保险机构的承保条件的资本输入国，对于合格东道国方面的要求，各国规定并不一致。美国较为详细和严格，合格条件为：限于友好发展中国家，东道国国民人均收入低于 3 881 美元（1983 年数字），尊重人权和国际上公认的工人权利，与美国签订有双边投资保护协定。德国此方面规定相对宽松，规定即使与德国无双边投资保护协定，但如果审批人员认为东道国的法律秩序及有关措施足以切实保护外国投资者，则投资可以承保。日本对合格东道国无具体要求。

第三，在承保的政治风险险别方面，各资本输出国的投资保险机构通常承保三种主要政治风险，分别为外汇禁兑险、财产征用险和战争内乱险，内容基本一致，但方式有所不同。在美国，投资者可就三种风险全部申请综合投保，也可选择其中一种或两种分别投保。其他国家一般要求对三种保险综合投保。对三种主要政治风险以外的政府违约风险，一般情况下不予承保。

第四，在保险金额、保险期限和保险费方面，一般来说，最大保险额为投资总额的90%。但德国规定在某些情况下可将保险额提高到 95%。未予承保的份额由投资人自行承担风险后果。关于保险期限方面，所有各国的投资保险制度均提供 15 ～ 20 年的长期保险。各国的年保险费和费率标准差别较大。美国的 OPIC 在经营上必须自负盈亏，因此保险费也最高，如果三种主要政治风险一揽子投保，合计保险费约为 15%。大部分国家均对海外投资保险机构提供补贴，因而保险费较低。

第五，在赔偿和救济方面，各国均规定了赔偿投保人的条件以及向东道国的代位求偿权。通常海外投资保险机构在发生所承保的风险之后，先依据一定条件向遭受风险损失的投资者支付赔偿，而后海外投资保险机构代位取得投资者的索赔权利，包括向东道国政府的索赔权。

10.3.2　对外投资的鼓励制度与优惠政策

1. 税收优惠政策

1) 税收抵免

税收抵免是指居住国政府对其居民企业来自国内外的所得一律汇总征税，但允许抵扣该居民企业在国外已纳的税额，即居住国实际征收的是应纳税款与来源国已征税款之间的差额。税收抵免能够有效避免国际重复征税，同时尊重了所得来源国税收管辖权的优先地位。

2) 税收饶让

税收饶让是指投资国政府部分放弃对海外投资者的征税权，对所得来源国已经予以减免的那部分税款予以免征的一种税收优惠制度。饶让制度承认了东道国的征税权，对其依法给予投资者的税收优惠视为已经缴纳，从而使投资者获得了实惠。

3) 延期纳税

延期纳税是指投资国对企业的海外投资收入，在汇回本国前不予征税，在一定程度上可以减轻企业的税收负担。但是这只是推迟纳税时间，并不是减轻或免除投资者的纳税义务，投资国保留征税权，直至对外投资所得汇回本国时才实现。

4）免税

免税，又称税收豁免，是指投资国对本国投资者来源于本国境外的利润及其他所得免予征税，此种税收政策只承认资本输入国的独占征税权，而放弃投资国的征税权。免税法的计算方法简便，可以有效避免双重征税，促进跨国投资，但是，没能兼顾投资国的利益，容易滋生国际逃税避税行为，因此适用范围有限，很少适用于国际投资领域。

2. 资金支持

大多数工业国都设立了特别金融机构，对本国投资者在海外的投资活动以贷款和直接提供资金的方式加以支持，也可以为对外投资企业进行贷款时进行担保，并为对外投资者提供信贷优惠。股本融资也是为投资项目提供资金融通的一种方式，其往往采取少数股权收购形式，并在项目营运并盈利后向其他伙伴出售其拥有的少数股权，以此保证海外投资项目的顺利进行。

3. 信息、技术和人才援助

在信息服务方面，许多国家通过有关的国家行政机关和驻外使馆等国家机构公开投资情报。银行、海外投资公司、海外投资调查研究部门等一些民营机构或民间团体，也会定期收集、整理东道国的有关信息，提供给投资者，以便他们进行投资决策。

为了加强本国对外投资的技术和人才优势，目前世界各国基本都设有专门的政府服务部门，为企业对外投资提供技术和人才培训上的支持与帮助，其内容包括为企业对外投资项目提供可行性研究支持；为中小对外投资者提供启动支持，包括筹措项目资金、准备法律文件、帮助调整技术和培训东道国工人等。

10.3.3　投资国的管制性政策法规

1. 对外直接投资的流量限制

出于对国际收支平衡方面的考虑，发展中国家一般对其资本输出有所限制，并设有专门的部门来对其对外直接投资进行审批。一般来说，金额越大，则审批越严格。而发达国家对其对外投资一般持鼓励态度，对资本流量的限制较少，但特殊情况下也会采取临时性限制措施，如美国在1965年至1974年间，因其国际收支不断恶化而限制跨国公司的对外投资活动。

2. 对外直接投资的流向限制

基于政治、军事、外交、国家安全等目的，少数国家会对资本的流向进行引导和管理。一些国家会出于国家利益和投资安全的考虑，限制对特定国家和地区的资本输出，东道国的政局形势、投资环境以及与本国的国际关系都会对资本的流向产生影响。

3. 对外直接投资领域的限制

为了保证本国在国际竞争中的优势，大多数国家会限制高新技术产业的输出，对该类海外投资的审批较为严格。对于标准化技术输出，大多数国家并不反对。但是，对于高新技术、产品核心技术如航空航天等技术的输出往往实行严格的审批制度，限制或禁止与之有关的海外投资。

4. 对外直接投资的外汇管制

墨西哥金融危机后，一些国家在总结经验教训的基础上开始限制外汇出入，并将投资管理重点放在外汇管理上。资本输出国会对境外投资的外汇风险和外汇资金的来源进行审查，对投资资金的汇出、投资利润和其他外汇收益汇回行为进行监管。尤其是当国家遭遇国际收支失衡的问题时，通常会限制海外投资规模的扩大。

拓展阅读

墨西哥 1994 年金融危机：投机性攻击和债务拖欠

1994 年 12 月至 1995 年 3 月，墨西哥发生了一场比索汇率狂跌、股票价格暴泻的金融危机。这场金融危机震撼全球，危害极大，影响深远。

1994 年 12 月 19 日深夜，墨西哥政府突然对外宣布，本国货币比索贬值 15%。这一决定在市场上引起极大恐慌。外国投资者疯狂抛售比索，抢购美元，比索汇率急剧下跌。12 月 20 日汇率从最初的 3.47 比索兑换 1 美元跌至 3.925 比索兑换 1 美元，狂跌 13%。21 日再跌 15.3%。伴随比索贬值，外国投资者大量撤走资金，墨西哥外汇储备在 20 日至 21 日两天锐减近 40 亿美元。墨西哥整个金融市场一片混乱。从 20 日至 22 日，短短的三天时间，墨西哥比索兑换美元的汇价就暴跌了 42.17%，这在现代金融史上是极其罕见的。

墨西哥吸收的外资，有 70% 左右是投机性的短期证券投资。资本外流对于墨西哥股市来说如同釜底抽薪，墨西哥股市应声下跌。12 月 30 日，墨西哥 IPC 指数下跌 6.26%。1995 年 1 月 10 日更是狂跌 11%。到 3 月 3 日，墨西哥股市 IPC 指数已跌至 1 500 点，比 1994 年金融危机前最高点 2 881.17 点已累计跌去了 47.94%，股市下跌幅度超过了比索贬值的幅度。受墨西哥金融危机影响，1995 年 1 月欧洲股市指数下跌 1%，远东指数下跌 6.5%，世界股市指数下降 1.7%。作为墨西哥邻国的美国受到巨大冲击，美国在墨西哥的 200 亿美元股票就损失了 70 亿美元，加上比索贬值，损失近 100 亿美元。

为了稳定墨西哥金融市场，墨西哥政府经过多方协商，推出了紧急经济拯救计划：尽快将经常项目赤字压缩到可以正常支付的水平，迅速恢复正常的经济活动和就业，将通货膨胀减少到尽可能小的程度，向国际金融机构申请紧急贷款援助等。为帮助墨西哥政府渡过难关，减少外国投资者的损失，美国政府和国际货币基金组织等国际金融机构决定提供巨额贷款，支持墨西哥经济拯救计划，以稳定汇率、股市和投资者的信心。克林顿政府承诺对墨西哥政府实施 400 亿美元的援助贷款，这种公开的信息消除了高阶不确定性和噪声信息，使得墨西哥金融危机迅速地得到平息。直到以美国为主的 500 亿美元的国际资本援助逐步到位，墨西哥的金融动荡才于 1995 年上半年趋于平息。这些贷款用于帮助墨西哥清偿外债，使得墨西哥的金融形势渐趋平静。

（资料来源：http：//wiki.mbalib.com/wiki.）

10.4　国际直接投资的国际法规范

国家间的利益纷争和各国国内经济、法制水平的差异决定了国际直接投资的国内法规范具有局限性，任何形式的国内法规范，均不能全面保护国际投资的安全与利益，反而施加了大量与保护机制有失协调的管制措施。为了谋求共同发展，取得互信与谅解，建立区域内或国际共同的调整机制很有必要，国际直接投资的国际法规范即通过国际立法的方式来弥补国内投资立法的缺陷，维护各国对国际直接投资活动保护和管制之间的平衡。国际直接投资的国际法规范包括两个方面：一是双边性规范，即两国间的投资保护条约；二是多边性规范，即区域性的或全球性的多国间投资公约。

10.4.1　双边性国际法规范

国际直接投资的双边性国际法规范，即双边投资保护条约，是资本输出国与资本输入国为了保护和鼓励两国间私人投资活动而签订的双边条约。

1. 产生原因

第二次世界大战后，国际直接投资规模有了很大发展。随着发展中国家的纷纷独立，为了恢复和维护自己的经济主权，从 20 世纪 50 年代开始，一场大规模的国有化运动在发展中国家展开，这场运动在 20 世纪 70 年代达到高潮。同时，发展中国家政局的不稳又给国际直接投资带来很大风险。虽然发达国家制定了有关海外投资保险的法规，但这并不足以保障投资者利益。这些因素妨碍了国际直接投资从发达国家向发展中国家流动。对发展中国家而言，它们需要吸收大量国外资本来促进本国经济的发展，虽然在国内立法方面对外国投资有许多鼓励与保护措施，但这些措施并不能消除外国投资者的顾虑。为了促进国际资本流动，激活国际资本市场，如何对国际间私人直接投资活动实现有效保护，变得至关重要。正是吸收外资的发展中国家和对外投资的发达国家保护其投资的共同需求促成了各种形式的保护国际直接投资条约的出现。

2. 主要类型

国际直接投资的双边性国际法规范主要有友好通商航海条约、双边投资保证协议和促进与保护投资协定等。

1）友好通商航海条约

友好通商航海条约用以确立缔约国之间的友好关系，对于从事商业活动的对方国民，缔约国应给予应有的保障。第二次世界大战以前，友好通商航海条约侧重调整一般的通商航海关系，除了赋予缔约对方国民航海上的自由权外，还包括对方国民的入境、居留权及其财产的保护、商业活动和管理、外汇管制、税收待遇以及有关争议的解决等。第二次世界大战后，随着国际资本流动的增加，条约中有关国际投资保护内容的比重有所提高，内容涉及投资者待遇、国有化及征收补偿、税收政策及纠纷解决等问题。但是，条约对于国际投资活动的法律保护内容泛泛，条款也较为模糊，对海外投资的保护作用有限，因此 20 世纪 60 年代以来，逐渐出现了其他形式的双边投资保护条约。

2）双边投资保证协定

为弥补友好通商航海条约的缺陷，第二次世界大战后，美国大力推行双边投资保证协定，作为适用海外投资保险制度的法定前提条件，逐渐形成美国式的投资保证协定。该协议的核心在于，要求缔约国确认投资国承保机构的代位求偿权，一旦有关的政治风险事故发生，并且投资国的承保机构依约向投保的海外投资者理赔，其即代位享有向东道国政府索偿的权利和其他相关权利。同时它还规定了双方政府因索赔问题发生纠纷时的争端解决程序。

双边投资保证协定与友好通商航海条约各有侧重，可以互补不足，共同发挥作用。迄今为止，美国已与 100 多个国家和地区分别签署此类协定，许多国家也效仿美国签订了类似协定。

3）双边促进和保护投资协定

从 20 世纪 60 年代开始，一些发达国家相互间签订了有关外资的保护、投资保险、代位求偿及争端解决等内容的双边条约，即促进和保护投资协定。该协定首先适用于联邦德国和马来西亚两国之间，因此又被称为联邦德国式的促进与保护协定。此类协定同时包括促进与保护国际投资的实体性规定和代位求偿、争议解决等程序性规定，且兼具专门性和具体性，能够对资本输出国的海外投资提供有效保护，因此获得了迅速发展，适用范围逐渐扩大。

拓展阅读

我国外商投资管理新模式探路

自 1982 年我国与瑞典签署第一个双边投资保护协议（BIT）以来，我国迄今已签署了 150 多个此类协定，除美国等少数国家外，绝大多数对华投资的国家和地区均包括在内。我国在 1996 年以前签订的大多数 BIT 延续了传统的关于投资准入的谨慎立法模式，未提及国民待遇，只规定了"公平、公正"待遇。1996 年以后，我国开始采用"有条件的国民待遇"，即"混合平等"或"相对平等"的待遇，优惠和歧视交叉使用。近年来，我国与东盟、巴基斯坦、新西兰、新加坡、秘鲁和哥斯达黎加签订的自由贸易协定（FTA）中，已包含单独的投资章节，其中承诺给予外国投资者及其投资国民待遇，但这种国民待遇事实上仅限于准入后的经营活动阶段，对于投资准入前国民待遇问题未予明示。

近年来，我国一直面临着保护国内市场和推动别国开放市场之间的利益均衡问题，因此既不宜过于强调"东道国留权"，也不能太过侧重"投资者保护"。同时，来自美、日、韩谈判"高水平"投资协定的压力也在不断增大。已经签订或正在谈判的自贸协定，由于内容单一、开放水平较低，对双边贸易与投资的促进有限，效应大打折扣。

由于美、欧、日与其他国家的自贸协定中都包括高水平的投资自由化安排，对我国的吸收外资产生了间接抑制作用。目前，我国吸收的外资中，来自美、欧、日等发达国家和地区的仅占 10% 左右，并呈高度不稳定状态。缺乏高层次的双边投资协议对我国的对外投资也造成了一定制约。一些国家在所谓"对等"原则下对我国的海外投资实行了某些差别待遇甚至是歧视待遇。只有与在全球投资体系中处于强势地位的经济大国建立高水平的投资关系，才能在新的全球贸易投资规则中占据有利地位。

从我国发展的需要以及与国际接轨来看，未来我国的外资政策应按照"中性外资政策"的框架来构建，核心是国民待遇、公平的政策环境和竞争机会、规范的市场监管体系等。由于我国已经在多边和双边投资协议中承诺了外资进入后的国民待遇，并且已经在外商投资法律政策调整中加以实施，所以今后的重点在于实施准入前国民待遇。

准入前国民待遇将对我国的投资环境和与大国的投资关系产生积极影响，但由于实行全面的准入前国民待遇的时机尚不成熟，因此，可以考虑在特殊安排下试点准入前国民待遇。实行准入前国民待遇的影响有多大主要取决于条款的具体内容和承诺清单及在多大范围内实施。

（资料来源：http://www.mofcom.gov.cn/article/hyxx/jidian/201404/20140400560704.shtml.）

10.4.2　区域性国际法规范

随着区域性经济合作和经济一体化的发展，以国家为单位的投资法律规范更趋向于以区域为单位实行多边调整的投资法律规范，以解决区域与区域之间、区域内的国家间关于外国投资的保护问题。

区域性国际法规范主要是区域性国际经济组织协调其成员国或一定范围的国家签订的多边条约。一些重要的区域性国际公约，尽管并非专门的投资条约，但对国际直接投资具有重大影响，如欧洲联盟的《马斯特里赫特条约》、北美自由贸易区的《北美自由贸易协定》等。

1. 马斯特里赫特条约

《马斯特里赫特条约》是 1991 年 12 月 10 日欧洲共同体首脑在荷兰马斯特里赫特城签订的关于经济货币联盟和政治联盟的条约，简称《马约》，也称《欧洲联盟条约》。该条约于1992 年 2 月 7 日正式签署，1993 年 1 月 1 日生效。条约主要内容如下。

1）经济货币联盟

条约规定，欧共体（后改称欧洲联盟）各国分三个阶段完成统一货币的工作。第一个阶段是强化当时已经存在的"欧洲汇率机制"，实现资本的自由流通；第二个阶段是建立"欧洲货币机构"，负责协调欧共体各国的货币政策；第三个阶段是建立统一的欧洲货币（欧元），并把"欧洲货币机构"升格为"欧洲中央银行"，为欧盟各国制定统一的货币政策。

实行经济货币联盟意味着成员国把货币决策管理的自主权转让给欧洲中央银行，这个超国家机构将承担起行使成员国货币主权的职能，以确保价格稳定及实现统一大市场在经济增长和就业方面的整体利益。

2）政治联盟

首先，制定了共同外交和防务政策。规定重大方针政策由国家首脑组成的欧洲理事会一致决定，具体行动由成员国部长组成的部长理事会多数表决。其次，制定了共同的社会政策，以保障欧洲共同体统一大市场计划的实施。再次，加强部分超国家机构的权力，扩大了欧洲议会的部分权力，使其由原来的咨询和监督机构变为部分权力机构。欧洲议会和欧洲理事会在环保、研究和开发计划、内部市场计划等方面拥有"共同决策权"。最后，首脑会议同意从 1992 年起设立基金，帮助西班牙、希腊、爱尔兰和葡萄牙加入货币联盟。

《马约》是欧洲一体化进程中取得的一次突破性的进展，它表明欧共体将朝着一个经济、政治、外交和安全等多种职能兼备的联合体方向发展。因此，《马约》在欧洲一体化进程中具有里程碑的意义。

2. 北美自由贸易协定

1989 年，美国和加拿大两国签署了《美加自由贸易协定》。经过 14 个月的谈判，1992年 8 月 12 日，美国、加拿大和墨西哥三国签署了一项三边自由贸易协定——《北美自由贸易协定》（以下简称《协定》）。1994 年 1 月 1 日，该协定正式生效。该协定决定自生效之日起在 15 年内逐步消除贸易壁垒，实施商品和劳务的自由流通，以形成一个拥有 3.6 亿消费者，每年国民生产总值超过 6 万亿美元的世界最大的自由贸易集团。

由于三国的经济发展程度、对外国投资的限制程度有很大差异，因此《协定》对于投资问题有专门规定。其有关规定与一般双边投资协定内容有许多相似之处，基本为美式双边投资保护协议的翻版和改进，它对外国投资的保护比一般协议更进了一步。虽然根据该协定，北美三国对相互投资已基本不存在限制，但墨西哥在附件中对外国投资作了一些限制性规定，如对娱乐、能源、汽车等行业对外国投资者进行限制。但该协定使北美三国各自对外国投资者的限制大部分不再适用于来自其他两国的投资者，这将大大促进美国和加拿大对墨西哥的投资。

拓展阅读

北美自由贸易协议总则

协定的总则规定，除墨西哥的石油业、加拿大的文化产业以及美国的航空与无线电通信外，取消绝大多数产业部门的投资限制。对白领工人的流动将予放宽，但移民仍将受到限制。任何一成员国在 6 个月前通知其他成员国后，即可脱离该协定；协定还允许接纳附加成员国。

总则还规定各成员国政府的采购将在 10 年内实现全面开放，由于墨西哥为本国的公司保留了一些合同，因此，该协定将对墨西哥产生主要影响。此外，协定还规定由执行协定而产生的争执，将交付由独立仲裁员组成的专门小组解决。如果大量进口损害一国国内的工业，将允许该国重新征收一定的关税。

在产业方面，该协定规定，美墨之间大部分农产品的关税将立即取消，其余 6% 的产品包括玉米、糖、某些水果和蔬菜的关税，将在 15 年后全部取消，进口配额在 10 年内消除。对于加拿大，现有的与美国签订的协议全部适用，汽车工业 10 年后将取消关税，美国和加拿大在 1998 年之前取消相互间的全部关税。

在能源方面，墨西哥方面对私营部门进行勘探的限制继续有效，但国营石油公司的采购将向美国与加拿大开放。

在金融服务方面，墨西哥将逐步对美国与加拿大投资开放其金融部门，最终到 2007 年取消壁垒。

关于纺织品，协定规定，将用 10 年时间取消美、墨、加之间的关税，在北美地区的纺织品制成的服装可免于征税。

该协定还对环境、劳工等问题制定了附加协定。根据其附加协定，美国与墨西哥将建立一个北美开发银行以帮助美国边境的财务税收获利。同时，美国将需要在协定生效后最初的 18 个月中花费 9 000 万美元重新培训因协议而失业的工人。

（资料来源：http：//www.zwbk.org/MyLemmaShow.aspx?lid=284328.）

3. 阿拉伯区域内投资保证公司公约

《阿拉伯区域内投资保证公司公约》（以下简称《公约》），是目前区域性国际直接投资保证计划与公约中，第一个生效并且具有实际意义的公约。该公约由科威特起草，并得到阿拉伯经济联盟理事会批准。1971 年 5 月，约旦、苏丹、叙利亚、埃及签署了该公约。目前，除巴林和吉布提外，所有阿拉伯国家联盟成员都参加了该公约。该公约致力于建立一种阿拉伯国家内部投资保证制度，即只有阿拉伯联盟成员国的投资者在另一成员国境内的投资才适用这种保证制度。阿拉伯投资保证公司（以下简称公司）成了区域性国家间共同发展的模式，在国际投资保证机构中具有特殊的地位。该公约的主要内容包括以下几个方面。

1）合格的投资者

合格的投资者即公司给予保证的投保人（投资者），限于以财产、资金形式在另一缔约国投资的任何一个缔约国或其国民，即投资者包括东道国以外的任何一个缔约国的国家、自然人、法人。

2）合格的投资

《公约》关于合格的投资有这样几项规定：第一，担保的投资包括直接投资、证券投资、贷款形式的投资；第二，担保的投资仅限于首次投资额和用于再投资的利润额，不包括可转让的利润额；第三，担保的投资为公约所有缔约国（除东道国外）领域内的投资；第四，担保的投资必须是经过东道国或其主管当局事先同意的投资；第五，担保的投资为保证合同签订以后所做的新投资；第六，担保的投资包括私人投资及其他基于商业经营的混合投资、公营投资。

3）政治风险的范围

公司担保的政治风险包括：第一，国有化风险，包括国有化、征用、没收、扣押、查封等措施；第二，利润、收益回流权风险；第三，战乱风险。对上述风险之一种或数种所产生的部分或全部损失，公司均提供担保。

4）保险费

公司收取的保险费根据投资的不同性质和投资者与东道国的特别协议而有所不同。《公约》规定，保险费按投资的性质分别收取，根据公司的同意，投资者也可以同东道国政府签订缴纳保险费特别协议。在此协议中，东道国政府可以分担甚至全部支付其境内的投资者应缴纳的投资申请费和保险费。公司收取的保险费用于行政管理或作为储备金。

5）保险限额和保险金

公司支付投保人的风险事故赔偿金额，不能超过投保人所受的实际损失额，也不能超过公司投保的数额。在保险限额上，公司承保业务总值最高额在任何时候都不得超过资金储备的5倍，每项业务的承保额不得超过资金储备的1/10。如果承保的是各国向合资企业的投资，则不得超过资本储备的1/5。

6）代位求偿权

《公约》规定，公司赔偿投保人政治风险损失后，取得投保有关权利和相应的请求权。东道国应提供方便或有利条件，使公司从代位权中取得应有利益。关于代位权的细节由成员国依国内法在保证合同中详细规定。

10.4.3　全球性国际法规范

目前世界上还没有缔结全面规范国际直接投资行为的世界性公约。但是，国际社会在建立全球性国际法规范方面取得了一些成果，如《解决国家与他国国民间投资争端公约》（简称《华盛顿公约》）、《多边投资担保机构公约》（简称《汉城公约》）和《世界贸易组织协定》中关于"与贸易有关的投资措施协议"（TRIMs协议）等。

1. 华盛顿公约

1965 年 3 月 18 日，在世界银行主持下，在美国华盛顿正式签署了《解决国家与他国国民间投资争端公约》，也称为《华盛顿公约》。1966 年 10 月 1 日，荷兰作为第 20 个国家完成了批准手续，自此该公约正式生效。

《华盛顿公约》旨在建立解决投资争端的国际中心（简称 ICSID）。中心的宗旨是依照本公约的规定为各缔约国和其他缔约国的国民之间的投资争端，提供调解和仲裁的便利。

ICSID 的主旨在于专为外国投资者与东道国政府之间的投资争端提供国际解决途径。但 ICSID 并不直接承担调解和仲裁工作，而只是为解决争端提供各种设施和方便，为针对各项具体争端而组成的调解委员会和国际仲裁庭提供必要的条件，便于他们开展调解或仲裁工作。

ICSID 与世界银行有密切的联系，但它是一个独立的国际机构。ICSID 可以受理的争端限于一缔约国政府（东道国）与另一缔约国国民（外国投资者）直接因国际投资而引起的法律争端。

凡双方已经书面表示同意提交 ICSID 管辖的争端，应当受到以下 3 项限制。

（1）当事人任何一方不得片面撤回其同意。

（2）除非另有声明，提交 ICSID 仲裁应视为双方同意排除其他任何救济办法。但东道国可以要求优先用尽当地的各种行政救济或司法救济手段，作为它同意提交 ICSID 仲裁的条件。

（3）对于已经书面同意提交 ICSID 仲裁的争端，投资者国籍所属国家不得另外主张给予外交保护或提出国际索赔要求，除非东道国不遵守和不履行对此项争端做出的裁决。

我国于 1990 年 2 月 9 日签署了《华盛顿公约》，并在 1993 年 1 月 7 日递交了批准文件，并通知 ICSID。中国仅考虑把由征收和国有化而产生的有关补偿的争议提交 ICSID 管辖。

2. 汉城公约

《多边投资担保机构公约》，又称《汉城公约》，于 1985 年 10 月 11 日在世界银行年会上通过，并于 1988 年 4 月 12 日正式生效。根据该公约建立了多边投资担保机构，属于世界银行集团的成员，但它同时又是独立的国际组织。

多边投资担保机构（简称 MIGA），通过直接承保各种政治风险，为海外投资者提供经济上的保障，并且进一步加强法律上的保障。和 ICSID 一样，MIGA 也是世界银行主持组建的、旨在促进国际投资跨国流动的一个世界性组织。

该公约共 11 章 67 条，主要内容有以下 7 个方面。

（1）宗旨：公约第 3 条明确规定促进资本流向发展中国家，对投资的非商业性风险予以担保。

（2）机构地位：享有国际法主体资格，同时具备私法意义上的法人资格。

（3）机构的担保业务：只限于非商业性政治风险，具体分为货币汇兑险、征收险、违约险、战争和内乱险。

（4）规定合格的投资、合格的投资者和东道国条件。

（5）东道国主权控制的范围。

（6）争端的解决：公约将争端分为三类，即有关公约的解释和施行而发生的争端，机构与会员国之间的争端，有关被保险人或再保险人的争端，对于不同的争端应适用不同的程序解决。

(7) 法律适用。

签署该公约与设立该机构的目的，是鼓励成员国之间，尤其是向发展中国家成员国融通生产性投资，并致力于促进东道国和外国投资者间的相互了解和信任，为发达国家在向发展中国家的海外私人投资提供担保，以加强国际合作。公约生效以后，通过多边投资担保机构对非商业性风险担保，对于补充国家及区域性和私人担保的不足，以鼓励会员国之间，特别是向发展中国家会员国融通生产性资金，起了一定作用。

中国于1988年4月30日向世界银行递交了对该公约的核准书，从而成为多边投资担保机构的创始会员国。

3. 与贸易有关的投资措施协议

1994年4月，乌拉圭回合谈判的125个参与方签署《乌拉圭回合最终文件》和《世界贸易组织协定》，作为其一个组成部分的"关贸总协定缔约国关于与贸易有关的投资措施的协议"（TRIMs协议）也随后生效。

《TRIMs协议》由序言、正文、附录组成。

1) TRIMs协议的宗旨

TRIMs协议的宗旨在于：避免投资措施给贸易带来扭曲和限制，从而促进世界贸易扩展和逐步自由化，并促进跨国投资，以达到在确保自由竞争同时，提高所有贸易伙伴，尤其是发展中国家成员的经济增长水平。协议的基本原则是各成员实施与贸易有关的投资措施，不得违背《关贸总协定》的国民待遇和取消数量限制原则。

2) 适用范围

协议只适用于与货物贸易有关的投资措施，不适用于与知识产权和服务贸易有关的投资措施。该协定并不适用于所有与货物贸易有关的投资措施，而是适用于那些可能对贸易产生限制或扭曲作用的投资措施。

3) 国民待遇原则和取消数量限制原则

不是禁止成员国实施投资措施，而是禁止其实施违反国民待遇原则和取消数量限制原则等一切可能对贸易产生限制或扭曲作用的投资措施。

4) 例外规定

该协议第4条就发展中国家在投资措施方面履行国民待遇义务和一般取消数量限制义务作了例外规定。

5) 通知与过渡安排

该协议规定，各缔约国在TRIMs协议生效90天内将所有TRIMs予以通报，并在两年内（发展中国家5年，最不发达国家7年）消除这些TRIMs。

6) 透明度规则

该协议规定，缔约国应加强其投资政策法规以及做法的透明度。

7) 管理机构

该协议专门建立了一个对参加协议所有成员方开放的与贸易有关的投资措施委员会。

8) 解决争端

《TRIMs协议》第8条规定，与贸易有关的投资措施协议的协商程序和争端解决使用GATT1994第22条、23条和WTO《争端解决谅解书》各项条款。

本章讨论案例

国际投资制度：趋于采取更加平衡的做法

国际投资制度的范围和规模有所扩大，目前，正在出现一种系统性演进，即一种更好地兼顾国家和投资者的权利和义务的制度趋于形成。

随着新条约的缔结和仲裁裁决的不断增多，国际投资制度正在快速演变。2009 年，共缔结了 211 项新的国际投资协定（82 项双边投资条约、109 项避免双重征税条约和 20 项其他国际投资协定），平均每周缔结大约四项新协定。截至 2009 年年底，协定总数达到 5 939 项。快速缔约趋势在 2010 年得以持续，前 5 个月又达成 46 项国际投资协定（6 项双边投资条约、33 项避免双重征税条约和 7 项其他国际投资协定）。近期的一个主要动态出现在欧洲：根据《里斯本条约》，直接外资管辖权从成员国转移至欧盟。在投资者与国家间争端解决方面，2009 年至少有 32 起新案件被提交仲裁，共做出 44 项裁决。截至该年年底，备案的已知案件数量达 357 起，结案案件数量达 164 起。这 357 起案件，绝大多数由发达国家的投资者提交仲裁，发展中和转型期国家通常为应诉方。有些仲裁裁决造成了裁决之间的不一致或相互抵触。

目前，国际投资制度的范围和规模有所扩大，正在出现一种系统性演进，即一种更好地兼顾国家和投资者的权利和义务的制度趋于形成。随着新条约的缔结和仲裁裁决的不断增多，国际投资制度正在快速演变。

区域一体化，以及促进国际投资协定的一致性并在其中反映更广泛的政策考虑的需要，正在推动国际投资制度发生系统性变化，从而为建立更加一致、平衡、有益发展、切实有效的国际投资制度带来了机会。国际投资协定格局正在通过以下方式进行整合。

（1）含有投资规定的广泛的诸边经济协定增加。

（2）努力创建区域投资区。

（3）欧盟内部外国投资能力转移。

（4）废除双边投资条约，以简化条约格局，消除与其他法律文书的不一致之处。

（5）许多国家做出努力，重新评估国际投资政策，以便修订双边投资条约范本、审查各自的条约网络及其对发展的影响，或声明废止条约，从而使投资政策更加符合发展考虑。

此外，近期许多条约，不论是新的、重新谈判的条约还是经修订的条约都表明，各国政府，不论是发达国家还是发展中国家的政府，正越来越多地设法通过澄清条约范围或具体义务的含义，更准确地拟定协议，以便保留国家的管制权。环境条款及旨在确保社会惯例等领域企业适当行为的条款，也正变得日益普遍。但是，让国际投资协定有效地为发展服务，仍是一个挑战。

虽然国际投资仲裁仍是解决投资争端的主要渠道，但争端解决体系中，各种系统性挑战日益凸显。于是，一些国家不断完善其国际投资协定中的投资者与国家间争端解决条款，设法降低相关条款易于使投资者提出请求的可能性，或提高争端解决程序的效率及正当性。此外，几套国际仲裁规则，包括国际投资争端解决中心（投资争端解决中心）、国际商会及联合国国际贸易法委员会（贸易法委员会）的规则，已得到修订或正在修订。同时，一些发展中国家不再诉诸国际仲裁程序，退出《投资争端解决中心公约》，或正在考虑适用其他争端解决及预防机制。

（资料来源：联合国贸易和发展会议，《2010 年世界投资报告》。）

【讨论的问题】

1. 怎样理解国际投资法的国际性？
2. 调整国际投资的国际法规范对各国投资法律政策有何影响？
3. 国际投资保护条约如何实现国家和投资者的权利与义务的平衡？

复习思考题

1. 简述国际投资法的基本特点和国际渊源。
2. 论述东道国吸引外资的政策法规内容及其最新发展趋势。
3. 简述发展中国家外资立法的共同特征。
4. 简述双边性国际直接投资国际法规范的主要形式。
5. 简述 TRIMs 协议的主要内容。

第5篇

国际投资与中国

第11章

中国对外资的利用

【学习目标】

> 了解我国利用外商直接投资的历程与作用。
> 熟悉我国利用外商直接投资的主要方式。
> 了解我国利用外资的发展趋势。

导入案例

我国连续20年成为利用外资最多的发展中国家

截至2012年，我国已经连续20年成为利用外资最多的发展中国家，这说明跨国公司对中国的投资环境仍然很有信心。2012年我国实际使用外资金额1 117.2亿美元，同比下降3.7%。2012年我国利用外资出现了微弱下降，而制造业利用外资的规模下降得更多一点。

随着中国劳动力成本以及其他一些成本上升，一些外商将投资转移到了其他国家，大规模制造业正在外迁。其中既包括外资企业往外迁，也包括国内企业"走出去"，这种情况是正常的，并没有形成大规模的在中国投资的外资企业往外迁的情况。

2013年1月14日，在中国外商投资企业协会2013年第一次会长办公会上，一些跨国公司总部负责人和中华区的负责人纷纷表示，仍然看好中国的投资环境，还将继续扩大在华的投资。比如，沃尔玛正在准备大幅度增加在中国的门店。威立雅环境集团、保健生物科技公司等从事环境产品领域、制造业领域、商业零售领域业务的各类型跨国公司的负责人都表示，继续看好中国的投资前景。

（资料来源：http://finance.people.com.cn/BIG5/n/2013/0116/c70846-20221006.html.）

由此案例引出的问题：

☛利用外资对我国经济发展的作用有哪些？
☛外商对我国投资主要采取哪些方式？

➲我国吸引外商投资政策有哪些变化?
➲我国利用外商直接投资的发展趋势是怎样的?

11.1 中国利用外商直接投资概述

中国利用外商直接投资是指外国投资者依据中华人民共和国法律，以资金、设备或技术等作为投资，在我国境内建立企业，并直接参与企业的经营管理工作，同时承担经营风险的投资活动。从历史的角度来看，中国利用外商直接投资大体经历了两个发展阶段：一是改革开放前，20 世纪 50 年代初，我国科技合作伙伴只有苏联和东欧的一些社会主义国家，合作时间较短，合作方式是引进全套设备，到了 20 世纪 60 年代初，我国技术贸易开始转向欧洲和日本等国家，但规模非常有限；二是自 1978 年实行改革开放政策，特别是 1979 年颁布《中华人民共和国中外合资经营企业法》后，我国利用外资取得快速发展，对经济发展作用巨大。

11.1.1 改革开放后中国利用外资的发展历程

1978 年党的十一届三中全会决定我国实行改革开放的方针政策，提出了要在自力更生的基础上，积极发展同世界各国平等互利的经济合作，要利用两种资源、打开两个市场和学会两套本领，这使得中国利用外商直接投资不论是从数量上还是从质量上都有了质的飞跃，进入了一个全新的历史发展时期。改革开放以来，中国利用外商直接投资大体经历了以下发展阶段。

第一阶段，自 1979 年至 1986 年，为起步阶段。这一阶段外资利用增长缓慢，每年实际利用外资金额不足 50 亿美元，这与我国当时经济处于初步复苏阶段的国情相吻合。从投资来源看，距内地最近的港澳地区成为这一阶段内地吸收外商投资的主要来源，且以第三产业项目为主，以劳动密集型的加工项目和宾馆、服务设施等居多。毗邻港澳的广东省被中央赋予特殊政策和灵活措施，也在改革开放中先行先试，启动了粤港澳合作。自此以后，港澳投资源源不断涌入。例如，1978 年，港商在广东东莞开办第一家来料加工厂；1979 年，香港企业家伍淑清注册北京航空食品公司，成为第一家合资企业；1983 年，由港商霍英东与内地合资的白天鹅宾馆在广州正式开业，这是内地首批五星级宾馆之一。此外，福建省也是最早引进外资的省份，且最早以台商投资为主。

第二阶段，自 1987 年至 1991 年，为稳步发展阶段。这一阶段，我国利用外资大幅度增加了生产性项目及产品出口企业，外商投资的区域和行业有所扩大，台湾厂商开始对大陆投资并逐年增加。这些外资投资方式主要是利用中国廉价劳动力与廉价土地的“绿地投资”。“中国制造”在国际市场上的主打产品，如纺织品、鞋类、玩具制造的生产主体是港台资本外加少量韩资。

第三阶段，自 1992 年至 2000 年。本阶段初始，我国利用外资高速发展，不仅投资项目规模大幅度增长，而且投资领域和投资区域也有所增加，1993 年合同利用外资金额突破 1 000 亿美元，使我国一跃成为位居美国之后的第二大引资国，外商直接投资成为我国利用外资最主要的形式。随着沿海 6 座城市、边境 13 座城市和内地 18 座省会城市的全面开放，我国利用外资朝着全方位、多层次方向发展，外商投资由东南沿海逐步转向中西部地区。但从1994年开始，我国利用外商投资开始结构调整，重点由注重数量转向注重质量和结构优化；我国不再是无选择地利用外资，而是开始选择发达国家的跨国公司进入，资金与技术密集的大型项目和基础设施项目增加，第三产业如家乐福、沃尔玛等大型连锁超市相继进入；西部地区利用外资的增速甚至超过了东部沿海地区；与此同时，我国对外商投资逐步实行国民待遇原则，在利用外资的税收和外汇等政策方面进行了相应调整。1999—2000年，受东南亚金融危机的国际环境及国内经济调整影响，我国利用外资首次出现下降，外商直接投资实际金额分别为403.19亿美元和407.15亿美元。

第四阶段，自2001年至2008年，这一阶段我国相关政策、法规不断完善，利用外资走上了健康的发展轨道。自2001年开始，我国利用外资再掀高潮。2001年，我国经过15年的艰苦谈判加入世界贸易组织（WTO），正式成为WTO成员。按照WTO的基本原则和《与贸易有关的投资措施协议》（TRIMs）的要求，2000—2001年我国先后修改了《中外合资经营企业法》、《中外合作经营企业法》和《外资企业法》等法规，既完善了法规体系，又提高了透明度，改善了外商投资的法律环境，旨在取消对外商投资企业的限制，实行"国民待遇"。2002年制定《指导外商投资方向规定》，划出重点引资领域，鼓励和引导外商投资现代农业、高新技术产业、基础设施建设、西部开发及参与国有企业改革、重组。特别鼓励跨国公司在我国境内建立研究开发中心、生产制造基地和地区总部，以扭转原有盲目引资状况，优化投资结构。这一阶段实际利用外资金额保持持续增长，2007年达到826.58亿美元，2008年新设立企业数27 514家，实际使用外资金额952.53亿美元，同比增长21.6%。

2008年1—12月对华投资（含港澳台地区对内地投资，下同）前十位国家/地区见表11-1。

表11-1　2008年1—12月对华直接投资前十位国家/地区　　　单位：亿美元

国家/地区	中国香港	英属维尔京群岛	新加坡	日本	开曼群岛	韩国	美国	萨摩亚	中国台湾	毛里求斯
实际投入外资金额	410.36	159.54	44.35	36.52	31.45	31.35	29.44	25.5	18.99	14.94

（资料来源：中国投资指南网站。）

注：未包括银行、保险、证券领域吸收外资数据

上述国家/地区对华投资数据包括这些国家/地区通过维尔京、开曼群岛、萨摩亚、毛里求斯和巴巴多斯等自由港对华进行的投资

第五阶段，2009年至今。市场经济深入发展和市场竞争秩序逐渐规范及法律法规不断完善，使我国对外商的吸引力越来越大。2009—2013年我国实际使用外资金额见表11-2（未包括银行、保险、证券领域吸收外资数据）。

表11-2　2009—2013年我国实际使用外资金额　　　单位：亿美元

年份	2009	2010	2011	2012	2013
实际使用外资金额	918.04	1 088.21	1 160.11	1 117.2	1 175.86
同比增减	-3.62%	18.54%	9.72%	-3.7%	5.25%

（资料来源：根据《中国投资指南网站》资料整理。）

从 2010 年开始我国每年实际使用外资超过 1 000 亿美元，居发展中国家的首位，居全球第二位。2012 我国服务业实际使用外资继续超过制造业，分销、计算机应用、金融服务等行业实际使用外资同比增长较快，服务业内部的行业分布进一步优化，部分高端制造业增长较快，通用设备制造、交通运输设备制造等行业实际使用外资分别增长 31.8% 和 17.2%。中国中部地区吸收外资快速增长。2012 年中部地区实际使用外资 92.9 亿美元，同比增长 18.5%，占全国总额的 8.3%。东部地区实际使用外资 925.1 亿美元，同比下降 4.2%，占全国总额的 82.8%。西部地区实际使用外资 99.2 亿美元，同比下降 14.3%，占全国总额的 8.9%。2013 年，我国吸收外资平稳回升，从 2 月份起连续 11 个月单月吸收外资保持正增长，呈现稳定的发展态势。2013 年服务业实际使用外资首次占比过半，服务业实际使用外资 614.51 亿美元，在全国总量中的比重为 52.3%，其中社会福利保障业、电器机械修理业、娱乐服务业增长较快。制造业实际使用外资下降 6.78%。欧美对华投资回升较快，中西部地区实际使用外资增长高于全国平均水平，在全国吸收外资总量中占比首次超过 20%。

11.1.2　中国利用外商直接投资的作用

自 1978 年至今，我国改革开放已经走过 30 多年的历程，国民经济发生了翻天覆地的变化，其中利用外资对经济发展的贡献巨大。从 1979 年颁布第一部关于外商投资的《中华人民共和国中外合资经营企业法》开始，到目前利用外商投资的法规体系逐步健全，我国利用外资的规模近年排名仅次于美国，居全球第二。外商投资企业在促进国民经济增长、带动产业技术进步、扩大出口和提供就业机会等方面，都发挥着日益重要的作用。

1. 为我国经济建设提供资金支持，促进经济增长

长期困扰我国经济发展的难题是建设资金缺乏，而从改革开放至今，利用外资很大程度上弥补了资金不足的问题。1993 年以来，我国一直是发展中国家中最大的外资流入国。我国利用外资数量自 1979 年至 2013 年逐步增加，2010 年以后更是每年超过 1 000 亿美元，截至 2013 年年底累计实际利用外资金额达到 11 460.31 亿美元。除了利用外商直接投资外，我国还接受了国际金融机构和外国政府的对华援助，同时也向国际金融机构、外国政府和商业银行借用贷款，到国际市场进行融资，包括企业境外上市等，利用外资领域不断拓宽。引进外资对于促进我国经济发展功不可没。

改革开放后我国实际利用外资金额情况见表 11-3。

表 11-3　改革开放后我国实际利用外资金额　　　　单位：亿美元

年份	1979—2007	2008	2009	2010	2011	2012	2013
实际利用外资金额	6 918.97	952.53	918.04	1 088.21	1 160.11	1 117.16	1 175.86
同比增减/%	—	—	-3.62	18.54	9.72	-3.7	5.25

（资料来源：中国投资指南网站。）

注：未包括银行、保险、证券领域吸收外资数据

外商投资企业的工业产值占全国工业总产值的比重逐年增加，1980 年仅为 0.5%，2002 达到 33.37%，1991 年到 2002 年外商直接投资工业产值的年均增长速度达 43.3%，外商投资企业工业产值的较快增长，以及其占全国工业总产值比重的不断增加，促进了中国工业的发展（见表 11-4）。

表 11-4 1990—2011 年外商投资企业的工业产值占全国工业总产值比重

单位：亿元人民币

年份	全国工业总产值	外商投资企业工业生产值	所占比重/%
1990	19 701.04	448.95	2.28
1991	23 135.56	1 223.32	5.29
1992	29 149.25	2 065.59	7.09
1993	40 513.68	3 704.35	9.15
1994	76 867.25	8 649.39	11.26
1995	91 963.28	13 154.16	14.31
1996	99 595.55	15 077.53	15.14
1997	56 149.70	10 427	18.57
1998	58 195.23	14 162	24
1999	63 775.24	17 696	27.75
2000	73 964.94	23 145.59	22.51
2001	94 751.78	26 515.66	28.05
2002	101 198.73	33 771.09	33.37
2003	128 306.14	46 019.55	35.87
2004	187 220.66	58 847.08	31.43
2005	249 625	78 399.40	31.41
2006	315 630.14	99 420.83	31.50
2007	404 489.06	125 036.94	30.91
2008	496 248.67	147 584.30	29.74
2009	546 320.04	152 673.60	27.95
2010	707 772.20	191 792.80	27.10
2011	855 136.50	223 286.90	26.11

（资料来源：商务部外资统计。）

　　2011 年中国实际使用外资的金额超过了 1 160 亿美元，同比增长了近 10%，在全球的跨国直接投资处于低速增长的大环境下，10% 的增长算是比较高的增长，而且 1 160 亿美元的外商投资规模也比较大，创造了中国吸收外资的历史新高。总体来讲，外商投资的存量和规模已经较大，在国民经济中发挥的作用也越来越重要。截至 2011 年年底，外商在华投资设立企业累计超过 73 万家，在册运营的外商投资企业数约占全国企业数近 3%，但上缴国家的税收却占国家税收总额的 21%，占生产总额的近 30%，占进出口总额的 52%～53%。作为在中国依法设立的外商投资企业，按照中国的法律在中国运营，对中国的经济发展做出了巨大贡献。

2. 有利于我国引进国外先进的技术和管理经验

　　随着改革开放的不断深入，特别是 2001 年加入世贸组织以来，我国在降低关税、市场准入、抵制贸易保护主义、平等对待内外资企业等方面全面兑现加入世贸组织的承诺，国内投资环境不断改善，外国投资者因此对我国更有信心，对我国进行了大量直接投资和技术转移。我国在引进国外资金的同时，更注重引进国外先进的技术装备，向外企特别是跨国公司学习先进的科学技术和企业管理经验，为我国培养新型的企业管理人才，提高国内员工的技术水平提供了有力保障。这种软技术的交流有利于加快生产技术的发展，成为我国经济腾飞的关键因素。跨国公司在我国投资最具代表性的行业有汽车制造、电子技术、家用电器、通信设备、办公用品等，这些行业最初也是我国产业结构调整与升级中重点发展的行业，外商投资企业的进入推动了我国产业结构升级和优化，其技术和管理模式的溢出效应大幅提升了相关行业的发展水平。外资带来的先进理念和国际规则，有力地推动了我国经济体制改革的进程。

拓展阅读

大众汽车教会我们造汽车

德国大众汽车一直是外国投资者在中国成功的典范，可以说引进德国大众汽车，带来了我国汽车工业的发展。1984 年大众总投资 3.87 亿元人民币与上海汽车公司合资成立上海大众汽车有限公司，德国提供桑塔纳轿车技术支持及部分资金，合资期限 25 年，首期规模年产 3 万辆桑塔纳轿车，1991 年大众再与长春一汽集团组建一汽大众，规模为年产 15 万辆捷达轿车，技术与桑塔纳相近，它在中国的两个合资企业——上海大众（占 50% 股份）和一汽大众（占 40% 股份），在《财富》（中文版）"最受赞赏的外商投资企业"排行榜上一直名列前茅，两家企业的轿车销量合计超过全国年产量的五成，大众为中国带来的是汽车业的一整套规范体系：为中国建立起全新的轿车零部件配套体系。2002 年中德在德国汉堡签约将合营期延至 2030 年。2011 年德国大众汽车公司决定，计划在未来 5 年内向中国市场投资 106 亿欧元（约合 139 亿美元），创历史新高。德国大众汽车中国区总裁海兹曼于广州车展上表示，计划至 2016 年，为中国的合资公司投入 140 亿欧元，使其产能在 2018 年达到 400 万辆，并为全资附属公司投入 10 亿欧元。2011 年至 2015 年间大众对于中国市场的投资将主要用于研发新车型以及增加生产设备以扩大产能方面，2010 年内，大众品牌在华销量增长 35%，达到 151 万辆；目前大众与上汽集团所组建的合资企业负责大众品牌以及斯柯达品牌的生产工作，而其与一汽集团则合作生产大众品牌和奥迪品牌的汽车。未来德国大众在中国还将迎来持续性的发展。大众汽车已经履行了当初的承诺将最新的科技成果带到中国，而 2011 年大众还将向中国市场推出更多的电动汽车产品，长期以来，一汽大众、上海大众互相竞争，长春和上海各搞一套，重复投资，造成了资源浪费。大众希望它们能够实现在共同供货体系上的联合采购，这样采购价格就可以降下来。

截至到 2014 年 11 月中旬，大众汽车 2014 年的累计销量已突破 158 万，提前超越 2013 年全年的销售总量。而在此之前的一个月，上海大众的累积销量已超过 1000 万辆，成为首家超越千万销量的整车制造商。

上海大众的能力在于其能准确地把握中国汽车市场的需求，并能整合各类资源快速推出满足消费者需求的产品。通过 30 年的积累，上海大众已经具备了系统且完整的研发能力，这在中国国内尚无出其右者。据《财富》发布的《全球创新 1000 强》报告，大众汽车公司成为研发投入最大的企业，其 2014 年的研发投入总额为 135 亿美元，该投入占其营收的 5.2%，与 2013 年同比增加了 18.9%。毫无疑问，在中国市场，对上海大众等中国合资企业的投入，在其总投入中占据最重要的组成部分。

中国汽车市场在大众全球具有举足轻重的位置，体现在研发上，即是中国成为大众除欧洲之外研发投入最大的国家。而上海大众经过 30 年的发展，已经成为研发能力最强的整车制造商。有统计显示，在 30 年中，上海大众在开发领域的投入累积超过 67 亿元，建立起功能完善且具备国际领先水平的技术开发中心，并形成了包括车身自主开发，发动机、底盘、电子电器匹配开发在内的整车自主开发能力。

（资料来源：http：//finance.qq.com/a/20101119/006305.htm.；http：//www.ce.cn.）

3. 有利于我国增加财政收入，扩大劳动力就业

外资的经济社会贡献日益突出，表现为大大增加了我国财政收入。2002—2012 年外商投资企业税收额逐年增加，从 2001 年的 3 487.0 亿元增加到 2012 年的 21 768.8 亿元人民币，占全国税收总额的比重一直保持在 20% 左右（见表 11-5）。2012 年占中国企业总数不到 3% 的外商投资企业，创造工业产值 22 万亿元，缴纳税收 19 638 亿元，实现进出口额 18 602 亿元，分别占全国相应总量的 26.1%、20.5%、51.1%。

表 11-5　2002—2012 年以外商投资税收为主的涉外税收统计　单位：亿元人民币

年份	全国工商税收总额	涉外税收总额	占全国比重/%
2002	17 004.0	3 487.0	20.5
2003	20 461.6	4 268.0	20.9
2004	25 723.0	5 355.0	20.8
2005	30 866.0	6 391.3	20.7
2006	37 636.0	7 976.9	21.2
2007	49 451.8	9 972.6	20.2
2008	57 861.8	12 118.9	20.9
2009	63 103.6	13 615.2	21.6
2010	77 394.0	16 389.9	21.2
2011	95 729.4	19 638.1	20.5
2012	110 601.0	21 768.8	21.64

（资料来源：商务部外资统计。）

同时，外资企业吸收了我国大量的劳动力，这在一定程度上缓解了我国的就业压力，2000 年在港澳台商投资企业和外商投资企业就业人数达 642 万人。随着我国吸引外资的规模迅速扩大，就业的投资成本提高，地价和商品价格上升，外资的技术构成逐步升高，原劳动密集型企业逐渐为资本密集型企业所替代，外资在创造就业岗位上的作用有所削弱。2012 年外商投资企业吸纳直接就业人口 4 500 万，占全国直接就业人口总量的 14%。

4. 有利于我国产业结构调整

进入后金融危机时代，在实业竞争当中我国企业面临的压力会更大，调整产业结构是我们在全球实业竞争当中的一项重要任务。如何在此轮竞争当中获得优势，除了我们的本土企

业在本土发展制造业、发展实业之外，也要通过国际投资与合作使我们能够更深入地参与全球的国际分工，全球的国际分工也就是我们在全球价值链当中的定位。

改革开放初期，我国吸引外资主要是制造业方面有较大发展，但当时也只是简单地承接加工装备业务，后期虽然逐步进入了全球的产业链，但是仍然处在产业链的低端。因此接下来的任务应该是向高端延伸，从研发设计到营销全面发展。新一轮的产业竞争其实就是全球价值链的重塑，我们要在这一轮竞争中着力发展高新技术、先进制造业、节能环保产业、新能源等战略性新兴产业，推动产业结构不断升级，力争在全球的价值链当中不但获得收益，同时贡献于国际社会。要达到这一目标，利用外资和对外投资是我国企业进入全球价值链的成功的路径，目前我国仍然具有很强的吸收外资的优势。同时，我国近年来的对外投资发展迅速，赢得了国际社会的认可，所以我们要在新一轮的实业竞争当中加强跨国投资与合作，通过跨国投资实现我国实体经济的发展，实现我国整个经济结构的调整升级。

5. 有利于我国对外贸易的发展

2001 年加入世贸组织，给我国的对外贸易带来了更大的发展机遇，使我国在世界货物贸易中的地位不断上升，外商投资企业在对外贸易的发展过程中做出了重要贡献。外商投资企业进出口商品总值 1986 年只有 29.85 亿美元，占全国进出口商品总值的比重仅 4.04%（见表 11-6），以后逐年增加，2001—2011 年连续 10 年占全国进出口商品总值的比重超过 50%，2006 年达到最高的 58.87%，即使受 2008 年全球金融危机的影响，外商投资企业进出口商品总值依然占据全国进出口总值的半壁江山。2012 年占中国企业总数不到 3% 的外商投资企业，实现进出口额占全国的 48.97%，接近半数。

表 11-6 我国外商投资企业进出口商品总值变化　　　　　　　　　单位：亿美元

年份	进出口			进口			出口		
	全国	外商投资企业	比重/%	全国	外商投资企业	比重/%	全国	外商投资企业	比重/%
1986	738.46	29.85	4.04	429.04	24.03	5.60	309.42	5.82	1.88
1990	1 154.36	201.15	17.43	533.45	123.02	23.06	620.91	78.13	12.58
1995	2 808.48	1 098.19	39.10	1 320.78	629.43	47.66	1 487.70	468.76	31.51
2000	4 743.09	2 367.14	49.91	2 250.97	1 172.73	52.10	2 492.12	1 194.41	47.93
2001	5 097.68	2 590.98	50.83	2 436.13	1 258.63	51.67	2 661.55	1 332.35	50.06
2005	14 221.18	8 317.22	58.48	6 601.19	3 875.13	58.70	7 619.99	4 442.09	58.29
2010	29 727.62	16 003.07	53.83	13 948.30	7 380.01	52.91	15 779.32	8 623.06	54.65
2011	36 419.35	18 601.56	51.08	17 460.42	8 648.26	49.53	18 985.97	9 953.30	52.42
2012	38 675.08	18 939.97	48.97	18 173.98	8 712.49	47.94	20 501.10	10 227.48	49.89
2013	41 603.31	19 190.93	46.13	19 502.89	8 748.2	44.86	22 100.42	10 442.73	47.25

（资料来源：据海关统计资料整理。）

2013 年，外商投资企业出口增速放缓且低于全国水平；加工贸易进出口微增，出口有所下降；外商投资企业加工贸易进出口值占全国加工贸易进出口总值的 81.05%。而外企本身也获利不俗。据统计，2000 年至 2010 年，在华外商投资企业从中国累计汇出利润达到 2 617 亿美元，年均增幅高达 30%，远高于全球同期 20% 的增长率。

本节讨论案例

2012 年中国吸收外资总量下降的根源

2012 年中国的外商直接投资总额达到 1 117 亿美元，比 2011 年减少 3.7%。2012 年中国吸收外商直接投资总量下降、结构变迁的主要原因有以下几个方面。

（1）发达国家经济复苏乏力，加剧世界经济下行压力，对外投资能力萎缩。欧债危机持续发酵，增加了世界经济发展中的不确定性，在主权债务危机、脆弱的银行业、高失业率下消费需求疲软、政治僵局和协调机制缺陷造成政策瘫痪四个相互促动的不利因素的困扰下，发达国家经济复苏艰难，处在一个螺旋式下降的边缘。与之相伴，英国已经陷入了滞胀。美国在高财政赤字、高债务、高贸易逆差、高失业和高工资"五高并存"格局下，被迫选择利用货币政策刺激经济，尽管在发达经济体中美国经济保持增长，但潜在风险仍然巨大。因此，虽然美国在增长中对华投资继续增长，但在世界经济下行中，全球 FDI 明显下降，导致中国吸收 FDI 下滑。

（2）新兴经济体经济增速放缓，对华投资能力不足。受发达国家经济疲软和国际资本市场大幅震荡的负面影响，新兴经济体经济增速与通货膨胀压力同步下行，在外需依旧低迷、内需动力不足的形势下，经济明显放缓。在欧债危机演化中，欧洲银行"去杠杆化"加速，从而加大新兴市场经济下行压力和金融市场的脆弱性。因此，新兴经济体对华投资下降幅度较大。

（3）国际金融市场反复大幅波动，资本外逃风险加大。由于对欧债危机恶化和全球经济陷入"二次衰退"的担忧，引发金融市场反复大幅剧烈震荡；继美国祭出台新的量化宽松货币政策后，再次引发全球金融市场的大幅波动；对未来欧债危机的升级、欧债危机救助不力的担忧都将引发国际金融市场大幅震荡，避险需求将导致资金大规模撤出新兴市场的股市和债市，资本外逃成为影响我国吸收外商投资面临的重大风险。

（4）国内投资成本攀升与经济下行压力增大。中国国内劳动力成本大幅度上升，但薪资上涨和货币升值带来的成本上升，正促使跨国公司寻求到其他地方去扩张业务。房地产在调控中投资速度下降，但房地产价格居高不下，环境成本上升，人民币汇率升值，原材料价格居于高位，综合投资成本上升，外需低迷，产能严重过剩问题暴露无遗，导致投资收益率下滑，使国民经济长周期潜在经济增速下降和短周期经济下行相交叉，稳增长的压力陡升。自 2010 年二季度以来，国民经济增长一直处在下降过程中，GDP 持续 9 个季度增速下降。这是自 1992 年开始发布该指标以来回调持续时间最长的一次，超过了 2008 年国际金融危机爆发时 6 个季度的回调期。显然增长速度偏离了近 10 年来中国经济的平均增长速度。由此也影响了 FDI 流入。

（5）产业结构和区域经济结构调整。在沿海地区加工贸易占用较大比重的制造业面临产能过剩、外需低迷、成本高等问题，在加速进行结构调整中，FDI 在农林牧渔业、服务业的投资比重上升；中部地区大量承接沿海产业转移，FDI 向产业配套能力强的中部中心经济区聚集，中部地区 FDI 增长明显。

（资料来源：http：//sangbaichuan. blog. sohu. com/255106750. html.）

【讨论的问题】

1. 2012 年我国吸收外商直接投资总量下降的内部原因有哪些？
2. 分析我国制造业产能过剩的原因。

11.2　中国利用外商直接投资的主要方式

改革开放以来，我国利用外商直接投资的方式分为绿地投资和并购投资两大类。长期以来，外商对我国直接投资的方式多采用绿地投资，由于政策的限制，通过跨国并购完成的很少。这些投资方式的概念在第 3 章已作介绍，本章主要分析近几年这两种投资方式在中国的发展变化情况及其说明的问题。

11.2.1　绿地投资方式

绿地投资方式中最主要的是中外合资经营、中外合作经营、外商独资经营方式。我国改革开放的初期，在华投资的外商主要采取中外合资和中外合作两种方式。

从投资项目金额看，1997 年全年实际利用合资经营企业直接投资金额 194.95 亿美元，实际利用合作经营企业直接投资金额 89.30 亿美元，实际利用外资企业直接投资金额 161.88 亿美元，合资企业利用外资金额明显高于外资企业。随后的 1998 年、1999 年，外商独资企业的比例稳步上升，2000 年外资企业投资金额达 192.64 亿美元，首次超过合资经营企业金额 143.43 亿美元。自此，外资企业投资金额一直超过合资企业利用外资金额，而合作经营企业利用外资金额则逐年减少。2012 年我国实际利用外商直接投资金额中，合资企业为 217.06 亿美元，占实际利用外商直接投资金额比重的 19.43%，合作经营企业为 23.08 亿美元，占比 2.07%，外资企业为 861.32 亿美元，占比 77.1%，外商投资股份制企业为 15.70 亿美元，占比 1.4%（见表 11-7）。

表 11-7　绿地投资方式吸收外资变化表　　单位：亿美元

实际利用外资金额	1997 年	2000 年	2005 年	2010 年	2011 年	2012 年
实际利用外资额	644.08	593.56	638.05	1 088.21	1 176.98	1 132.94
实际利用外商直接投资金额	452.57	407.15	603.25	1 057.35	1 160.11	1 117.16
其中：合资经营企业外商直接投资金额	194.95	143.43	146.14	224.98	214.15	217.06
合作经营企业外商直接投资金额	89.30	65.96	18.31	16.16	17.57	23.08
外资企业外商直接投资金额	161.88	192.64	429.61	809.75	912.05	861.32
外商投资股份制企业外商直接投资金额	2.88	1.30	9.18	6.46	16.34	15.70

（资料来源：国家统计局。）

从项目数量看，2010—2012 年，合同利用外商直接投资项目分别为（单位：个）27 406、27 712、24 925；其中合资经营企业投资项目分别为 49 70、5 005、4 355，占比重为 18.13%、18.06%、17.47%；合作经营企业投资项目分别为 300、284、166，占比分别为 1.09%、1.02%、0.67%；外资企业投资项目分别为 22 085、22 388、20 352，占比分别为 80.58%、80.79%、81.65%，可以看出，近年外商投资方式中，不论从金额上，还是项目数量上，合资经营企业不断下降，外资企业占绝对优势。

随着我国外商投资法律法规的建设和投资环境的改善，外商独资企业比重逐年上升，中外合资、合作企业比重逐年递减。1997 年经批准设立的外商投资企业中，中外合资 9 046 家，外商独资企业 9 604 家，外商独资企业数量首次超过合资企业。此后，外商独资企业的比重稳步上升。不断推进的对外开放，使我国一改初期必须建立合资企业或保持中方控股的政策，开始放宽对外商投资股比的限制，扩大了外资准入范围，更多的产业领域允许合资企业外方持股 51% 以上的控股权，允许建立外商独资企业，使得来华投资的跨国公司调整投资策略，先前进入中国的外资企业内部普遍出现外资增资扩股以谋求对企业的控制权的现象，加快并购中外合资的中方股份，达到控股甚至独资经营的目的，增资扩股已经成为中国利用外资的重要途径。宝洁、西门子、诺基亚、IBM 等著名公司加速独资化步伐。2012 年，外资企业投资项目占我国全部外商直接投资比例的 81.65%，投资金额占实际利用外商直接投资金额比重 77.1%。外商独资企业占据主导地位。外商采用独资或控股方式的主要目的是更好地贯彻其母公司的投资战略，使其在华的投资项目融入全球布局之中，并满足技术和市场内部化的需要。外商投资企业这种股权变动的趋势也符合全球跨国公司投资的一般规律。

以上分析表明，外商投资从采用合资、合作方式到外商独资方式的转变的原因是多方面的：一是改革开放初期，我国利用外资缺乏经验、法规不健全，而现在我国吸收外资政策更加宽松，在大多数领域对外资的股本限制取消；二是我国投资环境持续改善，外商对我国投资环境从不熟悉到熟悉，外商不通过中国合资伙伴协助也能够顺利地设立和运营企业；三是外商与中国合资伙伴之间的理念、文化冲突，使之出现摩擦，使得外商更倾向于独资；四是外商将在华投资企业作为其全球经营链的一环，希望能够更方便地控制技术、销售、人员等。另外也存在一些中方配套资金不足等问题。

11.2.2 并购投资方式

1. 政策逐步放宽

改革开放初期，作为我国吸收外资的主要来源和 FDI 主要载体的跨国公司，多采用绿地投资方式对我国投资，由于政策的限制，跨国公司通过跨国并购对我国完成投资的很少。随着我国市场环境不断成熟，企业竞争加剧，以及在金融危机中锐减的全球跨国并购逐渐复苏，外资并购呈快速发展态势。2002 年 11 月，中国证监会、财政部和原国家经贸委联合发布《关于向外商转让上市公司国有股和法人股有关问题的通知》，首次明确允许向外商转让上市公司国有股和法人股，并加以规范管理。2002 年 11 月 8 日，原国家经贸委、财政部、国家工商总局、国家外汇管理局联合发布《利用外资改组国有企业暂行规定》。2004 年 4 月，商务部会议审议通过《外商投资商业领域管理办法》，连续出台的法律规定为外资以并购方式进入我国投资提供了有力的法律保障。

2006 年 1 月，国家商务部、证监会、国家税务总局、国家工商总局、外汇管理局联合发布《外商投资者对上市公司战略投资管理办法》，明确规定外资可以通过具有一定规模的中长期战略性并购，投资已完成股权分置改革的上市公司和股改后新上市公司的 A 股股份。2006 年 8 月，国家商务部、国资委、国家税务总局等 6 部门联合下发了《关于外国投资者并购境内企业的规定》，作为 2003 年《外国投资者并购境内企业暂行规定》的修正，外资并购门槛提高，新规首次涉及"外资并购"中此前备受争议的"国家经济安全"问题。依据《规定》内容，外国投资者并购境内企业并取得实际控制权，涉及重点行业、存在影响或可能影响国家经济安全因素或者导致拥有驰名商标或中华老字号的境内企业实际控制权转移的，当事人应就此向商务部进行申报。2006 年颁布的并购规定中，换股并购是最吸引外界注意的亮点。但是自 2006 年以来，换股并购这一国际最流行的并购方式在中国并无跨境换股的成功案例，主要原因是国内关于股权出资、换股并购相关配套规定不完善。2009 年的《股权出资登记管理办法》、2010 年的《境外投资者以其合法持有的在境内设立的有限责任公司或者股份有限公司的股权出资审核操作规程》及 2012 年的《关于涉及外商投资企业股权出资的暂行规定》，虽然没有直接涉及境外投资者以其境外股权直接换股并购中国境内企业的相关规定，却在股权出资等方面迈出了坚实的步伐，为换股并购规定的进一步完善及其在实践中的破冰奠定了坚实的基础。

2. 并购项目数量和金额有所变化

随着我国经济实力不断增强，利用外资的总体环境也发生了深刻变化：国内要素价格攀升，土地供应趋紧，劳动力供应结构性短缺，产业结构面临由出口加工制造业向高端制造业转型等。中国经济对外资的需求从数量转向质量，高附加值、高技术、绿色环保产业成为外资的"新宠"。2009 年完成的外资并购仅 33 起，披露的并购金额仅为 25.94 亿美元，2010年在我国发生的外资并购无论从项目数量还是从实际吸收外资金额来看，增幅都较大，但是比重仍然很小。2010 年全国共批准外资并购案 44 个，同比增长 31.4%，实际使用外资32.55 亿美元，同比增长 50.73%，占全国实际使用外资的 3.08%。2011 年中国并购市场共完成外资并购案例 66 起，与上年外资并购 44 起相比，同比增长 50.0%；披露金额的 41 起案例并购金额为 68.60 亿美元，为上年的 209.2%（见表 11-8）。外资并购中，雀巢公司以16.15 亿美元的价格收购徐福记国际集团 60.0% 股权的交易拉升了整个外资并购市场整体的并购金额。东部地区并购项目个数占全国的 78.06%，实际使用外资金额占全国的 68.71%；西部地区并购实际使用外资金额占全国的 24.28%，比重较上年提高 7.27 个百分点。

2012 年我国外资并购有 42 起，占并购总案例数的 4.2%；披露金额的 39 起交易涉及并购金额 36.58 亿美元，占比 7.2%，2012 年外资并购的趋冷幅度较大（见表 11-9）。2013 年外资并购总计 39 起案例，表现微降 7.7%，占国内并购 1 094 起总数比重的 3.2%，并购交易金额 129.68 亿美元（见表 11-8）。

2008—2009 年外资并购中国企业趋势如图 11-1 所示。

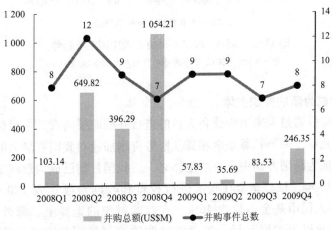

图 11-1　2008—2009 年外资并购中国企业趋势

（资料来源：清科研究中心，2010.01.）

表 11-8　　2009—2013 年外资并购中国企业　　　　　　　　　　单位：亿美元

年份	2009	2010	2011	2012	2013
并购数量/起	33	44	66	42	39
披露并购金额	25.49	32.55	68.60（披露的 41 起）	36.58（披露的 39 起）	129.68
数量同比增长/%		50.73	50	-36.36	-7.7

表 11-9　　2012 年我国并购市场　　　　　　　　　　单位：亿美元

并购类型	案例数	比例/%	并购金额（US$M）	比例/%	平均并购金额（US$M）
国内交购	837	84.5	17 279.02	34.0	22.41
海外并购	112	11.3	29 825.21	58.8	338.92
外资并购	42	4.2	3 658.11	7.2	152.42
总计	991	100.0	50 762.34	100.0	57.49

（资料来源：清科数据库，2013.01。）

2006—2012 年外资并购中国企业趋势如图 11-2 所示。

图 11-2　　2006—2012 年外资并购中国企业趋势

（资料来源：《2012 年中国并购市场年度研究报告》。）

3. 财务投资者成为新的并购主体

财务投资者是指以通过未来出售获利为目的进行并购的投资者，主要包括私募基金和其他财务资本。最近几年，海外私募基金和其他财务资本加速对我国有潜力的企业注资或直接进行收购，并逐步成为跨国并购中重要的主体之一。我国目前已成为亚洲最活跃的私募股权投资市场之一。2010 年，私募基金在我国进行投资和收购金额达到 180 亿美元，较 2009 年大增 57%，其中人民币基金占比为 46%。在收购对象的选择上，海外私募基金将国有企业特别是龙头企业视为主要目标，如凯雷收购徐工，黑石收购蓝星集团，新桥收购深发展等。同时还关注中小型高新技术企业。而我国商业银行因其规模快速扩张，也吸引了境外投资机构的目光，国外投资银行、主权基金等不断成为我国商业银行的战略投资者，包括淡马锡、卡塔尔投资局、科威特投资局在内的主权基金都持有我国商业银行的股份，成为其重要的境外股东。多元化的外资主体带动了我国企业机制的创新和治理结构的不断优化。

4. 国家对外资并购的安全审查将更加透明化、规范化

2006 年颁布的《外国投资者并购境内企业暂行规定》要求，外国投资者并购境内企业并取得实际控制权，涉及重点行业、存在影响或可能影响国家经济安全因素的，当事人应就此向中国商务部进行申报。2007 年的《反垄断法》亦明确规定，对涉及国家安全的外资并购境内企业或者以其他方式参与经营者，应当按照有关规定进行国家安全审查。但上述规定均属原则性规定，实践中缺乏可操作性。直至 2011 年，国务院办公厅与商务部相继出台了《关于建立外国投资者并购境内企业安全审查制度的通知》和《商务部实施外国投资者并购境内企业安全审查制度有关事项的暂行规定》（以下简称"两规定"），为国家安全审查制度提供了具体操作性规范。而对于"两规定"范围之外的外资并购，无须进行安全审查。"两规定"的出台，一方面为保障国家经济安全提供了最后一道屏障，另一方面也防止了监管部门滥用职权，肆意阻挠外资并购境内企业。因此，从一定程度上来讲，"两规定"也为外资并购提供了安全保障。

5. 并购行业多样化，金融行业成为新宠

从 2003 年开始，外资并购的产业范围逐渐宽泛。2006 年我国外资政策出现明显转变，逐渐开放的引资政策，宽松的产业并购环境使外资企业通过并购的方式首先进入我国制造业，随后进入零售业，以及我国一直以来都比较敏感的金融服务业。2002 年加入 WTO 时我国承诺逐步开放中国金融市场后，近年来开放力度呈加强趋势，如国家发改委 2011 年修订的《外商投资产业指导目录》，将外商投资金融租赁公司从"限制类"调整为"鼓励类"。中国广阔的市场前景、快速的经济发展速度以及开放的政策，无一不刺激、吸引外资进入中国金融领域。据统计，2012 年外资并购中国境内金融服务业资产规模达到 159 亿美元，较2011 年增长 50.8%，创历史最高纪录。其中，排名前三的交易项目的收购方均来自东南亚国家：泰国正大集团以 93.8 亿美元收购中国平安 15.57% 的股权、新加坡淡马锡集团以23.8 亿美元收购中国工商银行 1.02% 的股权，以及新加坡政府投资公司增持中国太平洋保险的股权。可见，金融行业将成为未来外资并购的新宠，而东南亚势力在中国未来金融领域的地位尤其不容小觑。

目前，外资并购我国上市公司的产业类别超过 20 个，涉及金融、电子信息、钢铁制造、机械制造、物流运输与医药等。

2006—2011 年我国以并购方式实际使用外资额和增幅情况如图 11-3 所示。

2013 年外资并购持续低迷，前三季度外资并购并未扭转 2012 年的颓势。具体数据显示，2013 年前三季度共发生外资并购交易 7 宗，交易金额达 7.93 亿元，平均交易金额1.13 亿元。与 2012 年相比，外资并购交易金额和交易数量都继续下降。这一方面反映了全球金融危机的消极影响仍然比较严重，外资在华并购仍在低迷期；另一方面，2011 年9 月 1 日起正式实施了外资并购领域新规《商务部实施外国投资者并购境内企业安全审查制度的规定》。规定中对于外资准入的领域及持股限制，影响了 2011 年之后的外资并购状况。

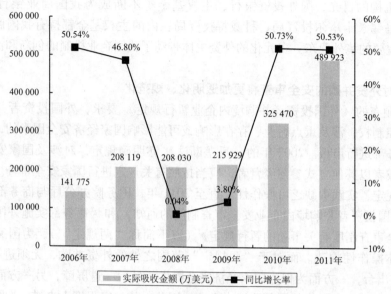

图 11-3　2006—2011 年我国以并购方式实际使用外资额和增幅

（资料来源：商务部投资促进事务局。）

本节讨论案例

在华外资研发机构发展趋势与特点

近年来，随着创新驱动发展战略和对外开放战略的深入实施，我国科技实力、经济实力和市场活力不断增强。在政策和市场的引导下，跨国公司纷纷调整在华战略，加强研发布局，在华外资研发机构发展呈现出以下一些新的趋势和特点。

（1）研发机构数量迅速增加。外资企业来华设立研发机构始于 20 世纪 90 年代初，在 2000 年以后形成高潮，目前总量仍在持续增加。据统计，2012 年包括港澳台企业在内的规模以上外资工业企业的内设研发机构 10 146 家，占我国规模以上工业企业内设研发机构总数的 22.1%。跨国公司设立的独立研发机构数量也快速增加，截至 2010 年年底，在华外资独立设立研发机构数达 1 400 多家，其中跨国公司在华设立研发机构总数达 700 多家。

（2）研发经费支出快速增长。规模以上外资工业企业的研发经费内部支出 2000 年为 100.2 亿元，2012 年达到 1 764 亿元，12 年增长 17 倍以上。规模以上外资工业企业研发经费内部支出占全部大中型工业企业总研发经费内部支出的比例达到 24.5%。部分省市外资研发投入所占比重甚至超过一半。

（3）研发人员规模不断扩大。2006 年外资投资企业研发人员已达 14 万人，到 2012 年研发人员数快速增至 77 万，占全部大中型工业企业研发人员总数的 25.3%。世界 500 强在华研发机构的人员不断增加。微软亚太研发集团由 1998 年的 10 多人发展到现在的 3 000 多人，占其全球研发人员总数的 10%。GE 中国研发中心自 2000 年成立以来已迅速发展到 2 800 多人，占其全球研发人员近一半。

（4）与本土企业合作创新日益加强。在华外资研发机构日益重视与中国企业的合作创新。3M 公司近年来相继与奇瑞、海尔等一批中国企业建立联合实验室，共同研发适应国际市场需求的产品和服务；美国通用电气与中国航空工业集团公司合资建立民用航电系统公司，与长海医院合作开发基于内窥镜超声的先进成像算法；康宁与上海硅酸盐研究所成立联合实验室支持未来产品开发。

（5）区域和行业集聚逐步形成。外资研发机构主要分布在东部沿海地区，高度集中于上海、北京、深圳、广州、天津、苏州、南京等，截至 2013 年年底，累计落户上海的外资研发机构就达 363 家。与此同时，外资研发机构也出现逐步向中西部扩散的趋势，西安、成都、武汉、重庆等科技资源相对丰富的内陆城市正成为跨国公司在华研发的区域中心。行业集聚逐步显现，主要集中在电子通信、生物医药、交通、化工、软件设计等技术密集型行业。

（资料来源：http：//www.cssn.cn/dybg/gqdy_gdxw/201404/t20140401_1054145.shtml.）

【讨论的问题】
1. 举例说明外资研发机构对我国技术创新的影响。
2. 分析外资研发机构对提升我国创新体系有何正负面影响。

11.3　中国对外借款

11.3.1　中国对外借款的方式

对外借款（外债）是我国利用外资的又一方式，从全球经济的发展不难看出，一些国家通过利用对外借款带来经济的有效增长，第二次世界大战后日本和德国的经济发展，20世纪 70 年代亚洲新兴工业经济体的腾飞都足以证明这一点。对外借款主要分为以下两类。

1. 外国政府贷款

外国政府贷款是指一国政府利用财政资金向另一国政府提供优惠性贷款。它具有政府间开发援助或部分赠予的性质，在国际统计上又叫双边贷款，与多边贷款共同组成官方信贷。双边政府贷款是政府之间的信贷关系，由两国政府机构经过完备的立法手续加以批准，签署贷款协议，确定具有契约性偿还义务的外币债务。它通常是在政治关系良好的基础上，配合外资活动的一种经济手段，通常具有优惠和经济援助性质，并为提供国的政治外交和经济利益服务。外国政府贷款对贷款的投向有明确规定，一般根据贷款国的经济实力、经济政策和具有优势的行业，确定贷款投向范围和项目。例如，经济合作与发展组织（OECD）规定，政府贷款主要用于城市基础设施、环境保护等非营利项目。经济发达的国家，如法国、英国、德国等，贷款一般投向能源、交通、通信、原材料及其他工业项目。某些行业比较先进的发达国家则侧重于该行业的项目贷款，如丹麦重点选择其先进的乳品加工、制糖、冷冻设备方面的项目贷款；卢森堡侧重于钢铁工业的项目贷款；瑞士选择精密机械、机床项目贷款；奥地利侧重于水电、火电等项目贷款。外国政府贷款具有如下特点。

（1）属主权外债，贷款必须偿还。外国政府贷款是我国政府对外借用的一种债务，是国家主权外债。除国家计委、财政部审查确认，并报经国务院批准由国家统借统还的外，其余均由项目业主偿还且多数由地方财政担保。

（2）贷款条件优惠。外国政府贷款其赠予成分一般在35%以上，最高达80%。贷款利率一般为0.2%～3%，个别贷款无息。贷款偿还期限一般为10～40年，并含有2～15年的宽限期。

（3）限制性采购。除日本、科威特两国是国际招标外，其余国家的第三国采购比例为15%～50%，即贷款总额的50%～85%用于购买贷款国的设备和技术。一般不能自由选择贷款币种，汇率风险较大。

（4）投向限制。借用的外国政府贷款主要用于政府主导型项目建设，主要集中在基础设施、社会发展和环境保护等领域。

（5）具有政府间援助性质。

我国利用外国政府贷款始于1979年。目前我国同日本、德国、法国、西班牙、意大利、加拿大、英国、奥地利、澳大利亚、瑞典、科威特、荷兰、芬兰、丹麦、挪威、瑞士、比利时、韩国、以色列、波兰、俄罗斯、卢森堡及北欧投资银行、北欧发展基金共24个国家及机构建立了政府（双边）贷款关系。除英国、澳大利亚、俄罗斯三国外，其余上述国家及金融机构目前均有贷款余额。1979—2000年，我国借用外国政府贷款累计生效额327.416亿美元，其中德国、法国、西班牙居前3位。总执行项目1 746个，其中建成项目1 654个，在建项目92个。从地区分布看，32%投向东部地区，68%投向中西部地区，其中47.6%投向中部地区，20.4%投向西部地区。农林水利项目占总量的6%左右。

2001—2011年我国借用外国政府贷款金额见表11-10。

表11-10　2001—2011年我国借用外国政府贷款金额　　　　　　单位：亿美元

年份	2001	2002	2003	2004	2005	2006	2007	2008	2009	2010	2011
借用贷款金额	237.03	244.23	254.20	322.07	271.95	276.66	300.57	324.73	349.23	320.84	332.99

（资料来源：根据国家外汇管理局网站统计数据整理）

2. 国际金融组织贷款

1）国际金融组织贷款

国际金融组织贷款是由一些国家的政府共同投资组建并共同管理的国际金融机构提供的贷款，旨在帮助成员国开发资源、发展经济和平衡国际收支。包括国际货币基金组织、世界银行/国际复兴开发银行（IBRD）、国际开发协会（IDA）、国际金融公司（IFC）、亚洲开发银行（ADB）、联合国农业发展基金会和其他国际性、地区性金融组织提供的贷款。其贷款发放对象主要有以下几个方面：① 对发展中国家提供以发展基础产业为主的中长期贷款；② 对低收入的贫困国家提供开发项目以及文教建设方面的长期贷款；③ 对发展中国家的私人企业提供小额中长期贷款，目的是通过长期贷款的支持和政策性建议帮助会员国家提高劳动生产力；④ 促进发展中国家的经济发展和社会进步，改善和提高生活水平。

2）国际复兴开发银行及国际开发协会贷款

国际复兴开发银行贷款主要是为发展中国家提供有息的中长期贷款，利率水平与国际金融市场利率水平比较接近，采用浮动利率，贷款期限通常为20年，一般称为"硬贷款"。国际开发协会主要是向最贫穷的低收入会员国提供无息的长期开发信贷，贷款期限在35～50年，一般称为"软贷款"。世界银行从2000财政年度起不再向中国发放软贷款。

3）亚洲开发银行贷款

亚洲开发银行（以下简称亚行）贷款是指亚行对亚洲和太平洋地区的发展中国家提供的长期性开发资金。目的是鼓励各国政府和私人资本向亚洲和太平洋地区投资，对本地区国家提供长期贷款和技术援助，促进本地区国家的经济合作和发展。

亚行贷款分为普通贷款和特种贷款。普通贷款（Ordinary Operation）主要用于帮助成员国提高其经济发展水平，采用浮动利率，贷款期限为 15～25 年，普通贷款也称为硬贷款；特种贷款（Special Operation）主要是为贫困成员国提供的优惠贷款。这种贷款不收取利息，贷款期限为 40 年，也称为软贷款。我国未使用过亚行的特种贷款。亚行贷款的基本特点表现在贷款人、资金来源、贷款条件、贷款期限和贷款对象几个方面。

（1）贷款人。贷款人为特定的国际金融机构，而其借款人通常也受到特定范围的限制。例如，世界银行贷款的借款人仅限于基金成员国政府、政府机构、由其政府机构提供担保的公私企业，国际开发协会贷款的借款人仅限于贫困发展中国家的开发项目当事人，亚洲银行贷款的借款人限于其成员国的开发本地区项目的投资人，泛美开发银行贷款的借款人限于其成员国的当事人，并且须为"在合理条件下无法从私人来源获得融资"的当事人，等等。

（2）资金来源。贷款的资金主要来源于各成员国缴纳的股金、捐款以及国际金融机构从资本市场的筹资，其资金放贷宗旨通常包含有鼓励成员国从事开发项目、援助发展中国家特别是贫困国家经济发展的内容，不完全等同于仅以营利为目的的商业贷款。

（3）贷款条件。较优惠，利息率普遍低于商业银行贷款，其优惠性贷款的利息率可低于 3% 甚至为无息；其附加费通常也包括承诺和手续费。尽管国际金融机构贷款不完全等同于政府间的"软贷款"，但其贷款条件的整体优惠性往往并不亚于政府贷款。

（4）贷款期限。通常为中长期贷款，贷款期多为 10～30 年（最长可达 50 年），宽限期多为 5 年左右。

（5）贷款对象。多为开发性贷款，主要用于经济复兴或开发性项目，非项目性贷款通常为配套性使用，与商业银行贷款有很大的不同。贷款用途限制严格，不仅贷款协议要求借款人严格遵守贷款目的和贷款用途条款，而且贷款方通常也对借款人的资金运用进行严格的监督和检查。

我国 2001—2011 年国际金融机构贷款金额见表 11-11。

表 11-11　我国 2001—2011 年国际金融机构贷款金额　　　　单位：亿美元

年份	2001	2002	2003	2004	2005	2006	2007	2008	2009	2010	2011
贷款金额	275.66	277.01	264.67	251.00	267.88	27.81	283.71	270.54	333.75	355.46	349.99

（资料来源：根据国家外汇管理局网站统计数据整理）

当然，国际金融组织贷款也存在弊端：其一，采购物资决定权操之于人，贷款采购的最后决定权，往往掌握在提供贷款的机构手中。外国投标商为了中标，常通过本国在国际金融组织的理事向借款国提出异议或施加压力迫使其接受；其二，贷款申请手续烦琐，每个计划从申请到核定贷款至少一年，费时间。

3. 国际商业银行及其他金融机构贷款

金融市场是借贷资本的场所，有国内金融市场和国际金融市场之分。国际金融市场是在世界或某一地区的资金市场上活动，借贷双方是不同国度的法人或自然人。在国际金融市中，一些国家的中央银行、商业银行、其他银行和金融机构参加市场的金融活动，充当了最初存款者和最终借款者的中介机构角色。目前，欧洲货币市场已成为世界上规模最大的国际金融市场。

国际商业银行贷款特点表现在以下几个方面。

（1）贷款利率按国际金融市场利率计算，利率水平较高。例如，欧洲货币市场的伦敦银行间同业拆放利率是市场利率，其利率水平是通过借贷资本的供需状况自发竞争形成的。

（2）贷款可以购买任何国家货物和劳务，自由使用，一般不受贷款银行的限制。国际银行贷款不受银行的任何限制，可由借款人根据自己的需要自由使用。

（3）贷款方式灵活，手续简便。与政府贷款、国际金融机构贷款相比，国际商业贷款借款手续比较灵活，每笔贷款可多可少，借款手续相对简便，可以很快达成协议，以利于尽快解决资金的需求。

（4）资金供应充沛，允许借款人选用各种货币。在国际市场上有大量的闲散资金可供运用，只要借款人资信可靠，就可以筹措到自己所需要的大量资金。而不像世界银行贷款和政府贷款那样只能满足工程项目的部分资金的需要。

2001—2011 年我国从国外银行及其他金融机构贷款情况见表 11-12。

表 11-12　2001—2011 年我国从国外银行及其他金融机构贷款　　单位：亿美元

年份	2001	2002	2003	2004	2005	2006	2007	2008	2009	2010	2011
贷款金额	334.88	317.28	425.17	437.55	491.80	585.17	546.11	534.59	469.42	563.16	705.46

（资料来源：根据国家外汇管理局网站统计数据整理）

国际商业银行贷款弊端表现在：采用国际货币市场利率，比政府贷款和国际金融组织贷款利率高；采用浮动汇率，一般 3～6 个月随市场调整一次，支付一次利息，造成建设工程所需资金成本事先无法估计，给工程计划带来困难；除支付利息外，还支付代理费等其他费用，加大借款成本，若使用不当，易发生偿还困难。

表 11-13　2001—2011 年我国对外债务变化　　单位：亿美元

年份	2001	2002	2003	2004	2005	2006	2007	2008	2009	2010	2011
金额	2 033.03	2 026.33	2 193.60	2 629.92	2 965.45	3 385.88	3 892.18	3 901.61	4 286.47	5 489.38	6 949.97

（资料来源：根据国家外汇管理局网站统计数据整理）

从 2001 年至 2011 年 10 年的数据可以看出，我国对外借款规模（外债余额）呈逐年上升趋势，对外债务合计从 2 033 亿美元上升至 6 949 亿美元（见表 11-13）。其中：外国政府贷款从 237 亿美元上升至 332 亿美元，国际金融组织贷款从 275 亿美元上升至 349 亿美元，国际商业银行及其他金融机构贷款从 334 亿美元上升至 705 亿美元，上升最多的是国际商业银行及其他金融机构贷款。虽然通过对外借款流入的外国资本弥补了我国国内资金缺口，也刺激了国内投资和资本积累给我国的经济建设带来巨变，但同时也应看到，我国外债结构明显不合理，国际商业银行贷款比重偏大，且其贷款多以中短期为主，这势必造成债务成本过高，增大了偿债风险。因此，在看到对外借款对我国经济发展有利的一面同时，也应从贷款规模、结构、使用等各方面加强管理，将总量控制在国际安全线以内。

4. 对外发行债券

对外发行债券是指通过政府、企业、银行或其他金融机构等在国际债券市场上发行外国货币面值的债券，以募集资金。对外发行债券需经国外信用评级机构的评级，选择债券承销商，确定债券利率、偿还期限和发行价格，由债券承销商和发行者共同确定合适的发行时间、地点，以最佳方式向投资者出售债券。

对外发行债券手续较复杂，但不受国内贷款的限制，对资金需求者而言能够使其更加灵活地筹措境外资金，并借以扩大国际债券市场知名度。

债券与股票的根本性区别在于，前者的持有人到期可以凭所持债券兑换等面值的货币（高于购买时的价格），后者的持有人只能定期到发行企业领取股息和参与分红（企业有可分配利润时）。

11.3.2　中国企业对外发行股票

国内企业对外发行股票也是我国利用外资的方式之一，具体包括两种：境内发行人民币特种股票（B股）和中国企业直接境外上市。

1. 境内发行人民币特种股票

人民币特种股票简称B股，它是以人民币标明面值，以外币认购和买卖，在中国境内（上海、深圳）证券交易所上市交易的外资股。因为这种股票从认购到派息、分红均用人民币计算，只是限定了投资者用外币买卖，为有别于国内一般股票，故称为人民币特种股票。B股公司的注册地和上市地都在境内，2001年前投资者限制为境外人士，2001年之后，开放境内个人居民投资B股。

发行B股的作用表现在：首先，创立了新的外汇资金筹集渠道。与对外借款其他形式相比，发行股票筹集外汇资金不必还本，只需分红派息，降低了筹资成本。其次，利于发行企业改进管理，进入国际市场。发行B股后，股东不仅来自国内，还来自国外，要求企业按照国际标准改进自身经营管理，加强自我约束，为进入国际市场创造条件。最后，有助于国外投资者更多了解我国的投资政策和投资环境，为我国券商进入国际市场提供条件。

我国B股市场建立于20世纪90年代初，1992年2月21日，中国第一只B股——真空B股（900901. SH）在上海证券交易所挂牌上市，上海B股市场正式成立。成立B股市场的初衷是在改革开放初期吸引外资，吸收国外先进的管理经验和技术，以支持中国经济的快速发展，因此，B股市场最初仅面向境外投资者开放，直到2001年2月中国证监会才开始允许境内个人投资者参与B股市场。

由于历史的原因，B股作为当时的一项过渡性安排，从制度设计、交易技术到上市公司质量和投资者构成等都具有鲜明的中国特点，存在制度上的缺陷和未来发展规划方面政策的不确定性，这一切阻碍了其进一步发展。例如，为了降低风险，几乎所有B股均采用私募发行方式发行，即只面向有限的特定投资者进行发售，这使得B股市场的投资者基础过于狭窄并导致B股受到冷遇。

2. 中国企业境外直接上市

中国企业境外直接上市是指在中国境内注册成立的股份有限公司作为境内法人直接申请在境外证券交易所上市交易。如通常所说的，中国内地企业在香港联交所上市以港元认购和交易的H股和在纽约证交所上市以美元认购和交易的N股。截至2013年12月，我国境外上市公司数（H股）达185家，境外筹资累计7 948.72亿元。海外证券市场发达，资金丰富，能满足企业大规模筹资所需。同时，海外证券市场的完备监管和严格要求能促进上市公司向现代经营机制转变。

除以上两种方式外，我国企业还可在海外通过存托凭证间接上市、在境外买壳间接上市等方式达到筹集海外资金的目的，这两种形式的有利之处是可避免海外市场国家对外国公司发行股票的严格规定，绕过复杂的上市标准，克服不同国家证券管理制度的差异，从而快速进入境外证券市场融资。

▶ 本节讨论案例

商业银行海外发债提速

2014年6月，中国建设银行（亚洲）股份有限公司在瑞士成功发行12.5亿元人民币债券。中国农业银行香港分行也在法兰克福成功发行12亿元人民币莱茵债。此外，中国银行、交通银行、国家开发银行、华夏银行等都先后加入海外发债行列。

据不完全统计，截至2014年6月26日，2014年离岸人民币债券发行量已达1 600亿元，超过去年全年约1 300亿元的发行总量。

成本低廉受追捧

发债成本较国内低是商业银行海外发债的最重要原因。例如，在香港发行"点心债"，其发行利率一般比内地市场低近百个基点，这对发行方来说具有很大的吸引力。

以中国建设银行（亚洲）股份有限公司在瑞士发行的12.5亿元人民币债券为例，这只3年期债券被信用评级机构穆迪给予A2等级评级，票面利率为3.45%。农业银行香港分行在法兰克福发行的12亿元离岸人民币债券，票面利率为3.25%。

相比之下，在国内债券市场发行的金融债，利率则要高得多。以国开行6月24日发行的第十六期3年期债券为例，其中标利率为4.834 5%。而细数今年以来商业银行在海外发行的人民币债券，其票面利率基本保持在3%～4%。

业内分析认为，由于中资银行发行的人民币债券大都能获得较高的信用评级，往往被海外投资者超额认购。同时人民币后期走势被海外投资者看好，国际市场仍有配置人民币资产的需求，而人民币资产在国际市场上还较为有限。此外，人民币债券率的收益一般也比美元债券要高。

增加补充资本金渠道

"出海"发行人民币债券为商业银行提供了补充资本金的渠道。

2013年1月1日开始实施并将于2018年全面生效的《巴塞尔协议Ⅲ》对银行资金充足率设定了更高的标准，其中对大型银行的资本充足率监管要求为11.5%，对中小银行的资本充足率监管要求为10.5%。到2014年年底，系统重要性银行的资本充足率水平最低监管标准为9.9%。

上市商业银行一季报数据显示，中、农、工、建、交五大商业银行的资本充足率在11.5%以上，均高于监管要求；而部分股份制银行的资本充足率压力则并不乐观，如招商银行资本充足率为10.90%，光大银行为10.21%，华夏银行仅为9.93%。

此外，不良资产持续上升也使商业银行迫切需要补充资本金。统计显示，2013年商业银行不良贷款余额为 5 921 亿元，比年初上升 992 亿元，大大超过 2012 年的增幅；不良率为 1%，比年初上升 0.05 个百分点。中国银行业协会 6 月 30 日发布的《中国银行业发展报告（2014）》显示，2014 年银行业不良资产率将持续小幅上升，全年不良贷款率增幅在 0.1%～0.2%。

海外发行人民币债券符合《巴塞尔协议Ⅲ》规则，更给商业银行开辟了一个新的资金补充渠道。银行海外发债获得的资金可以用来补充资本金，这对补充资本压力较大的银行来说更具吸引力。

回流渠道的畅通也使得银行发行人民币债券更为积极。华夏银行 4 月 25 日发布公告，该行已获央行及国家发改委同意，在香港发行金额不超过 10 亿元人民币的普通金融债券，发行债券所募集人民币资金汇回境内使用。这意味着，其发债所得资金将直接回流用于补充资本金。

人民币国际化提供支撑

银行海外发债步伐不断加快，更与人民币国际化、银行加速"出海"的背景有关。

近年来，人民币国际化进程明显提速。目前，中国香港、中国台湾、新加坡、法兰克福、伦敦等地已设立人民币清算行。中国人民银行日前宣布，已分别与法兰西银行和卢森堡中央银行签署合作备忘录，将确定巴黎和卢森堡的人民币业务清算行。

人民币国际化步伐的加快和人民币清算行的增加，在为当地人民币支付和交易提供极大便利的同时，也增加了当地投资者对人民币产品的需求。

与此同时，中资银行"走出去"的步伐也在加快。随着中资银行在海外设立网点的增多，也需要更多的资本金补充进来，发债无疑是成本较低的方式之一。

中国银行业协会日前发布的《2013 年度中国银行业社会责任报告》显示，截至 2013 年年底，18 家中资银行业金融机构共在海外 51 个国家和地区开设了 1 127 家海外分支机构，总资产超过 1.2 万亿美元。而在人民币离岸市场布局加速的背景下，中资银行"出海"速度有可能加快，海外发债或将更为频繁，这也将为中资银行提高海外影响力打下良好基础。

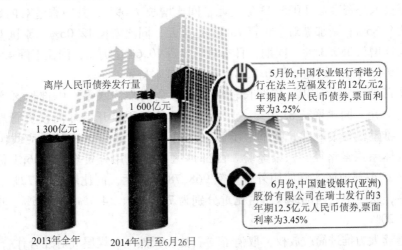

离岸人民币债券发行量

1 300 亿元　　　1 600 亿元

2013 年全年　　2014 年 1 月至 6 月 26 日

5 月份，中国农业银行香港分行在法兰克福发行的 12 亿元 2 年期离岸人民币债券，票面利率为 3.25%

6 月份，中国建设银行(亚洲)股份有限公司在瑞士发行的 3 年期 12.5 亿元人民币债券，票面利率为 3.45%

（资料来源：http://www.cssn.cn/dybg/gqdy_jj/201407/t20140704_ 1240976. shtml.）

【讨论的问题】

1. 中资银行"走出去"对其发展有哪些好处？

2. 中资银行为何频频"出海"发行人民币债券？

11.4　中国利用外资的新变化

11.4.1　2013 年中国利用外资的特点

2013 年，我国吸收外资规模平稳回升，从 2 月份起已经连续 11 个月单月吸收外资保持正增长。归纳起来有如下特点。

（1）吸收外资的产业和区域结构逐步改善，服务业实际使用外资首次占比过半。2013 年我国实际使用外资金额 1 175.86 亿美元，同比增长 5.25%，其中服务业实际使用外资 614.51 亿美元，同比增长 14.15%，在全国总量中的比重为 52.3%，首次占比过半，连续两年超过制造业比重。其中社会福利保障业、电气机械修理业、娱乐服务业增长较快，分别增长 368.63%、308.8% 和 117.42%。制造业实际使用外资金额 455.55 亿美元，同比下降 6.78%，在全国总量中的比重为 38.7%。其中石油加工、炼焦及核燃料加工业，水产品加工增长较快，同比分别增长 81.97% 和 46.76%。在制造业利用外资中，产业得到进一步调整，部分高端制造业增长较快，电子信息、集成电路等技术密集型产业吸收外资继续得到发展，新能源、新材料、节能环保等战略性新兴产业的外商投资也日益形成规模。同时，外资在华设立的地区总部、研发中心、结算中心、物流中心等功能性机构不断增多，服务范围不断扩大。农林牧渔业实际使用外资金额 18 亿美元，同比下降 12.71%，在全国总量中的比重为 1.53%。

（2）欧美对华投资回升较快。美国对华实际投入外资金额 33.53 亿美元，同比增长 7.13%；欧盟 28 国对华实际投入外资金额 72.14 亿美元，同比增长 18.07%。亚洲十国/地区对华实际投入外资金额 1 025.23 亿美元，同比增长 7.09%；其中香港对内地投资稳步增长，增幅达 9.86%；新加坡对华投资 73.27 亿美元，同比增长 12.06%；泰国对华投资 4.83 亿美元，同比增长 389.31%。同期，日本对华投资 70.64 亿美元，同比下降 4.28%；韩国对华投资 30.59 亿美元，同比下降 0.23%，与上年基本持平。

（3）中部地区实际使用外资增长较快，高于全国平均水平。中部地区实际使用外资金额 101 亿美元，同比增长 8.79%；上海自贸试验区积极开展外商投资管理体制改革试点，进一步推动投资便利化，为下一步建立既符合国际通行做法又适应我国国情的外资准入和监管体系探索路径、积累经验。西部地区实际使用外资金额 106.1 亿美元，同比增长 6.96%；东部地区实际使用外资金额 968.78 亿美元，同比增长 4.72%。在全国吸收外资总量中，东、中、西部地区所占比重分别为 78.45%、14.7% 和 6.85%。中西部地区占比首次超过 20%。

（4）继续大力推进简政放权，取消了"石油、天然气、煤层气对外合作合同"的审批；同时，积极参与注册资本实缴登记制改认缴登记制等工商登记制度改革，优化外商投资商事登记制度和流程；参与修订《政府核准的投资项目目录》，进一步缩小需政府核准的外商投资项目范围。

11.4.2　中国利用外资发展的新趋势

（1）全球经济继续低速增长，发达国家对外投资能力有望增强。最近两年，受全球经济复苏进程缓慢、跨国投资总量偏紧等因素的影响，全球外商直接投资也将处于一种温和增长态势，2012 年全球跨国直接投资下降了 18%。在全球的大背景下考察世界经济，其增速虽然低于危机前，我国吸收外资虽然也出现了持续的小幅波动，但吸收外资的走势还是相对平稳的，2012 年我国大部分月份是下降的，但吸收外资绝对额仅次于美国，居全球第二位。截至 2012 年，我国已连续 20 年成为利用外资最多的发展中国家。自 2013 年 2 月起，我国吸收外资连续 11 个月呈正增长，这在相当程度上证明了中国经济的竞争力和国际投资者对中国投资环境的认可及对我国经济发展前景的看好。

（2）制造业吸收外资方面，外商更趋向于投资高新技术产业、技术附加值和资金附加值比较高的企业以及研发中心。例如，2012 年交通运输设备制造、医药设备制造业等实际利用外资同比增长分别达 33.05% 和 57.59%。发达国家在重振制造业的过程中，十分重视在本土发展绿色新兴产业，以抢占未来科技进步的制高点，我国在高端制造、高端服务、新兴产业上引资的压力将加大。与此同时，越南、印度等发展中国家也在加快推进工业化进程和产业结构升级，利用自身成本更低的优势大力吸引来自发达经济体的投资，国际市场上对外资的争夺日趋激烈。因此，今后几年我国利用外资将面临与发达国家、发展中国家同时竞争的"两线"作战态势，利用外资规模也会不可避免地受到影响。这些都体现了鼓励外资投向高端制造业的思路。此外，外资企业在华研发机构数量已达 1 400 多家。

（3）我国对外资吸引力依然较强，但成本优势逐渐趋于弱化。我国市场潜力巨大、产业配套齐全、基础设施完善、人力资源整体素质较高，这些吸引外资的整体优势近期不会改变。同时伴随着世界经济的进一步复苏，我国经济企稳回升势头将进一步稳固，经济增长有望加快，这将增加外商来华投资的信心。此外，我国将进一步深化包括收入分配、财政金融、行政管理等重要领域各项制度改革，这无疑有助于优化投资环境，增强对外资的吸引力。现代服务业的发展，尤其是生产性服务业，包括研发、设计、金融、投资、保险、物流、仓储、运输、信息咨询等所有能够为中国制造带来升值的服务环节，下一步将会获得更大的发展。这些服务环节的发展离不开全球化，将为外资带来巨大机会。

利用外资对我国经济发展的促进作用有目共睹，但也要看到，我国用了 30 年时间走完了西方发达国家上百年的工业化进程。当前国内土地、劳动、资源等要素价格呈刚性上涨，低成本优势正趋于弱化，一些劳动密集型的外资企业已开始由东部地区向中西部地区和海外转移。例如，阿迪达斯、福特等已将工厂移出我国，而寻求更低成本的东南亚国家。总体来看，国内发展阶段的转换将促进利用外资的区域结构、产业结构进一步优化，利用外资规模将比较稳定。

▶ 本章讨论案例 ◀

商务部关于 2013 年全国吸收外商投资工作的指导意见（节选）

商资发〔2013〕82 号

......

三、主要任务

（三）认真学习党的十八大精神，提高对新时期吸收外资的认识。深入贯彻落实科学发展观，围绕经济持续健康发展等战略目标，深刻学习领会十八大报告关于全面提高开放型经济水平的重要论述，深刻认识新时期吸收外资的意义和作用，结合国民经济总体布局、区域发展重点、产业发展优势，研究制定吸收外资的政策和措施。

（四）着力改善投资环境，增强引资国际竞争力。针对吸收外资的新形势、新情况、新特点，研究国际投资规则、通行做法与经验，进一步完善外商投资法律法规政策，深化外商投资管理体制改革；坚持依法行政，推行外商投资在线办事系统和格式化审批，提高行政效率，增加行政透明度；强化服务意识，密切关注外商投资企业经营环境变化，倾听企业诉求，健全企业投诉机制，积极主动帮助企业协调解决经营中遇到的困难，依法维护境内外投资者的合法权益，有条件的地区应构建综合服务平台；加强知识产权保护和执法力度，营造技术引进和研发创新良好氛围；研究编制中国外资指数，综合评价全国及各地投资环境及引资优势。

（五）积极稳妥引导外资投向，优化产业结构。结合全球产业发展趋势及我国优化产业结构目标，进一步鼓励外资投向现代农业、高新技术、先进制造、节能环保、新能源、现代服务业等领域；充分发挥国家鼓励战略性新兴产业发展政策的效应，引进高技术含量、高端环节外商投资；继续鼓励跨国公司设立地区总部、财务中心、共享服务中心、营运中心等功能性机构，吸引跨国公司亚太区总部和业务性全球总部，提升投资管理能级；引导外资依托云计算、物联网等新兴技术发展生产性服务业新业态；稳步扩大医疗、养老机构等生活性服务业开放，增强外资吸纳就业、促进国内消费作用；积极利用外资发展职业技能培训，提高劳动力素质；以《内地与港澳更紧密经贸关系安排》《海峡两岸经济合作框架协议》作为服务业领域对外开放的突破口，积极推动深圳前海现代服务业示范区、珠海横琴新区、广州南沙新区、福建平潭综合试验区等区域先行先试；有效利用境内外资本市场，支持有条件的外商投资企业境内外上市；规范外商投资房地产发展。

（六）鼓励外资参与我国创新驱动发展战略，实现引资、引技、引智有机结合。全面、客观地总结评价在对外开放条件下利用外资促进创新的经验，充分宣传利用国家鼓励科技创新有关政策，支持外商投资企业增强创新能力；结合国家创新驱动战略，完善外商投资研发中心发展政策和高新技术企业认定工作，促进外商投资企业引进先进技术和高端人才；支持外商投资企业与国内科研机构和企业联合开展技术研发和产业化推广，申请国家科技开发项目、创新能力建设项目等；鼓励外资投向科技中介、创新孵化器、生产力中心等公共科技服务平台建设；支持高端人才向自主创新示范区集聚，简化审批程序，为其利用境内外资源创业发展提供便利；各地商务主管部门应积极配合有关部门，努力为引进人才创造良好的工作与生活环境。

（七）把握区域发展重点，引导外资促进区域协调发展。鼓励东部地区加快体制机制创新和产业转型升级，加大现代服务业、研发、高端制造环节吸收外资比重；发挥中西部地区优势，承接境内外产业转移，修订并实施《中西部地区外商投资优势产业目录》，鼓励外商投资中西部地区符合环保要求的劳动密集型产业，推动中西部地区传统产业升级改造；有序建设中西部地区承接产业转移示范园区，推动东中西部开发区加强合作；简化东部地区外商投资企业向中西部转移审批登记手续，减少外资在跨区域流动中的障碍，推进产业转移进程；扩大沿边开放，加快边境、跨境经济合作区建设，做好国家级经济技术开发区与边境经济合作区的对口帮扶工作，务实做好对西藏、新疆产业聚集园区的产业对口援助工作。

（八）加强外商投资管理，完善外商投资科学评价体系。完善外资并购国家安全审查制度，增强地方商务主管部门责任意识，健全外资并购项目监控系统；开展全国外资存量情况专项调查，全面评价外资对我国国民经济和社会发展的作用；加强外资统计工作，维护统计数据的权威性、严肃性，防止虚报数据和盲目攀比；完善全口径外商投资管理信息系统，增强外商投资行业预警、审批监控、运营监测功能；提高联合年检工作水平；健全外商投资科学评价体系，增设外商投资吸纳就业、引进技术、研发创新、降低能耗等综合效益评价指标。结合我国企业国际化经营需求，完善外资并购有关操作规程。

（九）充分发挥经济技术开发区载体作用，实现开发区持续健康发展。落实《国家级经济技术开发区和边境经济合作区"十二五"发展规划（2011—2015 年）》，引导国家级经济技术开发区和边境经济合作区结合各自特点加强园区社会建设，构建区域创新体系，优化产业结构，实现和谐发展；全年工作重点是大力培育新升级的国家级经济技术开发区，加强人才培训、宣传交流、产业对接、国际合作等平台建设，通过分级管理引导国家级经济技术开发区不断优化和提升综合投资环境；将开发区综合发展水平评价结果作为开发区升级扩区的重要依据，探索建立分类评价和动态进出机制；加强国家生态工业示范园区建设和开展节能环保国际合作，鼓励开发区加快产业结构调整、基础设施建设和环境综合整治；根据边境经济合作区的战略定位和发展目标，探索建立边境经济合作区统计体系、综合发展水平评价指标体系和评审机制。

（十）完善投资促进工作体系，提升招商引资水平。转变招商引资观念，结合区域发展优势和特点，由粗放式招商引资向系统化、专业化的投资促进转变；加强投资促进机构建设，提升投资促进人员的专业化水平，完善境内外投资促进网络，有条件的省市应建立投资促进专项资金，加大在境外设立机构、开展投资促进活动等的支持力度；充分发挥多、双边投资促进机制的作用，加强投资促进工作的针对性，提升中国国际投资贸易洽谈会、中部投资贸易博览会专业性和实效性；切实杜绝招商引资中违法违规变相给予优惠政策的行为。

中华人民共和国商务部

2013 年 3 月 14 日

附件

2012 年全国吸收外商投资情况

一、吸收外商投资规模保持平稳。全年新设外商投资企业 24 925 家，同比下降 10.06%；实际使用外资 1 117.16 亿美元，同比下降 3.7%（以上未含银行、证券、保险领域数据），总体形势好于全球跨国直接投资形势。

二、外商投资产业结构持续优化。制造业实际使用外资 488.7 亿美元，同比下降 6.21%，占全国吸收外资的比重为 43.7%，部分高端制造业增长较快，通用设备制造业和交通运输设备制造业实际使用外资同比分别增长 31.82% 和 17.15%。服务业比重进一步提高，实际使用外资 538.36 亿美元，同比下降 2.55%，占全国吸收外资比重为 48.2%，比 2011 年提高 0.57 个百分点。外商投资研发机构持续增长，总数超过 1 800 家，研发内容向基础性、先导性领域延伸。

三、中部地区吸收外资态势良好。中部地区实际使用外资 92.87 亿美元，同比增长 18.51%；东部、西部地区实际使用外资分别为 925.1 亿美元、99.16 亿美元，同比降幅分别为 4.2%、14.3%。中西部地区实际使用外资占全国总额的比重为 17.19%，比 2011 年提高 0.46 个百分点，农业、制造业吸收外资平稳，道路运输、计算机服务业等成为吸收外资的新增长点。

四、外商投资企业推动国民经济平稳较快发展。全年外商投资企业固定资产投资同比增长 10.72%，工业增加值同比增长 6.9%；实现进出口总值 18 940 亿美元，同比增长 1.87%，占全国进出口总值的 48.98%；1—11 月外商投资企业高新技术产品出口 4 256.68 亿美元，同比增长 3.47%，占全国高新技术产品出口的 78.94%；1—9 月，外商投资企业缴纳税收 16 447.5 亿元，同比增长 7.11%，占全国税收总额的 20.3%。目前外商投资企业直接就业人数约达 4 500 万人。

（资料来源：商务部网站。）

【讨论的问题】
1. 了解我国 2012 年吸收外商投资的情况。
2. 领会"商务部 2013 年全国吸收外商投资工作的指导意见"的精神。
3. 2012 年外商在我国投资研发机构有哪些？

复习思考题

1. 为鼓励外资参与我国创新驱动发展战略，我们应做好哪些工作？
2. 概括说明目前我国利用外商直接投资的特点。
3. 我国利用外商直接投资的方式有哪些变化？
4. 简述我国利用外商直接投资政策调整思路。
5. 简述利用外商直接投资对我国产业结构调整的作用。
6. 我国利用国际直接投资的发展变化有哪些？
7. 分析我国利用外资发展的新趋势。

第12章

中国对外投资

【学习目标】

> ➢了解我国"走出去"战略的内容和相关政策。
> ➢了解我国对外直接投资的发展概况。
> ➢熟悉我国对外直接投资的必要性。
> ➢了解我国对外直接投资的最新发展趋势。

导入案例

2013，中国海外投资井喷年 投资不局限于资源

中企"走出去"的第二次浪潮

2013年全球对外直接投资复苏乏力，而中国对外直接投资却迅猛增长，各类并购金额不断刷新纪录。根据商务部的数据，2013年1～11月中国境内投资者对外直接投资（非金融类）累计达802.4亿美元，较2012年的625亿美元同比增长28.3%。其中，对俄罗斯、美国、澳大利亚、欧盟、东盟的投资分别实现685%、232.2%、109.3%、89.9%、35.3%的高速增长。2013年是中国对外投资持续增长的一年。中国对外投资迎来了黄金时期。

投资不再局限于资源

在过去10年，中企对外投资年平均增长都在30%左右。今年，国内外环境的变化都为中企海外投资提供了机遇。不少专家认为，中国对外投资的增长一方面是金融危机带给中国的机遇，中国强大的外汇储备能够支撑企业"走出去"。欧债危机给中国提供了20年来最好的投资机遇。另一方面，国内企业已经有参与国际竞争的需要，而国内投资环境，尤其是制造业投资环境不是特别好，很多企业热衷到海外创业。同时人民币升值使中国企业到外国投资的成本大大降低。

2013年中国对外投资的第一个明显特点是制造业增长比较快，从2012年占投资总额的7.5%上升到2013的9.8%。过去几年资源性投资增长比较大，而2013年无论资源性投资，

还是商贸和租赁、物流配送等所占投资份额都与 2012 年相差不多。第二个特点是对欧美的投资仍然保持高速增长，一方面说明这些国家的投资环境确实是最好的，另一方面说明中国企业在发达国家的适应能力迅速上升。第三个特点是过去在对外投资中，国有企业都占到 50% 以上，今年 1—11 月，中国民企对外投资首次超过了国企，达到 50% 以上。

英国《经济学人》称，中国的对外投资最初由国有企业带动，目的是获得能源、矿产和落后国家土地。但现在中国迎来第二波走出去浪潮，主要驱动原因则是品牌、技术和利润。加拿大 RBC 律师事务所和美国普衡律师事务所数据显示，2012—2013 年，中国在北美能源、矿产投资虽仍活跃，但所占比例已开始下降，科技、房地产、食品等成投资新宠。

中国对非洲的投资呈现越来越多样化的趋势。中国国际贸易促进会公布的"2013 中国企业对外投资现状及意向调查"显示，中国对撒哈拉以南非洲投资比重最大的是制造业，份额超过总投资的 30%，而并非西方媒体所鼓吹"中国掠夺非洲资源"的采矿业等。据悉，2009—2012 年，中国企业对非洲制造业直接投资额合计达 13.3 亿美元，2012 年年底，在非洲制造业投资存量达 34.3 亿美元。分析指出，之所以出现这种趋势，是因为中国民营、非国有上市公司在北美投资规模上升，它们更注重投资的回报率和平衡，而对获取海外资源的兴趣相对较小。

私营企业异军突起

在第二波对外投资潮中，私营企业发挥了重要作用。吉利买下沃尔沃，东风偏爱持股标致-雪铁龙，阿里巴巴准备在美国开公司，联想中意黑莓。从寻求资源的国有企业转向寻求市场和创新、勤俭持家的私营企业，这是一个积极迹象。

制造业投资的回报率往往比资源投资稳定，这个比例的增加有利于增强中国制造业发展的后劲，而民营上市企业对外投资的增长，同样有利于中国对外投资构成走向健康，带动国内产业结构提升。

此外，发达市场在中国对外投资中的比重大幅攀升。商务部数据称，2013 年，中国对东盟、欧盟、澳大利亚、美国、俄罗斯、日本，以及内地对香港共 7 个主要经济体的投资占同期我国对外直接投资总额的 72%。美国荣鼎咨询公司认为，中国的对外投资以往收益并不理想，现在政府正鼓励企业在发达市场进行基础设施和其他资产投资。例如，中国在英国投资泰晤士水务公司、希思罗机场以及核电站等项目。

要警惕三大风险

2013 年中国的对外投资比以前有很大的突破，而这些没有被中国媒体充分宣传。当初，中海油收购优尼科遭到美国强烈阻挠而失败的案子，在中国媒体报道很多。而 2013 年中海油以 151 亿美元收购加拿大尼克森石油公司股权的事，却很少有媒体报道。2013 年双汇集团收购史密斯菲尔德公司，事先连中国商务部一些官员都觉得"有困难"，因为 6 年前，可口可乐收购汇源时，中方以涉嫌垄断为由拒绝。中方担忧美国以同样理由拒绝双汇的收购，这件事情最终谈成，可见事实上现在美国非常欢迎中国投资。

总部设在香港的金杜律师事务所分析了中国对外投资面临的三个风险。一是政治因素和审批程序。三一集团关联公司放弃美国风电项目和五矿竞购澳洲矿业失败，都是因为外国政府以安全理由作梗。二是税收和劳工问题。高税收正让澳大利亚失去对中国投资者的吸引力。三是法律和文化冲突。但总体而言，中国企业对外投资正日益专业化，聘请了来自金融、法律、技术和人力资源等方面的专家为顾问。中国企业也更加注重组成联合体，即工业企业、建筑承包商和金融机构联手开展并购项目。

　　（资料来源：http：//finance. people. com. cn/n/2013/1231/c70846-23986637. html.）

　　由此案例引出的问题：
　　◐ 我国"走出去"政策出台的背景是什么？
　　◐ 我国企业实施"走出去"战略的必要性和意义是什么？
　　◐ 我国企业海外投资的优势有哪些？
　　◐ 我国海外投资企业重点投资领域有哪些？
　　◐ 举例说明我国成功在纳斯达克上市的企业。

　　国际投资是一国参与经济全球化的重要方式。我国的对外开放战略也包含两个相互联系的方面："引进来"与"走出去"。长期以来，我国在大力引进外资的同时，随着国家经济实力的增强和企业国际竞争力的提高，中国企业开始尝试走出国门，到世界各国进行海外投资，从事办厂开店等业务。但无论是同中国庞大的经济体还是与引进的外商直接投资相比，中国的对外直接投资都处于极不相称的状况，我国企业到海外投资的质量也不高。但随着"走出去"战略的实施，中国的对外投资开始出现迅速增长。

12.1　我国"走出去"战略的确立与实施

　　2000 年 10 月，党的十五届五中全会审议并通过了《中共中央关于制定国民经济和社会发展第十个五年计划的建议》（以下简称《建议》）。建议指出，在"十五"期间乃至更长的一段时期，要实施"走出去"的开放战略。"走出去"战略又称国际化经营战略，是指中国企业充分利用国内和国外"两个市场、两种资源"，通过对外直接投资、对外工程承包、对外劳务合作等形式积极参与国际竞争与合作，实现我国经济可持续发展的现代化强国战略。《建议》为我国对外投资活动的发展指明了方向，为企业"走出去"创造了良好的政策环境，我国实施"走出去"的战略最终明确。

　　为了配合"走出去"战略的推进，国家相继出台了多项规定确保其实施。2004 年 10 月，《关于对国家鼓励的境外投资重点项目给予信贷支持政策的通知》成为我国促进对外直接投资具体配套措施，同时国家发改委和中国进出口银行共同建立了境外投资信贷支持机制。根据国家境外投资发展规划，中国进出口银行在每年的出口信贷计划中，专门安排一定规模的信贷资金用于支持国家鼓励的境外投资重点项目。此外，在境外投资日常管理方面，除了 2002 年 10 月原外经贸部先后颁布的《境外投资联合年检暂行办法》和《境外投资综合绩效评价办法（试行）》外，商务部于 2004 年 11 月下达了商务部关于印发《国别投资经营障碍报告制度》的通知。这三个文件共同规范了中国政府在境外投资方面的监督与服务工作。

2005 年 10 月，《中共中央关于制定国民经济和社会发展第十一个五年规划的建议》再次重申，支持有条件的企业"走出去"，按照国际通行规则到境外投资，鼓励境外工程承包和劳务输出，扩大互利合作和共同发展。2006 年 10 月，国务院发布《关于鼓励和规范我国企业对外投资合作的意见》，这是自中央提出"走出去"战略以来第一个全面系统规范和鼓励对外投资的纲领性指导文件，为我国企业海外发展创造了良好的政策环境。2007 年，商务部会同有关部门，搞好"走出去"的规划，明确重点，引导"走出去"健康发展。在投资、外汇、保险、税收等方面，出台鼓励政策。

2010 年 10 月，商务部表示，我国政府已与 130 多个国家签署了双边投资促进和保护协定，与东盟、智利等 7 个国家和地区签署了自贸协定，内地与香港、澳门有关部门签署了《更紧密经贸关系安排》，大陆与台湾地区签署了《海峡两岸经济合作框架协议》。成立了 30 个投资工作组，签署了 11 个基础设施领域合作协定或备忘录、14 个劳务合作协定或备忘录。商务部投资促进事务局与 36 个国家和地区的 71 家投资促进机构建立了合作机制，签署了 67 个投资促进备忘录。国家税务总局也不断完善税收政策，截至 2013 年 6 月底，我国已对外正式签署 99 个避免双重征税协定，其中 96 个协定已生效，和香港、澳门两个特别行政区签署了避免双重征税的税收安排。这一切为促进我国企业对外投资创造了一个良好的国际税收法律框架。

此外，通过与国外政府部门商签加强投资、基础设施建设和劳务等方面合作的协议，逐步建立了政府间互利经济合作机制，为企业"走出去"创造了良好的外部条件。目前中国已经和世界上 220 多个国家和地区建立了经贸合作关系，形成了多元化的市场格局。

拓展阅读

上海企业近 5 年来对外投资总额达 144.5 亿美元

据统计，2013 年上海企业对外直接投资 43.1 亿美元，比 2012 年增长 32.75%。自 2009 年以来的 5 年间，上海企业对外直接投资总额达 144.5 亿美元，是 1979 年至 2008 年 30 年累计对外直接投资总额的近 4 倍。上海企业对外投资的特点主要有四点。一是投资目的地从发展中经济体转向发达经济体。近 5 年来对美国、德国、英国、日本等发达经济体的投资合计 101 亿美元，占同期对外投资总额的近七成。二是投资领域从传统贸易网点建设和加工制造领域转向服务业领域。近 5 年来对商务服务、房地产、批发零售、信息服务等服务业投资额达 104 亿美元，占同期对外投资总额的 71.9%。三是投资方式从绿地投资为主转向并购和增资。近 5 年来通过并购和增资方式对外投资 94.3 亿美元，占同期对外投资总额的 65.2%。四是投资主体从以国有企业为主转向多种所有制并驾齐驱。近 5 年来，以民营企业和外资企业为主的非公企业通过上海对外投资 78.3 亿美元，占同期上海企业对外投资总额的 54.2%。

（资料来源：http：//news.xinhuanet.com/fortune/2014-01/10/c_118912549.htm.）

12.2 我国对外投资的发展概况

随着改革开放进程的不断推进和我国吸收外资规模的快速增长，我国国内的企业实力也逐步增强，国内企业到海外投资办企业得到了较迅速的发展。1979 年 11 月，北京市友谊商业服务总公司与日本东京丸一商事株式会社在东京合资开办了京和股份有限公司，这是中国实行改革开放政策后在海外开办的第一家合资经营企业。该企业的主要经营范围是为北京市食品工业企业的更新改造引进技术和设备，在日本开办北京风味餐馆和提供厨师服务等。随后，参与海外投资的国内企业类型增加，不仅是外经外贸企业，工业企业、商贸物资企业、科技企业及金融保险企业等也参与到了海外投资之中；海外投资的领域进一步拓宽，在服务业、工农业生产加工、资源开发等几大产业内的若干行业中都有海外企业设立；海外企业的数量增加，但投资金额增长不大。

2000 年"走出去"开放战略的实施，为国内企业"走出去"创造了良好的政策环境。以后的十几年间，中国企业逐渐迈开大步"走出去"。2000 年我国对外投资刚刚起步时，投资额仅为 69 亿美元，到 2010 年，我国境内投资者共对全球 129 个国家和地区的 3 125 家境外企业进行了直接投资，10 年里我国对外投资增长了 10 多倍，达到 746.5 亿美元，年均增速高达 44.6%。即使在 2008 年金融危机之后，全球投资大幅下滑的情况下，我国对外直接投资仍逆势增长，世界排名从 10 年前的 24 位跃升到了第 6 位。2000—2010 年 10 年间，我国共设立了 1.8 万家境外企业，涉及商业、金融、采矿、交通、制造等多个行业。10 年前中国企业的对外投资主要是投资建厂，10 年后，有 1/3（36.4%）左右已经在运用国际资本最擅长的方式，兼并和收购国外企业。走出去的中国企业在不断壮大自身的同时，也为世界各国带来了丰厚的税收和就业机会。但 2011 年中国 FDI 流出量减少 5%，这是 2003 年以来的首次下降；中国的全球排名也从 2010 年的第 6 位降到 2011 年的第 9 位。在鼓励企业"走出去"的政策背景下，国外投资保护主义的兴起可能是阻碍中国企业"走出去"的原因之一。2011 年，境外企业向投资所在国缴纳的各种税金总额超过 220 亿美元，为各国员工提供了近 100 万个就业岗位。

欧美经济的困境也为中国企业"走出去"提供了机遇。中国企业应抓住欧美经济和债务危机的机会扩大海外投资的力度。与此同时，在海外投资过程中，中国企业应特别注意实施严格的企业社会责任标准，在投资东道国树立良好的"企业公民"形象，从而为企业国际化打下坚实的基础。

2010—2013 年我国境内投资者非金融类对外投资情况见表 12-1。

表 12-1 2010—2013 年我国境内投资者非金融类对外直接投资 单位：亿美元

年份	2010	2011	2012	2013
投资全球国家和地区数量/个	129	132	141	156
投资境外企业数量/家	3 125	3 391	4 425	5 090
非金融类对外直接投资金额/亿美元	601.8	600.7	772.2	901.7

年　　份	2010	2011	2012	2013
其中：1. 股本投资和其他投资/%	456.7（76%）	628.2（81.4%）	727.7（80.7%）	
2. 利润再投资/%	144（24%）	144（18.6%）	17 419.3%	
同比增长/%	25.9	1.8%	28.6%	16.8%

（资料来源：商务部网站截至 2013 年年底，我国累计非金融类对外直接投资 5 257 亿美元。）

联合国贸易和发展会议（UNCTAD）2014 年 6 月 24 日发表的《2014 年世界投资报告》显示，中国 2013 年到海外的直接投资第一次超过 1 000 亿美元，而且有可能在 2014 年或者 2015 年超过外国公司到中国的直接投资。造成这种趋势的原因是，中国公司为了降低成本和利用外国的优惠贸易条件，纷纷把生产设施转移到一些东南亚国家和非洲国家。而且，他们在发达国家也购置了大量的资产。

▶ 本节讨论案例

中国资金投资海外房地产 伦敦最受青睐

中国房地产不断"走出去"，国内资金对海外房产的投资热情不断升温。根据仲量联行发布的最新报告显示，2014 年上半年中国的海外房地产投资总额较上年同期增长 17%，达到 54 亿美元，伦敦成为最受中国投资者青睐的投资目的地。

在 54 亿美元的中国海外房地产投资总额当中，商业房地产投资额占了绝大部分，接近 40 亿美元。海外住宅项目投资总额较 2013 年同期飙升 84%，达到 15 亿美元。

目前，伦敦仍是中国海外房地产投资的最大投资目的地。2014 年上半年，中国投资者对伦敦房地产市场的投资额达 23.11 亿美元，远远高于居于第二位的旧金山的 5.48 亿美元。而同时，中国建设银行、中国海外集团和中国人寿等机构投资者均购买了伦敦 CBD 核心区域的办公楼资产。此外，许多南欧国家推出"黄金签证"政策，万达集团成为进军西班牙房地产市场的中国房企之一。

英国特别是伦敦房地产市场的火热吸引了全球资金的关注。英国第三大按揭贷款银行近日表示，伦敦房价 2014 年第二季度同比上涨了 26%，均价达到 40.04 万英镑（约合人民币 422 万元），较 2007 年的楼市高峰期还要高出 30%。英国房屋抵押贷款协会警告，英国央行给房地产市场降温的措施短期内无法阻止房价上升。国际货币基金组织指出，英国尤其是伦敦的房价近期不断上升，而房价过度上涨或将导致新一轮金融危机爆发，因此宏观审慎政策和结构性调整应携手而行。如果房地产市场风险持续存在，那么英国央行可能需要加息。

此外，全美房地产经纪人协会发布的报告显示，2013 年 4 月至 2014 年 3 月的一年时间里，外国买家在美国购房总额达到 922 亿美元，相比前一年同期的 682 亿美元大涨 35%。按购房数量计算，过去一年中国买家在美购房数量占海外买家购房总数的 16%，较此前一年上升 4 个百分点，仅次于来自加拿大的买家。

高力国际在此前发布的白皮书中也指出，中国跨境投资总量持续攀升，已由 2008 年的约 6 900 万美元增至 2013 年的超过 160 亿美元。高力国际亚洲区资本市场及投资服务董事总经理邓文杰表示，在人民币预期进一步升值以及房地产收益需求持续增长的推动下，该投资规模在 2014 年将会翻番。此外，高力国际指出，在下一波海外投资热潮中，中国开发商及投资者将扩大在海外门户城市中的覆盖范围，如向曼哈顿市中心或东伦敦等地投资，或向门户城市附近符合其投资需求的城市扩张，如西雅图及波士顿等。波士顿咨询预计，未来 3 年内中国人的离岸资产将翻一番。

（资料来源：http：//sub.cssn.cn/jjx/jjx_hw/201407/t20140731_1274181.shtml.）

【讨论的问题】

1. 分析英国伦敦房地产市场吸引全球资金关注的原因。
2. 我国企业投资伦敦房地产市场应注意哪些问题？

12.3　我国企业"走出去"的必要性

1. "走出去"能够适应经济全球化，提高我国企业竞争力

经济全球化使世界经济格局发生了新的变化，各国政府需要重新考虑自己在新的世界经济分工格局中的地位，认真分析如何在一个更加开放、更加相互依存、更加市场化的世界中生存与发展。我国企业只有"走出去"，积极参与国际市场竞争与合作，才能适应经济全球化的新形势，更好地参与经济全球化的进程，通过发挥自己的比较优势，在新的国际分工格局中占据有利地位，从而进一步拓宽经济发展空间，提高我国企业的国际竞争力。

2. "走出去"能够避免原产地限制

加入 WTO 后，中国企业的产品进入国际市场更加容易，但美国和欧盟均保留了在中国入世后 15 年内仍将中国视为非市场经济国家的条件。据统计，我国已连续多年成为全球发生贸易摩擦最多的国家，贸易摩擦的解决需要通过不断的磋商和协调，如果磋商和协调不能解决，也可按照 WTO 的有关规定进入争端解决机制求得解决，但更为有效的方法就是变国内生产国外销售为国外生产国外销售，即企业"走出去"也是重要选项之一。对于一些受到配额限制的产品，如果中国企业在境外生产，就可以改变原产地而绕开配额限制。企业"走出去"，扩大出口商品的海外市场，既能够保证产品的品种和质量，又能够改变产品的原产地，规避贸易壁垒，摆脱困难。例如，海尔、TCL、长虹、康佳等有实力的彩电企业纷纷选择"走出去"的策略，通过海外生产基地向欧美出口，绕开对出口原产地的限制，减缓美国倾销裁定的负面影响。

拓展阅读

中铁建拿下尼日利亚 800 亿大单，刷新中企海外工程纪录

2014 年 5 月 8 日，国务院总理李克强访问尼日利亚期间，中铁建所属中土集团与尼日利亚交通部签订尼日利亚沿海铁路项目框架合同，总金额达 131.22 亿美元，约合人民币 807.79 亿元，刷新了中国企业海外工程纪录，全线采用中国铁路技术标准。该项目起点为尼日利亚经济中心拉各斯，终点为东南部产油区城市卡拉巴，全长折算单线里程 1 385 千米。

中国成为非洲铁路装备主供商，同时，中国铁路装备也大踏步走向海外。2010 年到 2014 年的 4 年间，中国北车股份有限公司为非洲 19 个国家提供了 1 842 台（辆）铁路机车车辆，总金额达 3.5 亿美元，成为非洲铁路装备的主要提供商。

铁路建设是先行官。例如，通过尼日利亚沿海铁路项目的建设，可以带动中国施工机械、钢材、机电产品和机车车辆等约 40 亿美元的出口。此外，建设期间还可以为当地提供近 5 万个直接就业机会、15 万个间接就业机会；运营期间还可提供 2 万～3 万个固定就业岗位。

（资料来源：http://news.qq.com/a/20140509/002142.htm.）

3. "走出去"能够实现两个市场、两种资源的合理统筹

从世界范围来看，发达国家就是因为很早就实行了"走出去"战略，以跨国投资和贸易活动为主导，最大限度地利用国际国内两个市场和两种资源，在全球范围内配置资源来获取最大利益，才使得自身实力不断加强。进入 21 世纪以来，所有高技术含量、高附加值的大规模贸易活动和投资活动，都以跨国公司为主体或载体进行。而国际上战略性矿产资源的竞争更是形势逼人，各大跨国矿业公司基本上控制了全球已探明的矿产资源。近年来我国有些自然资源长期供应紧张，面临能源、矿产等资源匮乏的困扰，许多企业生产经营深受原材料供给制约，但是资源特别是关系到国计民生的战略资源仅依靠传统的贸易渠道获得是不稳定的，而资源在其他国家和地区蕴藏状况和开采、运输条件却十分优越。因此，国内企业只有审时度势，抓住机遇"走出去"，通过对外投资，加快在能源、矿产等资源行业的海外扩张，才能弥补国内资源和市场的不足，获得国内经济发展长期需要的短缺资源，拓展国民经济发展的空间，促进与其他国家和地区的共同发展。2009 年，在国内外原材料价格大幅回落的背景下，近年来深受原材料供给制约的中国企业纷纷加快在能源、矿产等资源行业的扩张速度，我国企业海外并购市场完成的 10 大并购交易中，资源性行业的并购事件占据 8 席。其中，中国石化以 75.02 亿美元收购瑞士 Addax 石油公司，成为 2009 年度完成的最大规模并购交易。与此同时，我们也可以向国外输出本国相对充裕的各种资源和生产要素。

4. "走出去"能够利用相对优势，转移过剩生产能力

发达国家主要凭借垄断优势进行国际投资，谋求全球经营利润最大化。我国企业可以利用某种相对优势，寻求国外有力的经营条件。我国有些具备成熟技术和产品的企业，一方面由于产品进入成熟期，国内市场已经饱和，生产供给能力相对过剩，另一方面，国内同行业企业数量多，国内市场争夺日趋激烈，加之入世后贸易壁垒的大量减少，对外资企业国民待遇的实施，外商投资企业的低国民待遇的取消，内资企业以往所获得的一定程度的产业保护消失，使得外国商品和服务源源不断进入国内市场，更增加了国内企业生产经营的风险和困难。此外，各国经济水平发展存在不均衡，如果到一些较我国相对落后的发展中国家投资，可转移国内部分过剩的生产能力，调整公司产业结构，促进企业技术升级。企业"走出去"，可以在相关市场国家投资生产，开拓市场。例如，上海的纺织企业先后在毛里求斯、墨西哥、哥斯达黎加等国家和中国香港地区投资兴办合资企业 10 多家，转移和利用了国内的设备和技术；又如，我国产能过剩的一些电视机生产企业到蒙古、巴基斯坦等发展中国家

投资设厂，如海尔在东南亚投资冰箱生产项目，金城在哥伦比亚、阿根廷的摩托车生产项目等，都充分利用了国内企业闲置的生产能力。

5. "走出去"能够利用国外资金，引进国外先进技术和管理经验

国内企业到发达国家投资，可以利用东道国完善的金融市场和金融机构筹集所需资金，即在境外利用外资；也可以通过并购当地企业或与当地企业合资，学习引进先进技术和设备，推动国内企业技术改造；还可以在当地建立设计、研发中心，获取最新科技信息，促进企业改进经营，提高产品档次。例如，康佳公司在美国硅谷建立研发中心不到一年，就掌握了数字电视的核心技术，从而生产出先进的高清晰度数字彩电。

本节讨论案例

民营企业加快对外投资步伐

2013 年 10 月，据安永发布的一份关于当年上半年中国海外投资回顾与展望的报告指出，为了获得销售渠道与品牌投资以及扩张核心业务的更多机遇，民营企业正加快对外投资的步伐，逐渐成为中国海外投资的新生力量。

2013 年上半年中国对外直接投资出现显著增长，投资总额从 2012 年同期的 313.4 亿美元上升至 421.2 亿美元，同比增长 34%。其中民营企业在 2012 年共完成 34 宗海外并购交易。联想、华为和大连万达 3 家民营企业进入 2012 年前 10 位中国投资企业名单。当前中国正处于民营企业境外投资加快发展的重要阶段。由于国内市场增速放缓，一些民企开始放眼海外寻找适当的投资机会，如复星入股 Folli Follie，旨在通过被投资方的强大品牌效应来开发中国市场。

另外一些企业也开始通过渗透海外市场以谋求企业的发展，特别是寻求其核心业务在海外扩张的机会，如美的在南美洲的并购。与国企类似，很多民营企业海外并购的目的在于通过购买技术和上游资料来提高其国内市场的竞争力。

但应该注意到，民营企业海外投资面临融资渠道相对狭窄、市场研判能力不足、风险防范能力相对有限、缺乏专业机构的长期支持和协助等方面的挑战。安永建议，中国民营企业应利用中国的银行的海外扩张获取融资，委任咨询师进行市场调研或进入市场的评估，提高企业海外扩张中的风险管理等。

（资料来源：http://finance.ifeng.com/a/20131016/10860656_0.shtml.）

【讨论的问题】

1. 从对外投资的资金规模上来看，民营企业尚无法与国有企业匹敌，它应该从哪方面下功夫？
2. 截至 2011 年年底，中国民营企业对外直接投资的比重已经达到当年中国对外投资总量的 44%，在一些具体领域的活跃程度已超过国有企业，成为对外投资的一支新兴力量。请进一步分析我国民营企业海外投资适宜采取的方式。

12.4 后金融危机时代我国对外投资的新进展

1. 投资流量不断走高

2008 年金融危机后，全球经济发展受到重创，跨国资本流动复苏动力不足，全球投资大幅下挫，美国、欧盟等经济增长乏力，企业对外投资决策更加谨慎，而我国对外直接投资则逆势增长，对外投资流量不断走高。2008 年我国对外投资净额达到 559 亿美元，其中非金融类直接投资 418.6 亿美元，同比增长 68.5%，占 78%（见表 12-2）。

表 12-2 2008—2013 年我国对外直接投资
单位：亿美元

年份	对外投资净额	同比增长/%	金融业对外投资净额	非金融类直接投资额	同比增长/%
2008	559	111	140.5	418.6	68.5
2009	565	1.1	87	433	6.5
2010	688	21.7	86	601.8	25.9
2011	746	8.5	60	685.8	14
2012	878	17.6	100	772.2	28.6
2013	1 010	15	108.3	901.7	16.8

（资料来源：国家统计年鉴。）

截至 2009 年年底，我国累计对外直接投资已超过 2 200 亿美元。同时，对外投资主要呈现以下特点。一是境外设立企业数量增长较快，1—6 月，经商务部核准设立的境外企业 907 家，同比增长 43.5%。二是投资主体多元化，各类企业积极性不断提高。1—6 月，经核准的 1 亿美元以上境外投资项目共计 13 个。三是以获取技术和营销网络为目的并购类境外投资成为新亮点。

2010 年，我国对外直接投资累计净额（存量）达 3 172.1 亿美元，位居全球第 17 位。对外投资流量再创新高，跃居全球第五，连续 9 年保持增长势头，年均增速为 49.9%。根据联合国贸易和发展会议《2011 年世界投资报告》，2010 年中国对外直接投资占全球当年流量的 5.2%，位居全球第五，首次超过日本（562.6 亿美元）、英国（110.2 亿美元）等传统对外投资大国。

2011 年，我国对外直接投资存量全球排名前进四位，当年对外直接投资净额 746.5 亿美元，较上年增长 8.5%。截至 2011 年年底，我国 13 500 多家境内投资者在国外设立企业 1.8 万家，分布在全球 180 多个国家和地区，对外直接投资累计净额 4 247.8 亿美元。年末境外企业资产总额近 2 万亿美元。

2012 年，我国对外直接投资创下 878 亿美元的历史新高，同比增长 17.6%，首次成为世界三大对外投资国之一。截至 2012 年年底，中国对外直接投资累计净额（存量）达 5 319.4 亿美元，位居全球第 13 位。但由于中国对外直接投资起步较晚，与发达国家相比仍有较大差距，仅相当于美国对外投资存量的 10.2%。

2013 年我国对外投资额达到 1 010 亿美元，居世界第三位，第一位是美国，第二位是日本。尽管我国在对外投资方面取得了很大的进展，但由于我国还是一个发展中国家，海外投资额仅占全球当年跨国投资量的 6.3%，而存量资产只占全球的 2.3%，这和我国世界第二大经济体的地位相比，还是一个小数字。这意味着，今后中国对外投资还有很大的增长空间。

2. 对外投资的行业不断扩展

近年来我国对外投资无论是投资行业还是投资的目的都有了很大的变化。从投资的行业看，由最初主要以获取国内短缺的矿产和能源资源，发展到今天以寻找市场、扩大产品对外出口、转移国内过剩产能等为目的，涉及制造业、基础设施，以及农业、文化等行业。

2009 年以获取技术和营销网络为目的并购类境外投资成为新亮点。例如，新疆美克国际家具股份有限公司收购美国施纳迪可公司，获取了该企业品牌、销售网络渠道。2010 年我国对外投资表现为投资覆盖行业多元，聚集度较高，对外直接投资覆盖了国民经济所有行业类别。绝大部分投资流向商务服务、金融、批发和零售、采矿、交通运输和制造六大行业，上述行业累计投资存量 2 801.6 亿美元，占中国对外直接投资存量总额的 88.3%。2011 年我国对外直接投资遍布全球七成的国家（地区）；行业继续多元，流向交通运输业、金融业、商务服务业投资下降幅度较大；商务服务业、金融业、采矿业、批发和零售业、制造业、交通运输业形成中国对外直接投资的主要行业架构。

2012 年年末，投资行业分布广泛，门类齐全，投资相对集中。对外直接投资覆盖了国民经济所有行业类别，其中存量超过 100 亿美元的行业有：租赁和商务服务业、金融业、采矿业、批发和零售业、制造业、交通运输业/仓储和邮政业、建筑业，上述 7 个行业累计投资存量 4 913 亿美元，占我国对外直接投资存量总额的 92.4%。

2013 年对外投资从行业构成情况看，投资门类齐全且重点突出，九成的投资流向商务服务业、采矿业、批发和零售业、制造业、建筑业和交通运输业。流向商务服务业的投资为 294.5 亿美元，占投资总额的 32.7%；对采矿业投资 201.6 亿美元，占 22.4%；批发零售业 136.7 亿美元，占 15.2%；制造业 86.8 亿美元，占 9.6%；建筑业 65.3 亿美元，占 7.2%；交通运输业 25 亿美元，占 2.8%。此外，建筑业、文化体育和娱乐业则是投资增速最快的领域，分别同比增长 129.1% 和 102.2%，采矿业、批发和零售业、制造业、房地产业等也都实现较快增长。

拓展阅读

中国企业要"走出去"，更要"融进去"

李克强总理 2014 年 5 月 8 日在世界经济论坛非洲峰会上致辞时说，中国将继续把基础设施建设放在对非合作的重要位置，与非洲合作打造非洲高速铁路网络、高速公路网络、区域航空网络。中方愿为此提供金融、人员、技术支持。李克强总理访问安哥拉期间专门召开海外民生工程座谈会，探讨解决企业"水土不服"的问题。中国企业和公民到海外发展，虽然是在市场经济的大潮中博弈，但应该是互利共赢，这样才能真正取得对外开放的丰硕成果。这点出了当前我国企业海外发展面临的重大课题："走出去"后如何真正地在东道国站稳脚跟，成功地"融进去"？

当前，越来越多的中国企业雄心勃勃地走向世界，开始融入经济全球化的大潮。2013年，中国非金融类对外直接投资901.7亿美元，同比增长16.8%。以中国与非洲之间的承包工程合作为例，非洲已成为中国第二大海外承包工程市场，截至2013年年底，中国企业在非洲累计签订的承包工程合同总额已接近4000亿美元。在快速发展的同时，也有新的问题出现。近年来，有关中资企业在海外遭遇纠纷和安全问题的报道时有发生。这其中，不乏西方政客和媒体推波助澜，故意抹黑，但也必须承认，中资企业在海外确实遇到"水土不服"的问题，并涵盖了文化、管控、流程、人才乃至安全等多个方面。

如今的全球市场较以往更加开放，竞争也更为激烈，消费者所能了解的信息也更加丰富。企业要克服"水土不服"，就必须深刻把握经济全球化大势，认识到全球市场的复杂多样性，做到统筹兼顾，认清自身面临的挑战，并采取全方位的管理措施加以应对。具体而言，需要企业跨越中方和外方的文化鸿沟、摒弃成见、消除猜忌，进而营造和谐、高效的发展环境。

数量庞大的中国企业走向海外，带去的不仅仅是技术、资金，也带去了与东道国不尽相同的理念和文化。中国企业的"走出去"，伴生的是中国文化更加全面地走向世界，华夏文明与世界的进一步对接。如何更好地融进去，让世界更欣然地接受值得深入研究。坦诚而平等的沟通，在其中不可或缺，而沟通所带来的效果也是明显的。2011年，广西一家机械公司在收购一家欧洲企业时，公司的管理条款曾遭遇该企业工会的激烈抵制，为此，这家广西企业邀请工会代表和员工代表来到中国，让他们深入了解中国的工厂是如何管理的，中国的工人是如何工作的，并进行了坦诚地协商，最终弥合了矛盾，顺利完成收购。这样的成功做法，或可借鉴。

中国企业在海外发展，还面临着很多难以单纯依靠企业自身来解决的问题，如日渐突出的企业合法权益乃至员工人身安全问题。这也对我国对外领事保护工作提出更高的要求，需要加大对领事保护工作的投入，加强海外领事保护力量，尽快建成全球领事保护应急呼叫中心。按照李克强总理要求的那样，"使同胞们不管走到哪里，领事保护服务就跟到哪里"。

中国企业的国际化之路，刚刚起步。在海外发展的中国企业，既要遵守当地法律，尊重风俗习惯，尽己所能地履行好社会责任，维护好中国的形象，与驻在国融洽相处，同时也必须坚决维护自身的合法权益，并积极顺应经济全球化新趋势，把握其间的机遇，在"走出去"之后，真正做到"融进去"。

（资料来源：经济日报，2014年5月13日。）

3. 对外直接投资区域更加广泛

2009年我国境内投资者共对全球122个国家和地区的2283家境外企业进行了直接投资，2010年投资覆盖率进一步扩大，直接投资国家和地区达到178个，共有1.6万家境外企业，投资覆盖率达到72.7%，其中对亚洲、非洲地区投资覆盖率分别达90%和85%。对大洋洲、欧洲存量增幅最大。亚洲、拉丁美洲是存量最为集中的地区，分别为2281.4亿美元（占总存量的71.9%）和438.8亿美元（占13.8%），大洋洲、欧洲是存量增幅最大的地区，其中，在大洋洲的直接投资存量为 86.1 亿美元，是 2005 年年末的 13.2 倍。对发达国家（地区）的投资存量占中国对外投资存量总额的 9.4%，较上年增加 2 个百分点。国有企业对外投资存量所占比重下降 3 个百分点，降至 66.2%。2010 年年末中国国有商业银行共在美国、日本、英国等 32 个国家和地区设有 62 家分行、32 家附属机构，就业人数达 3.3 万人，其中雇用外方员工 3.2 万人。

2011 年，我国对外投资的八成流向发展中国家；从地区分布情况看，对欧洲、大洋洲、非洲的投资快速增长，对北美洲投资略有下降；地方对外投资活跃，增幅高于全国；在非金融类对外直接投资流量中，国有企业仅占 55.1%。存量的七成分布在亚洲地区；对发展中国家投资存量占 89%，发达国家占 11%；存量的国家聚集度较高。

2012 年，我国对外投资遍布全球近 80% 的国家和地区，我国 1.6 万家境内投资者在国（境）外设立对外直接投资企业近 2.2 万家，分布在全球 179 个国家和地区，覆盖率达 76.8%；其中亚洲地区的境外企业覆盖率高达 95.7%，欧洲为 85.7%，非洲为 85%。与此同时，对外直接投资存量高度集中，前 20 位的国家地区存量累计达到 4 750.93 亿美元，占总量的 89.3%。

2013 年，我国境内投资者共对全球 156 个国家和地区的 5 090 家境外企业进行了直接投资，累计实现非金融类直接投资 901.7 亿美元，同比增长 16.8%。其中境内投资者对欧洲和北美洲投资增幅分别高达 218.4% 和 135.2%。我国对东盟、欧盟、澳大利亚、美国、俄罗斯、日本，以及内地对香港共 7 个主要经济体的投资达到 654.5 亿美元，占同期我国对外直接投资总额的 72.6%，同比增长 9.1%。中国内地除对香港及欧盟和日本的投资分别下降 6%、13.6% 和 23.5% 外，对俄罗斯、美国、澳大利亚、东盟的投资额分别为 40.8 亿美元、42.3 亿美元、39.4 亿美元和 57.4 亿美元，分别实现了 518.2%、125%、82.4%、29.9% 的高速增长。截至 10 月底，我国境内投资者已在 13 个国家或地区建设 16 个境外经贸合作区，累计创造产值 129 亿美元。

2006—2012 年中国企业海外并购趋势如图 12-1 所示。

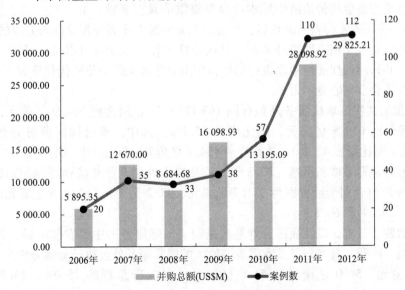

图 12-1　2006—2012 年中国企业海外并购趋势

（资料来源：清科数据库，2013.01。）

4. 海外并购逐渐回暖

在美国次贷危机引发的世界金融危机逐步平缓后，欧美等发达经济体处于后金融危机的复苏震荡期。最近两年，全球经济尚未全面复苏，海外形势存在诸多不确定性，而中国经济增速下降，宏观调控缩紧。从数据上看，2012 年我国企业共实施对外投资并购项目 457 个，实际交易金额 434 亿美元，两者均创历史之最。其中，直接投资 276 亿美元，占 63.6%，境外融资 158 亿美元，占 36.4%。2013 年全球的并购实施金额同比增长 5.2%，达 3 490 亿美元，其中包括中国在内的"发展中国家"的企业增长 1.5%，达到 1 294 亿美元。2013 年我国企业共参与海外并购 200 宗，并购数量同比上升 5%，并购总金额达 515 亿美元，其中具代表性的海外并购是中国双汇集团收购美国史密斯菲尔德食品公司，中石油收购意大利埃尼集团的部分业务等，而且民营企业参与海外并购交易并创半年度历史新高。从并购投资领域看，国有企业海外并购交易的投资重点仍主要集中于能源电力、资源（原材料）和工业等行业；民营企业的投资领域则更趋多元化，除上述三大行业外，还涉及工业技术、消费品及服务，以及高科技等行业。从投资地区来看，中国企业对亚洲、欧洲地区的并购增多，对北美的并购交易减少。

2013 年我国海外并购态势逐渐回暖，全年在海外并购方面，雄居亚洲榜首，夺过日本保持了两年的第一的位置。在交易数量和交易金额的排名上，采掘业居于各行业之首，这反映了中国企业对海外资源与能源的战略性需求。其中，交易金额最大的海外并购为洛阳钼业收购 North Mining Limited 拥有的 Northparkes Joint Venture 80% 的权益及相关权利和资产等。本次交易涉及的是 Northparkes 铜金矿。能源和电力在并购金额方面仍主导中国的海外交易，但在整体并购中占比已从 5 年前的 52.3% 降至 44.1%。中国海外并购目标不仅限于自然资源领域，还瞄准食品和银行等领域，医疗和科技类并购交易增加。值得一提的是，2009—2013 年的 5 年间，金融业在整体并购中占比提高 66%，金融领域的并购占比上升 2/3，达到 14.4%。

5. 服务外包增长明显

服务外包是指企业将价值链中原本由自身提供的具有基础性的、共性的、非核心的 IT 业务和基于 IT 的业务流程剥离出来后，外包给企业外部专业服务提供商来完成的经济活动。因此，服务外包是基于信息网络技术的，其服务性工作（包括业务和业务流程）通过计算机操作完成，并采用现代通信手段进行交付，使企业通过重组价值链优化资源配置，降低了成本，并增强了企业核心竞争力。

2013 年我国共签订承接服务外包合同 167 424 份，合同金额 954.9 亿美元，同比增长 55.8%；执行金额 638.5 亿美元，同比增长 37.1%。其中，承接国际服务外包合同金额 623.4 亿美元，同比增长 42.2%；执行金额 454.1 亿美元，同比增长 35.0%。

知识流程外包业务增长迅速。2013 年，信息技术外包、业务流程外包和知识流程外包承接国际服务外包合同金额分别为 311.7 亿美元、97.2 亿美元和 214.5 亿美元，同比分别增长 36.8%、25.8% 和 60.8%。

美国、欧盟、日本，以及我国香港地区是购买国际服务的主要发包市场。2013 年我国企业承接美国、欧盟、日本，以及我国香港地区的国际服务外包执行金额分别为 117.5 亿美元、71.4 亿美元、54.0 亿美元和 51.8 亿美元，占执行总额的 25.9%、15.7%、11.9% 和 11.4%。

服务外包产业就业规模稳步扩大。2013 年，我国服务外包产业新增从业人员 106.5 万人。截至 2013 年年底，我国共有服务外包企业 24 818 家，从业人员 536.1 万人，其中大学以上学历 355.9 万人，占从业人员总数 66.4%。

本章讨论案例

当前我国企业"走出去"形势分析

近年来，"走出去"日益成为我国多数企业转型升级和推动中国经济可持续发展的动力之源。随着全球化进程的不断推进，我国企业的国际化经营已经不再单纯停留在开展境外加工贸易、寻求境外合作开发项目等初始阶段，正朝着不断提升自身国际化能力，打造世界水平跨国公司的方向转变。

这些年来，随着改革开放的不断深入和企业竞争力的显著增强，中国企业国际化发展水平日益提升，整体实力逐步增强，"走出去"成绩令人欣喜。

（1）对外直接投资不断刷新纪录。2002—2013 年，我国企业对外投资规模由 27 亿美元飙升至 901.7 亿美元，增速远超同期对外贸易额年均增速和实际使用外资额年均增速。2013 年，我国对外投资迎来了黄金时期，共对全球 156 个国家和地区的 5 090 家境外企业进行了直接投资，对外承包工程业务完成营业额 1 371.4 亿美元，同比增长 17.6%；新签合同额 1 716.3 亿美元，同比增长 9.6%，新签合同额在 5 000 万美元以上的项目 685 个，合计 1 347.8 亿美元，占新签合同总额的 78.5%；派出各类劳务人员 52.7 万人，较上年同期增加 1.5 万人。截至 2013 年年底，我国累计非金融类对外直接投资 5 257 亿美元。

（2）能源资源领域已非投资首选。近两年，中国企业"走出去"更多倾向于品牌国际化、技术升级与市场拓展，对外投资涉猎领域较为广泛，流向集中。2013 年，租赁和商务服务业、采矿业、批发与零售业是我国对外投资前三甲，投资额总占比高达 70% 以上。其中，租赁和商务服务业位居首位，投资额占比接近一半。

（3）欧美国家投资吸引力增强。近年来，国内外经济环境发生较大变化，为中国企业对外投资提供了难得的机遇。特别是中国企业国际化实力显著增强，加之人民币升值大大降低了投资成本，企业开拓海外市场的意愿日益强烈。2013 年，中国对东盟、欧盟、澳大利亚、美国、俄罗斯、日本，以及内地对香港共 7 个主要经济体的投资，占同期我国对外直接投资总额的 72.6%。

（4）"走出去"的方式和主体更趋多样。从投资方式上看，目前，我国企业对外投资方式多样，绿地投资、跨国并购、股权置换、创办产业园区等均有所涉及。2013 年，我国企业共实施对外直接投资并购项目 397 个，实际交易金额 513.7 亿美元，其中直接投资 335.7 亿美元，占同期投资总额的 37.2%，涉及制造、租赁与商务服务、批发与零售等 10 多个领域。从投资主体上看，民营企业的投资占比不断增加。联想、吉利、东风、复星药业、华大基因等一批实力雄厚的民营企业纷纷"走出去"，优化了我国对外投资结构构成，带动了国内产业结构的不断提升。

企业"走出去"和国际化的战略目标包括寻求更低的成本、更广阔的市场、更充足的要素资源、更先进的技术等。总的来看，我国企业"走出去"和对外投资发展历程较短，经验较为不足，总体收益并不理想。当前，影响和制约企业进一步提升"走出去"质量，打造高水平跨国公司的主客观因素仍然比较突出，亟待进一步研究解决。

（1）全球投资环境的不明朗为中国企业"走出去"带来诸多不确定性。目前，全球经济仍处于寻求持续复苏的关键时期，国际有效需求总体不足，欧债危机阴霾未散，贸易保护措施层出不穷。日益复杂多变的国际环境导致我国企业跨国投资风险陡增，遭遇贸易壁垒的可能性增大，企业投资风险增加。

（2）竞争失序问题严重影响企业"走出去"的效率与效益。中国企业对外投资发展快，势头猛，但较为遗憾的是，不同的中国企业进行海外投资或并购目标常常趋向一致，相关企业之间往往缺乏沟通与合作，严重影响对外投资整体效益。

（3）国际化能力不足制约企业"走出去"的整体实力提升。对外投资最终是企业决策，关乎企业自身的生存与发展，企业必须有极强的国际化能力，才能在激烈的国际竞争中站稳脚跟，发展壮大。从战略目标规划能力角度看，中国企业国际化总体起步较晚，一些企业在走出国门前，缺乏对外投资的长期发展战略，目标不清晰，随机性较强，结果往往不尽如人意。从国际化治理能力角度看，我国企业在大型投资管理、大型投资资本运作等方面都缺乏相关经验。在直接面对国际市场时，往往按本土化的模式进行管理，存在管理上"水土不服"、对市场反应滞后等现象。此外，我国企业对东道国的投资环境、外资政策、文化背景、消费特点等各方面都缺乏细致的了解，容易造成管理上的问题。从国际化人才储备角度看，目前，我国企业"走出去"缺乏明确的国际化人才定位，企业吸引、获取并成功留住优秀国际化人才的能力明显不足，在人才发展和培训机制方面有待加强。此外，我国企业国际化在品牌、风险、社会责任、企业文化、创新模式等多方面的能力上，也存在较大欠缺，这些都是严重制约我国企业"走出去"的重要因素。

（4）政府部门及相关中介服务体系的不足和缺失，无法适应企业"走出去"的步伐和要求，同样形成制约因素。

我国企业"走出去"面临的困难和挑战，一方面需要企业苦练内功提升能力；另一方面，需要相关机构健全体系做好服务。只有共同努力，多管齐下，才能形成助推企业成功实现国际化梦想的强大推动力。

（1）企业要积极通过内部建设全面提升自身国际化能力。一般而言，企业国际化过程可划分为5个阶段，即本土经营—出口导向—国际拓展—全球布局—世界公司，成为世界水平的跨国公司不可能一蹴而就。企业从本土经营阶段到最终成为世界公司，市场范围不断扩大，分支机构持续扩张，竞争能力日趋增强，在各自领域的行业地位稳步提升，具体不仅表现为出口更多产品、承包更多海外工程或收购更多国外项目，更是要做到研发、制造、营销、服务等全产业链的国际化发展，实现资产、员工、收入利润的全球分布。企业需要在不同阶段有针对性地加强在战略规划、管控、人力资源管理、品牌管理、企业社会责任、风险管理等方面的能力。对于处于出口导向阶段的企业，国际化业务相对单一，对管控、人力资源管理和企业社会责任等能力的要求相对较小，企业应首先对自身水平、定位和发展战略进行审慎评价和规划，积极开展品牌知名度建设，注重国际风险管理。对于处于国际拓展阶段的企业，企业开始在海外输出产业链的部分核心环节，海外资产和员工规模已达一定比例，但仍以国内市场经营为主，这一阶段企业要加强制度建设，完善治理结构和国际风险管理，加强国际化经营团队建设，培养跨文化管理人才，注重企业社会责任建设。当企业发展到全球布局阶段，企业面临的风险和利益相关人都更为复杂，要对企业面临的市场机会、战略选择和发展方式等进行定期审视，建立动态的优化机制，包括及时的调整和退出机制，不断提升企业国际化管理和运营所需的各项能力。同时，企业也要注意结合所处的行业特点调整和提升国际化能力，特别是要在国际化品牌管理和企业社会责任方面体现出行业的特殊性和差异性。以制造业为例，消费者偏好是决定企业发展命运的决定性因素，在提高产品质量、创新产品性能的前提下，提升品牌全球认知度、打造国际知名品牌就成为企业国际化初始阶段就需要明确的目标和重要任务。

（2）政府部门要认真为企业提供有力支持和系统服务。管理方式方面，探索改革企业审批制度和管理机制，逐步消除目前仍然存在的体制弊端。扶持政策方面，继续运用财政政策，建立多项专项资金和基金，支持对外投资合作重大项目，进一步完善对外合作的税收管理，加大对企业"走出去"的融资支持力度，加强诸如国家开发银行等政策性金融机构对企业的融资支持，充分发挥中国出口信用保险公司等政策性保险机构为企业"走出去"的保驾护航作用，支持商业性保险机构提供对外投资合作保险服务。保障服务方面，更好地履行指导和服务职责，建立咨询服务和联络平台，打造风险防控体系，为企业海外投资提供更加及时、准确的国际市场信息和风险防范预警。同时，充分发挥现有正规教育资源优势，培养更多适应海外投资需要的专业人才。

（3）中介机构要充分发挥特色优势，做好咨询服务工作。一方面，综合研究对外投资重点国别和行业领域的市场信息和国情变化，为企业国际化提供更有针对性的咨询和信息服务；另一方面，加强与各国相关机构的合作，共同发挥非政府组织的作用和影响力，为企业在海外投资排忧解难，尽可能地避免企业利益遭受无端侵害。

（资料来源：经济日报，2014 年 6 月 3 日。）

【讨论的问题】

1. 近年来我国对外直接投资不断刷新纪录，"走出去"企业数量和规模不断增大，但总体经验较为不足，总体收益并不理想，试分析其中的原因。
2. 我国企业"走出去"面临的困难和挑战有哪些？
3. 我国企业"走出去"取胜的重要的一点就是有充分的信息资源，如何为我国企业国际化提供更有针对性的咨询和信息服务？

复习思考题

1. 简述我国"走出去"战略的含义。
2. 简述我国对外投资的必要性。
3. 为助力我国企业"走出去"，政府部门应提供哪些保障？
4. 国际化能力不足制约我国企业"走出去"，国际化能力是指哪些方面？
5. 如何使我国企业国际化能力得到提升？
6. 近年来，我国企业"走出去"遇到障碍，其原因有哪些？
7. 举例我国企业"走出去"成功和失败的案例，总结经验和教训。

参 考 文 献

[1] 卢进勇，杜奇华，杨立强．国际投资学［M］．北京：北京大学出版社，2013.

[2] 任淮秀．国际投资学［M］．北京：中国人民大学出版社，2011.

[3] 胡朝霞．国际投资学［M］．北京：机械工业出版社，2013.

[4] 杨大楷．国际投资学［M］．上海：上海财经大学出版社，2010.

[5] 卢进勇，刘恩专．跨国公司理论与实务［M］．北京：首都经济贸易大学出版社，2012.

[6] 邢天才，王玉霞．证券投资学［M］．大连：东北财经大学出版社，2012.

[7] 博迪．投资学精要［M］．北京：中国人民大学出版社，2010.

[8] 夏普．投资学［M］．北京：中国人民大学出版社，2013.

[9] 陈果静．商业银行海外发债提速［N］．经济日报，2014-07-04.

[10] 吴家明．中国资金出击海外房地产　伦敦最受青睐［N］．证券时报，2014-07-31.

[11] 桑百川，李玉梅．"绿地投资"助海尔走向全球［N］．企业观察报，2013-09-05.

[12] 付碧莲．2013中国并购市场井喷［N］．国际金融报，2013-12-13.

[13] 张东红．花旗银行：国际化经验在中国彰显优势［N］．投资者报，2012-10-29.

[14] 祁欣．当前我国企业"走出去"形势分析［N］．经济日报，2014-06-03.

[15] 国务院发展研究中心对外经济研究部"对外投资与促进中国跨国公司发展研究"课题组．跨国公司发展的新趋势新特点和对我国的启示（上）［N］．中国经济时报，2013-07-15.

[16] 张菲．中国式跨国并购喜中带忧［N］．中国经济导报，2013-02-21.

[17] 朱嘉平，张维浚，王书灵．中国企业跨国并购的风险与规避措施［J］．经济研究导刊，2012（25）.

[18] 尚艳丽，殷冬青．伊拉克石油工业现状与发展趋势［J］．国际石油经济，2010（5）.

[19] 苏州高新区管委会研究室．提升国际竞争力建设一流高新区：关于加快打造高科技园区的思考［EB/OL］．［2014-09-18］．http：//www.doc88.com/p-471114195891.html.

[20] 陆岷峰，陈志宁．创业板市场发展的国际经验比较及我国的对策研究［J］．南方金融，2009（6）.

[21] 余丽霞，胡艳．论中国创业板市场发展阶段和意义［J］．财务与金融，2010（1）.

[22] 尚福林．推出创业板对我国经济社会发展具有重要的意义［N］．中国证券报，2009-10-17.

[23] 龙飞．我国创业板市场发展存在的问题及对策分析［J］．现代商业，2011（8）.

[24] 蔺汉杰．我国创业板市场退市机制探讨［J］．湖北社会科学，2011（2）.

[25] http：//www.szse.cn.